Ibn Isḥāq

Das Leben des Propheten

# IBN ISḤĀQ

# DAS LEBEN DES PROPHETEN

AUS DEM ARABISCHEN

ÜBERTRAGEN UND BEARBEITET

VON

GERNOT ROTTER

SPOHR

DIE CYPRUS LIBRARY
CENTRE FOR THE REGISTRATION OF BOOKS AND SERIALS
VERZEICHNET DAS FOLGENDE WERK UNTER DER

ISBN 978-9963-40-022-5

8. AUFLAGE 2026

ISBN 978-9963-40-022-5


DRUCK UND BINDUNG: ALFÖLDI PRINTING HOUSE.
PRINTED IN HUNGARY.

# INHALT

Vorwort zur ersten Ausgabe ........ 9
Vorwort zur Neuauflage ........ 18
Vorwort des Verlages ........ 19

## DAS LEBEN DES PROPHETEN

1. Der Stammbaum Muḥammads von Adam ........ 25
2. ᶜAbdalmuṭṭalibs Gelübde, seinen Sohn zu opfern ........ 26
3. Eine Frau bietet sich ᶜAbdallāh an ........ 29
4. Die Worte, die Āmina in der Schwangerschaft hörte ........ 30
5. Die Geburt des Propheten und seine Amme ........ 30
6. Āmina stirbt, und der Prophet lebt bei seinem Großvater ᶜAbdalmuṭṭalib ........ 34
7. Abū Ṭālib sorgt für den Propheten ........ 35
8. Der Mönch Baḥīrā ........ 36
9. Muḥammad heiratet Khadīdja ........ 38
10. Der Wiederaufbau der Kaᶜba ........ 41
11. Ein Hinweis auf den Propheten im Evangelium ........ 44
12. Die Sendung des Propheten ........ 44
13. Der Anfang der Offenbarung des Koran ........ 48
14. Khadīdja bekennt sich zum Islam ........ 49
15. Der Beginn der Verpflichtung zum Gebet ........ 50
16. ᶜAlī ibn abī Ṭālib, der erste Muslim ........ 51
17. Muḥammad tritt öffentlich als Prophet auf ........ 53
18. Verhandlungen mit den Quraish ........ 58
19. Die Quraish verfolgen die Schutzlosen unter den Muslimen ........ 64
20. Die Auswanderung nach Abessinien ........ 65
21. Die Quraish senden eine Delegation nach Abessinien, um die Auswanderer zurückzuholen ........ 67
22. ᶜUmar wird Muslim ........ 71
23. Die Boykotturkunde ........ 74

24. Die Rückkehr der Auswanderer aus Abessinien ........ 76
25. Die Aufhebung des Boykotts ........ 76
26. Eine christliche Gesandtschaft bekehrt sich zum Islam ........ 79
27. Die Nachtreise ........ 80
28. Die Himmelsreise ........ 86
29. Gott straft die Spötter ........ 89
30. Abū Ṭālib und Khadīdja sterben ........ 90
31. Der Beginn des Islam bei den „Helfern" ........ 93
32. Die erste Huldigung von ᶜAqaba ........ 94
33. Die zweite Huldigung von ᶜAqaba ........ 95
34. Das Götzenbild des ᶜAmr ibn Djamūḥ ........ 100
35. Die Offenbarung des Befehles zum Kampf ........ 101
36. Die Hidjra des Propheten ........ 103
37. Der Gebetsruf ........ 114
38. Die Feinde unter den Juden ........ 116
39. Das Datum der Hidjra und die ersten Feldzüge ........ 123
40. Der Streifzug des ᶜAbdallāh ibn Djaḥsh
und die Offenbarung über den Heiligen Monat ........ 124
41. Die Änderung der Gebetsrichtung ........ 127
42. Die große Schlacht von Badr ........ 127
43. Gedichte über die Schlacht von Badr ........ 141
44. Die Schlacht von Uḥud ........ 144
45. Gedichte über die Schlacht von Uḥud ........ 156
46. Der Kampf am Brunnen von Maᶜūna im Monat
Ṣafar des Jahres 4 ........ 158
47. Die Vertreibung der Banū Naḍīr ........ 160
48. Der Feldzug von Dhāt ar-Riqāᶜ ........ 162
49. Der letzte Feldzug nach Badr ........ 164
50. Die Grabenschlacht ........ 165
51. Der Angriff auf die Banū Quraiẓa ........ 176
52. Gedichte über den Grabenkrieg ........ 182
53. ᶜAmr ibn ᶜĀṣ und Khalid ibn Walīd nehmen den Islam an ........ 184
54. Der Überfall auf die Banū Muṣṭaliq ........ 186
55. Die Lüge, die über ᶜĀ'isha verbreitet wurde ........ 188
56. Der Zug nach Ḥudaibīya am Ende des Jahres 6 ........ 195
57. Der Waffenstillstand ........ 199
58. Der Zug nach Khaibar im Monat Muḥarram des Jahres 7 ........ 204
59. Die Vollzogene Pilgerfahrt ........ 208

60. Der Feldzug nach Mu'ta im Monat Djumādā I. des Jahres 8 .......... 209
61. Der Grund für den Zug nach Mekka und die Eroberung im Jahre 8 .......... 213
62. Die Schlacht von Ḥunain im Jahre 8 .......... 224
63. Der Zug nach Ṭā'if im Jahre 8 .......... 231
64. Die Verteilung der Beute der Hawāzin .......... 233
65. Der Zug nach Tabūk im Jahre 9 .......... 237
66. Die Gesandtschaft der Thaqīf und ihre Bekehrung im Jahre 9 .......... 241
67. Das Jahr 9, das Jahr der Gesandtschaften .......... 244
68. Die Banū Ḥārith nehmen durch Khālid ibn Walīd den Islam an .......... 245
69. Die beiden Lügenpropheten Musailima und Aswad .......... 248
70. Die Abschiedswallfahrt .......... 249
71. Die Krankheit des Propheten .......... 251
72. Die Beisetzung des Propheten .......... 257

## ANHANG

Anmerkungen .......... 263
Namensregister .......... 268
Bibliographie .......... 291
Zeittafel .......... 295
Karte: Die Stämme auf der Arabischen Halbinsel zur Zeit des Propheten .......... 297

## VORWORT ZUR ERSTEN AUSGABE

### *Ibn Isḥāq und sein Werk*

Keinem arabischen Adligen mit politischen Ambitionen wäre es im achten Jahrhundert unserer Zeitrechnung in den Sinn gekommen, Medina zum Ausgangspunkt seiner Karriere zu machen. Die Stadt, die das Grab des Propheten Muḥammad, der Friede sei auf ihm, in sich barg, lag nun, hundert Jahre nach seinem Hinscheiden (632), schon wieder abseits der großen Politik. Die Zentren des arabischen Reiches hatten sich nach Norden in den Fruchtbaren Halbmond verschoben. Von Damaskus aus regierten die umayyadischen Kalifen, während sich im Iraq in den alten Heerlagern Kūfa und Basra die ᶜalīdische und ᶜabbāsidische Opposition sammelte und Bagdad schließlich Damaskus als Sitz des Kalifen ablöste. Medina hatte nur noch eines zu bieten: seine Gelehrten, die sich dem Studium des Koran hingaben, mit echten und angeblichen Worten des Propheten um Rechtsfragen stritten und dabei mißtrauisch dem weltlichen Treiben der Stellvertreter des Propheten, der Kalifen, im Norden zusahen.

In diesem Milieu lernte und lehrte in der ersten Hälfte des achten Jahrhunderts in Medina ein Mann, von dem ein Zeitgenosse sagte, daß unter den Menschen das Wissen über das Leben des Propheten nicht vergehen werde, solange er lebe: unser Autor Muḥammad ibn Isḥāq. Seinen Großvater hatten einst die in den Iraq vordringenden muslimischen Heere gefangengenommen und als Sklaven nach Medina geschickt, wo er aber bald, nachdem er den Islam angenommen hatte, die Freiheit geschenkt bekam. Seine Söhne befaßten sich bereits alle mit der Überlieferung prophetischen Handelns und Sagens, weshalb es nicht verwundert, daß sich auch der junge, um 704 geborene Ibn Isḥāq dem gleichen Studium zuwandte. Im besonderen nahm ihn aber die Geschichte gefangen, ein Gebiet, dem man indes in den orthodoxen Gelehrtenkreisen Medinas noch mit Skepsis gegenüberstand. Mit einer ungewöhnlichen Begeisterung versuchte er sich alle nur möglichen Informationen zu beschaffen. Ende der dreißiger Jahre trieb ihn sein Wissensdrang und wohl auch die Suche nach dem noch kostbaren Schreibmaterial bis nach Alexandrien. Kaum nach Medina zurückgekehrt, bekam er aber den Neid seiner engstirnigen pharisäischen Kollegen zu spüren. Sie bezichtigten ihn ᶜalīdischer oder auch non-deterministischer Neigungen, wiesen ihm „schwache" Überlieferungen nach, kritisierten, daß er sogar von Juden und Christen Berichte übernahm, und schwärzten ihn schließlich mit angeblichen Frauengeschichten beim umayyadischen Statthalter an. Kein Wunder, daß Ibn Isḥāq beschloß, in den Iraq auszuwandern. Mit Wehmut wird er seine Geburtsstadt kaum verlassen haben. Im Gegenteil, der Iraq war inzwischen zum Sammelbecken zahlreicher geistiger und religiöser Strömungen geworden, die einem solchen Mann eine anregendere Umgebung versprachen. Außerdem bahnte sich der Sturz der Umayyaden und der Sieg der ᶜAbbāsiden an, die dann in den fünfziger Jahren mit der Gründung Bagdads einen Anziehungspunkt für Gelehrte aus allen Provinzen des Reiches schufen. Der zweite ᶜAbbāsiden-Kalif, Manṣūr (reg. 754 bis 775), erkannte wohl die Begabung und das gewaltige Wissen dieses Medinensers, der inzwischen auch Nordmesopotamien und Persien bereist hatte, und ließ ihm jegliche Förderung angedeihen. Als Ibn Isḥāq Ende der sechziger Jahre in Bagdad starb, lag das erste umfassende Geschichtsbuch der islamischen Welt vor.

Ibn Isḥāq hatte sein Werk in vier Teilen konzipiert, von denen der letzte auch als selbständiges Buch in Umlauf kam. Der erste Teil, „der Anfang" genannt, enthielt die Geschichte von der Erschaffung der Welt, den Propheten von Adam bis Jesus und den arabischen Stämmen in vorislamischer Zeit. In den beiden folgenden Teilen, „die Sendung" und „die Kämpfe", fand sich eine umfangreiche Darstellung der Vita des Propheten Muḥammad. Im vierten Teil, „die Kalifen", führte der Autor schließlich die Geschichte bis auf seine Zeit fort. Das Gesamtwerk in seiner ursprünglichen Form ist uns nicht erhalten. Der letzte Teil muß, von wenigen Zitaten bei späteren Autoren abgesehen, als gänzlich verloren gelten, und das gleiche trifft auf den ersten Teil zu, doch haben sich davon längere Passagen erhalten. Daß wenigstens die beiden mittleren Teile, die uns das Leben Muḥammads schildern, fast vollständig vor dem Verlust bewahrt blieben, verdanken wir einem ägyptischen Gelehrten, der um 830 n. Chr. starb, nachdem er sich als Grammatiker und Genealoge einen bedeutenden Namen gemacht machte: Ibn Hishām. Ein Schüler des Ibn Isḥāq hatte ihm den Text aus dem Iraq mitgebracht, und er gestaltete dieses Material zu jenem Buch um, das als *die* Sīra (Vita) schlechthin bis heute die berühmteste Prophetenbiographie blieb.

Wie Ibn Hishām bei der Edition des Werkes verfahren ist, erklärte er selbst in seiner Einleitung: „Wenn Gott will, werde ich dieses Buch mit Abrahams Sohn Ismāʿīl und jenen aus seiner Nachkommenschaft beginnen, die die Ahnen des Propheten waren, und werde Ibn Isḥāqs Berichte darüber anführen. Die anderen Nachkommen Ismāʿīls werde ich übergehen und mich ganz auf das Leben des Propheten beschränken. Deshalb werde ich auch auf einige jener Berichte aus Ibn Isḥāqs Werk verzichten, in denen der Prophet nicht erwähnt ist, über die es keine koranischen Offenbarungen gibt und die weder als Kommentar noch als Zeugnis für irgend etwas in diesem Buche dienen. Weiterhin werde ich diejenigen von ihm angeführten Gedichte weglassen, die, wie ich festgestellt habe, keinem Kenner der Poesie geläufig sind. Und schließlich werde ich solche Nachrichten nicht wiedergeben, über die zu sprechen entweder widerwärtig ist oder deren Erwähnung einige Leute verletzen würde oder deren Überlieferung mir Bakkā'ī (der Vermittler des Textes) als nicht gesichert angegeben hat. Alles andere werde ich, wenn Gott will, vollständig wiedergeben, soweit es sicher bekannt und überliefert ist." Anhand von Zitaten bei anderen Autoren, die Ibn Isḥāqs Text benutzt haben, läßt sich feststellen, daß Ibn Hishām in der Tat den weitaus größten Teil seiner Vorlage wörtlich übernommen hat, so daß wir mit Recht Ibn Isḥāq als den Autor und Ibn Hishām lediglich als den Herausgeber des Buches bezeichnen können. Nur den Teil über die vorislamische Geschichte hat er extrem verkürzt, die eigentliche Vita des Propheten aber beinahe vollständig übernommen. Es hat gewiß zur Popularität des Werkes beigetragen, daß Ibn Hishām an vielen Stellen, und vor allem zu schwierigen Passagen in den Gedichten, kurze Erläuterungen einschob, die er jedoch stets als seine eigenen Worte kennzeichnete.

Der eigentliche Text, wie er uns noch heute vorliegt, ist demnach etwa 120 Jahre nach Muḥammads Tod von Ibn Isḥāq niedergeschrieben bzw. diktiert worden. Aus unabhängigen Vergleichszitaten ergibt sich außerdem, daß auch Ibn Isḥāq den weitaus überwiegenden Teil seines Materials oft wörtlich von seinen Lehrern übernommen hat und somit die Berichte bereits im ersten islamischen Jahrhundert teils schriftlich, teils mündlich in Umlauf waren. So hatte sein von ihm häufig zitierter Lehrer Zuhrī (gest. um 742) bereits ein – heute verlorenes – Buch über die Schlachten des Propheten geschrieben, und das gleiche trifft wahrscheinlich auf seinen Zeitgenossen ᶜĀṣim ibn ᶜUmar zu. Eine weitere Hauptquelle Ibn Isḥāqs, ᶜUrwa ibn Zubair (gest. 712), ein Großneffe der ersten Frau des Propheten und möglicherweise der Begründer der Prophetenbiographie überhaupt, führt uns in noch frühere Zeit. Diese zeitliche Nähe der Berichterstatter zum Geschehen erklärt nicht zuletzt die überraschende Menschlichkeit, mit der Muḥammad geschildert wird, und auch manchen kritischen Ton, der sich trotz Ibn Hishāms redaktionellem Eingreifen erhalten hat. Der frühen schriftlichen Fixierung des Lebens Muḥammads verdankt es der Islam u. a., daß sein Begründer, von der Volksfrömmigkeit und einigen Sekten einmal abgesehen, nie in dem Maße wie andere Religionsstifter verklärt wurde. Der heutige europäische Leser möge deshalb diese menschlichen, ja manchmal allzu menschlichen Züge, die er in der Biographie des Propheten finden mag, weniger der Person Muḥammads anlasten als der Ehrlichkeit seiner Biographen.

## *Zur literarischen Form und Übersetzungsproblematik*

Als literarische Gattung nimmt die Prophetenbiographie innerhalb der arabischen Geschichtsschreibung eine gewisse Sonderstellung ein. Sie ist das älteste Thema der arabischen Historiographie und sowohl inhaltlich als auch formalgeschichtlich eng mit dem Ḥadīth (Nachrichten über Taten oder Aussprüche des Propheten und seiner Gefährten) verbunden. Andererseits hat gerade Ibn Isḥāqs Werk aufgrund der Fülle von Gedichten und gewisser Typen von Anekdoten durchaus auch viele Berührungspunkte zur Schönen Literatur, dem Adab. Charakteristisch für die Ḥadīth-Literatur war die Überliefererkette (*isnād*), mit deren Hilfe der Autor die Herkunft seiner Nachricht nachwies, entsprechend etwa unseren Fußnoten in wissenschaftlichen Abhandlungen. Stereotype Formulierungen wie „es berichtete mir A von B von C, daß der Prophet gesagt hat ..." lassen zwar den Eindruck aufkommen, es handele sich dabei grundsätzlich um mündliche Überlieferung, doch wissen wir heute, daß sich hinter den in solchen Formulierungen enthaltenen Namen nicht selten ältere Autoren verbergen, von denen z. B. auch Ibn Isḥāq, wie bereits angedeutet, lediglich wieder abgeschrieben hat. Diese Überliefererketten sind auch in andere Bereiche der arabischen Literatur eingedrungen und verleihen ihr oft insofern ein seltsam anmutendes atomisiertes Gepräge, als sie jede fortlaufende Darstellung, z. B. eines historischen Vorganges, ständig unterbrechen und der Leser etwa die Schilderung einer Schlacht in kleinen, voneinander oft völlig unabhängigen Augenzeugenberichten über diese oder jene private Keilerei serviert bekommt. Ibn Isḥāq zeichnet sich dabei noch wohltuend durch die spärliche Verwendung der Überliefererketten aus, ja an vielen Stellen verzichtete er völlig auf entsprechende Angaben oder faßte sie zu Beginn eines längeren Abschnittes zusammen. Dadurch wirken seine Berichte geschlossener und entsprechen mehr unserem europäischen Formgefühl, ohne daß der für die arabische Geschichtsschreibung so typische anekdotenhafte Stil verlorenginge. Dem deutschen Leser wird – von eingestreuten Gedichten einmal abgesehen – die nüchterne Darstellungsweise auffallen, vor allem wenn er die vielzitierte blumige Ausdrucksweise des Orients in diesem Buch zu finden glaubte. Die frühe arabische Literatur ist in ihrer Prosa nüchtern, oft sogar spröde. Daß die Darstellung trotzdem oft sehr lebendig wirkt, verdankt sie den Augenzeugenberichten und dem daraus resultierenden Stilmittel der direkten Rede, die der Araber stets jeder anderen Art von Beschreibung vorzog. Ein weiteres Merkmal der historischen und vielfach auch der schönen Literatur ist die ungeheuere Fülle der auftretenden Namen, die dem europäischen, nicht fachlich vorgebildeten Leser den Zugang zu diesem Schrifttum mitunter sehr erschwert. Diese auf den ersten Blick geradezu abschreckende „Nomomanie“ hat ihre Ursache teils in der gemeinsemitischen Vorliebe für genealogische Verhältnisse, teils – wie im Falle der Prophetenbiographie – in dem Bedürfnis, die Haltung gewisser Familien und Stämme gegenüber dem Propheten herauszustreichen oder auch herunterzuspielen, teils in materiellen und sozialen Folgen, die sich z. B. aus der Teilnahme eines Vorfahren an einer Schlacht auf seiten des Propheten ergeben konnten.

Diese und andere Wesenszüge der Prophetenbiographien bringen den Übersetzer ständig in einen Zwiespalt zwischen seiner Verpflichtung zur sprachlich genauen und inhaltlich vollständigen Wiedergabe des Textes einerseits und der Aufgabe, das Original lesbar zu machen, andererseits. Im ersten Fall nimmt er schwerfällige Formulierungen und eine große Zahl erläuternder Anmerkungen in Kauf, im zweiten Fall muß er auf manche stilistische Eigenart und auf zahlreiche sachliche Inhalte verzichten. Goethe nannte einst in seinem Westöstlichen Diwan die erste Übersetzungsweise das „Niederziehen auf die Wasserebene“ und charakterisierte sie als äußerst wünschenswert, doch muß man wohl hinzufügen, wünschenswert für ihn, der sich berufen fühlte, den Text dann aus dem Wasser zu holen und selbst in eine adäquate Form zu betten. Die vollkommene Übersetzung ist nach Goethes Ansicht diejenige, die „dem Original identisch“ ist, und er verwies auf die Voßschen Übertragungen Homers, die nach anfänglicher Ablehnung „dem geistreich-talentvollen Jüngling ungeahnte rhetorische, rhythmische, metrische Vorteile zur Hand“ gegeben hätten. Aber gerade diese Übersetzungsweise ist für das Arabische nicht möglich, denn, um mit Friedrich Rückert zu sprechen, „dazu gehören eine nähere Verwandtschaft oder eine innigerere Aneignung eines fremden Bildungskreises, als deren wir bis jetzt uns in bezug auf den Orient rühmen können“. Aus Rückerts Worten ist die Hoffnung zu spüren, diese „innigerere Aneignung“ werde eines Tages Wirklichkeit werden und jene Übersetzungen erlauben, die ihm vorschwebten; heute, genau einhundertundfünfzig Jahre nachdem Rückert diese Worte schrieb, sind wir der innigereren Aneignung des islamisch-arabischen Kulturkreises kaum ein Stück nähergekommen, und die

Probleme des Übersetzens sind dieselben geblieben. Sie gelten auch nicht nur für die von Goethe und Rückert angesprochene Poesie, sondern in gleicher Weise für die Prosa.

Entscheidend für die Übersetzungsweise ist der Adressat, an den die Übersetzung gerichtet ist. Es steht außer Frage, daß der Religionswissenschaftler und der Historiker, der des Arabischen nicht mächtig ist, die Prophetenbiographie eines Ibn Isḥāq aber als Quelle für seine Forschungen benutzen möchte, nach einer kommentierten wissenschaftlichen und vollständigen Übersetzung verlangt, wobei ihn Stil und Form weniger oder gar nicht zu interessieren brauchen. Auf der anderen Seite stehen aber der Lehrer, der Student, der Journalist, der Wirtschaftsfachmann, kurz alle jenen, die, aus welchem Grunde auch immer, ein Interesse am Orient gefunden haben und sich anhand übersetzter Texte ein eigenes Bild von Literatur, Geschichte und Religion der Araber machen möchten. Für diesen Leserkreis wurde die Bibliothek Arabischer Klassiker geschaffen, deren ersten Band Sie nun in Händen haben.

## *Zur Gestaltung und Benutzung des Buches*

FOLGENDE Grundsätze und Überlegungen sind in die Übersetzung und Gestaltung des Buches eingegangen:

a) Die großen literarischen Werke der frühen und klassischen Epoche arabischen Schrifttums sind fast immer äußerst umfangreich, weshalb in der Regel nur eine Auswahl aus dem jeweiligen Text gegeben werden kann. Im vorliegenden Fall wurde etwa ein Viertel des Originals (Ibn Hishāms Anmerkungen nicht mitgerechnet) übersetzt. Verzichtet wurde vor allem auf die Übertragung des umfangreichen Vorspanns über die vorprophetische Geschichte Südarabiens und Mekkas, auf die langen Namenslisten von Teilnehmern an den einzelnen Schlachten, auf Legenden und Begebenheiten, die sich vom Motiv her häufig wiederholen (z. B. Wunder während des Grabenkrieges und die Berichte über die Abordnungen der einzelnen Stämme im Jahr der Delegationen), auf solche Schilderungen, die für das Verständnis der Person Muḥammads und den Ablauf der Ereignisse unmittelbar ohne Bedeutung sind, und schließlich auf jene Kapitel, die reine

Kommentare zu einzelnen Abschnitten des Koran darstellen. (In der Übersetzung der Koranzitate bin ich, von kleinen formalen Änderungen abgesehen, der Übertragung von Rudi Paret, *Der Koran*, Suttgart 1966, gefolgt.) Das Hauptanliegen bestand darin, die historische Abfolge und den inneren Bezug der Geschehnisse durch die Kürzungen nicht zu zerstören.

b) Aus Gründen der Lesbarkeit ist es sprachlich vielfach nicht möglich, das Original „wörtlich" wiederzugeben, sondern man muß gelegentlich in die Paraphrase ausweichen. Eine besondere Problematik stellt in diesem Zusammenhang die exemplarisch ausgewählte Poesie dar. Im allgemeinen besteht ein arabisches Gedicht aus beliebig vielen Versen, die jeweils in zwei Halbverse zerfallen. Der Reim am Ende des zweiten Halbverses zieht sich durch das ganze Gedicht. Einige Versmaße, die vor allem in Kampf- und Spottgedichten verwendet wurden (vgl. Anm. 8), kennen die Aufteilung in Halbverse nicht und reimen jede Zeile. Neben dem Reim spielen die Versmaße eine entscheidende Rolle. Sie sind (wie auch z. B. im Griechischen) von Längen und Kürzen bestimmt, also quantitativ, und wesentlich zahlreicher als etwa in den klassischen europäischen Sprachen. Diese Metren im Deutschen qualitativ (d. h. durch Betonung der „langen" Silben) wiederzugeben, wie es etwa mit dem Hexameter üblich ist, ist für die arabische Poesie kaum durchführbar, da etwa die gar nicht seltene Folge von drei Längen hintereinander im Deutschen ungemein schwerfällig und unnatürlich wirkt. Ich habe deshalb auf eine Nachahmung der Metren im allgemeinen verzichtet, dagegen die Zahl der Silben pro Vers annähernd beibehalten. Um den Charakter der Gedichte nicht völlig aufzugeben, bin ich jedoch beim Reim geblieben, was bei Gedichten, die sich über zwanzig und mehr Verse erstrecken, ebenfalls problematisch ist, aber doch wenigstens einen charakteristischen Zug des Originals erhält. Eine solche Übersetzungsweise erfordert natürlich gewisse Freiheiten in der Wortwahl, doch habe ich versucht, zumindest die sprachlichen Bilder vollständig beizubehalten.

c) Die sachlichen Anmerkungen wurden auf ein Minimum beschränkt und finden sich am Ende des Textes. Die Namen derjenigen Personen, Sippen und Stämme, die in der Umgebung des Propheten oder in der auf seinen Tod folgenden Entwicklung eine bedeutende Rolle spielten, sowie einige biblische Gestalten werden im alphabetischen Verzeichnis des Anhangs kurz erläutert. Dies erleichtert es dem Leser, sich in der Fülle der Namen besser zurechtzufinden. Die wichtigsten Orte und die Siedlungsgebiete der großen Stämme sind in einer Kartenskizze am Ende des Buches festgehalten. Ebenfalls im Anhang werden in einer Zeittafel Hinweise auf die Umrechnung der Daten und eine chronologische Übersicht über die wichtigsten Ereignisse gegeben sowie in einer bibliographischen Liste einige weiterführende Standardwerke und andere bisherige Übersetzungen genannt.

Tübingen, im Frühjahr 1976 GERNOT ROTTER

## VORWORT ZUR NEUAUFLAGE 1999

Es gibt wohl keinen Autor oder Übersetzer, der sich nicht freut, wenn ein Verleger ihm den Wunsch anträgt, ein längst vergriffenes Werk aus seiner Feder neu aufzulegen, und dies auch noch in einem neuen strahlenden Gewand. Die von den Medien sehr positiv aufgenommene Erstauflage von 1976 hat danach in unveränderter Form drei weitere Auflagen erlebt, nämlich 1979, 1988 und 1991, davon die letzten beiden jeweils als Taschenbuch. In den Jahren danach, als das Buch vom Markt verschwunden war, wurde ich häufig vor allem von deutschen oder in Deutschland aufgewachsenen Muslimen, die des Arabischen nicht oder nicht mehr ausreichend mächtig sind, um das Original zu lesen, gefragt, wann denn endlich mit einer Neuauflage zu rechnen sei. Der Wunsch danach erreichte gleichzeitig auch den muslimischen Verleger, Herrn Spohr. So fanden der Verleger und der Übersetzter leicht zusammen, um eine Neuauflage zu gestalten. Und der Verlag hat dann keine Mühen und keine Kosten gescheut, um dem Werk Ibn Isḥāqs ein seiner Bedeutung entsprechendes Äußeres zu verleihen. So ist ein bibliophiles Kleinod entstanden, für das ich Herrn Spohr außerordentlich dankbar bin.

Hamburg, im Dezember 1998,
Ramadan 1419 — Gernot Rotter

## VORWORT DES VERLAGES

DER TEXT der hier vorliegenden Neuausgabe von Ibn Isḥāqs Biographie des Propheten Muḥammad, auf dem und dessen Familie Friede und Segen seien, wurde sprachlich, sachlich und typographisch überarbeitet. Die dabei vorgenommenen Änderungen betreffen vor allem die Umschrift arabischer Wörter. Hier hatten wir uns zwischen einem im englischen Sprachraum weit verbreiteten System der Transskription und dem der Deutschen Morgenländischen Gesellschaft zu entscheiden. Gilt letzteres unter deutschen Orientalisten als Standard, so liegt seine Schwäche doch in einer übertrieben groß wirkenden Anzahl von Sonderbuchstaben, die das Erlernen und den Gebrauch dieser Umschrift unnötig erschwert.

Wird beispielsweise das arabische *shīn*, das wie das deutsche „sch" klingt, dort mit einem s mit einem Flügelchen, das *djīm* mit einem g mit Flügelchen, das *khāf* aber mit einem h mit einem Häkchen darunter umschrieben, kommt das englische System hier mit Buchstaben der gewohnten Typographie aus und schreibt „sh", „j" (oder „dj") und „kh".

Dem englischen System gaben wir nach längerer Überlegung schließlich vor allem seiner größeren Einfachheit wegen, aber auch deshalb den Vorzug, weil es der Phonetik der Buchstaben im Deutschen überraschenderweise viel näherkommt als jenes Kunstprodukt deutsch-morgenländischer Gelehrsamkeit, es zudem auf der ganzen Welt (vgl. die *Encyclopaedia of Islam*, Leiden 1954 ff.) verbreitet ist.

Wir schreiben also: ('= *hamzah*), b, t, th, dj, ḥ, kh, d, dh, r, z, s, sh, ṣ, ḍ, ṭ, ẓ, c, gh, f, q, k, l, m, n, h, w, y. Die kurzen Vokale a, i, u; die langen Vokale ā, ī, ū. Im modus constructus wandelt sich das *tā' marbūṭah* von *-ah* zu *-at*.

Ein Wort zu den *ṣalawāt*: Wer den Namen des Propheten, der Friede sei auf ihm, verwendet, ohne einen Lobpreis, *ṣalawāt*, wie „der Friede sei auf ihm" oder „Allah segne ihn und schenke ihm Heil", *ṣallaLlāhu ʿalaihi wa sallam*, anzufügen, gilt unter Muslimen als faul. Und innerhalb einer für islamische Druckschriften, manchmal in der geschrumpften Form von Abkürzungen oder kalligraphischer Stempel wie ﷺ und عليه السلام gepflegten Tradition der Eulogie behält sicher derjenige recht, der behauptet, es gebe für ein Stück Papier schwerlich größeren Segen, als einen Lobpreis auf den Propheten zu tragen, auf dem der Friede sei. Wurde bei der Neuherausgabe dieses Werks abendländischer Wissenschaft von einer nachträglichen Einfügung entsprechender Eulogien aber abgesehen, wird der muslimische Leser, so Gott will, bei der Erwähnung des Propheten, auf dem Gottes Segen ruhe, oder eines seiner Gefährten, Allah sei zufrieden mit ihnen allen, ohnehin von sich aus einen entsprechenden Lobpreis anfügen.

Wie Sayyidinā Muḥammad عليه السلام sich über *eine* Form der *ṣalawāt* ganz besonders gefreut hat, zeigt die Geschichte, da er einem fremden Jüngling seinem Gefährten Abū Bakr gegenüber bei Tische den Vorrang gab und diesen nach dem Essen mit den Worten um Verzeihung bat: „Keiner in meiner Gemeinde gibt mehr *ṣalawāt* als du, aber die *ṣalawāt*, die dieser junge Mann auf mich ausspricht, sind die schönsten, die ich je gehört habe." Gefragt, wie sie denn lauteten, verriet der Gesandte Gottes ﷺ: „Des morgens und abends sagt er: ‚O Allah, segne Muḥammad und sein Haus in jedem, der ihn segnet. O Allah, segne Muḥammad und sein Haus für alle, die ihn nicht segnen. O Allah, segne Muḥammad und sein Haus so, wie es schön ist, daß man ihn segne. O Allah, segne Muḥammad und sein Haus so, wie es sich gehört, daß man ihn segne.' – Darum, o Abū Bakr, habe ich ihn auf dem Ehrenplatz sitzen lassen." (Diese *ṣalawāt* – vgl. Amina Adil, *Über die Heiligen Monate* ..., 2. Aufl. Bonndorf 1997, S. 79 – findet sich auch in Djazūlīs *Dalāilu l-Khairāt*.)

Ist der Wert von Kenntnissen des Lebens des Propheten عليه السلام unter Muslimen unbestritten, sind wir stolz darauf und glücklich, an der Wiederherausgabe eines der wichtigsten klassischen Texte der islamischen Überlieferung – neben der zeitgenössischen Biographie Dr. Martin Lings', *Muḥammad*, die im Herbst gleichfalls bei uns erscheinen soll, seit Jahren ein Desiderat – hiermit beteiligt zu sein. Herrn Professor Gernot Rotter von der Universität Hamburg möchten wir für sein Entgegenkommen und sein Vertrauen ebenso danken wie Herrn Michael Lehmann für akribische und fröhliche Hilfe.

Dem Leser sei eine erquickliche Lektüre gewünscht.

Und der Erfolg liegt bei Gott.

Kandern im Schwarzwald,
März 1999, Dhu l-Qaᶜda 1419 SALĪM SPOHR

Muḥammad, der Gesandte Gottes,
der Friede sei auf ihm

*Im Namen des barmherzigen und gütigen Gottes. Lob sei Gott, dem Herrn der Menschen in aller Welt. Und Sein Segen sei über unserem Herrn Muḥammad und seiner ganzen Familie.*

ذِكْرُ سَرْدِ النَّسَبِ الزَّكِيِّ

## I. DER STAMMBAUM MUḤAMMADS VON ADAM

Muḥammad ist der Sohn des ᶜAbdallāh, des Sohnes des ᶜAbdalmuṭṭalib, des Sohnes des Hāshim, des Sohnes des ᶜAbdmanāf, des Sohnes des Quṣayy, des Sohnes des Kilāb, des Sohnes des Murra, des Sohnes des Kaᶜb, des Sohnes des Lu'ayy, des Sohnes des Ghālib, des Sohnes des Fihr, des Sohnes des Mālik, des Sohnes des Naḍr, des Sohnes des Kināna, des Sohnes des Khuzaima, des Sohnes des Mudrika, des Sohnes des Ilyās, des Sohnes des Muḍar, des Sohnes des Nizār, des Sohnes des Maᶜadd, des Sohnes des ᶜAdnān, des Sohnes des Udad, des Sohnes des Muqawwam, des Sohnes des Nāḥūr, des Sohnes des Tairaḥ, des Sohnes des Yaᶜrub, des Sohnes des Yashdjub, des Sohnes des Nābit, des Sohnes des Ismāᶜīl, des Sohnes des Ibrāhīm, des Sohnes des Tāriḥ, des Sohnes des Nāḥūr, des Sohnes des Sārūgh, des Sohnes des Rāᶜū, des Sohnes des Fālikh, des Sohnes des ᶜAibar, des Sohnes des Shālikh, des Sohnes des Arfakhshadh, des Sohnes des Sām, des Sohnes des Nūḥ, des Sohnes des Lamk, des Sohnes des Mattūshalakh, des Sohnes des Akhnūkh – man behauptet, dies sei der Prophet Idrīs; er war der erste Mensch, dem die Prophetenschaft und das Schreiben mit dem Schreibrohr zuteil wurde –, des Sohnes des Yard, des Sohnes des Mahlīl, des Sohnes des Qainan, des Sohnes des Yānish, des Sohnes des Shīth, des Sohnes des Adam[1].

ذِكرُ نَذرِ عَبْدِ المُطَّلِب ذَبْحَ وَلَدِه

## 2. ᶜABDALMUṬṬALIBS GELÜBDE, SEINEN SOHN ZU OPFERN

EINST gelobte ᶜAbdalmuṭṭalib, der Großvater Muḥammads: „Wenn mir zehn Söhne geboren werden und aufwachsen, bis sie mich schützen können, werde ich einen von ihnen Gott bei der Kaᶜba opfern."

Nachdem er zehn Söhne bekommen hatte und wußte, sie würden ihn schützen können, versammelte er sie und erzählte ihnen von seinem Gelübde. Er bat sie, sein Versprechen gegenüber Gott zu erfüllen. Sie stimmten ihm zu und fragten:

„Aber wie sollen wir dies tun?"

„Jeder von euch", erwiderte ᶜAbdalmuṭṭalib, „nehme einen Pfeil, schreibe seinen Namen darauf und bringe ihn mir!"

Dies taten sie, und ᶜAbdalmuṭṭalib trat mit ihnen vor den Götzen Hubal in der Mitte der Kaᶜba, wo dessen Götzenbild an einem Brunnen stand, in welchem man die Geschenke sammelte, die der Kaᶜba dargebracht wurden.

Bei Hubal lagen sieben Pfeile, die beschriftet waren. So stand auf dem einen das Wort „Blutgeld", und immer wenn man sich nach einem Mord nicht darüber einig war, wer das Blutgeld zahlen sollte, loste man mit den sieben Pfeilen, und derjenige, der diesen Pfeil zog, mußte das Blutgeld entrichten. Auf einem anderen Pfeil stand „ja" und auf einem dritten „nein"; immer wenn man eine Entscheidung herbeiführen wollte, suchte man sie in den Lospfeilen, und je nachdem, ob der Pfeil mit „ja" oder jener mit „nein" gezogen wurde, handelte man. Auf den übrigen Pfeilen standen die Worte „er gehört zu euch", „fremd im Stamme", „er gehört nicht zu euch" und „Wasser". Wollte man nach Wasser graben, loste man mit den Pfeilen, darunter auch dem letztgenannten, und grub an jenem Ort, für den der Pfeil entschied. Wollte man einen Knaben beschneiden, eine Heirat durchführen, einen Toten bestatten, oder hegte man Zweifel über die Abstammung eines Mannes, zog man mit hundert Dirham und einem Schlachtkamel zum Götzen Hubal und gab es dem Priester, dem Herrn der Pfeile. Sodann brachten sie denjenigen heran, um den es ging, und sprachen:

„O unser Gott! Dies ist der Soundso, der Sohn des Soundso, mit dem wir dies oder jenes tun wollen. Offenbare uns deshalb die Wahrheit über ihn!“

Dann baten sie den Herrn der Pfeile, das Los zu werfen. Bei „er gehört zu euch“ galt er als echtes Mitglied des Stammes, bei „er gehört nicht zu euch“ wurde er als Bundesgenosse angesehen, und bei „fremd im Stamme“ hatte er keinerlei Bindungen zu ihnen, weder von der Abstammung her noch durch ein Stammesbündnis. Immer wenn das Los in anderen Fällen „ja“ erbrachte, handelten sie entsprechend, und bei „nein“ schoben sie es um ein Jahr auf und brachten es dann ein zweites Mal vor. In allen ihren Entscheidungen richteten sie sich nach den Lospfeilen.

ᶜAbdalmuṭṭalib nun sprach zum Herrn der Pfeile:

„Wirf das Los über meine Söhne mit diesen Pfeilen hier!“

Und er erzählte ihm von seinem Gelübde. Dann gab ihm jeder seiner Söhne den Pfeil mit seinem Namen. ᶜAbdallāh, der Vater Muḥammads, war des ᶜAbdalmuṭṭalib jüngster und liebster Sohn, und ᶜAbdalmuṭṭalib hoffte, das Los werde nicht auf ihn fallen. Der Priester nahm die Pfeile. ᶜAbdalmuṭṭalib aber stand beim Götzen Hubal und betete zu Gott. Doch das Los fiel auf ᶜAbdallāh, und ᶜAbdalmuṭṭalib nahm ihn an die Hand, ergriff das große Messer und brachte ihn zu den Götzenbildern des Isāf und der Nā'ila, um ihn dort zu opfern. Da kamen die Quraish aus ihren Versammlungen und fragten ihn:

„Was hast du vor, ᶜAbdalmuṭṭalib?“

„Ich will ihn opfern“, erwiderte dieser, doch die Quraish und auch seine eigenen Söhne baten ihn flehend:

„Bei Gott! Opfere nicht deinen Sohn, bevor du nicht ein Sühnegeld angeboten hast. Sonst werden die Männer fortan immer ihre Söhne bringen und schlachten. Was wird dann aus den Menschen werden?“ Und Mughīra aus der Sippe Makhzūm, dessen Großmutter aus ᶜAbdalmuṭṭalibs Familie stammte, beschwor ihn:

„Bei Gott! Opfere deinen Sohn nicht, bevor du nicht ein Sühnegeld angeboten hast. Wir würden unser ganzes Vermögen geben, um ihn loszukaufen.“

Und die Quraish und seine Söhne forderten ihn auf:

„Tue es nicht! Sondern ziehe mit ihm nach Medina. Dort lebt eine Seherin, die einen Geist besitzt. Frage sie und handle entsprechend. Befiehlt sie dir, ihn zu opfern, so tue es. Entscheidet sie aber auf einen glücklichen Ausgang für dich und für ihn, so nimm es an."

Da machten sie sich auf den Weg nach Medina, wo man ihnen sagte, die Seherin sei in Khaibar. Sie ritten weiter, bis sie bei ihr anlangten, und befragten sie. ᶜAbdalmuṭṭalib erzählte ihr von sich und seinem Sohn, was er mit ihm tun wollte und was er gelobt hatte.

„Laßt mich für heute allein", bat sie sie, „damit mein Geist zu mir kommen und ich ihn befragen kann." Sie entfernte sich, und ᶜAbdalmuṭṭalib betete wieder zu Gott. Als sie am nächsten Tag zu ihr zurückkehrten, sprach sie: „Ich habe die Botschaft empfangen. Wie hoch ist das Blutgeld bei euch?"

„Zehn Kamele", antworteten sie wahrheitsgemäß, und die Seherin fuhr fort:

„So kehrt in euer Land zurück. Nehmt dort euren Gefährten und zehn Kamele und laßt die Lospfeile über sie und ihn entscheiden. Fällt das Los gegen ihn aus, so vermehrt die Zahl der Kamele, bis euer Herr zufrieden ist. Entscheidet das Los gegen die Kamele, so opfert sie an seiner Statt. Euer Herr ist dann zufrieden und euer Gefährte gerettet."

Sie verließen die Seherin und kehrten nach Mekka zurück. Nachdem sich dort alle darauf geeinigt hatten, brachten sie ᶜAbdallāh und zehn Kamele, während ᶜAbdalmuṭṭalib beim Bilde Hubals stand und zum Erhabenen Gott betete. Die Pfeile wurden geworfen, und das Los entschied gegen ᶜAbdallāh. Da brachten sie weitere zehn Kamele, und ᶜAbdalmuṭṭalib betete wieder zu Gott, doch das Los entschied erneut gegen ᶜAbdallāh. So verfuhren sie weiter, und das Los entschied immer gegen ᶜAbdallāh, bis hundert Kamele erreicht waren. Erst dann fiel das Los auf die Kamele, und die Quraish und alle anderen riefen:

„Nun ist dein Herr zufrieden, ᶜAbdalmuṭṭalib!" Doch ᶜAbdalmuṭṭalib, so wird behauptet, entgegnete:

„Nein, bei Gott, erst wenn ich das Los noch dreimal habe entscheiden lassen."

So warfen sie erneut die Pfeile über ᶜAbdallāh und die Kamele, während ᶜAbdalmuṭṭalib zu Gott betete. Und dreimal entschied das Los gegen die Kamele.

Da wurden diese geschlachtet und niemand daran gehindert, von ihrem Fleisch zu nehmen.

ذِكْرُ الْمَرْأَةِ الْمُتَعَرِّضَةِ لِنِكَاحِ عَبْدِاللّٰه

## 3. EINE FRAU BIETET SICH ᶜABDALLĀH AN

ALS ᶜAbdalmuṭṭalib danach seinen Sohn ᶜAbdallāh bei der Hand nahm und mit ihm wegging, trafen sie bei der Kaᶜba die Schwester des Waraqa ibn Naufal. Diese blickte ᶜAbdallāh ins Antlitz und fragte ihn:

„Wohin gehst du, ᶜAbdallāh?"

„Mit meinem Vater."

„Du erhältst so viele Kamele, wie für dich geschlachtet wurden, wenn du mir sogleich beiwohnst."

„Mein Vater ist bei mir, und ich kann ihm nicht zuwiderhandeln noch mich von ihm trennen."

ᶜAbdalmuṭṭalib setzte mit ihm seinen Weg fort und brachte ihn zu Wahb ibn ᶜAbdmanāf, der damals an Abstammung und Adel der Führer der Sippe Zuhra vom Stamme Quraish war. Dieser gab ᶜAbdallāh seine Tochter Āmina zur Frau, die damals unter den Quraish die edelste war. Sogleich vollzog ᶜAbdallāh mit ihr die Ehe, und sie empfing den Gesandten Gottes. Als ᶜAbdallāh sie darauf verließ und zu der Frau ging, die sich ihm zuvor angeboten hatte, fragte er sie:

„Was ist mit dir, daß du mir heute nicht mehr anbietest, was du mir gestern angeboten hast?"

„Das Licht", sprach sie, „das dich gestern begleitete, hat dich verlassen. Ich brauche dich deshalb nicht mehr."

Von ihrem Bruder Waraqa, der Christ geworden war und die Schriften las, hatte sie nämlich gehört, daß in diesem Volke ein Prophet erscheinen werde. So aber war der Gesandte Gottes der edelste und vornehmste seines Volkes sowohl von seines Vaters wie von seiner Mutter Seite.

ذِكرُ ما قِيلَ لآمِنة
عِندَ حَمْلِها بِرَسُول الله

## 4. DIE WORTE, DIE ĀMINA IN DER SCHWANGERSCHAFT HÖRTE

DIE Menschen erzählen, daß zu Āmina, als sie den Propheten unter dem Herzen trug, eine Stimme kam, die zu ihr sprach:

„Du hast empfangen den Herrn dieses Volkes, und wenn er geboren wird, so sprich: ‚Ich gebe ihn in die Obhut des Einzigen vor dem Übel eines jeden Neiders!' Und nenne ihn Muḥammad, den Gepriesenen!"

Auch sah sie in der Schwangerschaft, wie ein Licht von ihr ausging, in dem sie die Schlösser von Buṣrā in Syrien erblickte.

Nur kurze Zeit, nachdem Āmina den Propheten empfangen hatte, starb ᶜAbdallāh, der Vater Muḥammads.

وِلادَةُ رَسُول الله وَرضاعَتُهُ

## 5. DIE GEBURT DES PROPHETEN UND SEINE AMME

DER Prophet wurde am Montag, dem 17. des Monats Rabīᶜ I. im Jahr des Elefanten, geboren[2]. Nach der Geburt sandte Āmina einen Boten zu seinem Großvater ᶜAbdalmuṭṭalib und ließ ihm sagen:

„Ein Knabe wurde dir geboren. Komm und sieh ihn dir an!" ᶜAbdalmuṭṭalib kam und betrachtete ihn. Āmina aber erzählte ihm, was sie in der Schwangerschaft gesehen und gehört und welchen Namen ihm zu geben man sie geheißen hatte. Da nahm ᶜAbdalmuṭṭalib den Knaben, brachte ihn in die Kaᶜba und betete zu Gott, um Ihm für Seine Gabe zu danken. Und nachdem er ihn zu seiner Mutter zurückgebracht hatte, suchte er eine Amme für ihn und wählte schließlich dafür eine Frau vom Stamme Saᶜd ibn Bakr, namens Ḥalīma, Tochter des Abū Dhu'aib.

Djahm, der Freigelassene des Ḥārith vom Stamme Djumaḥ, berichtete mir die folgende Geschichte, die ihm ᶜAbdallāh ibn Djaᶜfar ibn abī Ṭālib erzählt hatte, der sie von Ḥalīma selbst gehört hatte:

Ḥalīma, die Amme des Propheten, erzählte, wie sie und andere Frauen des Stammes mit ihrem Mann und einem kleinen Sohn im Säuglingsalter ihre Heimat verließen, um sich als Ammen fremde Säuglinge zu suchen. Es war damals, so erzählte sie, ein Jahr der Dürre, das uns nichts mehr zum Leben ließ. Auf einer mondfarbenen Eselin brach ich auf. Bei uns hatten wir eine alte Kamelin, die keinen Tropfen Milch mehr gab. Des Nachts konnten wir nicht schlafen, weil unser Kind, das wir dabei hatten, vor Hunger weinte. Meine Brust war leer und auch das Euter der Kamelin. Doch wir hofften, daß Regen kommen und unsere Reise ein glückliches Ende nehmen würde. Ich ritt auf meiner Eselin; sie war aber so schwach und abgemagert, daß ich den Zug der Karawane verzögerte und den anderen zur Last fiel. Endlich erreichten wir Mekka und suchten nach Säuglingen. Auch Muḥammad wurde einer jeden von uns angeboten, doch lehnten wir alle ab, als wir erfuhren, daß er ein Waisenkind war; wollten wir doch den Lohn vom Vater und sprachen deshalb: „Eine Waise! Was können seine Mutter und sein Großvater uns schon geben!"

Schließlich hatten alle Frauen, die mit mir gekommen waren, einen Säugling, nur ich nicht. Als wir uns zum Aufbruch sammelten, bat ich deshalb meinen Mann: „Bei Gott, ohne einen Säugling kehre ich mit meinen Gefährtinnen nicht zurück! Laß mich deshalb jenes Waisenkind holen und es mitnehmen!" „Ich habe nichts einzuwenden", entgegnete er, „vielleicht wird Gott uns dafür segnen."

So holte ich Muḥammad allein aus dem Grunde, weil ich kein anderes Kind gefunden hatte. Nachdem ich mit ihm zu unserem Gepäck zurückgekehrt war, setzte ich ihn auf meinen Schoß und, siehe da, meine Brüste gaben so viel Milch, wie er nur wollte. Er und auch mein eigener Sohn tranken, bis sie gestillt waren und einschliefen. Dabei hatten wir vorher mit unserem Kind nie Schlaf gefunden. Und als mein Mann zu jener alten Kamelin ging, da war auch sie voll mit Milch. Er molk, soviel wir beide trinken konnten, bis wir vollständig gesättigt waren und wir eine gute Nacht verbrachten. Als wir des Morgens erwachten, sagte mein Mann: „Wisse Ḥalīma! Du hast, bei Gott, einen gesegneten Menschen an dich genommen."

„Bei Gott, ich hoffe es!" antwortete ich ihm.

Wir brachen auf. Ich ritt auf meiner Eselstute und trug Muḥammad bei mir. Und, bei Gott, mein Reittier lief nun so schnell, daß meine Begleiter mit ihren Eseln nicht mehr mithalten konnten und meine Gefährtinnen mir zuriefen:

„Tochter des Abū Dhu'aib, nimm doch Rücksicht auf uns! Ist das denn nicht dieselbe Eselin, mit der du von zu Hause aufgebrochen bist?"

„Doch, bei Gott, sie ist es!" erwiderte ich. Sie aber wunderten sich und sprachen über mich:

„Wahrlich, Großes wird mit ihr geschehen."

Dann erreichten wir unsere Lagerplätze im Gebiet unseres Stammes Saᶜd. Ich kenne, bei Gott, kein unfruchtbareres Land als dieses, doch als wir nun mit Muḥammad ankamen, kehrten meine Ziegen und Schafe am Abend fett und voll mit Milch von der Weide zurück. Indes, während wir molken und tranken, fanden die anderen in den Eutern ihrer Tiere keinen Tropfen. Und auch, als sie ihren Hirten befahlen, dorthin zu ziehen, wo mein Hirte das Vieh hatte weiden lassen, kamen ihre Herden hungrig zurück und gaben keinen Tropfen Milch, während die meinen fett und milchreich waren.

Zwei Jahre lang erfuhren wir Gottes Gnade, bis ich Muḥammad entwöhnte. Er wuchs heran wie kein anderer Junge und war bereits ein kräftiges Kind. Als wir ihn einmal zu seiner Mutter brachten, fürchtete ich nach all dem Segen, den wir durch ihn erfahren hatten, daß sie ihn nicht mehr bei uns lassen würde, und bat sie deshalb:

„O lasse ihn doch bei mir, bis er größer ist, denn ich habe Angst um ihn wegen der Pest in Mekka." Wir drangen so lange in sie, bis sie ihn mir wieder mitgab.

Einige Monate nach unserer Rückkehr hütete er eines Tages zusammen mit seinem Milchbruder hinter unseren Zelten die Schafe, als unser Sohn plötzlich herangelaufen kam und rief:

„Dieser mein Bruder vom Stamme Quraish – zwei Männer in weißen Gewändern haben ihn gepackt, zu Boden geworfen, ihm den Leib geöffnet und schütteln sein Herz."

Sofort liefen mein Mann und ich zu ihm hin und fanden ihn, wie er mit bleichem Gesicht dastand. Wir faßten ihn an und fragten: „Was ist mit dir geschehen?"

„Zwei Männer in weißen Gewändern", begann er zu erzählen, „kamen zu mir, warfen mich nieder, öffneten meinen Leib und suchten irgend etwas darin."

Wir brachten ihn zum Zelt zurück, aber mein Mann sprach zu mir: „Ḥalīma, ich fürchte, ein Geist ist in den Knaben gefahren. Gib ihn seiner Familie zurück, bevor es sich offen an ihm zeigt!"

So brachten wir ihn zu seiner Mutter, die erstaunt fragte:

„Was führt dich mit ihm her, Amme? Du wolltest doch unbedingt, daß er bei dir bleibt."

„Gott", so begann ich, „hat ‚meinen Sohn' soweit gedeihen lassen, und ich habe meine Pflicht getan. Nun fürchte ich, es könnte ihm etwas geschehen, und bringe ihn dir deshalb zurück, wie du es wünschtest."

„Was hast du? Sage mir die Wahrheit! Was ist geschehen?" Und sie bat mich so lange, bis ich ihr alles erzählte. Dann fragte sie mich: „Hast du Angst um ihn vor dem Bösen Geist?"

„Ja", gestand ich, doch sie fuhr fort:

„Nein, bei Gott, der Böse Geist kann ihm nichts tun. Großes wird mit ihm geschehen. Soll ich dir von ihm erzählen?"

Und als ich sie darum bat, schilderte sie mir, wie sie in der Schwangerschaft ein Licht gesehen hatte, das ihr die Schlösser von Buṣrā in Syrien erleuchtet hatte, daß sie noch nie eine leichtere Schwangerschaft als die mit ihm gesehen hatte und daß er bei der Geburt die Hände auf den Boden und den Kopf gen Himmel gerichtet habe. Mich aber schickte sie weg, indem sie sprach: „So lasse ihn denn hier und gehe in Frieden!"

Von einem gelehrten Mann – ich glaube, es kann nur Khālid ibn Maᶜdan gewesen sein – hat mir Thaur ibn Yazīd folgendes weitererzählt:

Den Propheten baten einmal einige seiner Genossen, ihnen von sich selbst zu erzählen. Er kam ihrer Bitte nach und sprach:

„Ich bin das Gebet meines Vaters Abraham und die frohe Botschaft meines Bruders Jesus. Meine Mutter sah, als sie mit mir schwanger war, ein Licht von sich ausgehen, das ihr die Schlösser Syriens erleuchtete. Gestillt wurde ich im Stamme der Banū Saʿd ibn Bakr. Und als ich eines Tages mit meinem Milchbruder hinter unseren Zelten die Schafe hütete, kamen zu mir zwei Männer in weißen Gewändern mit einem goldenen Becken, gefüllt mit Schnee. Sie packten mich, öffneten mir den Leib, nahmen mein Herz heraus, spalteten es, entnahmen einen schwarzen Blutklumpen und warfen ihn weg. Dann wuschen sie mein Herz und meinen Leib, bis sie sie gereinigt hatten.

Schließlich sprach der eine zum anderen: „Wiege ihn gegen zehn aus seinem Volke auf!“ Er tat es, und ich wog sie auf. Und weiter sprach er:

„Wiege ihn gegen hundert aus seinem Volke!“ Er tat es, und ich wog sie auf.

„Wiege ihn gegen tausend aus seinem Volke!“ fuhr er fort, und wieder wog er mich, und ich wog sie auf. Dann erst sprach er: „Laß ab von ihm, denn, bei Gott, auch wenn du ihn gegen sein ganzes Volk wiegst, wird er es aufwiegen.“

وَفَاةُ آمِنَةَ وَحَالُ
رَسُولِ اللّٰهِ مَعَ جَدِّهِ بَعْدَهَا

## 6. ĀMINA STIRBT, UND DER PROPHET LEBT BEI SEINEM GROSSVATER ʿABDALMUṬṬALIB

DER Gesandte Gottes lebte bei seiner Mutter Āmina und seinem Großvater ʿAbdalmuṭṭalib unter dem Schutze und der Obhut Gottes, der ihn für die Ehre, die Er ihm angedeihen lassen wollte, wie eine schöne Pflanze heranwachsen ließ. Als der Prophet sechs Jahre alt war, starb aber seine Mutter Āmina, die Tochter des Wahb. Muḥammad blieb bei seinem Großvater ʿAbdalmuṭṭalib.

Diesem hatte man im Schatten der Kaʿba eine Liegestatt aufgestellt, um welche seine Söhne herumsaßen und warteten, bis er jeweils aus der Kaʿba herauskam. Aus Ehrfurcht vor ihm wagte es keiner, sich daraufzusetzen. Nur der Gesandte Gottes kam oft und nahm Platz darauf, obwohl er noch ein Knabe war. Stets versuchten zwar seine Onkel, ihn davon fernzuhalten, doch immer wenn ᶜAbdalmuṭṭalib dies sah, sprach er: „Laßt meinen Jungen! Bei Gott, Großes wird mit ihm geschehen."

Dann pflegte er ihn zu sich auf das Bett zu setzen und ihm den Rücken zu streicheln. Alles, was er ihn tun sah, freute ihn.

Als der Prophet acht Jahre alt war, starb aber auch ᶜAbdalmuṭṭalib ibn Hāshim, und sein Sohn ᶜAbbās übernahm den Dienst am Zamzam-Brunnen und das Austeilen des Wassers[3], obwohl er der jüngste seiner Söhne war. Später bestätigte ihn der Prophet in diesem Amt, welches deshalb bis heute in den Händen der Nachkommen des ᶜAbbās liegt.

كَفَالَةُ أبي طَالِب لِرَسُول اللّٰه

## 7. ABŪ ṬĀLIB SORGT FÜR DEN PROPHETEN

NACH dem Tode seines Großvaters ᶜAbdalmuṭṭalib lebte Muḥammad bei seinem Onkel Abū Ṭālib, dessen Fürsorge ihn ᶜAbdalmuṭṭalib empfohlen hatte, da ᶜAbdallāh, der Vater des Propheten, und Abū Ṭālib sowohl von ihres Vaters wie von ihrer Mutter Seite Brüder waren. So sorgte fortan Abū Ṭālib für den Propheten, der ihn ganz bei sich aufnahm.

Yaḥyā ibn ᶜAbbād erzählte mir die folgende Geschichte, die er von seinem Vater gehört hatte:

Im Stamme Lihb lebte ein Seher. Immer wenn er nach Mekka kam, brachten die Männer von Quraish ihre Söhne zu ihm, damit er sie sich betrachte und für sie in die Zukunft sehe. Zusammen mit den anderen ging eines Tages auch Abū Ṭālib mit Muḥammad zu dem Seher. Dieser betrachtete ihn, wurde dabei aber durch irgend etwas abgelenkt. Als er sich ihm wieder zuwenden wollte, sah er ihn nicht mehr und rief:

„Wo ist der Junge? Bringt ihn her!"

Abū Ṭālib hatte des Sehers besondere Aufmerksamkeit für Muḥammad bemerkt und ihn deshalb vor ihm verborgen. Der Seher rief:

„Wehe euch! Bringt mir den Jungen zurück, den ich gerade gesehen habe! Bei Gott, Großes wird mit ihm geschehen!" Abū Ṭālib aber brachte Muḥammad weg.

قِصَّةُ بَحِيرَى

## 8. DER MÖNCH BAḤĪRĀ

Abū Ṭālib zog eines Tages als Händler mit einer Karawane nach Syrien. Nachdem er die Vorbereitungen beendet und sich für die Reise entschieden hatte, wurde er vom Propheten leidenschaftlich bedrängt, so daß er Mitleid mit ihm empfand und sagte: „Bei Gott, ich will ihn mitnehmen, und wir wollen uns niemals trennen."

So machte er sich mit ihm auf die Reise. In Buṣrā in Syrien, wo die Karawane anlangte, lebte ein Mönch namens Baḥīrā in seiner Klause. Er kannte die Bücher der Christen. Schon immer hatten in jener Klause Mönche gelebt, die ihr Wissen aus einem Buch schöpften, das sie, so wird behauptet, einer zum anderen weitervererbten. Die Mekkaner waren früher schon oft bei diesem Mönch vorbeigekommen, doch hatte er nie mit ihnen gesprochen noch sich irgendwie um sie gekümmert. Als sie aber in diesem Jahr in der Nähe seiner Klause lagerten, bereitete er ihnen ein großes Mahl. Er hatte nämlich in seiner Zelle gesehen, daß eine Wolke den Propheten in der sich nähernden Karawane beschattete. Und nachdem diese dann herangekommen war und sich in der Nähe unter einem Baum gelagert hatte, bemerkte er, wie die Wolke Schatten über den Baum breitete und dessen Zweige sich so über Muḥammad bogen, daß er darunter Kühlung fand. Als Baḥīrā dies sah, kam er aus seiner Klause und ließ ihnen sagen:

„Ich habe euch ein Mahl bereitet, Männer von Quraish. Ich möchte, daß ihr alle kommt, jung und alt, Sklave und freier Mann."

„Bei Gott, Baḥīrā, Bedeutsames ist heute an dir", erwiderte einer von ihnen und fuhr fort: „Noch nie hast du dies für uns getan, und wir sind schon oft bei dir vorbeigekommen. Was ist heute mit dir?" „Du hast recht. Es ist, wie du sagst. Aber ihr seid Gäste, und ich möchte euch mit einem Mahl ehren, an dem ihr alle teilhaben sollt." Da kamen sie alle zu ihm. Nur Muḥammad blieb wegen seines jungen Alters beim Gepäck unter dem Baum zurück. Als nun Baḥīrā sich unter seinen Gästen umsah, erblickte er nicht das Zeichen, das er aus dem Buche kannte. Deshalb sprach er:

„Nicht ein einziger von euch, Männer von Quraish, soll meinem Mahle fernbleiben!"

„Baḥīrā", antworteten sie ihm, „keiner, dem es gebührte, zu dir zu kommen, ist zurückgeblieben. Nur einen Knaben, den jüngsten von uns, haben wir bei unserem Gepäck gelassen."

„Tut dies nicht!" bat er uns, „ruft ihn, damit er mit euch am Mahle teilnimmt!" Und ein Mann von den Quraish pflichtete ihm bei:

„Bei den Göttinnen Lāt und ᶜUzzā, wir haben Tadel verdient, daß wir den Sohn ᶜAbdallāhs, des Sohnes des ᶜAbdalmuṭṭalib, zurückgelassen haben."

Und er ging zu Muḥammad, trug ihn in seinen Armen herbei und ließ ihn unter seinen Gefährten sitzen. Als Baḥīrā ihn sah, begann er ihn eindringlich zu beobachten und die Merkmale an seinem Körper zu betrachten, von denen er aus seinem Buche wußte, daß sie ihn kennzeichneten. Nachdem seine Gäste das Mahl beendet hatten und weggingen, trat Baḥīrā zu Muḥammad und flehte ihn an:

„O Knabe, ich bitte dich bei Lāt und ᶜUzzā, beantworte mir, was ich dich frage."

Die beiden Göttinnen rief er vor Muḥammad nur deswegen an, weil er zuvor seine Begleiter bei ihnen hatte schwören hören. Der Prophet erwiderte:

„Bitte mich nicht bei Lāt und ᶜUzzā, denn nichts hasse ich mehr als diese beiden!"

„So bitte ich dich denn bei Gott", sprach Baḥīrā, „mir meine Fragen zu beantworten!"

Muḥammad willigte ein, und der Mönch begann, sich nach seinen Träumen, seinem Körper und anderem zu erkundigen. Muḥammad erzählte es ihm. Alles stimmte mit den Merkmalen überein, die Baḥīrā aus seinem Buche kannte. Schließlich betrachtete er auch seinen Rücken und sah an der bestimmten Stelle zwischen seinen Schultern das Siegel der Prophetenschaft. Nachdem er dies alles erfahren hatte, brachte er Muḥammad zu seinem Onkel Abū Ṭālib zurück und fragte ihn:

„Wie steht dieser Junge zu dir?" „Er ist mein Sohn."

„Dies kann nicht sein, denn sein Vater sollte nicht mehr leben."

„Ja, er ist der Sohn meines Bruders."

„Und was ist mit deinem Bruder geschehen?"

„Er ist gestorben, als seine Frau mit dem Jungen schwanger war."

„Nun hast du die Wahrheit gesprochen. Bringe deinen Neffen zurück in seine Heimat und nehme ihn in acht vor den Juden, denn wenn sie an ihm sehen und erkennen werden, was ich an ihm bemerkt habe, werden sie ihm Schlimmes antun. Überaus Großes wird mit deinem Neffen geschehen. So bringe ihn schnell zurück!"

Nachdem Abū Ṭālib in Syrien seine Handelsgeschäfte beendet hatte, zog er deshalb eilends mit Muḥammad zurück nach Mekka. Und Muḥammad wuchs heran – wobei Gott ihn behütete und beschützte und ihn vor der Unreinheit des Heidentums bewahrte, da Er ihn ehren und mit der Prophetenschaft auszeichnen wollte –, bis er das Mannesalter erreichte und in seinem Volke der Tugendhafteste war, der Beste und Edelste, der Hilfsbereiteste und Sanftmütigste, der Aufrichtigste und Treueste und am weitesten entfernt von Zuchtlosigkeit und schlechtem Charakter. Bald nannte man ihn wegen all der guten Eigenschaften, die Gott in ihm vereinigt hatte, nur noch Amīn, den „Treuen".

حَدِيث تَزْوِيج رَسُول اللّٰه خَدِيجَة

## 9. MUḤAMMAD HEIRATET KHADĪDJA

Im Alter von fünfundzwanzig Jahren heiratete der Prophet Khadīdja, die Tochter des Khuwailid ibn Asad ibn ʿAbdalʿuzzā. Sie war eine Geschäftsfrau von Adel und Reichtum und dingte Männer, die für eine gewisse Profitbeteiligung mit ihren Waren

Handel trieben. Die Quraish waren ja ein Handelsvolk. Als sie von Muḥammads Ehrlichkeit, seiner Zuverlässigkeit und seinem edlen Charakter hörte, schickte sie nach ihm und unterbreitete ihm den Vorschlag, als Händler ihre Waren nach Syrien zu bringen. Sie bot ihm dafür mehr als jedem anderen und stellte ihm noch einen ihrer Sklaven namens Maisara zur Verfügung. Der Prophet nahm an, und zusammen mit Maisara und den Waren machte er sich auf den Weg nach Syrien. Als er sich dort im Schatten eines Baumes in der Nähe der Klause eines Mönches niederließ, wandte sich dieser an Maisara und fragte ihn:

„Wer ist dieser Mann, der sich unter jenen Baum gesetzt hat?"

„Er gehört zum Stamme Quraish, zu den Hütern des Heiligtums", erwiderte Maisara.

„Nur Propheten", so erklärte darauf der Mönch, „haben unter diesem Baum gesessen."

Muḥammad verkaufte dann seine Waren, die er mitgebracht hatte, kaufte selbst wieder, was er wollte, und machte sich schließlich mit Maisara auf den Rückweg nach Mekka. Dieser, so erzählt man, sah eines Tages zur Zeit der größten Mittagshitze unterwegs zwei Engel, die Muḥammad, während er auf seinem Kamel dahinritt, Schatten spendeten vor der Sonnenglut. Nachdem Muḥammad die Waren zu Khadīdja gebracht hatte, verkaufte sie diese und erzielte fast doppelten Gewinn. Maisara aber erzählte ihr auch von den Worten des Mönches und von den beiden Engeln, die er gesehen hatte, wie sie Muḥammad Schatten spendeten. Nun war Khadīdja eine entschlossene, edle und kluge Frau mit allen Eigenschaften, mit denen Gott sie hatte auszeichnen wollen. Auf Maisaras Worte hin schickte sie nach Muḥammad und soll dann zu ihm gesagt haben:

„Sohn meines Oheims, ich liebe dich aufgrund unserer gegenseitigen Verwandtschaft, deines hohen Ansehens in deiner Familie, deiner Redlichkeit, deines guten Charakters und deiner Ehrlichkeit." Dann bot sie ihm selbst die Ehe an. Sie war damals unter den quraishitischen Frauen die edelste an Abstammung, die vornehmste und reichste, und jeder aus ihrer Sippe war, wenn nur irgend möglich, auf ihr Vermögen aus. Muḥammad berichtete seinen Onkeln von Khadījdas Vorschlag, worauf sich sein Oheim Ḥamza ibn ᶜAbdalmuṭṭalib zu Khadīdjas Vater,

Khuwailid ibn Asad, begab und bei ihm für Muḥammad um die Hand Khadīdjas anhielt. Sie heirateten, und Muḥammad gab ihr als Brautgabe zwanzig junge Kamele. Sie war seine erste Frau, und solange sie lebte, heiratete er keine andere. Sie gebar ihm alle seine Kinder mit Ausnahme Ibrāhīms, nämlich Qāsim – nach ihm nannte man den Propheten auch Abu l-Qāsim –, Ṭāhir, Ṭayyib, Zainab, Ruqayya, Umm Kulthūm und Fāṭima. Seine Söhne Qāsim, Ṭāhir und Ṭayyib starben alle noch in heidnischer Zeit, während seine Töchter den Islam erlebten, sich zum Glauben bekannten und mit dem Propheten die Hidjra, die Auswanderung nach Medina, mitmachten.

Khadīdja hatte ihrem Vetter Waraqa, einem Christen und gelehrten Mann, der die Schriften gelesen hatte, von den Worten des Mönchs erzählt, wie Maisara es ihr berichtet hatte, und auch von den beiden Engeln, die dieser gesehen hatte, wie sie Muḥammad Schatten spendeten. Waraqa hatte ihr daraufhin geantwortet:

„Wenn dies wahr ist, Khadīdja, dann ist Muḥammad wahrlich der Prophet dieses Volkes. Ich weiß, daß für dieses Volk ein Prophet zu erwarten ist. Seine Zeit ist nun gekommen."

Waraqa konnte es dann kaum mehr erwarten, fragte immer wieder: „Wie lange noch?", und sprach darüber die folgenden Verse:

*Lange harre ich schon aus in meinem Kummer, und die Tränen wollen nicht vergehen.*
*O Khadīdja, immer Neues tust du kund,*
*doch das lange Warten kann ich nicht verstehen.*
*Aber hier im Tale Mekkas hoffe ich,*
*die Erfüllung deiner Worte noch zu sehen,*
*die du uns erzähltest einst von jenem Mönch.*
*Nein! Du konntest sie nicht so verdrehen!*
*Herrschen wird gewiß Muḥammad unter uns,*
*besiegen, wer es wagt zu widerstehen.*
*Er wird breiten über dieses Land ein Licht*
*und die Schöpfung schützen vor dem Untergehen.*
*Niederlagen werden treffen stets den Feind,*
*die Freunde werden stets nur Siege sehen.*

*O wie wünsche ich, ich wäre dann dabei!*
*Als allererster würd' ich bei ihm stehen,*
*kämpfen für den Glauben, mag Quraish ihn noch*
*so hassen, noch so laut in Mekka flehen.*
*Ja, durch ihn, den sie verachten, hoffe ich,*
*zu Gott zu steigen, während sie hinuntergehen.*
*Welch ein Tor ist doch, der nicht an diesen glaubt,*
*der sich für Gott entschied, für Den die Stern' sich drehen.*
*Wenn ich dann noch lebe, werden alle Hei-*
*den schreien ob der Dinge, die geschehen.*
*Sterbe ich, so will ich doch zufrieden sein,*
*denn niemand kann dem Schicksal je entgehen.*

حَدِيث بِنَيَاز الكَعْبَة

## 10. DER WIEDERAUFBAU DER KAcBA

ALS der Prophet fünfunddreißig Jahre alt war, entschlossen sich die Quraish, die Kacba neu zu errichten. Sie planten, sie mit einem Dach zu versehen, fürchteten sich aber davor, sie zu zerstören. Sie war ein ohne Mörtel errichteter Steinbau und etwas mehr als mannshoch. Man wollte sie nun höher bauen und ein Dach darüberbreiten. Aus der Kacba war nämlich ein Schatz gestohlen worden, der sich in ihrer Mitte in einem Brunnen befunden hatte. Der Schatz wurde später bei einem Freigelassenen aus dem Stamme Khuzāca gefunden, und die Quraish schlugen ihm dafür die Hand ab.

Nun war bei Djidda das Schiff eines byzantinischen Kaufmannes gestrandet und zerschellt. Sie nahmen das Holz und richteten es zum Decken der Kacba her. In Mekka gab es auch einen koptischen Zimmermann, und so war schon einiges, was sie zur Restaurierung brauchten, bereit. Indes da war noch die Schlange, die aus dem Brunnen der Kacba, in den man täglich die Opfergaben warf, herauszukriechen pflegte, um sich auf der Mauer des Gebäudes zu sonnen. Sie war eines der Dinge, wovor sie Angst hatten, denn keiner konnte sich ihr nähern, ohne daß sie ihren Kopf hob, zischte und ihr Maul aufsperrte. Als sie sich nun eines Tages auf der Mauer der Ka$^{c}$ba wie gewöhnlich sonnte, schickte Gott einen Vogel, der sie packte und mit ihr davonflog. Da sprachen die Quraish:

„Laßt uns hoffen, daß Gott unser Vorhaben billigt! Wir haben einen befreundeten Handwerker, haben Holz, und Gott hat uns von der Schlange befreit."

Nachdem man sich nun dazu entschlossen hatte, die Ka$^{c}$ba abzureißen und neu aufzubauen, erhob sich Abū Wahb von der Sippe Makhzūm und entfernte den ersten Stein, doch entfiel dieser seiner Hand und kehrte an seinen Platz zurück. Da sprach er:

„Männer von Quraish, bringt in dieses Gebäude nicht unrecht erworbenes Gut, nicht den Lohn der Hure, nicht das Geld des Wucherers und nichts, was ihr erzwungen habt!"

Sodann teilte man die Arbeit an der Ka$^{c}$ba unter die großen Stämme der Quraish auf. Die Seite des Tores erhielten die $^{c}$Abdmanāf und Zuhra, die Seite zwischen der Ecke des schwarzen Steines und der Südecke die Makhzūm und die ihnen angeschlossenen quraishitischen Stämme, die Rückseite die Stämme Djumaḥ und Sahm und die Seite des Ḥaṭīm[4] die $^{c}$Abdaddār, Asad und $^{c}$Adī. Doch dann bekamen sie wieder Angst davor, die Ka$^{c}$ba zu zerstören. Da sprach Walīd, der Sohn des Mughīra:

„Ich will als erster mit der Zerstörung beginnen", und er ergriff seine Spitzhacke, wandte sich der Ka$^{c}$ba zu und rief:

„O Gott, erschrecke nicht! O Gott, wir wollen nur das Beste!"

Dann zerstörte er einen Teil an der Seite der beiden Ecken. In der Nacht wartete man ängstlich und sprach:

„Wir wollen sehen! Wenn Walīd etwas zustößt, reißen wir die Ka$^{c}$ba nicht weiter ein, sondern legen alles wieder so zurück, wie es war. Geschieht ihm nichts, so billigt Gott unser Tun."

Am nächsten Morgen machte sich Walīd wieder an die Arbeit und mit ihm die anderen, bis sie die Grundmauer Abrahams erreichten und auf eng aneinanderliegende grüne Steine stießen, Kamelhöckern gleich. Von einem Überlieferer wurde mir erzählt, daß einer von den an der Zerstörung beteiligten Quraish zwischen zwei dieser Steine eine Brechstange schob, um einen davon herauszudrücken. Kaum bewegte sich aber der Stein, da bebte ganz Mekka, und man ließ deshalb die Grundmauer, wie sie war. Ich habe auch erfahren, daß die Quraish in der Ecke eine syrische Schrift fanden, die sie aber nicht verstanden, bis ein Jude sie ihnen vorlas. Sie lautete:

Ich bin Gott, der Herr von Mekka. Ich erschuf es am Tage, als ich Himmel und Erde erschuf und Sonne und Mond formte, und ich habe es mit sieben gläubigen Engeln umgeben. Es wird nicht vergehen, solange seine beiden Berge stehen: ein Segen für Wasser und Milch für seine Bewohner.

Sodann trugen die quraishitischen Stämme Steine herbei, um die Kaᶜba neu zu errichten, jeder Stamm für sich. Sie begannen zu bauen, bis sie auf die Höhe des Schwarzen Steines kamen und in Streit gerieten. Jeder Stamm wollte nämlich, daß nur er den Stein an seinen Platz lege. Schließlich bildeten sie Parteien, schlossen Bündnisse und rüsteten zum Kampf. Die ᶜAbdaddār brachten eine Schale mit Blut, verbündeten sich auf den Tod mit den ᶜAdī und tauchten darauf ihre Hände in das Blut, weshalb man sie fortan die Blutlecker nannte. So blieb es vier oder fünf Tage. Dann versammelten sich die Quraish im Heiligtum und berieten miteinander, blieben aber in zwei Lager gespalten. Schließlich, so behaupten einige Überlieferer, habe Abū Umayya, der Sohn des Mughīra und damals der älteste unter den Quraish, das Wort ergriffen:

„Männer von Quraish! Laßt den ersten, der durch das Tor des Heiligtums zu uns hereintritt, in euerem Streit entscheiden."

Sie waren damit einverstanden. Der erste, der hereinkam, war der Prophet. Als sie ihn sahen, riefen sie:

„Al-Amīn, der Treue! Mit ihm sind wir einverstanden! Dies ist Muḥammad!"

Nachdem sie ihm alles erklärt hatten, bat er sie, ihm ein Tuch zu bringen. Mit eigener Hand legte er den Stein in dieses hinein und forderte einen jeden Stamm auf, jeweils an einer Seite des Tuches anzufassen und den Stein gemeinsam hochzuheben. So geschah es, und als sie ihn auf die richtige Höhe gehoben hatten, legte er selbst den Stein an seinen Platz. Dann bauten sie darüber weiter.

Zur Zeit des Propheten war die Kaᶜba achtzehn Ellen hoch und zunächst mit weißem ägyptischem, dann mit jemenitischem Stoff bedeckt. Ḥadjjādj ibn Yūsuf ließ sie später als erster mit Seidenbrokat verhüllen.

صِفَةُ رَسُولِ اللَّهِ مِنَ الإِنْجِيلِ

## 11. EIN HINWEIS AUF DEN PROPHETEN IM EVANGELIUM

Zu den Prophezeiungen, die, wie ich erfahren habe, Jesus, der Sohn Mariens, im Evangelium, das für die Christen von Gott zu ihm kam, über den Propheten gemacht hat, gehört das, was der Apostel Johannes nach dem Testament Jesu im Evangelium schrieb, nämlich daß Jesus sprach:

„Wer mich haßt, der haßt auch den Herrn. Hätte ich unter ihnen nicht die Werke getan, die vor mir kein anderer tat, hätten sie keine Sünde. Aber von nun an sind sie stolz und glauben, daß sie mich und den Herrn besiegen. Aber es muß erfüllt werden das Wort, das im Gesetz steht: ‚Sie haßten mich ohne Grund!' Wenn aber Munḥamannā gekommen sein wird, den Gott euch senden wird aus der Gegenwart des Herrn, und der Geist der Wahrheit, der vom Herrn ausgegangen sein wird, dann wird er Zeugnis geben von mir, und auch ihr werdet Zeugnis geben, weil ihr von Anfang an bei mir ward. Darüber habe ich zu euch gesprochen, damit ihr nicht klagt[5]."

Munḥamannā bedeutet auf Syrisch Muḥammad, auf Griechisch ist es Paraklit.

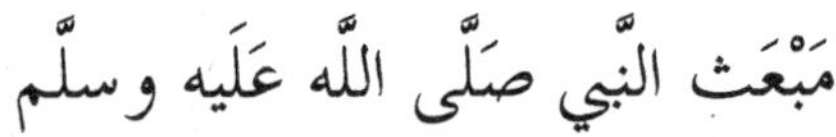

## 12. DIE SENDUNG DES PROPHETEN

Als Muḥammad vierzig Jahre alt war, machte Gott ihn aus Mitleid mit der Welt zum Gesandten und Verkünder für alle Menschen. Gott hatte mit jedem Propheten, den Er vor ihm sandte, einen Bund geschlossen, an Ihn zu glauben, Zeugnis für Ihn abzulegen und Ihm gegen Seine Widersacher zu helfen. Er hatte sie verpflichtet, dies allen weiterzugeben, die an sie glaubten. Und sie taten, wie sie geheißen. Zu Muḥammad sprach Gott:

*„Als Gott mit den Propheten den Bund schloß, sprach Er: ‚Wenn immer Ich euch eine Offenbarungsschrift oder Weisheit gebe und hierauf ein Gesandter zu euch kommt, der bestätigt, was euch an Offenbarungen bereits vorliegt, dann müßt ihr an ihn glauben und ihm helfen!' Und Er fragte sie: ‚Erkennt ihr dies an und übernehmt Meinen Bund?' Sie antworteten: ‚Wir erkennen es an.' Er aber sprach: ‚So legt denn Zeugnis ab, und Ich will mit euch Zeuge sein!'"* (Sure 3, 81).

So schloß Gott mit allen Propheten den Bund, daß sie Zeugnis für Ihn ablegten und Ihm gegen Seine Widersacher halfen. Sie aber gaben es an alle aus den beiden Schriftreligionen weiter, die an sie glaubten.

Zuhrī berichtete, daß ᶜĀ'isha dem ᶜUrwa ibn Zubair folgendes erzählte:

Als Gott Muḥammad ehren und sich der Menschen durch ihn erbarmen wollte, zeigte sich dessen Prophetenschaft zuerst in seinen wahren Träumen, die im Schlaf stets wie der Anbruch des Morgens über ihn kamen. Auch ließ Gott ihn die Einsamkeit schätzen, und bald war ihm nichts mehr lieber, als allein zu sein.

Wahb erzählte mir von ᶜUbaid:

Jedes Jahr zog sich der Prophet im Monat Ramaḍān in die Einsamkeit zurück, um zu beten und die Armen zu speisen, die zu ihm kamen. Immer wenn er am Ende des Monats nach Mekka zurückkehrte, begab er sich zuerst zur Kaᶜba und umschritt sie sieben oder mehr Male. Erst dann ging er nach Hause. Auch in jenem Ramaḍān, in dem Gott ihn ehren wollte, in jenem Jahr, in dem Er ihn sandte, zog Muḥammad wieder mit seiner Familie nach dem Berg Ḥirā', um sich in der Einsamkeit dem Gebet zu widmen. Und in jener Nacht, in der Gott ihn durch die Sendung auszeichnete und sich damit der Menschen erbarmte, kam Gabriel zu ihm.

Als ich schlief, so erzählte der Prophet später, trat der Engel Gabriel zu mir mit einem Tuch wie aus Brokat, worauf etwas geschrieben stand, und sprach:

„Lies!"

„Ich kann nicht lesen", erwiderte ich.

Da preßte er das Tuch auf mich, so daß ich dachte, es wäre mein Tod. Dann ließ er mich los und sagte wieder:

„Lies!"

„Ich kann nicht lesen", antwortete ich.

Und wieder würgte er mich mit dem Tuch, daß ich dachte, ich müßte sterben. Und als er mich freigab, befahl er erneut:

„Lies!"

Und zum dritten Male antwortete ich: „Ich kann nicht lesen."

Als er mich dann nochmals fast zu Tode würgte und mir wieder zu lesen befahl, fragte ich aus Angst, er könnte es nochmals tun:

„Was soll ich lesen?" Da sprach er:

*„Lies im Namen deines Herrn, des Schöpfers, der den Menschen erschuf aus geronnenem Blut! Lies! Und der Edelmütigste ist dein Herr, Er, der das Schreibrohr zu brauchen lehrte, der die Menschen lehrte, was sie nicht wußten."* (Sure 96, 1-5)

Ich wiederholte die Worte, und als ich geendet hatte, entfernte er sich von mir. Ich aber erwachte, und es war mir, als wären mir die Worte ins Herz geschrieben.

Sodann machte ich mich auf, um auf den Berg zu steigen, doch auf halber Höhe vernahm ich eine Stimme vom Himmel:

„O Muḥammad, du bist der Gesandte Gottes, und ich bin Gabriel!" Ich hob mein Haupt zum Himmel, und siehe, da war Gabriel in der Gestalt eines Mannes, und seine Füße berührten den Horizont des Himmels. Und wieder sprach er:

„O Muḥammad, du bist der Gesandte Gottes, und ich bin Gabriel!" Ohne einen Schritt vorwärts oder rückwärts zu tun blieb ich stehen und blickte zu ihm. Dann begann ich, mein Gesicht von ihm abzuwenden und über den Horizont schweifen zu lassen, doch in welche Richtung ich auch blickte, immer sah ich ihn in der gleichen Weise. Den Blick auf ihn gerichtet, verharrte ich, ohne mich von der Stelle zu rühren. Khadīdja sandte inzwischen ihre Boten aus, um nach mir zu suchen, doch kehrten sie erfolglos zu ihr zurück, nachdem sie bis oberhalb von Mekka gelangt waren. Schließlich wich die Erscheinung von mir, und ich machte mich auf den Rückweg zu meiner Familie. Ich kam zu Khadīdja, setzte mich an ihre Seite und schmiegte mich eng an sie:

„Abu l-Qāsim", fragte sie mich, „wo bist du gewesen? Bei Gott, ich habe meine Boten ausgesandt, um dich zu suchen. Bis oberhalb von Mekka sind sie gezogen, doch kamen sie ohne dich zurück." Ich erzählte ihr, was ich gesehen hatte. Da rief sie aus:

„Freue dich, Sohn meines Oheims, und sei standhaft! Bei Dem, in Dessen Hand meine Seele liegt, wahrlich, ich hoffe, du wirst der Prophet dieses Volkes sein."

Dann erhob sie sich, legte ihre Kleider an und begab sich zu ihrem Vetter Waraqa ibn Naufal, der Christ geworden war, die Heiligen Schriften las und von den Anhängern der Thora und des Evangeliums gelernt hatte. Ihm erzählte sie von den Worten Muḥammads, und Waraqa rief aus:

„Heilig! Heilig! Bei Dem, in Dessen Hand meine Seele liegt! Wahrlich, Khadīdja, wenn du mir die Wahrheit gesagt hast, so ist wahrhaftig der Engel Gabriel zu ihm gekommen, wie er zu Moses kam, und er ist wahrlich der Prophet dieses Volkes! Sag ihm, er soll standhaft bleiben!"

Khadīdja kehrte zum Propheten zurück und erzählte ihm die Worte Waraqas. Als Muḥammad dann aus der Abgeschiedenheit vom Berge Ḥirā' wieder nach Mekka zurückkam, begab er sich zunächst wie immer zur Ka$^{c}$ba und schritt um sie herum. Dabei erblickte ihn Waraqa und sprach:

„Sohn meines Bruders, sage mir, was du gesehen und gehört hast!"

Nachdem der Prophet ihm alles geschildert hatte, rief Waraqa:

„Bei Dem, in Dessen Hand meine Seele liegt! Du bist der Prophet dieses Volkes. Der Engel Gabriel ist zu dir gekommen, wie er zu Moses kam. Man wird dich einen Lügner nennen, kränken, vertreiben und zu töten versuchen. Wahrlich, wenn ich jenen Tag erlebe, werde ich Gott helfen, wie Er es weiß."

Und er neigte sein Haupt und küßte ihn auf die Stirn.

إبْتِدَاءُ تَنْزِيلِ القُرآن

## 13. DER ANFANG DER OFFENBARUNG DES KORAN

DIE ersten Offenbarungen empfing der Prophet im Monat Ramaḍān, wie aus den folgenden Worten Gottes deutlich wird:

*Der Monat Ramaḍān, in dem herabgesandt wurde der Koran als Rechtleitung für die Menschen und als Beweis der rechten Führung und Rettung.* (Sure 2, 185)

*Wir haben ihn in der Nacht der Bestimmung herabgesandt. Aber wie kannst du wissen, was die Nacht der Bestimmung ist? Die Nacht der Bestimmung ist besser als tausend Monate. Die Engel und der Geist kommen in ihr mit der Erlaubnis ihres Herrn herab, lauter Logoswesen. Sie ist voller Heil und Segen, bis die Morgenröte sichtbar wird.* (Sure 97)

*Bei der deutlichen Schrift! Wir haben sie in einer gesegneten Nacht hinabgesandt. Und haben die Menschen damit gewarnt. In dieser Nacht wird jede weise Angelegenheit entschieden. Wir haben die Schrift hinabgesandt als eine Sache, die von Uns kommt. Wir haben die Botschaft der Offenbarung gesandt.* (Sure 44, 1-5)

Nach dem Erlebnis auf dem Berg Ḥirā' kamen die Offenbarungen regelmäßig zu Muḥammad. Er glaubte an Gott und an das, was ihn von Ihm erreichte. Er empfing es voll Freude, ob es bei den Menschen Zufriedenheit oder Ärger auslöste. Wegen der Behandlung, die die Propheten von seiten der Menschen erdulden müssen, und der Ablehnung, die man ihrer göttlichen Offenbarung entgegenbringt, ist das Prophetentum eine mühevolle Last, die nur die starken und entschlossenen unter ihnen mit Gottes Hilfe und Vermittlung zu tragen vermögen. Muḥammad aber führte Gottes Auftrag aus, trotz aller Feindseligkeiten und Kränkungen, die ihm von seinem Stamm widerfuhren.

إسْلام خَدِيجة بنْت خُوَيلِد

## 14. KHADĪDJA BEKENNT SICH ZUM ISLAM

Khadīdja glaubte an ihn und an die Offenbarungen, die er von Gott brachte, und stand ihm in seinem Bemühen zur Seite. Sie war überhaupt die erste, die sich zu Gott und Seinem Propheten bekannte und seinen göttlichen Offenbarungen glaubte. Dadurch erleichterte Gott ihm seine Last, denn immer wenn Muḥammad auf üble Ablehnung und Verleumdung stieß und darüber traurig war, ließ Gott es ihn bei ihr vergessen, sobald er zu ihr nach Hause kam, da sie ihn bekräftigte und stärkte, an ihn glaubte und ihn über das Verhalten der Leute beruhigte.

Dann trat für eine gewisse Zeit eine Unterbrechung in den Offenbarungen ein, bis der Prophet darüber bekümmert und traurig wurde. Schließlich aber brachte ihm Gabriel die Sure „der Morgen", in der ihm sein Herr, Der ihn so sehr geehrt hatte, schwor, daß Er ihn nicht verlassen habe und ihn nicht hasse. Gott sprach:

*Beim Morgen und bei der Nacht, wenn alles still ist! Dein Herr hat dich nicht verlassen und verabscheut dich nicht. Und das Jenseits ist besser für dich als das Diesseits. Dein Herr wird dir geben, daß du zufrieden sein wirst. Hat er dich nicht als Waise gefunden und dir Aufnahme gewährt, dich auf dem Irrweg gefunden und rechtgeleitet und dich bedürftig gefunden und reich gemacht? Gegen die Waise sollst du deshalb nicht gewalttägig sein und den Bettler sollst du nicht anfahren. Aber berichte von der Gnade deines Herrn!* (Sure 93)

Deshalb begann nun der Prophet, denjenigen in seiner Sippe, zu denen er Vertrauen hatte, im geheimen von der Prophetenschaft zu erzählen, mit der Gott ihn und durch ihn die Menschen begnadet hatte.

إبْتِدَاءُ فَرْضِ الصَّلاة

## 15. DER BEGINN DER VERPFLICHTUNG ZUM GEBET

Als dem Propheten die Verpflichtung zum täglichen Gebet auferlegt wurde, kam Gabriel auf den Höhen von Mekka zu ihm und grub mit der Ferse ein Loch an einer Stelle am Wadi, worauf dort eine Quelle hervorsprudelte. Während der Prophet ihm zusah, vollzog Gabriel die Waschung, um ihm zu zeigen, wie die Reinigung für das Gebet durchzuführen sei, und darauf wusch sich Muḥammad, wie er es von Gabriel gesehen hatte.

Dann erhob sich der Engel mit ihm zum Gebet, und der Prophet betete wie er. Nachdem Gabriel wieder entschwunden war, ging Muḥammad zu Khadīdja und verrichtete vor ihr Waschung und Gebet, um es ihr zu zeigen, und Khadīdja tat es ihm nach.

Von ᶜUtba, einem Freigelassenen des Stammes Taim, hörte ich, wie er von dem großen Überlieferer Nāfiᶜ ibn Djubair den folgenden Bericht des Ibn ᶜAbbās weitererzählte:

Nachdem dem Propheten die Verpflichtung zum Gebet auferlegt worden war, kam Gabriel zu ihm und betete mit ihm das Mittagsgebet, als die Sonne sich zu neigen begann, dann das Nachmittagsgebet, als sein Schatten so lang war wie er selbst, dann das erste Abendgebet, als die Sonne unterging, dann das zweite Abendgebet, als das Abendrot verging, und dann das Morgengebet, als die Dämmerung anbrach. Und wieder kam Gabriel zu ihm und betete mit ihm das Mittagsgebet, als sein Schatten so lang war wie er selbst, dann das Nachmittagsgebet, als sein Schatten die doppelte Länge hatte, dann das erste Abendgebet, als die Sonne unterging zur gleichen Zeit wie am Vortage, dann das zweite Abendgebet, als das erste Drittel der Nacht verstrichen war, und dann das Morgengebet, als es schon hell war, aber noch vor Sonnenaufgang.

Sodann sprach Gabriel:

„O Muḥammad, die täglichen Gebete sollen jeweils innerhalb der Zeiten verrichtet werden, an denen du heute und gestern gebetet hast."

ذِكْر أنَّ عَلِي بن
أبِي طَالِب أوَّل ذَكَرٍ أسْلَم

## 16. ᶜALĪ IBN ABĪ ṬĀLIB, DER ERSTE MUSLIM

Der erste Mann, der an den Propheten und seine göttliche Botschaft glaubte und mit ihm zusammen betete, war Muḥammads Vetter ᶜAlī, der Sohn des Abū Ṭālib, des Sohnes des ᶜAbdalmuṭṭalib ibn Hāshim. ᶜAlī war damals zehn Jahre alt, und Gott hatte ihm die Gnade erwiesen, daß er vor dem Islam in Muḥammads Obhut aufgewachsen war.

ᶜAbdallāh ibn abī Nadjīḥ berichtete mir die folgende Darstellung des Mudjāhid ibn Djabr:

Die Gnade, die Gunst und die Güte, die Gott ᶜAlī angedeihen lassen wollte, zeigte sich, als die Quraish von einer schweren Hungersnot getroffen wurden. Abū Ṭālib, ᶜAlīs Vater, hatte nämlich eine große Familie zu ernähren, weshalb sich Muḥammad an seinen Onkel ᶜAbbās, einen der wohlhabendsten der Sippe Hāshim, wandte:

„O ᶜAbbās, dein Bruder Abū Ṭālib hat eine große Familie zu versorgen, und du siehst, welche Not über die Menschen hereingebrochen ist. Laß uns deshalb zusammen zu ihm gehen und ihm die Last für einen Teil seiner Familie abnehmen, indem wir beide je einen seiner Söhne aufnehmen und an seiner Statt großziehen."

ᶜAbbās war damit einverstanden. Sie begaben sich zu Abū Ṭālib und sprachen:

„Wir möchten dir einen Teil der Sorge für deine Familie abnehmen, bis die Not, in der sich jetzt die Menschen befinden, gewichen ist." „Tut, was ihr wollt", antwortete Abū Ṭālib, „aber laßt mir meinen Sohn ᶜAqīl!"

Muḥammad nahm daraufhin ᶜAlī zu sich in die Familie, und ᶜAbbās tat mit Djaᶜfar das gleiche. ᶜAlī blieb bei Muḥammad, bis Gott diesen als Propheten sandte, worauf ᶜAlī ihm folgte und an ihn glaubte. Djaᶜfar blieb bei ᶜAbbās, bis er sich zum Islam bekehrte und der Hilfe des ᶜAbbās entraten konnte.

Ein kundiger Überlieferer berichtet, daß der Prophet, wenn die Zeit des Gebets nahte, in die Schluchten außerhalb Mekkas hinausging, wobei ihn ᶜAlī ohne Wissen seines Vaters, seiner Oheime und seiner übrigen Familie begleitete. Sie verrichteten dort ihre Gebete und kehrten bei Einbruch der Nacht nach Hause zurück. So blieb es eine gewisse Zeit, bis ᶜAlīs Vater Abū Ṭālib eines Tages die beiden zufällig beim Gebet überraschte und den Propheten fragte:

„Was ist das für eine Religion, die ich dich hier ausüben sehe?"

„Oheim", erwiderte da Muḥammad, „dies ist die Religion Gottes, die Religion Seiner Engel, die Religion Seiner Propheten und die Religion unseres Stammvaters Abraham. Mit ihr hat mich Gott als Propheten zu den Menschen gesandt, und du bist von allen am würdigsten, meinen Rat zu erhalten, meine Einladung für den rechten Weg zu empfangen, mir Folge zu leisten und mir beizustehen."

„Sohn meines Bruders", entgegnete Abū Ṭālib, „ich kann mich nicht von der Religion und dem Glauben meiner Väter trennen, aber, bei Gott, kein Übel soll dir widerfahren, solange ich lebe."

Man berichtet auch, daß Abū Ṭālib seinen Sohn ᶜAlī fragte, was für eine Religion es sei, an die er glaube, worauf ihm ᶜAlī geantwortet habe:

„Lieber Vater, ich glaube an Gott, Seinen Propheten und Seine Offenbarung; ich habe mit ihm zu Gott gebetet, und ich bin ihm gefolgt."

Und Abū Ṭālib habe erwidert:

„Er hat dich wahrlich nur zum Besten aufgefordert. So bleibe denn bei ihm!"

Als zweiter nach ᶜAlī bekannte sich Zaid ibn Ḥāritha vom Stamm der Kalb, ein freigelassener Sklave des Propheten, zum Islam. Auf ihn folgte Abū Bakr aus der quraishitischen Sippe Taim ibn Murra. Nachdem dieser Muslim geworden war, zeigte er öffentlich seinen Glauben und rief für Gott und Seinen Propheten auf. Er war beliebt in seiner Sippe, geschätzt und umgänglich. Und von allen wußte er am meisten über die Genealogie des Stammes Quraish, ihre hellen wie dunklen Stellen. Er war ein rechtschaffener und ehrlicher Kaufmann, und wegen seines Wissens, seiner Erfahrung in Handelsdingen und seiner angenehmen Gesellschaft pflegten die Männer seiner Sippe oft zu ihm zu kommen und sich mit ihm über vielerlei Fragen zu unterhalten. Alle, denen er vertraute, die zu ihm kamen und sich zu ihm setzten, begann er aufzufordern, an Gott zu glauben und sich zum Islam zu bekennen.

مُبَادَاة رَسُول الله قَوْمَه وَما كان مِنهُم

## 17. MUḤAMMAD TRITT ÖFFENTLICH ALS PROPHET AUF

In großer Zahl bekehrten sich nun Männer und Frauen zum Islam, bis ganz Mekka darüber redete. Darauf befahl Gott Seinem Propheten, sich offen zu Seiner göttlichen Botschaft zu bekennen, mit Seinem Auftrag öffentlich vor die Menschen zu treten und sie zum Glauben an Ihn aufzurufen. Seit seiner Sendung waren inzwischen drei Jahre vergangen, in denen der Prophet den Auftrag Gottes verheimlicht hatte. Nun aber sprach Gott:

*Gib bekannt, was dir befohlen wird, und wende dich ab von den Heiden, die dem Einen Gott andere Götter beigesellen.* (Sure 15, 94)

Ferner sprach Er:

*Und warne deine nächsten Verwandten vor der Strafe Gottes und senke deinen Flügel für die Gläubigen, die dir folgen!* (Sure 26, 214) *Und sage: Ich bin der deutliche Warner.* (Sure 15, 88)

Um sich vor den Leuten ihres Stammes zu verbergen, pflegten die Gefährten des Propheten zum Gebet in die Schluchten außerhalb Mekkas zu ziehen. Eines Tages befand sich Sa<sup>c</sup>d ibn abī Waqqāṣ mit einer Gruppe Prophetengefährten dort beim Gebet, als eine Schar Heiden bei ihnen erschien, sie grob unterbrach und wegen ihres Gebetes beschimpfte und schließlich handgreiflich wurde. Saᶜd schlug dabei mit dem Kieferknochen eines Kamels auf einen der Ungläubigen ein und verwundete ihn am Kopf. Es war dies das erste Blut, das im Islam vergossen wurde.

Als der Prophet, wie Gott es ihm befohlen hatte, den Islam öffentlich zu verkünden begann, wandten sich seine Stammesgenossen zunächst nicht von ihm ab. Sie wiesen ihn erst zurück, als er ihre eigenen Götter schmähte. Mit Ausnahme einer kleinen verachteten Gruppe, die Gott durch den Islam davor bewahrte, erklärten sie ihn alle für untragbar, bekämpften ihn und waren sich in ihrer Ablehnung einig. Unter den Heiden blieb ihm nur sein Onkel Abū Ṭālib freundlich zugetan. Er gewährte ihm seinen Schutz und stellte sich vor ihn.

Der Prophet indes führte weiter Gottes Befehl aus und verkündete Seinen Auftrag, ohne daß ihn etwas davon abzuhalten vermochte. Als die Quraish sahen, daß er ihnen in keinem Punkt, den sie ihm vorwarfen, nämlich der Absage an sie und der Schmähung ihrer Götter, nachgab und daß sein Onkel Abū Ṭālib weiter zu ihm hielt und ihn nicht an sie auslieferte, gingen einige Männer des quraishitischen Adels zu Abū Ṭālib und sprachen:

„Abū Ṭālib! Der Sohn deines Bruders hat unsere Götter beschimpft, unsere Religion geschmäht, unsere Tugenden lächerlich gemacht und unsere Väter des Irrtums bezichtigt. Entweder du sorgst dafür, daß er uns nicht weiter belästigt, oder du läßt uns freie Hand gegen ihn. Du stehst doch ebenso im Gegensatz zu ihm wie wir, und wir werden dich von ihm erlösen."

Abū Ṭālib antwortete freundlich und in aller Höflichkeit, worauf sie ihn wieder verließen.

Der Prophet aber fuhr fort, die Religion Gottes zu offenbaren und zum Glauben an Ihn aufzurufen, wodurch sich die Beziehungen zwischen ihm und seinen Gegnern weiter verschlechterten und sie sich noch mehr miteinander verfeindeten. Die Quraish sprachen immer häufiger von ihm und hetzten einander gegen ihn auf. Schließlich gingen sie wieder zu Abū Ṭālib und sprachen:

„Abū Ṭālib! Du hast ein ehrwürdiges Alter und besitzst hohes Ansehen unter uns. Wir haben dich gebeten, dem Sohn deines Bruders sein Tun zu verbieten, doch du hast ihn uns nicht vom Leibe geschafft. Wahrlich, wir werden es nicht länger dulden, daß er unsere Väter beschimpft, unsere Tugenden lächerlich macht und unsere Götter verunglimpft. Entweder du bringst ihn dazu, daß er uns nicht mehr behelligt, oder wir werden gegen euch beide kämpfen, bis eine unserer Parteien untergeht."

Darauf verließen sie ihn wieder. Schwer lasteten auf Abū Ṭālib die Entfremdung und die Feindschaft seines Volkes, doch konnte er Muḥammad einfach nicht preisgeben und enttäuschen.

Yaᶜqūb, der Sohn des ᶜUtba, erzählte, daß ihm folgendes berichtet wurde:

Nachdem die Quraish ihre Forderungen gestellt hatten, ließ Abū Ṭālib Muḥammad holen und sprach:

„Sohn meines Bruders, die Vertreter deines Stammes waren bei mir." Er erzählte ihm alles und fuhr fort: „Verschone uns und bürde mir nicht etwas auf, was ich nicht tragen kann!"

Da dachte Muḥammad, daß sein Oheim ihn im Stich lassen und preisgeben wolle und daß er seine Hilfe und Unterstützung verlieren werde.

„Mein Oheim", antwortete er ihm, „bei Gott, selbst wenn sie mir die Sonne in meine rechte und den Mond in meine linke Hand legen würden, um mich davon abzubringen – bevor Gott dem Islam nicht zum Sieg verholfen hat oder ich für ihn gestorben bin, werde ich nicht davon ablassen."

Dann brach er in Tränen aus und erhob sich, doch als er davonging, rief Abū Ṭālib ihn zurück und sprach:

„Gehe hin, Sohn meines Bruders, und verkünde, was du willst. Bei Gott, für nichts werde ich dich jemals preisgeben."

Als die Quraish erfuhren, daß Abū Ṭālib es ablehnte, Muḥammad im Stich zu lassen, und entschlossen war, deshalb mit ihnen zu brechen, gingen sie mit ᶜUmāra, dem Sohn des Walīd ibn Mughīra, erneut zu ihm und schlugen ihm folgendes vor:

„Abū Ṭālib! Dies ist ᶜUmāra, der stärkste und schönste junge Mann im Stamme Quraish. Nimm ihn! Sein Verstand und seine Hilfe werden dir von Nutzen sein. Nimm ihn als deinen Sohn an und liefere uns dafür deinen Brudersohn aus, der sich deiner und deiner Väter Religion widersetzt, die Gemeinschaft deines Volkes gespalten und seine Tugenden lächerlich gemacht hat, damit wir ihn töten. So steht es dann Mann gegen Mann."

„Bei Gott", erwiderte Abū Ṭālib, „wie übel ist doch, was ihr von mir verlangt. Ihr wollt mir euren Sohn geben, damit ich ihn euch ernähre, und ich soll euch den meinen geben, damit ihr ihn umbringt! Bei Gott, dies wird niemals geschehen!"

Muṭʿim aus der Sippe ʿAbdmanāf ibn Quṣayy hielt ihm entgegen:

„Wahrlich, Abū Ṭālib, dein Volk hat dich gerecht behandelt und sich bemüht, zu vermeiden, was du verabscheust. Aber ich sehe nicht, daß du auch nur einen Vorschlag von ihm annimmst."

„Ihr habt mich, bei Gott, nicht gerecht behandelt", gab Abū Ṭālib zurück, „sondern seid euch schon längst darin einig, mich aufzugeben und die anderen gegen mich zu unterstützen. So macht denn, was ihr wollt!"

Die Lage wurde nun noch gespannter und die Auseinandersetzung immer hitziger, die Spaltung im Volk vertiefte sich, und man zeigte offene Feindschaft gegeneinander.

Die folgenden Verse richtete Abū Ṭālib gegen Muṭʿim und die Sippe ʿAbdmanāf, die ihn im Stich gelassen hatte, und gegen die anderen aus dem Stammesverband der Quraish, die ihm feindlich gesinnt waren:

*Zu ʿAmr, Walīd und Muṭʿim sprich: „Der Schutz durch euch, er gilt*
*mir nichts! Ich tausch' ihn für ein Fohlen aus Kamelgestüt,*
*ein schwaches mit nur kurzen Beinen, das auch stets noch blökt*
*und sich die beiden Flanken voll mit seinem Harn besprüht;*
*das nicht der Herde folgen kann, wenn sie zur Tränke strebt,*
*und mehr dem Klippdachs gleicht, wenn es hinauf zur Wüste zieht!"*
*„Es ist nicht unsre Sache!", hört ein jeder meine Bru-*
*dersippen sprechen, der um ihre Hilfe sich bemüht.*
*Wiewohl es ihre Sache ist! Doch sie sind abgefal-*
*len, wie vom Berge fallend schnell der Fels hinunterflieht.*
*Besonders meine ich die Sippen Naufal und ʿAbdshams:*
*Sie warfen uns rasch weg wie eine Kohle, die noch glüht.*
*Die eignen Stammesbrüder haben sie im Volk geschmäht*
*und haben nun die Hände leer, nachdem ihr Adel schied.*
*Sie teilen jetzt den Ruhm mit jenen, deren Väter man*
*nicht kennt, es sei denn, daß man ihren Ahn erriet.*
*Dazu gehören auch die Sippen Zuhra, Taim, Makhzūm,*
*von denen früher keine jemals uns zu helfen mied.*
*Bei Gott, auf ewig wird die Feindschaft dauern zwischen uns,*

*solange man noch einen Sproß von uns auf Erden sieht.*
*Wie ach so töricht wurden ihnen Sinne und Verstand,*
*so dumm wie jener, der aus trocknem Brunnen Wasser zieht.*

Die Quraish hetzten gegen die Gefährten des Propheten, die innerhalb ihrer Einzelstämme lebten und sich zum Islam bekehrt hatten. Jeder Stamm fiel über die ihm angehörenden Muslime her, quälte sie und versuchte, sie gewaltsam von ihrem Glauben abzubringen. Den Propheten schützte Gott vor ihnen durch Abū Ṭālib. Als dieser sah, was die Quraish taten, rief er seine Sippen Hāshim und ʿAbdalmuṭṭalib auf, ihm zu helfen, den Propheten zu schützen. Alle mit Ausnahme des verfluchten Gottesfeindes Abū Lahab kamen seinem Wunsch nach und stellten sich auf seine Seite. Als er bemerkte, wie eifrig und besorgt seine Sippe zu ihm stand, freute sich Abū Ṭālib und pries sie mit den folgenden Versen, in denen er ihre Vergangenheit und die erhabene Stellung des Propheten unter ihnen betonte, um sie in ihrer Haltung zu bestärken:

*Einst wird Quraish es erkennen im Streit um den Ruhm:*
*ʿAbdumanāf ist die Seele im Stammesverband!*
*Wird dann bei ʿAbdumanāf nach dem Adel gesucht,*
*werden bei uns, bei den Hāshim, die Edlen erkannt.*
*Dann wird Muḥammad für alle zum einzigen Stolz,*
*er, der Erwählte, der Edle, den Gott uns gesandt.*
*Hetzen auch jetzt die Quraish gegen uns allesamt,*
*siegen indes werden wir; ihnen schwand der Verstand.*
*Immer schon haben wir Unrecht aufs schärfste bekämpft;*
*keiner hat von uns verächtlich sich lange gewandt.*
*Schutz haben stets wir im Unglück gegeben der Stadt,*
*jeden Eroberer rasch aus den Häusern verbannt.*
*Wiederbelebt ward durch uns das vertrocknete Rohr,*
*das unter unserem Schirm wieder Feuchtigkeit fand.*

مادَار بَيْنَ رَسُول اللّٰه وَبَيْنَ رُؤسَاء قُرَيْش

## 18. VERHANDLUNGEN MIT DEN QURAISH

Der Islam begann sich in Mekka unter den Männern und Frauen der quraishitischen Sippen auszubreiten, obwohl die Quraish, soweit es in ihrer Macht stand, die Muslime einsperrten und vom Glauben abzubringen suchten.

Den folgenden Bericht erzählte mir ein Überlieferer von Sa$^{c}$īd ibn Djubair und $^{c}$Ikrima, einem Freigelassenen des Ibn $^{c}$Abbās:

Eines Tages bei Sonnenuntergang versammelten sich die führenden Männer der Quraish an der Rückseite der Ka$^{c}$ba und sprachen zueinander:

„Lassen wir doch Muḥammad holen und unterhalten wir uns mit ihm, damit man uns später keine Vorwürfe machen kann!"

„Die Edlen deines Volkes", so ließen sie ihm ausrichten, „haben sich deinetwegen versammelt, um mit dir zu sprechen. So komme zu ihnen!"

Schnell eilte der Prophet herbei, da er glaubte, sie hätten ihre Meinung über seine Worte geändert. Er wollte ja nichts lieber, als sie auf den rechten Weg bringen, da ihr sündhaftes Verhalten ihn schmerzte. Nachdem er sich zu ihnen gesetzt hatte, sagten sie:

„Muḥammad! Wir haben dich holen lassen, um mit dir zu reden, denn wir kennen wahrlich keinen anderen Mann unter den Arabern, der soviel Unheil über sein Volk gebracht hat wie du. Du hast unsere Väter beschimpft, unsere Religion geschmäht, unsere Götter beleidigt, unsere Tugenden lächerlich gemacht und unsere Gemeinschaft gespalten. Es gibt keine Gemeinheit, die du uns nicht angetan hast. Wenn du dies tust, weil du Geld willst, so sind wir bereit, dir von unserem Vermögen soviel zu geben, daß du der Reichste unter uns wirst. Ist es Ehre, nach der du verlangst, so machen wir dich zu unserem Führer. Ist es ein Königreich, das du möchtest, machen wir dich auch zum König über uns. Wenn du glaubst, daß du von einem Geist besessen bist, der immer zu dir kommt, so werden wir unser ganzes Vermögen für dich aufwenden, um dir eine Arznei zu suchen, die dich von ihm befreit."

„Nichts von alledem möchte ich", erwiderte der Prophet und fuhr fort: „Was ich euch bringe, bringe ich nicht des Geldes, der Ehre oder gar der Herrschaft wegen, sondern Gott hat mich als Propheten zu euch gesandt und mir eine Schrift geoffenbart. Er hat mir befohlen, Freudenbote und Warner für euch zu sein. Ich habe euch die Botschaft meines Herrn gebracht und guten Rat erteilt. Nehmt ihr meine Worte an, so wird es euer Glück im Diesseits und im Jenseits sein. Lehnt ihr ab, so will ich geduldig Gottes Ratschluß erwarten, bis Er zwischen uns richtet."

„Muḥammad", antworteten sie, „du weißt, daß kein anderes Volk ärmer an Land und Wasser ist und ein härteres Leben führt als wir. Wenn du schon keines unserer Angebote annimmst, dann bitte doch für uns deinen Herrn, Der dich mit deiner Sendung beauftragt hat, Er möge uns diese Berge wegbewegen, die uns einschließen, möge unser Land eben machen, möge darin Flüsse wie im Iraq und in Syrien entspringen lassen und möge unsere verstorbenen Ahnen erwecken, damit wir sie befragen können, ob du die Wahrheit sprichst oder nicht. Bestätigen sie deine Worte und kannst du bewirken, worum wir dich gebeten haben, so glauben wir dir, kennen deinen Rang bei Gott und wissen, daß Er dich, wie du sagst, als Propheten gesandt hat."

„Dies ist nicht der Inhalt meiner Sendung", entgegnete Muḥammad, „sondern mit meiner Offenbarung wurde ich zu euch gesandt. Nehmt ihr sie an, so wird es euer Glück im Diesseits und im Jenseits sein. Weist ihr sie zurück, so will ich geduldig Gottes Entscheidung erwarten."

„Wenn du dies nicht für uns tun willst", bedrängten sie ihn weiter, „so tue etwas für dich! Bitte deinen Herrn, dir einen Engel an die Seite zu stellen, der deine Worte bestätigt und uns widerlegt. Bitte Ihn auch, Er möge dir Gärten und Schlösser, goldene und silberne Schätze schaffen, um dir zu geben, was du offensichtlich brauchst. Denn du gehst auf dem Markt deinen Geschäften nach wie wir und mußt dir deinen Lebensunterhalt suchen, wie wir es tun. Dann würden wir erkennen, welchen Vorrang und welche Stellung du bei deinem Herrn genießt, wenn du wirklich ein Prophet bist, wie du behauptest."

Als ihnen der Prophet darauf die gleiche Antwort gab wie zuvor, fuhren sie fort:

„So lasse den Himmel in Stücken auf uns herabfallen[6], wie es nach deiner Behauptung dein Herr tun kann, wenn Er es will. Nur wenn du dies vermagst, werden wir an dich glauben."

„Dies liegt bei Gott", gab der Prophet zurück, „wenn Er es mit euch tun will, wird Er es tun." Da wandten sie ein:

„Wußte dein Herr denn nicht, daß wir uns mit dir zusammensetzen, dir diese Fragen stellen und unsere Forderungen an dich richten würden? Er wäre doch sonst zu dir gekommen und hätte dir erklärt, was du uns hättest erwidern können, wenn wir deine Worte nicht annehmen. Wir haben erfahren, daß dich jener Mann aus der Landschaft Yamāma, namens Raḥmān, unterweist; und an Raḥmān werden wir wahrlich niemals glauben. Wir sind dir gegenüber ohne Schuld, Muḥammad. Wir werden dich nicht in Ruhe lassen, und du wirst mit uns nicht fertig werden, bevor nicht du oder wir vernichtet sind."

Und einer von ihnen fügte hinzu: „Wir beten die Engel, die Töchter Gottes an." Und ein anderer sprach: „Wir werden so lange nicht an dich glauben, als du uns nicht Gott und die Engel als Bürgen gebracht hast."

Nach diesen Worten erhob sich der Prophet, um zu gehen. Da stand auch ᶜAbdallāh ibn abī Umayya auf, der Sohn einer Tante Muḥammads, und wandte sich zu ihm:

„Dein Volk hat dir Vorschläge gemacht, aber du hast keinen angenommen. Sie haben dich gebeten, etwas für sie zu tun, damit sie erkennen, welchen Rang du bei Gott innehast, um an dich glauben und dir folgen zu können, aber du hast nichts getan. Dann haben sie dich gebeten, etwas für dich selbst zu tun, wodurch sie hätten erkennen können, welchen Vorzug vor ihnen du bei Gott genießt, aber du hast nichts getan. Schließlich haben sie dich gebeten, ihnen schon jetzt einen Teil der Strafe zukommen zu lassen, mit der du ihnen in deiner Offenbarung Angst machst, aber du hast nichts getan. Wahrlich, ich werde nicht an dich glauben, bevor ich nicht gesehen habe, wie du auf einer Leiter zum Himmel emporsteigst und mit vier Engeln zurückkommst, die bezeugen, was du sagst. Ja, wahrscheinlich werde ich nicht einmal dann an dich glauben."

Mit diesen Worten verließ er den Propheten. Muḥammad kehrte zu seiner Familie zurück, traurig und bekümmert, weil seine Hoffnungen, die er in ihre Einladung gesetzt hatte, vergebens gewesen waren, und weil er hatte erfahren müssen, daß sie sich nur noch mehr entfremdet hatten.

Nachdem der Prophet aus der Versammlung weggegangen war, sprach dort Abū Djahl:

„Männer von Quraish! Ihr habt gesehen, daß Muḥammad nicht damit aufhören will, unsere Religion, unsere Väter, unsere Tugenden und unsere Götter zu verunglimpfen. Ich schwöre, ich werde ihn morgen mit einem Stein so groß, daß ich ihn kaum heben kann, erwarten. Und wenn er sich beim Gebet niederbeugt, werde ich ihm damit den Schädel einschlagen. Es ist mir gleich, ob ihr mich dann ausliefert oder beschützt. Die ʿAbdmanāf sollen dann tun, was sie wollen."

Sie versprachen ihm, man werde ihn nicht ausliefern, und bestärkten ihn noch in seinem Vorhaben. Am nächsten Morgen nahm Abū Djahl einen Stein, wie er ihn beschrieben hatte, setzte sich nieder und wartete auf den Propheten. Dieser kam und betete, während die Quraish in ihrer Versammlung saßen und warteten, was Abū Djahl tun würde. Als Muḥammad sich im Gebet niederbeugte, nahm Abū Djahl den Stein und ging auf den Propheten zu. Als er aber in seine Nähe kam, machte er fluchtartig kehrt. Sein Gesicht hatte die Farbe verloren und war erfüllt von Entsetzen. Seine Hände hatten sich verkrampft, und der Stein war ihm entfallen.

„Abū Djahl, was hast du?" riefen die Quraish.

„Ich ging auf ihn zu, doch als ich in seine Nähe kam", so erwiderte Abū Djahl, „trat mir ein Kamelhengst entgegen mit einem Kopf, einem Nacken und Zähnen, wie ich sie noch nie an einem Hengst gesehen habe. Er wollte mich fressen."

Später soll der Prophet erklärt haben, es sei dies Gabriel gewesen, und er hätte Abū Djahl gepackt, wenn er noch nähergekommen wäre.

Darauf erhob sich Naḍr, der Sohn des Ḥārith, und sprach:

„Männer von Quraish! Es ist etwas über euch gekommen, woraus ihr keinen Ausweg wißt. Muḥammad war ein junger Mann, den ihr alle sehr gern hattet, dessen Worten ihr völlig vertraut habt und der unter euch als der Zuverlässigste galt. Als ihr dann seine Schläfen ergrauen saht und er mit seiner Verkündigung kam, nanntet ihr ihn zuerst einen Zauberer; doch ein Zauberer ist er nicht, denn wir kennen die Zauberer und haben gesehen, wie sie auf ihre Knoten spucken[7]. Dann nanntet ihr ihn einen Seher; doch auch ein Seher ist er nicht, denn wir kennen die Seher, ihr Verhalten und ihre gereimte Sprache. Dann nanntet ihr ihn einen Dichter, doch auch ein Dichter ist er nicht, denn wir kennen die Dichtung und ihre Metren, den Hazadj wie den Radjaz[8]. Dann nanntet ihr ihn einen Besessenen, doch auch ein Besessener ist er nicht, denn wir kennen die Besessenheit, und er zeigt weder das bezeichnende Ersticken noch das Einflüstern, noch die geistige Verwirrung. Männer von Quraish! Achtet auf euch. Schlimmes ist über euch gekommen."

Naḍr, der dies sagte, war einer jener Teufel unter den Quraish, die den Propheten beleidigten und angriffen. Er war in Ḥīra im Iraq gewesen und hatte dort die Geschichten über die persischen Könige, über Rostam und Isfandiyār kennengelernt. Und als der Prophet einmal in einer seiner Versammlungen an Gott erinnert und sein Volk vor der göttlichen Heimsuchung gewarnt hatte, die die Alten Völker vor ihnen traf, war Naḍr, nachdem der Prophet geendet hatte, mit den Worten aufgestanden:

„Wahrhaftig, ihr Männer von Quraish, ich kenne bessere Geschichten als er. Kommt her zu mir! Ich erzähle euch eine schönere Geschichte." Und nachdem er ihnen von den persischen Königen, von Rostam und Isfandiyār erzählt hatte, hatte er sie gefragt: „Inwiefern ist nun Muḥammad ein besserer Geschichtenerzähler als ich?!"

Diesen Naḍr schickten nun die Quraish zusammen mit ᶜUqba, dem Sohn des Abū Muᶜaiṭ, zu den jüdischen Rabbis nach Medina, um sich bei ihnen nach Muḥammad zu erkundigen, ihnen den Propheten zu beschreiben und ihnen von seinen Worten zu berichten. „Denn", so sprachen sie, „sie sind das erste Volk mit einer Heiligen Schrift, und sie verstehen von Propheten mehr als wir." Die beiden taten, wie sie geheißen, und baten schließlich die Rabbis in Medina:

„Ihr seid die Leute der Thora, und wir sind zu euch gekommen, damit ihr uns sagt, was wir mit diesem Mann tun sollen."

„Fragt ihn", so begannen die Rabbis, „nach drei Dingen, die wir euch auftragen! Kann er euch darüber berichten, ist er ein gesandter Prophet. Kann er es nicht, ist er ein Lügner. So macht euch eure eigene Meinung über ihn. Als erstes fragt ihn nach jungen Männern, die in alter Zeit verschwanden, denn es gibt von ihnen eine wundersame Geschichte. Dann fragt ihn nach dem Wanderer, der das Ende der Erde gen Sonnenaufgang und gen Sonnenuntergang erreichte. Und schließlich fragt ihn nach dem Wesen des Geistes. Gibt er euch Antwort darüber, so folgt ihm, denn dann ist er ein Prophet. Anderenfalls ist er ein Lügner. Macht dann mit ihm, was ihr für richtig haltet."

Die beiden Männer kehrten nach Mekka zurück und berichteten den Quraish, was die Rabbis gesagt hatten. Darauf begaben sie sich zu Muḥammad und stellten ihm die drei Fragen. Er versprach, ihnen am nächsten Tag zu antworten, vergaß jedoch hinzuzufügen: in shā'a llāh, wenn Gott will. Zwei Wochen vergingen, ohne daß Gott über die Fragen zu ihm sprach oder Gabriel zu ihm kam. Schließlich streuten die Mekkaner Verleumdungen aus und sprachen:

„Muḥammad hatte uns auf den folgenden Tag vertröstet. Nun aber sind fünfzehn Nächte verstrichen, ohne daß er uns auch nur eine Frage beantwortet hat."

Den Propheten ergriff große Trauer darüber, daß die Offenbarung ausgeblieben war, und auch die Reden der Mekkaner bekümmerten ihn sehr. Doch dann kam Gabriel und überbrachte ihm die Sure „die Höhle", in der Gott ihn wegen seiner Trauer tadelte und ihm die Antworten auf ihre Fragen über die jungen Männer, den Wanderer und den Geist gab[9]. Die Mekkaner erkannten es als die Wahrheit. Sie merkten, daß seine Worte richtig waren und daß er den Rang eines Propheten besaß, da er ihnen auf ihre Fragen verborgenes Wissen geoffenbart hatte. Aber ihr Neid hinderte sie daran, ihm zu folgen und an ihn zu glauben. Sie blieben anmaßend gegen Gott, übergingen ganz offensichtlich Seinen Befehl und beharrten weiter auf ihrem Unglauben. Einer von ihnen sprach:

„Hört nicht auf diesen Koran! Betrachtet ihn als törichtes Gerede, vielleicht bleibt ihr dann siegreich. Wenn ihr aber mit

Muḥammad nur einen Tag lang disputiert und streitet, wird er euch besiegen."

ذِكْرُ عدْوَانِ الْمُشْرِكِينَ عَلَى الْمُسْتَضْعَفِينَ

## 19. DIE QURAISH VERFOLGEN DIE SCHUTZLOSEN UNTER DEN MUSLIMEN

Die Quraish gingen gegen alle jene feindselig vor, die sich zum Islam bekehrt hatten und dem Propheten folgten. Besonders aber stürzten sich die Stämme auf die Schwachen unter ihnen, die nicht den Schutz einer Sippe genossen. Sie sperrten sie ein, folterten sie mit Schlägen, Hunger und Durst und setzten sie in Mekka der Sonnenhitze aus, wenn diese am stärksten war, um sie vom Islam abzubringen. Einige wurden so schwer heimgesucht, daß sie ihren Glauben wieder aufgaben; andere blieben ihnen gegenüber standhaft und wurden von Gott davor bewahrt.

Bilāl war als Sklave geboren worden und gehörte jemandem von der Sippe Djumaḥ. Sein Vater hieß Rabāḥ, seine Mutter Ḥamāma. Er war aufrichtig im Glauben und rein im Herzen. Umayya, einer der führenden Männer der Djumaḥ, brachte Bilāl oft in der größten Mittagshitze hinaus in das breite Tal von Mekka, warf ihn auf den Rücken, ließ ihm einen mächtigen Stein auf die Brust legen und sprach:

„Du bleibst so liegen, bis du stirbst, wenn du nicht Muḥammad abschwörst und nicht zu den Göttinnen Lāt und ʿUzzā betest." „Einer! Einer!" rief Bilāl und bekannte sich trotz seiner Bedrängnis zum einzigen Gott.

Von seinem Vater erzählte mir Hishām ibn ʿUrwa folgendes:

Als Bilāl so gequält wurde und „Einer, Einer!" rief, kam einmal Waraqa ihn Naufal vorüber, bestärkte Bilāl in seinem Glauben und trat dann auf Umayya und die anderen vom Stamme Djumaḥ zu, die sich an der Folterung Bilāls beteiligten.

„Ich schwöre bei Gott", sprach er zu ihnen, „wenn ihr ihn auf diese Weise umbringt, werde ich sein Grab zu einer Wallfahrtsstätte machen."

Auch Abū Bakr kam eines Tages dazu, als die Djumaḥ, in deren Viertel sein Haus stand, Bilāl peinigten. Er fragte Umayya:

„Fürchtest du nicht Gott, daß er dich bestrafen wird für das, was du mit diesem Armen tust? Wie lange soll das noch gehen?"

„Du warst es doch, der ihn verdorben hat", erwiderte Umayya, „nun befreie du ihn auch aus der Lage, in der du ihn jetzt siehst!"

„Ja, ich werde es tun", entgegnete Abū Bakr, „ich habe einen schwarzen Sklaven, der kräftiger und stärker ist als Bilāl und deinem Glauben angehört. Den gebe ich dir für Bilāl."

Umayya war damit einverstanden. Abū Bakr aber nahm Bilāl und entließ ihn aus dem Sklavenstand, so wie er schon vor ihm sechs anderen Sklaven die Freiheit geschenkt hatte.

Es war vor allem der Frevler Abū Djahl, der die Quraish gegen die Muslime aufhetzte. Sobald er davon hörte, daß ein Mann zum Islam übergetreten war, der dem Adel angehörte und den Schutz seiner Sippe genoß, tadelte und schmähte er ihn mit den Worten:

„Du hast den Glauben deines Vaters, der besser war als du, verlassen. Wir werden dich für blöde und schwachsinnig erklären und dir dein Ansehen zugrunde richten."

Wenn es ein Händler war, der den Islam angenommen hatte, sprach er zu ihm:

„Wahrlich, wir werden deine Geschäfte boykottieren und dir dein Vermögen vernichten."

Und wenn es jemand aus unterstem Stand war, schlug er ihn und hetzte die anderen gegen ihn auf.

ذِكْرُ الهِجْرَةِ الأُولى إلَى الأرْضِ الحَبَشَةِ

## 20. DIE AUSWANDERUNG NACH ABESSINIEN

Als der Prophet all das Unglück sah, das seine Gefährten traf, und erkannte, daß er sie nicht davor schützen konnte, obwohl er selbst dank der Hilfe Gottes und seines Onkels Abū Ṭālib verschont blieb, riet er ihnen, nach Abessinien wegzuziehen.

„Denn dort", so sprach er, „herrscht ein König, bei dem niemandem Unrecht geschieht. Es ist ein freundliches Land. Bleibt dort, bis Gott eure Not zum Besseren wendet!"

Darauf zogen die Gefährten des Propheten nach Abessinien, da sie die Versuchung fürchteten, vom Islam abzufallen, und sich mit ihrem Glauben zu Gott flüchten wollten. Es war dies die erste Hidjra. Die Zahl der Auswanderer ohne die Söhne, die sie als Kleinkinder bei sich hatten oder die dort geboren wurden, betrug dreiundachtzig Mann.

Zu den Gedichten, die von den Auswanderern verfaßt wurden, nachdem sie sicher in Abessinien angekommen waren, die freundliche Aufnahme durch den Negus lobten und ohne Furcht vor jemandem Gott dienen konnten, gehören die folgenden Worte des ᶜAbdallāh ibn Ḥārith:

*O Reiter, bringe von mir eine Botschaft zu denen,*
*die Gottes Worte und Kunde vom Glauben erstreben.*
*Berichte allen Verfolgten im Tale von Mekka,*
*die dort nur Qualen und schmachvolle Folter erleben:*
*„Wir haben im Land unsres Gottes die Helfer gefunden,*
*die uns aus Schande und Scham und Erniedrigung heben.*
*So bleibet nicht länger mehr dort, wo euch Schmach und Verachtung*
*im Leben wie auch im Tode für immer umgeben!“*

ᶜUthmān ibn Maẓᶜūn richtete gegen seinen Vetter Umayya, der damals im Stamme Djumaḥ eine führende Rolle spielte und ihn wegen seines Glaubens mißhandelt hatte, die folgenden Verse:

*Nun, da das Meer und gewaltige Berge uns trennen,*
*wundert mich doch, welchen Haß du entgegen mir brachtest.*
*Weg triebst du mich aus dem sicheren Tale von Mekka,*
*hier dieses Schloß du zu bitterer Wohnstatt mir machtest.*
*Aber vergebens befiederst du nun deine Pfeile,*
*ja, auch umsonst auf die Schärfe der Spitzen du achtest.*
*Edle und mächtige Männer bekämpftest du grausam,*
*frühere Hilfe von ihnen du nicht mehr beachtest.*
*Erst wenn das Unglück und niedre Verräter dich treffen,*
*wirst du begreifen, welch schmerzlichen Fehler du machtest.*

إِرْسَال قُرَيْش إِلَى
الحَبَشَة فِي طَلَب المُهَاجِرِين إِلَيْهَا

## 21. DIE QURAISH SENDEN EINE DELEGATION NACH ABESSINIEN, UM DIE AUSWANDERER ZURÜCKZUHOLEN

Als die Quraish sahen, daß die Gefährten des Propheten sicher und geborgen in Abessinien lebten und dort ein schützendes Obdach gefunden hatten, beschlossen sie, zwei standhafte Männer aus ihren Reihen zum Negus zu schicken, um die Auswanderer von ihrem Glauben abzubringen und sie aus dem Land ihrer Zuflucht wieder zurückzuholen. Sie sandten ᶜAbdallāh, den Sohn des Abū Rabīᶜa, und ᶜAmr, den Sohn des ᶜĀṣ. Für den Negus und seine Heerführer gaben sie ihnen Geschenke mit.

Umm Salama, später eine der Frauen des Propheten, schilderte hinterher dem Abū Bakr aus dem Stamme Makhzūm die Ereignisse; von diesem hörte Muḥammad ibn Muslim den Bericht, der ihn mir weitererzählte:

Umm Salama sprach: Als wir in Abessinien ankamen, wurden wir vom Negus aufs beste aufgenommen. Wir konnten in Sicherheit unseren Glauben ausüben und Gott dienen, ohne daß wir mißhandelt wurden oder etwas Unziemliches zu hören bekamen. Als die Quraish in Mekka dies erfuhren, beschlossen sie, wegen uns zwei standhafte Männer aus ihren Reihen zum Negus zu schicken und ihnen vom besten, was Mekka an Waren zu bieten hatte, Geschenke für ihn mitzugeben. Das, was man am meisten unter den aus Mekka nach Abessinien eingeführten Waren schätzte, war Leder. Man brachte nun für den Negus eine große Menge davon zusammen und bereitete auch für jeden seiner Feldherrn ein Geschenk vor. Dann schickten sie damit ᶜAbdallāh und ᶜAmr nach Abessinien und gaben ihnen die Weisung mit, sie sollten zuerst den Feldherrn und erst dann dem Negus die Geschenke übergeben und diesen darauf bitten, ihnen die Auswanderer auszuliefern, bevor er selbst mit ihnen gesprochen habe. Die beiden machten sich auf den Weg und kamen zum Negus, bei dem wir uns in bester Obhut befanden. Sie übergaben zunächst den Feldherrn ihre Geschenke und erklärten jedem von ihnen:

„In das Land eures Königs sind einige törichte Burschen von uns geflohen, die sich vom Glauben ihres Volkes getrennt haben, aber auch nicht eurer Religion beigetreten sind. Sie haben eine neue Religion erfunden, die uns ebensowenig bekannt ist wie euch. Die Führer unseres Volkes haben uns deshalb zu eurem König gesandt, damit er sie zu uns zurückschickt. Wenn wir nun mit dem König darüber sprechen werden, so ratet ihm, er solle sie uns ausliefern, ohne daß er erst mit ihnen redet, denn wir wissen am besten über sie und ihre Schandtaten Bescheid."

Die Feldherrn versprachen es ihnen. Dann übergaben die beiden auch dem Negus seine Geschenke, und dieser nahm sie an. Sie erhoben vor ihm die gleichen Anschuldigungen gegen die Auswanderer wie vor den Feldherrn, und diese rieten dem Negus zu, der Bitte der Mekkaner nachzukommen. Doch da erzürnte der Negus und sprach:

„Nein, bei Gott, ich werde sie den beiden nicht ausliefern. Keinen, der schutzsuchend in mein Land kam und mich anderen vorzog, werde ich preisgeben, bevor ich sie nicht gerufen und darüber befragt habe, was die beiden von ihnen behaupten. Ist es so, wie sie sagen, werde ich sie ihnen ausliefern und zu ihrem Volk zurückschicken. Ist es aber nicht so, werde ich sie vor den beiden in Schutz nehmen und ihnen meine Gastfreundschaft gewähren, solange sie mich darum bitten."

Sodann schickte er einen Boten zu den Gefährten des Propheten, um sie zu holen. Als dieser zu ihnen kam, versammelten sie sich und berieten darüber, was sie dem Negus sagen sollten, wenn sie zu ihm kämen.

„Was auch immer geschehen wird", so sprachen sie, „wir werden ihm sagen, was wir wissen und was unser Prophet uns befahl."

Der Negus hatte auch seine Bischöfe holen lassen, die ihre Heiligen Schriften um ihn herum ausbreiteten. Als die Muslime ankamen, fragte der Negus: „Was ist das für eine Religion, deretwegen ihr euch von eurem Volk getrennt habt, ohne daß ihr meiner oder einer anderen bekannten Religion beigetreten seid?"

„O König", begann Djaᶜfar, der Sohn des Abū Ṭālib, seine Antwort, „wir waren ein unwissendes Volk, verehrten Götzen, aßen unreines Fleisch, gingen zu den Huren, verletzten Verwandtschaftsbande, mißachteten die Gastfreundschaft, und die Mächtigen unter uns bereicherten sich an den Schwachen. So lebten wir, bis Gott uns aus unserer Mitte einen Propheten sandte, dessen Abstammung, Wahrhaftigkeit, Redlichkeit und Anstand wir kennen. Er rief uns auf, die Einheit Gottes zu bekennen und Ihm zu dienen, die Steine und Götzen aber, die wir und unsere Väter verehrten, aufzugeben. Er befahl uns, stets die Wahrheit zu sprechen, Treue zu wahren, Blutsbande zu achten, dem Gast Schutz zu gewähren und Verbrechen und Blutvergießen zu meiden. Er verbat uns, zu huren und zu lügen, den Waisen den Besitz zu nehmen und unbescholtene Frauen zu verleumden. Er befahl uns, Gott allein zu verehren und Ihm nichts beizugesellen, zu beten, Almosen zu geben und zu fasten. Wir glaubten ihm, folgten ihm in seiner Offenbarung, dienten Gott allein, ohne Ihm etwas anderes beizugesellen, erachteten für verboten, was er uns für verboten erklärte, und sahen als erlaubt an, was er uns erlaubte. Unser Volk aber stürzte sich auf uns, peinigte uns und versuchte, uns von unserem Glauben abzubringen, damit wir die Verehrung Gottes aufgeben, zum Götzendienst zurückkehren und wieder wie zuvor die üblen Dinge für erlaubt halten sollten. Als sie dann mit Gewalt gegen uns vorgingen, uns unterdrückten, uns Beschränkungen auferlegten und uns an der Ausübung unseres Glaubens hinderten, begaben wir uns in dein Land und wollten lieber bei dir als bei jemand anderem sein. Wir schätzen deinen gastlichen Schutz und hoffen, daß uns bei dir, o König, kein Unrecht geschieht."

„Hast du etwas von der Offenbarung dabei, die euer Prophet euch brachte?" fragte der Negus.

„Ja."

„Lies es mir vor!"

Djaᶜfar rezitierte einen Abschnitt aus der Sure „Maria"[10], und, wahrlich, der Negus weinte, bis sein Bart feucht war. Und auch seine Bischöfe weinten, bis Tränen ihre Heiligen Schriften benetzten. Dann wandte sich der Negus an die beiden Abgesandten der Mekkaner und sprach:

„Diese Offenbarung und die Offenbarung Jesu kommen aus derselben Nische. Geht! Bei Gott, ich werde sie euch nicht ausliefern und sie nicht hintergehen!“

Als die beiden den Negus verließen, sagte $^{c}$Amr zu $^{c}$Abdallāh:

„Morgen werde ich ihm etwas erzählen, womit ich sie an der Wurzel vernichte!“

$^{c}$Abdallāh, der gottesfürchtigere der beiden, wandte ein:

„Tue es nicht! Auch wenn sie sich uns widersetzt haben, bleiben sie doch unsere Stammesgenossen.“

$^{c}$Amr aber beharrte darauf und sprach:

„Ich werde ihm von ihrer Behauptung berichten, Jesus, der Sohn Mariens, sei nur ein Mensch gewesen.“

Am nächsten Morgen ging $^{c}$Amr zum Negus und sagte: „O König, sie behaupten Ungeheuerliches von Jesus. Laß sie holen und frage sie danach!“

Der Negus folgte seinen Worten. Noch nie war uns dergleichen geschehen. Die Auswanderer versammelten sich wieder und berieten, was sie über Jesus antworten sollten, wenn man sie danach fragte. Dann beschlossen sie:

„Wir werden sagen, was Gott sagte und was uns unser Prophet geoffenbart hat, mag kommen was will.“

Als sie zum Negus kamen und er sie nach ihrer Meinung über Jesus fragte, antwortete ihm Dja$^{c}$far:

„Wir sagen über ihn, was unser Prophet uns geoffenbart hat, nämlich daß er der Diener Gottes, sein Prophet, sein Geist und sein Wort ist, das Er der Jungfrau Maria eingegeben hatte.“

Der Negus nahm einen Stock vom Boden auf und sprach:

„Wahrlich, Jesus ist nicht um die Länge dieses Stockes mehr als das, was du sagst.“

Ein Raunen ging durch die ihn umgebenden Feldherrn, doch er fuhr fort:

„Wenn ihr auch raunt“ – und an die Muslime gewandt –, „geht, ihr seid sicher in meinem Land. Wer euch beschimpft, wird Strafe zahlen; wer euch beschimpft, wird Strafe zahlen; wer euch beschimpft, wird Strafe zahlen! Nicht für einen Berg aus Gold würde ich einem von euch Unrecht tun. Gebt den beiden ihre Geschenke zurück. Ich brauche sie nicht. Gott hat kein Bestechungsgeld angenommen, als Er mir meine Herrschaft zurückgab; warum sollte ich nun gegen Ihn Bestechungsgeld annehmen! Er ist damals nicht den Leuten gegen mich gefolgt, weshalb sollte ich nun ihnen gegen Ihn folgen."

Da verließen die beiden den Negus, schmachvoll und mit den Geschenken, die sie mitgebracht hatten. Wir aber blieben bei ihm in sicherer Obhut.

إِسْلامِ عُمَرَ بن الخَطّاب رَضِيَ اللّٰه عَنهُ

## 22. ᶜUMAR WIRD MUSLIM

NACHDEM ᶜAmr und ᶜAbdallāh zu den Quraish zurückgekehrt waren, ohne die Prophetengefährten und mit einer abweisenden Antwort des Negus, und nachdem ᶜUmar ibn Khaṭṭāb, ein energischer Mann, an dessen Schutzbefohlene sich niemand heranwagte, sich inzwischen auch zum Islam bekehrt hatte, erhielten die noch in Mekka lebenden Prophetengefährten durch ᶜUmar und den ebenfalls bekehrten Ḥamza ibn ᶜAbdalmuṭṭalib solchen Schutz, daß sie den heidnischen Quraish Widerstand leisten konnten. ᶜAbdallāh, der Sohn des Masᶜūd, pflegte immer zu sagen:

„Wir konnten solange nicht unsere Gebete bei der Kaᶜba verrichten, bis ᶜUmar Muslim wurde. Nachdem er zum Islam übergetreten war, bekämpfte er die Quraish, bis er bei der Kaᶜba beten konnte und auch wir mit ihm dort beteten."

ᶜUmar bekannte sich zum Islam, nachdem die Auswanderer nach Abessinien gezogen waren. Und so kam es, wie ich erfahren habe, zu seiner Bekehrung: Seine Schwester Fāṭima und ihr Mann Saᶜīd ibn Zaid hatten den Islam angenommen, verbargen aber ihren Glauben vor ᶜUmar. Aus seiner Sippe bekannte sich ferner Nuᶜaim ibn ᶜAbdallāh zum Islam und verheimlichte dies ebenfalls aus Angst vor seiner Familie. Khabbāb ibn Aratt besuchte häufig Fāṭima, um ihr den Koran vorzulesen. Eines Tages machte sich ᶜUmar mit umgürtetem Schwert auf den Weg zum Propheten und einer Gruppe seiner Gefährten, von denen man ihm berichtet hatte, daß sie in einem Haus bei Ṣafā zusammengekommen waren. Einschließlich der Frauen waren es fast vierzig Personen, darunter Muḥammads Onkel Ḥamza, Abū Bakr und ᶜAlī mit einigen anderen Muslimen, die beim Propheten geblieben und nicht nach Abessinien ausgewandert waren. Nuᶜaim traf ᶜUmar auf dem Weg und fragte ihn:

„Wohin willst du, ᶜUmar?"

„Zu Muḥammad, diesem Sabier[11], der die Quraish gespalten, ihre Tugenden für dumm erklärt, ihre Religion geschmäht und ihre Götter beschimpft hat, damit ich ihn umbringe."

„Du betrügst dich selbst, ᶜUmar. Glaubst du denn, die ᶜAbdmanāf werden dich länger auf Erden wandeln lassen, nachdem du Muḥammad getötet hast? Willst du denn nicht lieber zu deiner eigenen Familie gehen und dort nach dem Rechten sehen?"

„Wen aus meiner Familie meinst du denn?"

„Dein Schwager und Vetter Saᶜīd und deine Schwester Fāṭima haben den Islam angenommen und sind Muḥammads Glauben gefolgt. Kümmere dich erst einmal um sie!"

Da kehrte ᶜUmar um und begab sich zu seiner Schwester und seinem Schwager. Bei diesen war gerade Khabbāb mit einem Blatt, auf dem die Sure Ṭāhā[12] geschrieben war, die er den beiden vorlas. Als sie ᶜUmar kommen hörten, versteckte sich Khabbāb in einem Zimmer, während Fāṭima das Blatt nahm und unter ihren Oberschenkel schob. ᶜUmar hatte aber, als er sich dem Haus näherte, Khabbābs Rezitation gehört und fragte deshalb beim Eintreten: „Was war das für eine Stimme, die ich gehört habe?"

„Nichts hast du gehört!" entgegneten die beiden.

„Doch. Auch hat man mir erzählt, daß ihr dem Glauben Muḥammads gefolgt seid."

Mit diesen Worten stürzte er sich auf Saᶜīd. Fāṭima warf sich dazwischen, um ihn von ihrem Mann zurückzuhalten, doch er schlug auf sie ein und verwundete sie am Kopf. Da gestanden die beiden:

„Ja, wir sind Muslime geworden und glauben an Gott und Seinen Propheten. Mache mit uns, was du willst!"

Als ᶜUmar sah, wie seine Schwester blutete, bereute er seine Tat, wich zurück und sagte zu ihr:

„Gib mir das Blatt, von dem ich euch vorhin habe vorlesen hören, damit ich sehe, was Muḥammad verkündet."

ᶜUmar konnte nämlich lesen und schreiben. Fāṭima wandte ein: „Wir haben Angst, du könntest es vernichten."

„Sei unbesorgt!" versuchte ᶜUmar sie zu beruhigen und schwor ihr bei seinen Göttern, er werde es ihr zurückgeben, wenn er es gelesen habe. Da hoffte Fāṭima, er werde sich vielleicht zum Islam bekehren, und sagte:

„Du bist unrein in deiner Vielgötterei, mein Bruder, und nur der Reine darf es berühren."

Da wusch sich ᶜUmar, und sie gab ihm das Blatt mit der Sure Ṭāhā. Nachdem er einen Abschnitt davon gelesen hatte, rief er aus:

„Welch schöne und edle Worte!"

Als Khabbāb in seinem Versteck dies hörte, kam er heraus und sprach zu ᶜUmar:

„Wahrlich, ᶜUmar, ich hoffe, Gott hat dich mit dem Ruf Seines Propheten ausgezeichnet, denn ich hörte, wie dieser gestern sagte: ‚O Gott, stärke den Islam durch den Übertritt des Abu l-Ḥakam oder des ᶜUmar!' Nun bekehre dich zu Gott, bekehre dich zu Gott, ᶜUmar!"

„Führe mich zu Muḥammad, Khabbāb, damit ich Muslim werde!" „Er ist mit einigen seiner Gefährten in einem Hause bei Ṣafā."

Da gürtete ᶜUmar sein Schwert um, ging zum Propheten und seinen Gefährten und klopfte bei ihnen an die Tür. Als sie seine Stimme vernahmen, erhob sich einer der Gefährten, ging zur Tür und erblickte durch einen Spalt ᶜUmar mit seinem Schwert. Voller Angst lief er zu Muḥammad zurück und rief:

„O Gesandter Gottes! Es ist ᶜUmar, und er trägt sein Schwert!" Ḥamza, der Sohn des ᶜAbdalmuṭṭalib, aber sprach:

„Laß ihn ein! Hat er Gutes im Sinn, werden wir ihn entsprechend behandeln; hat er Schlechtes im Sinn, werden wir ihn mit seinem eigenen Schwert töten."

„So laß ihn ein!" stimmte der Prophet zu, und der Mann öffnete ᶜUmar die Tür. Muḥammad erhob sich und trat im Zimmer auf ihn zu, packte ihn am Gürtel, zog ihn fest an sich und sprach:

„Was bringst du, Sohn des Khaṭṭāb? Bei Gott, ich fürchte, du wirst die Muslime so lange verfolgen, bis Gott Unheil über dich herabsendet!"

„Gesandter Gottes“, entgegnete ᶜUmar, „ich bin gekommen, um an Gott, Seinen Propheten und dessen Offenbarung zu glauben.“

„Gott ist groß!“ rief da Muḥammad so laut, daß alle im Hause wußten, daß ᶜUmar Muslim geworden war.

Darauf zerstreuten sich die Gefährten des Propheten gestärkten Herzens, nachdem sich nun nach Ḥamza auch ᶜUmar zum Islam bekehrt hatte. Sie wußten nämlich, daß diese beiden den Propheten schützen konnten und sie mit ihrer Hilfe von ihren Feinden Gerechtigkeit erlangen würden.

خَبَر الصَّحِيفَة

## 23. DIE BOYKOTTURKUNDE

Die ausgewanderten Prophetengefährten hatten in Abessinien eine sichere Zuflucht gefunden; der Negus schützte jeden, der sich zu ihm flüchtete; ᶜUmar war zum Islam übergetreten und stand jetzt zusammen mit Ḥamza auf seiten des Propheten und seiner Gefährten; unter den Stämmen begann sich der Islam weiter auszubreiten. Als die heidnischen Quraish dies alles sahen, berieten sie darüber, eine Urkunde zu verfassen, in der gegen die Sippen Hāshim und Muṭṭalib die folgenden Boykottmaßnahmen festgelegt werden sollten: Es dürfen keine Ehen mehr mit Angehörigen dieser beiden Sippen geschlossen werden, und es darf nichts mehr an sie verkauft und nichts mehr von ihnen gekauft werden. Nachdem sie sich darauf geeinigt hatten, schrieben sie die Bedingungen auf ein Blatt und gaben sich das Versprechen, diese einzuhalten. Das Blatt hängten sie in der Mitte der Kaᶜba auf, damit es sie immer wieder an ihre Verpflichtung gemahne. Der Schreiber der Urkunde war Manṣūr ibn ᶜIkrima aus der Sippe ᶜAbdmanāf ibn ᶜAbdaddār. Der Prophet verwünschte ihn bei Gott, worauf einige seiner Finger gelähmt wurden.

Als die Quraish diesen Boykott verhängten, gingen die Banū Hāshim und die Banū Muṭṭalib alle zu Abū Ṭālib, schlossen sich seiner Gruppe an und sammelten sich um ihn. Nur Abū Lahab aus der Sippe Hāshim trennte sich von ihnen und half den heidnischen Quraish. Über diese Vorgänge sprach Abū Ṭālib die folgenden Verse:

*Gebe dem Stamme Lu'ayy und dort vor allem den Kaʿb,*
*von mir über uns mit folgenden Worten Bericht:*
*Wißt ihr denn nicht, daß wir Muḥammad als Gesandten fan-*
*den so wie Moses, von dem das erste aller Bücher spricht?*
*Und daß euch dieses Schreiben zum Unheil wird gereichen*
*wie des Kameles Schrei, das mit zerschnittner Sehne niederbricht.*
*Wacht auf, bevor man euch das Grab in dieser Erde gräbt*
*und ihr danach mit schwerer Sünde tretet vor Gericht!*
*Den Verrätern folget nicht! Zerreißet nicht die Bande,*
*die uns knüpften einst die Liebe und des Blutes Pflicht!*
*Sehnt nicht herbei den endlosen Krieg, denn bitter gar schmeckt*
*oft jenem der Krieg, der am meisten war darauf erpicht.*
*Beim Herren der Kaʿba! An die Bedrängnis der Zeit und*
*die Not verraten wir Muḥammad, den Gepriesenen, nicht,*
*solange noch Hälse und Hände dem Schwerte entgingen,*
*dessen Eisen vom Berge Qusās leuchtet im Licht,*
*wenn du siehst, wie auf engem Schlachtfeld brechen die Speere*
*und die gierigen Geier sich laben mit schwarzem Gesicht,*
*wenn die Rosse rennen verzweifelt über das Feld*
*und die Helden schreien, solange einer noch ficht.*
*Hat doch Hāshim, unser Vater, seine Lenden umgürtet*
*und Lanze und Schwert seinen Söhnen gemacht einst zur Pflicht.*
*Der Krieg ermüdet uns nicht, solange nicht wir ihn ermüden,*
*und niemand hört uns klagen, wenn herein das Unheil bricht.*
*Wenn den anderen Helden die Herzen entfliehen vor Angst,*
*verlassen uns der Verstand und die Tapferkeit nicht.*

Zwei oder drei Jahre litten dann die Muslime unter dem Boykott, bis sie völlig erschöpft waren, da nur noch insgeheim und heimlich etwas zu ihnen gebracht werden konnte.

ذِكْرُ مَنْ عَادَ مِنْ أَرْضِ
الحَبَشَةِ لَمَّا بلغهُم إسْلام أهْل مكّة

## 24. DIE RÜCKKEHR DER AUSWANDERER AUS ABESSINIEN

Die Gefährten des Propheten, die nach Abessinien ausgewandert waren, hörten dort, die Mekkaner seien alle zum Islam übergetreten, und zogen deshalb nach Mekka zurück. Als sie jedoch in der Nähe der Stadt anlangten, erfuhren sie, daß die Nachricht von der Bekehrung der Mekkaner falsch war, weshalb sie nur unter dem Schutz einer Sippe oder heimlich in die Stadt zurückkehren konnten. Einige von ihnen blieben dann in Mekka, bis sie mit dem Propheten nach Medina auswanderten und auf seiner Seite bei Badr und Uḥud kämpften, andere wurden bis nach der Schlacht von Badr durch ihre heidnischen Verwandten vom Propheten ferngehalten, und wieder andere starben noch vorher in Mekka. Insgesamt kehrten dreiunddreißig Männer aus Abessinien zu Muḥammad nach Mekka zurück.

حَدِيث نَقْض الصَّحِيفة

## 25. DIE AUFHEBUNG DES BOYKOTTS

Die Banū Hāshim und die Banū Muṭṭalib lebten in jenem schluchtartigen Viertel von Mekka, das die Quraish ihnen in der Boykotturkunde zugewiesen hatten.

Schließlich betrieben aber doch einige der heidnischen Quraish die Aufhebung der Boykotturkunde, die sie gegen die beiden Sippen verfaßt hatten. Keiner erwies sich dabei als so entschlossen wie Hishām ibn ᶜAmr, der durch seine Mutter mit den Banū Hāshim verwandt war und ein enges Verhältnis zu ihnen hatte. Er genoß hohes Ansehen in seinem Volk und pflegte des Nachts, wenn sich die Banū Hāshim und Banū Muṭṭalib in ihrem Viertel befanden, mit seinem Kamel, das er einmal mit Nahrungsmitteln, ein anderes Mal mit Kleidung beladen hatte, bis zum Eingang der Schlucht zu ziehen. Dort nahm er dem Tier das Halfter vom Kopf und versetzte ihm einen Hieb in die Seite, so daß es in die Schlucht lief. Schließlich begab er sich zu Zuhair, dem Sohn des Abū Umayya, aus der Sippe Makhzūm, dessen Mutter ᶜĀtika eine Tante des Propheten war, und sprach zu ihm:

„Zuhair, wie kannst du noch zufrieden essen, dich kleiden und heiraten, während man den Verwandten deiner Mutter weder etwas verkauft noch etwas von ihnen kauft und ihre Männer keine Frauen und ihre Frauen keine Männer mehr zur Ehe bekommen. Ich schwöre dir bei Gott, wenn es um die Verwandten des Abu l-Ḥakam ginge und du ihn um einen solchen Boykott gebeten hättest, hätte er deiner Bitte niemals entsprochen."

„Weh dir, Hishām", entgegnete ihm Zuhair, „was kann ich schon tun. Ich bin allein. Wenn ich noch jemanden zur Seite hätte, würde ich mich so lange für die Aufhebung des Boykotts einsetzen, bis er aufgehoben wird."

„Du hast doch schon einen zweiten Mann gefunden!"

„Wen denn?"

„Mich!"

„So suche einen dritten!"

Da ging Hishām zu Muṭᶜim, dem Sohn des ᶜAdī, und sprach:

„Muṭᶜim! Kannst du, nur um den Quraish zuzustimmen, zufrieden mitansehen, wie zwei Sippen aus der Nachkommenschaft des ᶜAbdmanāf zugrunde gehen! Wenn ihr sie mit diesen beiden Familien so etwas tun laßt, wirst du wahrlich bald erleben, wie sie mit euch das gleiche machen."

„Was kann ich allein schon tun!" antwortete ihm auch Muṭᶜim, und Hishām entgegnete:

„Ich habe schon einen zweiten!" „Wen?"

„Mich selbst."

„So suche einen dritten!"

„Das habe ich schon getan."

„Wer ist es?"

„Zuhair, der Sohn des Abū Umayya."

„So suche einen vierten!"

Darauf begab sich Hishām noch zu Abu l-Bakhtarī und zu Zamaᶜa, dem Sohn des Aswad, wobei ähnliche Worte gewechselt wurden. Diese fünf Männer verabredeten dann ein nächtliches Treffen auf der Höhe von Ḥadjūn oberhalb Mekkas. Sie kamen dort zusammen und beschlossen, gemeinsam die Aufhebung des Boykotts zu betreiben und durchzusetzen. Zuhair verlangte noch, als erster sprechen zu dürfen. Am nächsten Morgen, als die Quraish zu ihren Versammlungen gingen, kam er in einem feierlichen Gewande, umschritt siebenmal die Kaᶜba, trat dann zu den Versammelten und sprach:

„Mekkaner! Können wir noch essen und uns kleiden, während die Banū Hāshim dem Untergang geweiht sind, da sie nichts verkaufen und nichts kaufen können. Wahrlich, ich werde mich nicht setzen, solange diese ungerechte Boykotturkunde nicht zerrissen worden ist!"

„Lügner!" rief Abū Djahl, der an der Seite des Heiligtums saß, „sie wird nicht zerrissen!"

„Du bist ein noch größerer Lügner", griff Zamaᶜa in den Streit ein, „wir waren damals nicht damit einverstanden, daß die Urkunde geschrieben wurde."

Und Abu l-Bakhtarī unterstützte ihn mit den Worten:

„Zamaᶜa hat Recht, wir waren damals nicht damit einverstanden!" Und Muṭᶜim fügte hinzu:

„Ihr beiden habt die Wahrheit gesagt, und jeder, der etwas anderes behauptet, ist ein Lügner. Wir sind vor Gott unschuldig an der Urkunde und ihrem Inhalt!"

Nachdem schließlich auch Hishām noch entsprechende Worte geäußert hatte, sprach Abū Djahl:

„Das ist des Nachts irgendwo ausgeheckt und nicht hier beraten worden!"

Abū Ṭālib saß währenddessen neben dem Heiligtum. Muṭᶜim aber ging zu dem Dokument, um es zu zerreißen, doch die Würmer hatten es schon fast völlig aufgefressen, und nur noch die Worte: „In deinem Namen, o unser Gott!" waren erhalten geblieben.

أمْر وَفْد النَصَارِي الذِي أسْلمُوا

## 26. EINE CHRISTLICHE GESANDTSCHAFT BEKEHRT SICH ZUM ISLAM

EINES Tages kamen aus Abessinien zum Propheten nach Mekka etwa zwanzig Christen, die von ihm gehört hatten. Sie fanden ihn im Heiligtum, setzten sich zu ihm, sprachen mit ihm und stellten ihm Fragen, während sich die Quraish in ihren Versammlungen rund um die Ka'ba befanden. Nachdem sie den Propheten alles gefragt hatten, was sie wollten, rief er sie zu Gott auf und trug ihnen den Koran vor. Als sie diesen hörten, liefen ihnen die Augen vor Tränen über. Sie folgten seiner Aufforderung, glaubten an ihn und erkannten an ihm die Merkmale, die in ihrer Heiligen Schrift über ihn geschrieben waren. Als sie den Propheten verließen, stellte sich ihnen Abū Djahl mit einigen anderen Quraish in den Weg.

„Ihr elenden Kerle“, schimpften die Quraish, „eure Glaubensgenossen zu Hause haben euch geschickt, damit ihr diesen Mann hier aufsucht und ihnen dann einen Bericht über ihn bringt. Nun habt ihr euch kaum zu ihm gesetzt, da gebt ihr schon euere Religion auf und glaubt ihm sein Gerede. Wir haben noch nie etwas Dümmeres als euch gesehen.“

„Frieden sei mit euch!“ erhielten sie zur Antwort, „wir wollen uns mit euch nicht in dummes Gerede einlassen. Wir haben unsere Religion und ihr die eure. Wir haben uns eifrig um das Beste bemüht.“

Nach anderen Berichten waren diese Christen nicht aus Abessinien sondern aus Nadjrān gekommen, und auf sie sollen sich die folgenden Koranverse beziehen:

*Diejenigen die die Schrift erhalten haben, noch ehe der Koran da war, glauben an ihn. Und wenn er ihnen verlesen wird, sagen sie: „Wir glauben an ihn. Es ist die Wahrheit von unserem Herrn. Wir waren schon Muslime, noch ehe er da war“* [usw. bis zu dem Vers:] *„Uns kommen unsere Werke zu, und euch die euren. Heil sei über euch. Wir wollen mit den Toren nichts zu tun haben.“* (Sure 28, 52-55)

Sehr häufig, so habe ich erfahren, saß der Prophet auf der Höhe von Marwa am Verkaufsstand eines jungen christlichen Sklaven namens Djabr. Die Gegner des Propheten behaupteten deshalb:

„Das meiste, was Muḥammad verkündet, bringt ihm dieser christliche Sklave Djabr bei."

Über diese Behauptung sandte Gott den Koranvers herab: *Wir wissen wohl, daß sie sagen: „Es lehrt ihn ein Mensch." Doch die Sprache dessen, auf den sie anspielen, ist nicht Arabisch. Dies hingegen ist deutliche arabische Sprache.* (Sure 16, 103)

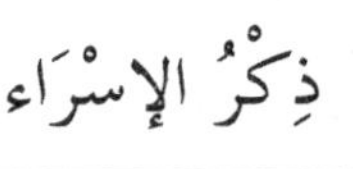

## 27. DIE NACHTREISE

Über die Nachtreise des Propheten habe ich die Berichte der beiden Überlieferer ᶜAbdallāh ibn Masᶜūd und Abū Saᶜīd al-Khuḍrī, den Bericht der Frau des Propheten, ᶜĀ'isha, den Bericht des Kalifen Muᶜāwīya I., die Berichte der Überlieferer Ḥasan ibn abī Ḥasan, Zuhrī und Qatāda und anderer sowie den Bericht der Tochter Abū Ṭālibs, Umm Hāni', übernommen. In der folgenden Darstellung habe ich jeweils aus allen diesen Berichten über die Nachtreise des Propheten etwas entnommen:

In der Nachtreise des Propheten und den Berichten darüber finden die Gläubigen eine Prüfung und einen Ausdruck für die Macht und die Herrschaft Gottes, eine Lehre für die Verständigen sowie Rechtleitung, Barmherzigkeit und Stärkung. Es war gewiß Gottes Handeln, mit dem Er ihn, so wie Er wollte, die Nachtreise durchführen ließ, um ihm von Seinen Wundern, so viele Er wollte, zu zeigen, damit er mit eigenen Augen Seine gewaltige Macht sehe, mit der Er vollbringt, was Er will.

ᶜAbdallāh, der Sohn des Masᶜūd, pflegte folgendes zu erzählen:

Dem Propheten wurde Burāq gebracht. Dies ist das Reittier, auf dem auch die Propheten vor ihm geritten waren und das seinen Huf bei jedem Schritt so weit setzt, wie sein Blick reicht. Er wurde auf das Reittier gehoben, und Gabriel begleitete ihn, wobei er die Wunder zwischen Himmel und Erde sah, bis er nach Jerusalem gelangte. Dort traf er Gottes Freund Abraham, Moses und Jesus inmitten anderer Propheten, die sich für ihn versammelt hatten, und betete mit ihnen. Dann wurden ihm drei Gefäße gebracht, das eine mit Milch, das zweite mit Wein und das dritte mit Wasser.

„Dabei hörte ich eine Stimme", so berichtete Muḥammad selbst, „die sagte: ‚Wenn er das Wasser nimmt, wird er ertrinken und ebenso sein Volk; wenn er den Wein nimmt, wird er in die Irre gehen und ebenso sein Volk; wenn er die Milch nimmt, wird er rechtgeleitet werden und ebenso sein Volk.' Da ergriff ich das Gefäß mit der Milch und trank davon, worauf Gabriel zu mir sprach: ‚Muḥammad, du bist rechtgeleitet und ebenso dein Volk.'"

Ḥasan überlieferte die folgende Schilderung des Propheten:

Während ich im Heiligtum in Mekka schlief, kam Gabriel zu mir und stieß mich mit dem Fuß. Ich setzte mich auf, sah aber nichts und legte mich wieder hin. Da kam er ein zweites Mal und stieß mich mit dem Fuß. Wieder setzte ich mich auf, legte mich aber wieder hin, als ich nichts sah. Schließlich kam er zum dritten Mal und stieß mich mit dem Fuß. Ich setzte mich auf, und er ergriff mich am Oberarm. Ich erhob mich, und er führte mich hinaus zum Tor des Heiligtums, und siehe, da stand ein weißes Reittier, halb Maultier halb Esel. An den Schenkeln hatte es zwei Flügel, mit denen es seine Hinterbeine vorantrieb, während es seine Vorderbeine dort aufsetzte, wohin sein Blick reichte. Es setzte mich auf sich und machte sich mit mir auf die Reise, wobei wir uns nicht mehr trennten.

Von Qatāda wurden folgende Worte des Propheten weitererzählt:

Als ich mich dem Tier näherte, um aufzusteigen, scheute es, doch Gabriel legte ihm die Hand auf die Mähne und sprach:

„Schämst du dich nicht, Burāq, über das, was du tust? Bei Gott, kein edlerer hat dich vor ihm geritten!"

Da schämte es sich so sehr, daß es in Schweiß ausbrach, und hielt still, daß ich aufsteigen konnte.

Der Bericht des Ḥasan geht folgendermaßen weiter:

Der Prophet ritt zusammen mit Gabriel bis nach Jerusalem. Dort fand er Abraham, Moses und Jesus inmitten anderer Propheten. Muḥammad trat als Vorbeter vor sie hin und betete mit ihnen. Sodann wurden ihm zwei Gefäße gebracht, das eine mit Wein gefüllt, das andere mit Milch. Der Prophet nahm das Gefäß mit der Milch und trank davon. Das Gefäß mit dem Wein aber ließ er stehen. Da sprach Gabriel zu ihm:

„Rechtgeleitet wurdest du für die Schöpfung, und rechtgeleitet wurde dein Volk, Muḥammad! Der Wein ist euch verboten." Darauf begab sich der Prophet nach Mekka zurück und erzählte am Morgen den Quraish, was geschehen war. Die meisten Leute sprachen:

„Dies ist nun wirklich unmöglich! Die Karawane braucht einen Monat von Mekka nach Syrien und wieder einen Monat für den Rückweg. Wie will dieser Muḥammad beides in einer Nacht tun!"

Viele von denen, die sich bereits bekehrt hatten, fielen wieder vom Glauben ab, und die Leute kamen zu Abū Bakr und fragten ihn: „Was hältst du nun von deinem Freund? Er behauptet, er sei vergangene Nacht in Jerusalem gewesen, habe dort gebetet und sei wieder nach Mekka zurückgekehrt."

„Ihr lügt!" entgegnete Abū Bakr, doch sie blieben bei ihren Worten und fuhren fort:

„Dort im Heiligtum ist er und erzählt den Leuten davon."

„Bei Gott", sprach darauf Abū Bakr, „wenn er es sagt, ist es auch wahr. Was verwundert euch so daran? Er berichtet mir ja auch, daß ihn Offenbarungen von Gott, vom Himmel zur Erde, in einer Stunde der Nacht oder des Tages erreichen, und ich glaube es ihm. Dabei ist es viel erstaunlicher als das, worüber ihr euch jetzt wundert."

Dann ging er zu Muḥammad und fragte ihn:

„O Prophet Gottes, hast du jenen Leuten erzählt, du seist heute nacht in Jerusalem gewesen?", und als Muḥammad seine Frage bejahte, fuhr er fort:

„So beschreibe es mir, denn ich bin schon dort gewesen!"

Der Prophet begann, Abū Bakr Jerusalem zu beschreiben, und immer wenn er etwas geschildert hatte, rief Abū Bakr aus:

„Du hast die Wahrheit gesprochen! Ich bezeuge, daß du der Gesandte Gottes bist!"

Am Ende sagte deshalb der Prophet zu Abū Bakr:

„Du, Abū Bakr, bist der Ṣiddīq, der, ‚der die Wahrheit bezeugt'." Damals gab der Prophet Abū Bakr diesen Beinamen Ṣiddīq.

Über diejenigen, die wegen Muḥammads Bericht über die Nachtreise wieder vom Islam abfielen, sandte Gott den Koranvers herab:

*Und wir haben das Traumgesicht, das Wir dich sehen ließen, nur zu einer Versuchung für die Menschen gemacht, desgleichen den verfluchten Baum im Koran. Wir wollen ihnen damit Angst machen. Aber es bestärkt sie nur um so mehr in ihrer Widersetzlichkeit.* (Sure 17, 60)

Soweit der Bericht Ḥasans über die Nachtreise des Propheten mit den Zusätzen von Qatāda. Ein Mitglied der Familie Abū Bakrs berichtete mir die folgenden Worte der späteren Frau des Propheten, ᶜĀ'isha:

Der Körper des Propheten wurde in jener Nacht nicht vermißt, sondern Gott ließ nur seinen Geist die Nachtreise machen.

Und von Yaᶜqūb ibn ᶜUtba hörte ich den folgenden Ausspruch des Muᶜāwīya über die Nachtreise des Propheten:

„Es war ein wahres Traumgesicht von Gott." Die beiden letzten Aussagen widersprechen nicht der vorangegangenen Darstellung Ḥasans, da Gott selbst den Koranvers herabgesandt hat:

*Und wir haben das Traumgesicht, das wir dich sehen ließen, nur zu einer Versuchung für die Menschen gemacht* (Sure 17, 60).

Und sie widersprechen auch nicht Gottes Worten in dem koranischen Bericht über Abraham, als dieser zu seinem Sohn sprach: *O mein Sohn, ich habe im Traum gesehen, daß ich dich opfern muß* (Sure 34, 102), und dies dann auch tat. Ich schließe daraus, daß die Offenbarungen von Gott zu den Propheten im Schlaf wie auch im Wachsein kommen. Der Prophet selbst, so habe ich erfahren, pflegte zu sagen: „Meine Augen schlafen, während mein Herz wach ist."

Nur Gott weiß, wie die Offenbarungen zu Muḥammad kamen und dieser sah, was er sah. Ob es im Schlaf oder im Wachsein geschah, alles ist wahr.

Zuhrī behauptet nach Saʿīd ibn Musayyab, der Prophet habe seine Freunde Abraham, Moses und Jesus, wie er sie in jener Nacht sah, folgendermaßen beschrieben:

„Ich habe noch nie einen Mann gesehen, der mir ähnlicher war als Abraham. Moses war von rotbrauner Hautfarbe, hochgewachsen, dürr, mit gekräuselten Haaren und einer Hakennase, als gehöre er zum Stamm der Shanū'a. Jesus war von heller Hautfarbe, weder klein noch groß , mit glattem Haar und vielen Flecken im Gesicht, als sei er gerade aus dem Bad gekommen. Man dachte, sein Haar tropfe vor Wasser, ohne daß jedoch welches daran war. Der, der ihm von euch am meisten ähnlich sieht, ist ʿUrwa, der Sohn des Masʿūd, vom Stamme Thaqīf."

Umm Hānī', die Tochter Abū Ṭālibs, pflegte über die Nachtreise des Propheten folgendes zu erzählen:

Der Prophet ging auf keine Nachtreise, wenn er nicht in meinem Hause war. Auch in jener Nacht schlief er bei uns. Er hatte das zweite Nachtgebet verrichtet und war mit uns zur Ruhe gegangen. Kurz vor Anbruch der Morgendämmerung weckte er uns, und nachdem wir zusammen das Morgengebet verrichtet hatten, sprach er:

„Umm Hānī', ich habe gestern das zweite Nachtgebet, wie du gesehen hast, mit euch hier in diesem Tal verrichtet. Dann kam ich nach Jerusalem und betete dort. Und nun habe ich das Morgengebet, wie du siehst, wieder hier mit euch gesprochen."

Mit diesen Worten erhob er sich, um wegzugehen. Ich ergriff den Saum seines Gewandes, wodurch sich sein Leib entblößte, als wäre es ein koptisches Faltengewand, und bat ihn:

„O Prophet Gottes, erzähle den Leuten nichts davon, denn sie werden dich einen Lügner nennen und beschimpfen."

„Bei Gott, ich werde es ihnen erzählen!" antwortete er jedoch.

Nun hatte ich eine abessinische Sklavin, und dieser befahl ich, dem Propheten zu folgen, um zu hören, was er den Leuten erzählte und was diese zu ihm sagten. Muḥammad ging zu den

Leuten und berichtete ihnen von seinem Erlebnis. Diese aber wunderten sich und sprachen:

„Was für einen Beweis hast du dafür, Muḥammad? Wir haben noch nie so etwas gehört."

„Der Beweis dafür", erwiderte er, „ist, daß ich in dem und dem Tal an der Karawane der Banū Soundso vorüberkam, die vor dem Geräusch meines Reittieres erschraken und denen ein Kamel davonlief, das ich ihnen aber wieder zu finden half. Dies geschah auf meinem Weg nach Syrien. Ich reiste weiter, bis ich beim Berge Ḍadjnān an der Karawane des Stammes Soundso vorüberkam. Die Leute schliefen gerade. Bei sich hatten sie einen Wasserbehälter, den sie mit irgend etwas zugedeckt hatten. Ich nahm die Decke ab, trank den ganzen Inhalt und deckte das Gefäß wieder zu, wie es war. Als Beweis dafür sage ich euch, daß ihre Karawane gegenwärtig von der Höhe Baiḍā' zum Paß von Tanʿīm herunterzieht, angeführt von einem staubfarbenen Kamel mit zwei Säcken, von denen der eine schwarz ist und der andere verschiedene Farben aufweist."

Da eilten die Menschen zu jenem Paß, und das erste Kamel, das ihnen begegnete, war, wie er es beschrieben hatte. Sie fragten die Reisenden auch nach dem Wasserbehälter, und diese erzählten, daß sie ihn mit Wasser gefüllt und zugedeckt hätten; als sie erwachten, hätten sie ihn zwar bedeckt gefunden wie zuvor, aber ohne Wasser. Später fragte man in Mekka auch die Leute von der anderen Karawane, und diese antworteten:

„Er sagt wirklich die Wahrheit! Wir erschraken in jenem Wadi, das er genannt hat, und ein Kamel lief uns weg. Darauf hörten wir die Stimme eines Mannes, die uns den Weg wies, bis wir das Tier wiederfanden."

قِصَّة المعْرَاج

## 28. DIE HIMMELSREISE

JEMAND, dessen Aussagen ich nicht in Zweifel ziehe, hat mir die folgenden Worte Muḥammads erzählt, wie er sie von Abū Saʿīd al-Khuḍrī überliefert bekommen hat:

Nachdem ich in Jerusalem gebetet hatte, wurde mir eine Leiter gebracht, so schön, wie ich noch nie etwas gesehen hatte. Es war die Leiter, auf die die Todgeweihten ihre Augen richten, wenn das Ende naht. Gabriel ließ mich auf ihr hinaufsteigen, bis er mich zu einem der Himmelstore brachte, das man das Hütertor nennt. Es wird bewacht von einem Engel namens Ismāʿīl, dem zwölftausend Engel unterstehen, von denen einem jeden wiederum zwölftausend Engel gehorchen. An dieser Stelle pflegte der Prophet in seinem Bericht die Worte Gottes anzuführen:

*Die Heerscharen deines Herrn kennt nur Er allein* (Sure 74, 31).

Dann fuhr er fort: Als ich durch das Tor geführt wurde, fragte der Engel: „Wer ist dies, Gabriel?"

„Dies ist Muḥammad", erwiderte Gabriel.

„Ist er gesandt worden?"

„Ja."

Darauf erflehte er Gottes Güte für mich. Ich aber trat in den untersten Himmel ein und sah dort einen Mann sitzen, an dem die Seelen der verstorbenen Menschen vorüberzogen. Über die einen sprach er Gutes und freute sich, wobei er sagte:

„Eine gute Seele aus einem guten Körper!"

Zu den anderen aber sprach er mit finsterem Gesicht:

„Wie abscheulich! Eine schlechte Seele aus einem schlechten Körper!"

„Wer ist dies?" fragte ich Gabriel, und er erklärte mir:

„Dies ist dein Vater Adam, an dem die Seelen seiner Nachkommen vorüberziehen. Die Seelen der Gläubigen darunter erfreuen ihn, worauf er spricht: ‚Eine gute Seele aus einem guten Körper', während die Seelen der Ungläubigen seinen Abscheu und seinen

Widerwillen erregen, worauf er spricht: ,Eine schlechte Seele aus einem schlechten Körper.'"

Dann erblickte ich Männer mit Lippen wie von Kamelen. In ihren Händen hatten sie faustgroße glühende Steine, die sie sich in den Mund warfen und die an ihrem Gesäß wieder herauskamen.

„Wer sind sie?" fragte ich Gabriel, und dieser antwortete: „Dies sind jene, die den Besitz der Waisen ohne Recht aufgezehrt haben."

Sodann erblickte ich Männer in der Art der Familie des Pharao mit Bäuchen, wie ich sie noch nie gesehen habe. Über sie zogen Wesen hin wie vor Durst schmachtende Kamele, wenn sie dem Feuer ausgesetzt werden. Sie traten auf die Männer, ohne daß sich diese von ihrer Stelle bewegen konnten. Wieder fragte ich Gabriel:

„Wer sind diese Männer?", und er erwiderte mir: „Dies sind jene, die sich vom Wucher genährt haben!"

Und dann sah ich Männer, vor denen neben stinkendem, erbärmlichem Fleisch auch gutes, fettes lag, doch nur von dem stinkenden konnten sie essen.

„Wer sind sie?" fragte ich Gabriel, und er erklärte mir:

„Das sind jene Männer, die sich nicht die Frauen nahmen, die Gott ihnen erlaubte, sondern zu jenen gingen, die Gott ihnen verbot." Dann erblickte ich Frauen, die an ihren Brüsten aufgehängt waren, und ich fragte Gabriel:

„Wer sind sie?"

„Dies sind jene Frauen", antwortete er, „die ihren Männern Kinder unterschoben, die diese nicht gezeugt haben."

Sodann brachte er mich hinauf in den zweiten Himmel, und siehe, da waren die beiden Vettern Jesus, der Sohn der Maria, und Johannes, der Sohn des Zacharias. Und er brachte mich hinauf in den dritten Himmel, und dort war ein Mann mit einem Gesicht so schön wie der Vollmond. Ich fragte Gabriel, wer dies sei, und er sprach:

„Dies ist dein Bruder Joseph, der Sohn Jakobs!"

Und er brachte mich hinauf in den vierten Himmel, wo ein Mann war, von dem Gabriel mir sagte, es sei Idrīs. Und er brachte mich in den fünften Himmel; dort war ein Mann in reifem Alter mit weißem Haar und einem mächtigen weißen Bart. Nie habe ich einen schöneren Mann gesehen.

„Wer ist dies?“ fragte ich wieder Gabriel, und er gab mir zur Antwort:

„Dies ist der Vielgeliebte in seinem Volk, Aaron, der Sohn des ᶜImrān.“

Und er brachte mich in den sechsten Himmel; dort war ein Mann von dunkler Farbe, großem Wuchs und mit einer gekrümmten Nase, als gehöre er zum Stamm der Shanū'a. Als ich Gabriel nach ihm fragte, erklärte er mir, daß dies Moses, der Sohn ᶜImrāns, war. Und er brachte mich in den siebenten Himmel; dort sah ich einen Mann in reifem Alter auf einem Stuhl am Tore zum Paradiese sitzen, durch das an jedem Tag siebzigtausend Engel eintraten, die erst am Tage der Auferstehung wieder zurückkehren. Nie habe ich einen Mann gesehen, der mir ähnlicher war, und Gabriel sprach:

„Dies ist dein Vater Abraham!“

Schließlich betrat er mit mir das Paradies. Dort erblickte ich ein Mädchen mit dunkelroten Lippen, und da sie mir gefiel, fragte ich sie: „Wem gehörtest du?“

„Dem Zaid, dem Sohn des Ḥāritha“, erwiderte sie mir.

Aus dem Bericht des ᶜAbdallāh ibn Masᶜūd entnehme ich die folgenden Worte des Propheten:

Immer wenn mich Gabriel von einem Himmel zum nächsten brachte, fragte man ihn, als er um Einlaß bat, wer ich sei. Er nannte ihnen meinen Namen, und sie fragten ihn weiter, ob ich gesandt worden sei. Als er es bejahte, riefen sie aus:

„Gott schenke ihm Leben, Bruder und Freund!“

So geschah es, bis wir zum siebenten Himmel gelangten und er mich schließlich zu meinem Herrn brachte, der mir für jeden Tag fünfzig Gebete zur Pflicht machte. Als ich dann auf dem Rückweg wieder bei Moses vorbeikam – welch vortrefflicher Freund ist er euch! –, fragte er mich:

„Wieviele Gebete sind dir auferlegt worden?“

„Fünfzig jeden Tag“, erwiderte ich, worauf er sprach:

„Das Gebet ist eine schwere Last, und dein Volk ist schwach. Gehe zurück zu deinem Herrn und bitte Ihn, Er möge dir und deinem Volke diese Last erleichtern!“

Ich tat, wie er mich geheißen hatte, und mein Herr ließ mir zehn Gebete nach, doch als ich wieder bei Moses vorüberkam, sagte er mir nochmals das gleiche, und Gott erließ mir weitere zehn Gebete. So ging es fort, bis nur noch fünf Gebete übrig waren. Als ich dann wieder zu Moses kam und er mir erneut riet, Gott um Erleichterung zu bitten, sprach ich zu ihm:

„Ich bin nun so oft zu meinem Herrn zurückgekehrt und habe Ihm diese Bitte vorgetragen, daß ich mich jetzt schäme und es nicht nochmals tun werde."

Seinen Zuhörern aber versprach der Prophet:

„Jedem von euch, der diese fünf Gebete gläubig und ergeben verrichtet, werden sie wie fünfzig Gebete vergolten werden."

كِفَايَةُ اللّٰهِ أَمْرَ الْمُسْتَهْزِئِين

## 29. GOTT STRAFT DIE SPÖTTER

DER Prophet stand geduldig und ergeben zu seinem göttlichen Auftrag und ermahnte weiter sein Volk trotz all der Verleumdungen und all des Spotts, die er von ihnen erfuhr. Die schlimmsten Spötter waren:

Von der Sippe Asad: Aswad, der Sohn des Muṭṭalib; von der Sippe Zuhra: Aswad, der Sohn des ᶜAbdyaghūth; von den Makhzūm: Walīd, der Sohn des Mughīra; von den Sahm: ᶜĀṣ, der Sohn des Wā'il; von den Khuzāᶜa: Ḥārith, der Sohn des Ṭulāṭila.

Als diese in ihrer Bosheit verharrten und den Propheten immer mehr verspotteten, sandte Gott die Offenbarung herab:

*Und gib bekannt, was dir befohlen wird, und wende dich von den Heiden ab. Wir genügen dir als Schutz gegenüber den Spöttern, die Gott einen anderen Gott zur Seite setzen. Sie werden es noch zu wissen bekommen.* (Sure 15, 94-96)

Yazīd ibn Rūmān, gestützt auf die Aussagen des ᶜUrwa oder eines anderen Überlieferers, berichtete mir folgendes:

Eines Tages kam Gabriel zum Propheten, während jene Spötter die Kaᶜba umschritten. Der Engel stand neben Muḥammad, als Aswad, der Sohn des Muṭṭalib, vorüberkam und Gabriel ihm ein grünes Blatt ins Gesicht warf, worauf er erblindete. Dann kam Aswad, der Sohn des ᶜAbdyaghūth, vorbei, und Gabriel deutete auf dessen Bauch, worauf dieser anschwoll und er an Wassersucht starb. Als Walīd vorbeikam, deutete Gabriel auf eine Narbe, die sich jener Jahre zuvor am Knöchel zugezogen hatte, als er an einem Mann vom Stamme Khuzāᶜa vorübergekommen war, der gerade seine Pfeile befiederte, wovon einer an seinem über den Boden schleifenden Gewand hängenblieb und ihn am Fuß verletzte. Diese ganz unbedeutende Narbe brach nun wieder auf, und er starb daran. Dann kam ᶜĀṣ, der Sohn des Wā'il, vorbei, und Gabriel deutete auf seine Fußsohle; als dieser dann mit seinem Esel nach Ṭā'if zog und das Tier sich über einen Dornenbaum hermachte, drang ihm ein Dorn in die Fußsohle und tötete ihn. Schließlich kam auch Ḥārith, der Sohn des Ṭulāṭila, und Gabriel deutete auf dessen Kopf, worauf sich dieser mit Eiter bedeckte und Ḥārith starb.

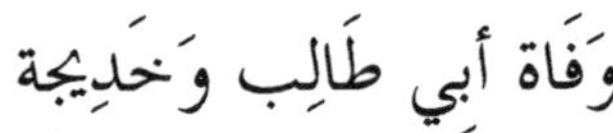

## 30. ABŪ ṬĀLIB UND KHADĪDJA STERBEN

Die Männer, die den Propheten in seinem eigenen Hause schmähten, waren Abū Lahab, Ḥakam, ᶜUqba, der Sohn des Abū Muᶜaiṭ, der Thaqafit ᶜAdī und der Hudhailit Ibn Aṣdā'. Sie waren seine Nachbarn, und nur Ḥakam nahm später den Islam an. Einer von ihnen, so wurde mir erzählt, pflegte mit der Gebärmutter eines Schafes nach ihm zu werfen, wenn er betete. Ein anderer warf sie in seinen Kochtopf, wenn dieser für den Propheten bereitgestellt wurde. Schließlich mußte er sich, wenn er beten wollte, hinter einer Mauer vor ihnen verstecken.

Drei Jahre vor der Hidjra starben dann Khadīdja und Abū Ṭālib. Khadīdja war ihm eine aufrichtige Stütze im Glauben gewesen, sooft er mit seinen Sorgen zu ihr kam, und Abū Ṭālib hatte ihm stets Unterstützung und Zuflucht gewährt und gegenüber seinem Volk Schutz und Beistand angedeihen lassen. Mit ihrem Tod folgte nun ein Unglück nach dem anderen. Nachdem Abū

Ṭālib verschieden war, gingen die Quraish in ihren Kränkungen gegenüber dem Propheten so weit, wie sie es zu seinen Lebzeiten niemals zu tun gewagt hatten. Ein unverschämter Kerl aus der Reihe der Quraish streute dem Propheten sogar einmal Staub auf den Kopf.

Hishām berichtete mir von seinem Vater ᶜUrwa ibn Zubair:

Als dies geschah, ging der Prophet, den Staub noch auf dem Haupt, nach Hause, wo ihm eine seiner Töchter weinend den Staub abzuwaschen begann. Da sprach er:

„Weine nicht, mein Töchterchen! Gott wird deinen Vater verteidigen!" Und er sagte auch: „Bevor Abū Ṭālib starb, haben mir die Quraish derart Abscheuliches nicht angetan."

Als Abū Ṭālib erkrankte und die Quraish erfuhren, wie schlecht es um ihn stand, sprachen sie untereinander:

„Ḥamza und ᶜUmar haben sich zum Islam bekehrt, und die Sache Muḥammads hat sich unter allen quraishitischen Sippen verbreitet. Laßt uns deshalb zu Abū Ṭālib gehen und ihn bitten, daß er bei seinem Neffen einige Zugeständnisse für uns erreicht und von uns für ihn einige Zugeständnisse annimmt. Wir sind sonst wahrhaftig nicht davor sicher, daß man uns unseres ganzen Einflusses beraubt."

ᶜAbbās ibn ᶜAbdallāh überlieferte mir von seinem Großvater Maᶜbad ibn ᶜAbbās die folgende Darstellung:

Die führenden Männer der Quraish: ᶜUtba, Shaiba, Abū Djahl, Umayya und Abū Sufyān kamen zusammen mit anderen Adligen zu Abū Ṭālib und sprachen:

„Abū Ṭālib! Du weißt, welchen Rang du bei uns bekleidest, und siehst, daß dein Ende naht. Wir sind sehr besorgt um dich. Du weißt ja, was zwischen uns und deinem Neffen steht. So rufe ihn und vermittle einen Kompromiß zwischen uns, damit wir uns gegenseitig in Ruhe lassen und er uns unseren Glauben läßt, wie wir ihm den seinen lassen!" Abū Ṭālib ließ Muḥammad holen und sagte zu ihm:

„Sohn meines Bruders! Diese Edlen deines Volkes sind gemeinsam zu dir gekommen und sind bereit, dir Zugeständnisse zu machen, wenn du ihnen auch welche machst."

„Gut", entgegnete der Prophet, „ein Wort nur gebt mir, durch das ihr die Araber beherrschen und die Perser euch untertan machen könnt!"

„Gern! Bei deinem Vater! Auch zehn Worte, wenn du willst!" antwortete Abū Djahl, und der Prophet fuhr fort:

„So sprecht: ‚Es gibt keinen Gott außer Gott!' und sagt euch los von allem, was ihr neben ihm anbetet!"

Erstaunt klatschten sie in die Hände und riefen:

„Willst du denn alle Götter zu einem Gott machen, Muḥammad? Du hast wahrlich einen seltsamen Glauben!" Und zueinander gewandt sprachen sie: „Von diesem Mann bekommen wir wahrhaftig keines der Zugeständnisse, die wir wollen. Gehen wir und bleiben wir bei der Religion unserer Väter, bis Gott zwischen uns und ihm richtet!" Mit diesen Worten zerstreuten sie sich. Abū Ṭālib aber sprach zum Propheten:

„Ich habe nicht bemerkt, daß du zuviel von ihnen verlangt hättest." Als Muḥammad dies von Abū Ṭālib hörte, glaubte er, er könne ihn nun zum Islam bekehren, und flehte ihn an:

„So sprich du die Worte, mein Oheim! Wenn du es tust, kann ich am Tag der Auferstehung Fürbitte für dich einlegen." Abū Ṭālib aber, als er sah, wie Muḥammad sich um ihn bemühte, erwiderte: „Sohn meines Bruders! Müßte ich nicht fürchten, daß die Quraish dich und die Söhne deines Vaters nach meinem Tod beschimpfen und glauben werden, ich hätte jene Worte nur aus Angst vor dem Tod gesprochen, würde ich sie sagen – aber doch nur, um dir eine Freude zu machen."

Als Abū Ṭālib dann im Sterben lag, sah sein Bruder ᶜAbbās, wie er die Lippen bewegte. Er legte sein Ohr an dessen Mund und rief aus: „Sohn meines Bruders! Mein Bruder hat das Wort gesprochen, das zu sprechen du ihn gebeten hast."

Muḥammad jedoch sagte, er habe es nicht gehört. Über die Gruppe der Männer, die gemeinsam zu Muḥammad gekommen waren und seinen Vorschlag zurückgewiesen hatten, sandte Gott die Offenbarung herab:

*Beim Koran mit der Mahnung! Nein! Die Ungläubigen fühlen sich stark und widersetzen sich. Wie viele Generationen haben wir vor ihnen zugrunde gehen lassen! Sie riefen, wo doch keine Zeit mehr war, sich zu retten. Sie wundern sich darüber, daß ein Warner aus ihren eigenen Reihen zu ihnen gekommen ist. Und sie sagen in ihrem Unglauben: „Dies ist ein verlogener Zauberer. Will er denn aus den Göttern einen einzigen Gott machen? Das ist doch merkwürdig.“ Und die Vornehmen von ihnen entfernten sich mit den Worten: „Geht hin und haltet euren Göttern die Treue! Das ist, was man von euch haben möchte. Wir haben nicht gehört, daß es so etwas in der bisherigen Religion gegeben hätte. Das ist eine reine Erfindung“* (Sure 38, 1-6).

Mit „der bisherigen Religion“ sind die Christen gemeint, da diese sagen: *Gott ist einer von dreien* (Sure 5, 73).

بَدء إسْلامِ الأنصَار

## 31. DER BEGINN DES ISLAM BEI DEN „HELFERN“

Als Gott Seine Religion weiter verbreiten, Seinen Propheten stärken und Sein Versprechen ihm gegenüber einlösen wollte, machte sich Muḥammad während der Wallfahrtszeit auf, um sich wie jedes Jahr bei dieser Gelegenheit den arabischen Stämmen anzubieten. Bei ᶜAqaba traf er damals eine Gruppe aus Medina vom Stamme Khazradj, der Gott Gutes angedeihen lassen wollte.

Den folgenden Bericht überlieferte mir ᶜĀṣim, der Sohn des ᶜUmar, von den Alten seines Volkes:

Als der Prophet diese Männer traf, fragte er sie: „Wer seid ihr?“

„Männer vom Stamme Khazradj.“

„Also Genossen der Juden?“

„Ja.“

„Wollt ihr euch nicht setzen, damit ich mit euch sprechen kann?“ Da setzten sie sich zu ihm, und er rief sie zum Glauben an den Erhabenen Gott auf, legte ihnen den Islam dar und trug ihnen den Koran vor. Gott hatte bei ihnen den Weg zum Islam in der Weise vorbereitet, daß sie in ihrer Heimat, in Medina, mit Juden zusammenlebten, die ein schrift- und wissenbesitzendes Volk sind, während sie selbst der Vielgötterei und dem Götzendienst anhingen. Oft hatten sie die Juden überfallen, und immer wenn es Streit zwischen beiden Gruppen gab, drohten ihnen die Juden mit den Worten:

„Bald wird ein Prophet gesandt werden. Seine Zeit ist angebrochen. Wir werden ihm folgen und euch mit seiner Hilfe töten, wie ᶜĀd und Iram getötet wurden."

Nachdem nun der Prophet mit ihnen gesprochen und sie zum Glauben an Gott aufgerufen hatte, sprachen sie zueinander:

„Leute! Wisset, dies ist wahrlich der Prophet, mit dem die Juden uns gedroht haben! Laßt uns achtgeben, daß sie nicht vor uns bei ihm sind!"

Sie kamen deshalb seiner Aufforderung nach, indem sie an ihn glaubten und den Islam von ihm annahmen. Dabei sagten sie:

„Wir haben unser Volk verlassen, denn kein anderes ist so sehr durch Feindschaft und Streit gespalten. Vielleicht kann Gott es durch dich wieder einen. Wir werden zu unserem Volk zurückkehren, für deine Sache bei ihm werben und ihm diesen Glauben vorlegen, in dem wir dir nun gefolgt sind. Wenn Gott es in dieser Religion einigt, wird es keinen mächtigeren Mann geben als dich."

Mit diesen Worten verließen sie den Propheten und kehrten als Gläubige in ihre Heimat zurück. In Medina angekommen, erzählten sie ihren Stammesgefährten von Muḥammad und warben sie für den Islam, bis sich dieser bei ihnen ausbreitete und es bei den „Helfern" kein Haus mehr gab, in dem man nicht vom Propheten sprach.

العَقَبَة الأُولى

## 32. DIE ERSTE HULDIGUNG VON ᶜAQABA

Im folgenden Jahr kamen zwölf „Helfer" aus Medina zur Wallfahrt nach Mekka und trafen sich bei ᶜAqaba mit dem Propheten. Es war dies das „Erste ᶜAqaba". Sie huldigten dem Propheten nach Art der Frauen, d. h. noch ohne Verpflichtung zum Kampf, die ihnen erst später auferlegt wurde.

Über die Bedingungen der Huldigung berichtete mir Yazīd ibn abī Ḥabīb, der sich auf die Aussagen von Abū Marthad stützte. Dieser hatte es wieder von ᶜAbdarraḥmān ibn ᶜUsaila und dieser von ᶜUbāda. ᶜUbāda erzählte:

Ich war beim Ersten ᶜAqaba dabei. Wir waren zwölf Männer und huldigten dem Propheten nach Art der Frauen, d. h. noch ohne Verpflichtung zum Kampf, die wir erst später erhielten. Bei der Huldigung verpflichteten wir uns, Gott nichts zur Seite zu stellen, nicht zu stehlen, nicht Unzucht zu treiben, unsere Kinder nicht zu töten, unsere Nachbarn nicht zu verleumden und ihm in allem, was rechtens ist, zu gehorchen.

„Wenn ihr dies erfüllt", so sprach der Prophet zu uns, „werdet ihr ins Paradies eingehen. Wenn ihr einem der Verbote zuwiderhandelt, liegt es bei Gott, euch zu strafen oder euch zu verzeihen."

Als die Männer ihn wieder verließen, schickte der Prophet den Muṣᶜab ibn ᶜUmair mit ihnen und trug ihm auf, ihnen den Koran vorzutragen, sie den Islam zu lehren und sie in der Religion zu unterweisen. Muṣᶜab wurde dann in Medina „der Leser" genannt. Er wohnte dort bei Asᶜad, dem Sohn des Zurāra.

ᶜĀṣim erzählte mir, daß Muṣᶜab den Medinensern vorbetete, da die beiden verfeindeten Stämme Aus und Khazradj es ablehnten, daß einer aus ihrer Mitte diese Aufgabe wahrnahm. Muṣᶜab blieb bei Asᶜad in Medina und rief die Einwohner zum Islam auf, bis es kein Haus der „Helfer" mehr gab, in dem nicht muslimische Männer und Frauen lebten.

أمْرُ العَقَبَة الثّانِية

## 33. DIE ZWEITE HULDIGUNG VON ᶜAQABA

DANN kehrte Muṣᶜab nach Mekka zurück, und im folgenden Jahr zogen die muslimischen „Helfer" zusammen mit ihren Stammesgefährten, die noch der Vielgötterei anhingen, zur Wallfahrtszeit nach Mekka und verabredeten mit dem Propheten für den mittleren der Tashrīq-Tage[13] ein Treffen bei ᶜAqaba.

Maᶜbad ibn Kaᶜb erzählte mir, daß ihm sein Bruder ᶜAbdallāh, einer der kenntnisreichsten Männer unter den „Helfern", von ihrem Vater Kaᶜb, der bei ᶜAqaba dabeigewesen war und dem Propheten dort gehuldigt hatte, die folgende Schilderung überliefert hat:

Wir machten uns zusammen mit unseren heidnischen Stammesgenossen auf den Weg. Wir hatten gebetet und die Unterweisungen im Glauben erhalten. Bei uns war auch Barā', der Sohn des Maᶜrūr, unser Führer und unser Ältester. Nachdem wir uns auf die Reise gemacht und Medina verlassen hatten, sprach Barā' zu uns:

„Ich bin zu einer Ansicht gekommen, von der ich aber, bei Gott, nicht weiß, ob ihr mir darin zustimmen werdet oder nicht."

„Nämlich?"

„Ich bin der Meinung, ich sollte beim Gebet der Kaᶜba in Mekka nicht den Rücken kehren, sondern mich ihr zuwenden."

„Wir haben aber erfahren", wandten wir ein, „daß sich der Prophet beim Gebet stets nach Syrien wendet, und wir wollen ihm nicht zuwiderhandeln."

„Ich werde mich trotzdem zur Kaᶜba wenden."

„Wir aber nicht."

Und immer wenn die Zeit zum Gebet kam, richteten wir unser Gesicht nach Syrien, während er sich in Richtung der Kaᶜba wandte. Wir taten dies, bis wir in Mekka anlangten. Wir hatten ihn zwar deswegen getadelt, doch er war dabei geblieben. Nach unserer Ankunft bat er mich:

„Sohn meines Bruders! Laß uns zum Propheten gehen und ihn wegen meiner Handlungsweise während der Reise fragen. Daß ihr euch in dieser Frage gegen mich gestellt habt, hat mich doch berührt."

So machten wir uns auf, um den Propheten zu fragen. Da wir ihn aber nicht kannten und vorher noch nie gesehen hatten, wandten wir uns an einen Mekkaner und erkundigten uns, wo Muḥammad zu finden sei.

„Kennt ihr ihn?" fragte er uns.

„Nein."

„Dann kennt ihr vielleicht ᶜAbbās, seinen Onkel?"

Als wir dies bejahten, da ᶜAbbās oft als Händler zu uns kam, fuhr er fort:

„Wenn ihr ins Heiligtum kommt, ist Muḥammad der Mann, der bei ᶜAbbās sitzt."

Wir gingen dorthin und fanden ᶜAbbās und neben ihm den Propheten. Wir grüßten und setzten uns zu ihm, und Muḥammad fragte ᶜAbbās:

„Kennst du die beiden Männer?"

„Ja", antwortete ᶜAbbās, „das ist Barā' ibn Maᶜrūr, der Führer seines Volkes, und der andere ist Kaᶜb ibn Mālik."

Ich werde nie vergessen, wie der Prophet daraufhin ausrief: „Der Dichter?" ᶜAbbās bestätigte es ihm. Dann wandte sich Barā' an Muḥammad:

„O Prophet Gottes! Ich machte mich auf diese Reise, nachdem Gott mir den rechten Weg zum Islam gewiesen hatte, doch war ich der Meinung, mich beim Gebet nicht mit dem Rücken zur Kaᶜba stellen zu können, sondern mich ihr zuwenden zu müssen. Meine Gefährten waren jedoch in dieser Frage derart gegen mich, daß es mich in meinem Herzen berührte. Was meinst du, Gesandter Gottes?"

„Du hättest eine Gebetsrichtung, wenn du dabei bliebst!" erwiderte ihm der Prophet.[14]

Barā' aber wandte sich wieder der Gebetsrichtung Muḥammads zu und betete mit uns gen Syrien. Nachdem wir die Wallfahrt durchgeführt hatten und die mit dem Propheten vereinbarte Nacht kam, nahmen wir Abū Djābir zur Seite, einen unserer Führer und Edlen und damals noch Heide – vor unseren ungläubigen Stammesgefährten hatten wir unser Vorhaben verheimlicht –, und redeten auf ihn ein:

„Abū Djābir, du bist einer unserer Führer und unserer Edlen, und wir möchten dich von deinem Unglauben, in dem du lebst, befreien, damit du nicht morgen Brennholz für das Höllenfeuer bist."

Wir riefen ihn zum Glauben an den Islam auf und erzählten ihm von unserer Verabredung mit dem Propheten. So wurde er Muslim, nahm mit uns an ᶜAqaba teil und wurde einer der Nuqabā'[15].

Das erste Drittel der Nacht verbrachten wir schlafend an unserem Lagerplatz zusammen mit unseren Gefährten. Dann machten wir uns heimlich und so leise wie Flughühner auf den Weg zu unserem Treffpunkt, bis wir alle in dem Graben bei ᶜAqaba versammelt waren, insgesamt dreiundsiebzig Männer und zwei Frauen. Wir warteten, bis der Prophet zusammen mit seinem Onkel ᶜAbbās zu uns kam. ᶜAbbās war damals noch Heide, doch wollte er bei dieser Angelegenheit seines Neffen gern dabei sein und darauf achten, daß man ihm eine ausreichende Sicherheit gewährte. Er war auch der erste, der das Wort ergriff:

„Volk von Khazradj!“ – die Araber pflegten beide medinensischen Stämme, sowohl die Aus wie die Khazradj, mit diesem Namen zu bezeichnen – „ihr wißt, welche Stellung Muḥammad bei uns innehat. Wir haben ihn vor unseren eigenen Stammesgefährten geschützt, die über ihn genauso denken wie wir. Er lebt in Ansehen bei seinem Volk und in Sicherheit in seiner Heimat. Nun will er sich aber unbedingt euch anschließen. Wenn ihr meint, ihr könnt ihm gegenüber eure Versprechen einhalten und ihn vor seinen Gegnern schützen, dann übernehmt, was ihr euch aufgeladen habt. Wenn ihr aber glaubt, ihr werdet ihn, nachdem er zu euch gezogen ist, fallenlassen und verraten, dann laßt ihn lieber gleich in Ruhe, denn hier bei seinem Volk in Mekka lebt er in Ansehen und Sicherheit.“

„Wir haben deine Worte gehört“, antworteten wir und baten den Propheten: „Gesandter Gottes, sprich du selbst und entscheide nach deinem Willen für dich und deinen Herrn!“

Muḥammad ergriff das Wort, trug den Koran vor, rief zum Glauben an Gott auf und stärkte unser Verlangen nach dem Islam. Dann sprach er:

„Ich nehme euere Huldigung auf der Grundlage an, daß ihr mich schützt wie eure Frauen und Kinder.“ Da ergriff Barā’ seine Hand und sagte:

„Ja, bei Dem, Der dich als Propheten mit der Wahrheit gesandt hat, wir werden dich schützen, wie wir unsere Frauen schützen. Laß uns dir huldigen, Gesandter Gottes! Wir sind, bei Gott, Männer des Krieges und besitzen Waffen, die wir von Geschlecht zu Geschlecht vererbt haben.“

Während Barā’ noch zum Propheten sprach, unterbrach ihn Abū Haitham und fragte Muḥammad:

„Wir haben Bindungen zu jenen Männern“ – er meinte die Juden in Medina –, „und wenn wir diese nun brechen, wirst du dann vielleicht, nachdem Gott dir den Sieg geschenkt hat, zu deinem Volk zurückkehren und uns allein lassen?“

Da lächelte der Prophet und erwiderte:

„Nein! Blut ist Blut, und nicht zu bezahlendes Blut ist nicht zu bezahlendes Blut.[16] Ich gehöre zu euch, und ihr gehört zu mir. Ich bekämpfe den, den ihr bekämpft, und bin in Frieden mit dem, mit dem ihr in Frieden seid. Wählt zwölf Nuqabā'[15] unter euch aus, damit sie ihrem Volk in seinen Angelegenheiten voranstehen."

Sie taten dies und wählten neun Männer vom Stamme Khazradj und drei vom Stamme Aus. Zu diesen Nuqabā' – so überlieferte mir ᶜAbdallāh ibn abī Bakr – sprach der Prophet:

„Ihr seid die Bürgen für euer Volk, wie es die Jünger Jesu, des Sohnes der Maria, waren. Und ich bin der Bürge für mein Volk", womit er die Muslime meinte. Die Nuqabā' stimmten dem zu.

ᶜĀṣim, der Sohn des ᶜUmar und Enkel des Qatāda, erzählte mir folgendes:

Als sich dann alle versammelten, um dem Propheten zu huldigen, sprach der „Helfer" ᶜAbbās, der Sohn des ᶜUbāda:

„Männer von Khazradj! Seid ihr euch bewußt, was es für euch bedeutet, diesem Mann zu huldigen?"

„Ja."

„Ihr huldigt ihm auf den Krieg gegen alle Menschen, die hellhäutigen wie die dunklen. Wenn ihr meint, ihr werdet ihn aufgeben, wenn euer Eigentum verloren ist und eure Edlen gefallen sind, so tut es lieber gleich, denn bei Gott, es wird euch sonst zur Schande im Diesseits und im Jenseits gereichen. Wenn ihr aber glaubt, ihr werdet euer Versprechen ihm gegenüber halten trotz des Verlustes eures Vermögens und des Todes eurer Edlen, dann nehmt ihn, denn, bei Gott, es wird euch im Diesseits und im Jenseits zum Wohle gereichen."

„Wir nehmen das alles in Kauf", erwiderten sie und fragten den Propheten: „Und was erhalten wir, Gesandter Gottes, wenn wir dies erfüllen?"

„Das Paradies!" antwortete Muḥammad, worauf sie riefen:

„So strecke deine Hand aus!"

Er tat es, und sie schlugen in seine Hand ein. Insgesamt nahmen dreiundsiebzig Männer und zwei Frauen von den Stämmen Aus und Khazradj am Zweiten ᶜAqaba teil. Man behauptet, daß auch die beiden Frauen huldigten, doch pflegte der Prophet Frauen nicht die Hand zu geben, sondern trug ihnen nur die Bedingungen vor und sprach, wenn sie zustimmten: „Geht! Ich habe eure Huldigung angenommen."

قِصَّة صَنَم عَمْرُو بن الجَمُوح

## 34. DAS GÖTZENBILD DES ᶜAMR IBN DJAMŪḤ

NACHDEM die Helfer nach der Huldigung bei ᶜAqaba nach Medina zurückgekehrt waren, bekannten sie sich dort öffentlich zum Islam. In ihrem Volk gab es noch einige Alte, die an ihrem Glauben, der Vielgötterei, festhielten, darunter ᶜAmr ibn Djamūḥ, einer der Führer und Edlen der Banū Salama. Sein Sohn Muᶜādh war bei ᶜAqaba dabeigewesen und hatte dem Propheten gehuldigt. Nach Sitte der Edlen hatte ᶜAmr in seinem Haus ein hölzernes Götzenbild namens Manāt, das sie als Gott verehrten und ständig sauberhielten. Nachdem die jungen Männer der Banū Salama den Islam angenommen hatten, pflegten sie sich des Nachts zu jenem Götzenbild des ᶜAmr zu stehlen, es fortzutragen und kopfüber in eine der Senkgruben des Stammes zu werfen. Am folgenden Morgen rief dann ᶜAmr:

„Wehe euch! Wer hat sich vergangene Nacht an unseren Göttern vergangen?"

Dann machte er sich auf die Suche nach dem Götzen, und wenn er ihn gefunden hatte, wusch, reinigte und parfümierte er ihn.

„Bei Gott", drohte er, „wenn ich erfahre, wer dies getan hat! Schimpf und Schande werde ich auf ihn häufen!"

Sobald er aber des Nachts schlief, machten sie sich wieder über den Götzen her, und am Morgen mußte ihn ᶜAmr, nachdem er ihn in der gleichen schmachvollen Lage gefunden hatte, wieder säubern und von seinem Gestank befreien. Als es ihm schließlich zuviel wurde und er den Götzen wieder einmal aus seiner Lage befreit und ihn wie üblich gereinigt hatte, band er ihm sein Schwert um und sprach:

„Wahrlich, ich weiß nicht, wer dir dies antut. Wenn etwas an dir ist, so verteidige dich. Du hast jetzt das Schwert."

Nachdem er abends eingeschlafen war, kamen sie wieder, nahmen dem Götzen das Schwert vom Hals, banden ihm mit einem Strick einen toten Hund um und warfen ihn in eine der

Senkgruben des Stammes. Am Morgen sah ihn ᶜAmr wieder nicht an seinem Platz und machte sich auf die Suche nach ihm, bis er ihn in jener Grube mit dem Kopf nach unten und mit einem toten Hund zusammengebunden fand. Als er ihn in diesem Zustand erblickte und die Muslime in seinem Stamme mit ihm redeten, nahm er durch Gottes Gnade den Islam an und wurde selbst ein guter Muslim. Danach, und nachdem er Gott erkannt hatte, hielt er seine Erfahrung mit dem Götzen und seinen Dank gegenüber Gott, der ihn aus Blindheit und Irrtum errettet hatte, in folgenden Versen fest:

*Wahrlich, wärst du ein Gott, du lägest jetzt nicht*
*mit dem Hund in der Grube, den Kot im Gesicht!*
*Schmach über den, der als Gottheit dich weiter verficht!*
*Wir erkannten dich jetzt, du trauriger Wicht.*
*Preis sei Gott, dem es niemals an Gnade gebricht*
*und bei dem jeder Glaube erfährt sein Gericht.*
*Er allein hat mich errettet zum Licht,*
*das mir vom Grabesdunkel Erlösung verspricht.*

نُزُول الأمْر لِرَسُول اللّهِ فِي القِتَال

## 35. DIE OFFENBARUNG DES BEFEHLES ZUM KAMPF

Vor der Huldigung von ᶜAqaba war es dem Propheten nicht erlaubt gewesen, Krieg zu führen und Blut zu vergießen. Es war ihm nur aufgetragen worden, für Gott zu werben, Kränkungen zu ertragen und dem Unwissenden zu vergeben. Die Quraish hatten seine Anhänger verfolgt, bis sie sie von ihrem Glauben wieder abbrachten oder aus ihrer Heimat vertrieben. Diese hatten nur die Wahl gehabt, ihren Glauben aufzugeben, gefoltert zu werden oder aus Mekka nach Abessinien, Medina oder sonstwohin zu fliehen. Als die Quraish weiter Gott schmähten, die Ehre, die Er ihnen erweisen wollte, zurückwiesen, Seinen Propheten der Lüge ziehen und alle diejenigen folterten oder vertrieben, die Ihn anbeteten, sich zu Seiner Einheit bekannten, Seinem Propheten glaubten und an Seiner Religion festhielten, da gab Gott Seinem Propheten die Erlaubnis, zu kämpfen und an jenen Rache zu nehmen, die ihn und seine Gefährten ungerecht behandelt hatten. Der erste Koranvers, der darüber geoffenbart wurde, war, wie ich von ᶜUrwa und anderen Überlieferern erfahren habe, das folgende Wort Gottes:

*Denjenigen, die kämpfen, ist die Erlaubnis dazu erteilt worden, weil ihnen vorher Unrecht geschehen ist. Gott hat die Macht, ihnen zu helfen, ihnen, die unberechtigterweise aus ihren Wohnungen vertrieben worden sind, nur weil sie sagen: Unser Herr ist Gott. Und wenn Gott nicht die einen Menschen durch die anderen zurückgehalten hätte, wären Klausen, Kirchen, Synagogen und andere Gotteshäuser, in denen der Name Gottes unablässig erwähnt wird, zerstört worden. Aber bestimmt wird Gott denen, die Ihm helfen, auch helfen – Er ist stark und mächtig –, ihnen, die, wenn Wir ihnen auf der Erde Macht geben, das Gebet verrichten, Almosensteuer geben, gebieten, was recht ist, und verbieten, was verwerflich ist. Die letzte Entscheidung liegt bei Gott.* (Sure 22, 39-41)

Und danach offenbarte Gott auch:

*Und kämpft gegen sie, bis niemand mehr versucht, zum Abfall vom Islam zu verführen, und bis nur noch Gott verehrt wird!* (Sure 2, 193)

Nachdem ihm Gott die Erlaubnis zum Krieg erteilt hatte und ihm jene Helfer aus Medina den Treueschwur auf den Islam und auf ihre Hilfe für ihn, seine Anhänger und die Flüchtlinge geleistet hatten, befahl der Prophet den Gefährten aus seinem Stamm und auch den anderen Muslimen, die bei ihm in Mekka lebten, nach Medina zu ziehen, die Hidjra dorthin zu unternehmen und sich ihren Brüdern unter den Helfern anzuschließen. Er sprach:

„Gott möge euch Brüder und eine Wohnstatt schaffen, in der ihr sicher seid!"

Darauf zog eine Gruppe nach der anderen weg. Der Prophet blieb in Mekka und wartete, bis sein Herr es ihm erlauben würde, die Stadt auch zu verlassen und nach Medina auszuwandern.

هِجْرَةُ الرَّسُول صَلَّى اللّٰه عَلَيه وسَلَم

## 36. DIE HIDJRA DES PROPHETEN

DER Prophet blieb in Mekka, nachdem seine Gefährten bereits ausgewandert waren, und wartete auf Gottes Erlaubnis, selbst die Hidjra zu unternehmen. Nur diejenigen, die man eingesperrt oder gewaltsam von ihrem Glauben abgebracht hatte, sowie sein Vetter ᶜAlī und Abū Bakr, waren noch bei ihm in der Stadt. Gar oft bat Abū Bakr den Propheten, auch auswandern zu dürfen, doch dieser gab ihm zur Antwort:

„Überstürze nichts! Vielleicht wird Gott dir einen Reisegefährten geben."

Und Abū Bakr hoffte, dies werde Muḥammad selbst sein.

Als die Quraish sahen, daß der Prophet außerhalb Mekkas Anhänger und Freunde gewonnen hatte und seine mekkanischen Gefährten zu jenen gezogen waren, mußten sie erkennen, daß diese bei den Medinensern Wohnung und Schutz gefunden hatten. Sie fürchteten, der Prophet selbst werde nun auch zu jenen gehen; sie wußten ja, daß er sich entschlossen hatte, gegen sie Krieg zu führen. Deshalb versammelten sie sich im Haus des Rates, wo sie alles zu entscheiden pflegten – es war dies das Haus des Quṣayy ibn Kilāb –, um zu beraten, was sie nun in ihrer Furcht mit Muḥammad tun sollten.

Ich habe darüber den Bericht des ᶜAbdallāh ibn abī Nadjīḥ in der Wiedergabe des Mudjāhid und den Bericht des ᶜAbdallāh ibn ᶜAbbās, die mir von vertrauenswürdigen Freunden überliefert wurden:

Nachdem sich die Quraish entschieden und miteinander vereinbart hatten, im Haus des Rates zusammenzukommen, um über den Propheten zu beraten, kam zu ihnen am verabredeten Tag, dem sogenannten Tag des Gedränges, der Teufel in Gestalt eines würdevollen Greises und mit einem Mantel bekleidet. Er stellte sich an das Tor des Hauses, und als sie ihn dort sahen, fragten sie ihn, wer er sei. Er gab ihnen zur Antwort:

„Ich komme aus dem Nadjd. Ich habe von eurem Vorhaben gehört und würde gern an eurer Versammlung teilnehmen, um zu hören, was ihr sagt. Vielleicht kann ich euch mit Rat zur Seite stehen." So ließen sie ihn mit hinein, wo sich die Edlen der bedeutenden Sippen des Stammes Quraish versammelt hatten. Die Beratung begann mit der Aufforderung:

„Ihr habt gesehen, was Muḥammad getan hat. Wir können nicht länger davor sicher sein, daß er uns nicht mit seinen Anhängern von außerhalb unseres Stammes plötzlich angreift. Laßt uns deshalb eine Entscheidung über ihn fällen!"

Einer von ihnen machte daraufhin den folgenden Vorschlag:

„Legt ihn in Eisen und schließt ihn ein! Dann wartet, bis er stirbt, wie vor ihm Zuhair, Nābigha und andere Dichter seinesgleichen gestorben sind!"

„Das ist kein geeigneter Vorschlag für euch", wandte der Alte aus dem Nadjd ein, „denn wenn ihr ihn einsperrt, wird dies zu seinen Gefährten dringen, und diese werden euch sogleich angreifen und ihn aus euren Händen befreien. Schließlich werden sie euch zahlenmäßig derart überlegen sein, daß sie euch völlig besiegen. Nein, das ist kein guter Vorschlag. Überlegt euch einen anderen!"

Sie berieten weiter, und schließlich sagte ein anderer:

„Laßt uns ihn aus unserem Land vertreiben! Wenn er einmal weg ist, brauchen wir uns nicht darum zu kümmern, wohin er gegangen und wo er geblieben ist. Ist er uns aus den Augen, können wir unsere alte Eintracht wiederherstellen."

„Auch dieser Vorschlag taugt nichts", schaltete sich der Alte aus dem Nadjd wieder ein, „habt ihr denn nicht bemerkt, wie schön er sprechen und wie fein er sich ausdrücken kann und wie er die Herzen der Menschen mit seiner Botschaft gewinnt? Würdet ihr dies tun, müßt ihr damit rechnen, daß er sich bei irgendeinem Beduinenstamm niederläßt und diesen durch seine Worte derart überwältigt, daß er mit ihm gegen euch zieht, euch in eurem eigenen Land besiegt, euch die Herrschaft aus den Händen reißt und schließlich mit euch machen kann, was er will. Überlegt euch einen anderen Plan!"

„Ich habe eine Idee, auf die noch keiner von euch gekommen ist", meldete sich Abū Djahl zu Wort.

„Nämlich?" fragten sie ihn, und er fuhr fort:

„Ich meine, wir sollten aus jedem Stamm einen angesehenen, edlen und starken jungen Mann holen und jedem von ihnen ein scharfes Schwert geben. Diese sollen sich ihn dann gleichzeitig vornehmen und ihn mit einem einzigen Hieb töten. Wir hätten dann endlich Ruhe vor ihm, denn die Blutschuld würde sich auf alle Stämme verteilen, und die Sippe ᶜAbdmanāf könnte nicht gegen sie alle Krieg führen. Vielmehr müßten sie sich mit dem Blutgeld zufriedengeben, das wir ihnen zahlen."

„Das ist es!" rief der Alte, „es gibt keinen Plan, der besser wäre!" Mit dieser Entscheidung ging man auseinander.

Zum Propheten aber kam Gabriel und riet ihm, er solle in der kommenden Nacht nicht in seinem Bett schlafen. Das erste Drittel der Nacht verstrich, und die Quraish versammelten sich an seiner Tür, um aufzupassen, wann er einschlief. Dann wollten sie über ihn herfallen. Der Prophet sah sie jedoch und bat ᶜAlī, in seinem Bett zu schlafen und sich, wie er es selbst zu tun gewohnt war, völlig mit seinem grünen Hadramaut-Mantel zuzudecken; es würde ihm nichts Schlimmes geschehen.

In der weiteren Darstellung stütze ich mich auf die Schilderung des Muḥammad ibn Kaᶜb, wie sie mir Yazīd ibn Ziyād weitererzählt hat:

Unter denen, die sich an Muḥammads Tür versammelt hatten, war auch Abū Djahl. Er sprach:

„Muḥammad behauptet, wenn ihr ihm in seiner Sache folgtet, würdet ihr die Könige über Araber und Perser werden, und nach eurem Tod würdet ihr wiedererweckt werden und in Gärten leben, so schön wie die Gärten am Jordan. Sonst aber werde es ein Gemetzel unter euch geben, und nach eurer Wiedererweckung würdet ihr in einem Höllenfeuer verbrennen."

Da trat der Prophet mit einer Handvoll Staub zu ihnen hinaus und sagte: „Ja, dies sage ich! Und du bist einer von letzteren!"

Nun hatte Gott aber ihren Blick von ihm genommen, so daß sie ihn nicht sehen konnten. Er streute Staub auf ihre Häupter, wobei er aus der Sure Yāsīn die folgenden Verse sprach:

*Beim weisen Koran! Du bist wirklich einer der Gesandten und befindest dich auf einem geraden Weg. Er ist vom Mächtigen und Barmherzigen als*

*Offenbarung herabgesandt, damit du Leute warnst, deren Väter noch nicht gewarnt worden sind, so daß sie nichts Böses ahnen. Aber nun ist ja das Wort an den meisten von ihnen in Erfüllung gegangen, so daß sie nicht glauben. Wir haben ihnen Fesseln an den Hals getan, und die gehen ihnen bis zum Kinn, so daß sie den Kopf hochhalten. Und wir haben vor ihnen einen Wall errichtet, und ebenso hinter ihnen, und sie zugedeckt, so daß sie nichts sehen* (Sure 36, 1-9).

Am Ende der Verse hatte er jedem der Männer Staub auf den Kopf gestreut und ging seines Wegs. Ein Mann, der vorher nicht bei der Gruppe der Quraish an der Tür gewesen war, trat jetzt zu ihnen und fragte:

„Auf was wartet ihr denn hier?“

„Auf Muḥammad“, gaben sie zur Antwort, worauf er rief:

„Ja, Muḥammad ist doch schon zu euch herausgekommen, hat jedem von euch Staub auf den Kopf getan und ist wieder gegangen! Seht ihr denn nicht, was mit euch geschehen ist?“

Sie faßten sich auf den Kopf und bemerkten den Staub. Dann begannen sie zu suchen und sahen auf dem Bett die in den Mantel des Propheten eingehüllte Gestalt ᶜAlīs.

„Da ist doch Muḥammad! Er schläft in seinem Mantel!“ flüsterten sie und warteten bis zum Morgen. Und als sich dann aber ᶜAlī von seinem Lager erhob, mußten sie feststellen, daß jener Mann ihnen die Wahrheit gesagt hatte.

Danach gab Gott Seinem Propheten die Erlaubnis zur Hidjra. Abū Bakr, der ein wohlhabender Mann war, hatte auf die geschilderten Vertröstungen des Propheten hin zwei Reitkamele gekauft, sie in seinem Hof eingesperrt und in Vorbereitung auf die Flucht gut gefüttert.

Abū Bakrs Tochter ᶜĀ'isha erzählte nach der Darstellung des ᶜUrwa, wie ich sie von einem vertrauenswürdigen Manne gehört habe, folgendes:

Gewöhnlich kam der Prophet immer nur am frühen Morgen oder am späten Abend zum Hause Abū Bakrs. An jenem Tage aber, da er die Erlaubnis zur Hidjra und zum Verlassen Mekkas erhalten hatte, kam er bereits gegen Mittag zu uns, und mein Vater sagte, als er ihn erblickte:

„Zu dieser Stunde kommt der Prophet nur, wenn etwas geschehen ist.“

Muḥammad trat ein, mein Vater bot ihm seinen Platz an, und er setzte sich. Nur ich und meine Schwester Asmā' waren noch zugegen. Der Prophet ersuchte meinen Vater, uns beide hinauszuschicken, doch dieser bat ihn, daß wir bleiben durften. Dann sagte Muḥammad:

„Gott hat mir die Erlaubnis zur Hidjra erteilt."

„Gehen wir zusammen?"

„Ja."

Bei Gott, ich habe noch nie jemanden so vor Freude weinen sehen wie damals meinen Vater. Er erzählte dann dem Propheten von den beiden Kamelen, die er bereitgehalten hatte. Sie dingten den Ibn Arqaṭ, damals noch ein Heide, und übergaben ihm die beiden Tiere, damit er sie bis zum verabredeten Aufbruch hütete.

Niemand, so ist mir berichtet worden, wußte etwas vom Aufbruch des Propheten außer ᶜAlī, Abū Bakr und dessen Familie. Dem ᶜAlī hatte Muḥammad davon erzählt und ihm aufgetragen, noch so lange in Mekka zu bleiben, bis er den betreffenden Leuten die wertvollen Gegenstände zurückerstattet hatte, die diese dem Propheten aufgrund seiner Vertrauenswürdigkeit zu treuen Händen übergeben hatten. Nach der Entscheidung zum Aufbruch kam der Prophet zu Abū Bakr. Durch ein kleines Fenster an der Rückseite des Hauses machten sie sich davon zu einer Höhle im Berge Thaur unterhalb Mekkas und versteckten sich darin. Seinem Sohn ᶜAbdallāh trug Abū Bakr auf, tagsüber herumzuhören, was die Leute über sie redeten, und ihnen dann am Abend von ihren Gesprächen zu berichten. Seinem freigelassenen Sklaven ᶜĀmir ibn Fuhaira befahl er, tagsüber die Ziegen und Schafe zu hüten und diese am Abend zu ihnen in die Höhle zu bringen. Seine Tochter Asmā' schließlich brachte ihnen am Abend das nötige Essen. Muḥammad blieb mit Abū Bakr drei Tage in jener Höhle. Die Quraish aber setzten hundert Kamele zur Belohnung für jenen aus, der ihn ihnen zurückbrächte.

Nach diesen drei Tagen machten sich Muḥammad und seine Begleiter unter Führung des ᶜAbdallāh ibn Arqaṭ auf den Weg. Er führte sie von unterhalb Mekkas entlang der Küste, bis sie den Weg unterhalb von ᶜUsfān kreuzten. Unterhalb von Amadj reisten sie weiter über Qudaid, Kharrār und den Engpaß von Marra zur Wasserstelle von Liqf und von dort hinunter zur Wasserstelle von Maḥādj, dann weiter über Mardjiḥ Maḥādj hinunter zum Mardjiḥ von Dhu l-Ghadwain, durch das Tal von Dhū Kashr und über Djadādjid, Adjrad, Dhū Salam im Tale von A[c]dā', die Wasserstelle von Ti[c]hin, [c]Abābīd, Fādjja hinunter nach [c]Ardj. Von dort brachte sie ihr Führer durch den Engpaß von [c]Ā'ir rechter Hand von Rakūba hinunter ins Tal von Ri'm und schließlich am Montag, dem 12. des Monats Rabī[c] I., genau am Mittag ins Dorf Qubā' bei Medina zum Stamme [c]Amr.

Muḥammad ibn Dja[c]far berichtete mir von [c]Urwa, daß [c]Abdarraḥmān ibn [c]Uwaimir die folgende Schilderung über die Ankunft des Propheten von einem seiner Stammesgenossen gehört hat:

Wir hatten von Muḥammads Aufbruch von Mekka gehört und erwarteten voll Sehnsucht seine Ankunft bei uns. Immer nach dem Morgengebet zogen wir hinauf auf das Lavafeld und harrten des Propheten, bis wir keinen Schatten mehr fanden und heimkehren mußten. Es war dies in der heißen Jahreszeit. Auch an jenem Tage, da der Prophet anlangte, hatten wir draußen gesessen, bis es keinen Schatten mehr gab. Wir waren gerade in unsere Häuser zurückgekehrt, als der Prophet ankam. Ein Jude, der gesehen hatte, was wir taten, und wußte, daß wir die Ankunft des Propheten erwarteten, sah ihn als erster und rief, so laut er konnte:

„O ihr Banū Qaila! Euer Glück ist gekommen!"

Da gingen wir hinaus zum Propheten und fanden ihn zusammen mit dem etwa gleichaltrigen Abū Bakr im Schatten einer Palme. Die meisten von uns hatten Muḥammad vorher noch nie gesehen. Als wir uns um sie drängten, wußten wir deshalb nicht, wer von den beiden er war. Erst als der Schatten von ihm wich und Abū Bakr sich erhob, um ihm mit seinem Gewand Schatten zu spenden, da wußten wir es. Der Prophet wohnte dann zunächst, so wird erzählt, bei Kulthūm, dem Sohn des Hidm, einem der Banū [c]Ubaid; andere behaupten, bei Sa[c]d, dem Sohn des Khaithama. Diejenigen Überlieferer, die Kulthūm angeben, berichten, der Prophet habe dessen Haus nur verlassen, um bei Sa[c]d mit seinen Leuten zusammenzusitzen, da dieser ein

Junggeselle ohne Familie war und er die Junggesellen unter den ausgewanderten Gefährten des Propheten beherbergte. Deshalb sei man dann zu der Ansicht gekommen, der Prophet sei bei Sa$^{c}$d abgestiegen, da Sa$^{c}$ds Haus das „Haus der Unverheirateten" genannt wurde. Gott allein weiß, wie es war. Abū Bakr nahm Quartier in Sunḥ bei Khubaib, dem Sohn des Isāf, einem der Banū Ḥārith ibn Khazradj, nach anderer Aussage bei Khāridja, dem Sohn des Zaid, vom gleichen Stamm. $^{c}$Alī war noch drei Tage und drei Nächte in Mekka geblieben, bis er die Gegenstände zurückgegeben hatte, die dem Propheten zur Aufbewahrung anvertraut worden waren. Dann gesellte er sich zum Propheten und wohnte mit ihm bei Kulthūm.

Muḥammad blieb bei den Banū $^{c}$Amr von Montag bis Donnerstag und legte den Grundstein für die Moschee dort. Am Freitag ließ Gott ihn sie verlassen, und zum Freitagsgebet war er bei den Banū Sālim. Er verrichtete es in der Moschee am Grunde des Wādī Rāmūnā. Es war dies sein erstes Freitagsgebet in Medina. Dann, als er weiterzog, hielten ihn immer wieder die Vertreter der verschiedenen Sippen an und baten ihn, bei ihnen zu bleiben, ihren Besitz mit ihnen zu teilen und ihren Schutz zu genießen, doch er forderte sie jedes Mal auf, seinem Kamel den Weg freizugeben, da es unter Gottes Befehl stehe. So zog das Tier von einem Gehöft zum anderen, bis es zu der Sippe Mālik vom Stamm Nadjjār kam und dort beim Tor der Moschee niederkniete, damals noch ein Platz zum Trocknen der Datteln, der zwei Waisen des Stammes gehörte, die unter dem Schutz des Mu$^{c}$ādh ibn $^{c}$Afrā' standen. Da der Prophet nicht abstieg, erhob sich das Kamel wieder und schritt ein Stück weiter, wobei ihm der Prophet den Zügel frei ließ und es nicht leitete. Es drehte jedoch wieder um, kehrte an die erste Stelle zurück, kniete erneut nieder, blieb erschöpft liegen und legte seinen Hals auf die Erde. Der Prophet stieg ab, Abū Ayyūb trug das Gepäck in sein Haus, und der Prophet bezog bei ihm Quartier.

„Wem gehört dieser Dattelplatz?" fragte er dann den Mu$^{c}$ādh, und dieser antwortete ihm:

„Zwei Waisen, die unter meinem Schutz stehen. Ich werde sie zu ihrer Zufriedenheit dafür entschädigen, so daß du ihn als Moschee nehmen kannst."

Der Prophet befahl, dort eine Moschee zu errichten, und blieb so lange bei Abū Ayyūb wohnen, bis die Moschee und seine Wohnräume fertiggestellt waren. Er selbst nahm an den Bauarbeiten teil, um die Muslime dafür zu begeistern, und sowohl die Auswanderer aus Mekka als auch die Helfer aus Medina arbeiteten unermüdlich. Einer von ihnen reimte:

*Wenn wir uns setzen, während der Prophet sich müht,*
*dann sagt man, daß vor uns die Arbeit flieht.*

Der Prophet blieb in Medina vom Monat Rabīᶜ I. bis zum Monat Ṣafar des folgenden Jahres, in dem die Moschee und seine Wohngebäude fertiggestellt wurden. Alle Medinenser nahmen den Islam an, und kein Haus blieb übrig, dessen Bewohner sich nicht zum Islam bekannten. Lediglich die Khaṭma, Wāqif, Wā'il und eine Gruppe der Aus verharrten in ihrer Vielgötterei.

Die erste Predigt, die der Prophet, wie ich von Abū Salama erfahren habe, bei ihnen hielt, war die folgende. Er pries und lobte Gott, wie es sein Brauch war, und fuhr fort:

„O ihr Menschen! Sorgt euch vor! Bei Gott, ihr wißt, einer von euch kann niedergeschmettert werden und seine Herde ohne Hirten lassen. Und sein Herr wird zu ihm sprechen – nicht durch einen Übersetzer oder schützenden Pförtner –: ‚Kam nicht Mein Gesandter zu dir und hat dich unterrichtet? Gab Ich dir nicht Besitz, und habe Ich dir nicht Meine Gunst erwiesen? Welche Vorsorge hast du getroffen?' Und jener wird nach rechts und nach links blicken, aber nichts sehen. Und er wird nach vorne schauen und nur die Hölle sehen. Wer sein Gesicht vor dem Feuer schützen kann, und sei es nur durch ein Stück von einer Dattel, der tue es! Und findet er nichts, so versuche er es mit einem guten Wort. Denn die gute Tat wird zehnfach, ja zweimal siebenhundertfach belohnt werden. Der Friede, die Gnade und der Segen Gottes seien mit euch!"

Ein anderes Mal predigte der Prophet folgendes:

„Lob sei Gott! Ich preise Ihn und erflehe Seine Hilfe. Bei Gott nehmen wir unsere Zuflucht vor unseren eigenen Sünden und dem Übel unseres Tuns. Wen Gott rechtleitet, der geht nicht in die Irre. Und wen Er in die Irre führt, der wird nicht rechtgeleitet. Ich bekenne: Es gibt keinen Gott außer Gott allein, und Er hat keinen Gefährten. Das beste Wort ist das Buch Gottes. Gedeihen wird der, den Gott durch es im Herzen zierte, der, den es vom Unglauben zum Islam brachte, und der, der es über die anderen Worte der Menschen stellt. Es ist das beste und beredtste Wort. Liebt, was Gott liebt! Liebt Gott mit eurem ganzen Herzen. Verzagt nicht über das Wort und die Erwähnung Gottes! Laßt nicht eure Herzen verstocken vor Ihm. Aus allem, was Er schafft, wählt und sucht Er aus. Und die Taten, die Er wählt, nennt Er das Beste, und den Menschen, den Er wählt, nennt Er den Erwählten, und das Wort, das Er wählt, nennt Er das Rechtschaffene. In allem, was den Menschen gebracht wird, gibt es das Verbotene und das Erlaubte. Verehrt Gott! Gesellt Ihm nichts bei! Fürchtet Ihn, wie Er zu fürchten ist! Tut aufrichtig, was ihr mit dem Munde sprecht! Liebt euch untereinander im Geiste Gottes! Wahrlich, Gott erzürnt, wenn Sein Bund gebrochen wird. Friede sei mit euch!"

Für die Auswanderer und die Helfer schrieb der Prophet eine Urkunde, in der er auch mit den Juden eine vertragliche Einigung traf, diese in ihrer Religion und ihrem Besitz bestätigte und die gegenseitigen Verpflichtungen festlegte:

„Im Namen des barmherzigen und gütigen Gottes. Dies ist eine Urkunde von Muḥammad, dem Propheten Gottes, über die Beziehungen zwischen den gläubigen Muslimen von Quraish und Yathrib (Medina), jenen, die ihnen folgen, sich ihnen angeschlossen haben und zusammen mit ihnen kämpfen. Sie sind eine Gemeinde in Unterscheidung zu den anderen Menschen. Die Auswanderer von den Quraish sollen, entsprechend ihrer bisherigen Sitte, gemeinsam die Blutschuld unter sich bezahlen und ihre Gefangenen auslösen mit der Billigkeit und Gerechtigkeit, wie sie unter den Muslimen üblich sind. Die Banū ᶜAuf zahlen ihre Blutschuld entsprechend ihrer bisherigen Sitte, und jede Untergruppe löst ihre Gefangenen aus entsprechend der Billigkeit und Gerechtigkeit unter den Muslimen. Ebenso die Stämme Sāᶜida, Ḥārith, Djusham, Nadjjār, ᶜAmr ibn ᶜAuf, Nabīt und Aus. Die Gläubigen geben keinen Schuldner unter ihnen auf, sondern helfen ihm nach Billigkeit, seine Auslösesumme oder das Blutgeld zu zahlen. Ein Gläubiger schließt kein Bündnis mit dem Freigelassenen eines anderen Muslims ohne dessen Zustimmung. Die gottesfürchtigen Gläubigen stellen sich gegen jeden, der ungerecht gegen sie handelt oder versucht, Unrecht, Sünde, Feindschaft und Verderbtheit unter die Gläubigen zu streuen; gemeinsam wenden sie ihre Hände gegen ihn, und sei es der Sohn eines von ihnen. Ein Gläubiger tötet keinen Gläubigen wegen eines Ungläubigen und hilft keinem Ungläubigen gegen einen Gläubigen. Gottes Schutz ist ein einziger; gibt auch nur der geringste von ihnen einem Fremden Schutz, so ist dies für alle verpflichtend. Die Gläubigen stehen – gegenüber den anderen Menschen – gegenseitig in einem Verhältnis wie Herr und Freigelassener. Die Juden, die uns folgen, genießen die gleiche Hilfe und Unterstützung, solange sie die Gläubigen nicht ungerecht behandeln und andere gegen sie unterstützen. Der Friede der Gläubigen ist ein einziger. Kein Gläubiger schließt für sich gegen einen anderen Gläubigen einen Frieden im Kampf für Gott, es sei denn auf der Grundlage von Gerechtigkeit und Gleichheit. Auf jedem Feldzug wechseln sich die Reiter in der Führung ab. Die Gläubigen rächen füreinander das im Heiligen Kampf vergossene Blut. Die gottesfürchtigen Gläubigen stehen unter der besten und weisesten Rechtleitung. Kein Ungläubiger aus Medina gewährt den Quraish Schutz für Güter oder Personen, noch setzt er sich für einen Quraishiten gegen einen Gläubigen ein. Wenn jemand ungerechterweise einen Gläubigen tötet und dabei die Unrechtmäßigkeit eindeutig ist, dann ist jener der Vergeltung unterworfen, es sei denn, der Vertreter des Ermordeten ist mit einer Zahlung zufrieden. Alle Gläubigen stehen gemeinsam gegen den Mörder und sind verpflichtet, sich gegen ihn zu wenden. Einem Gläubigen, der dem Inhalt dieser Urkunde zugestimmt hat und an Gott und den Letzten Tag glaubt, ist es nicht erlaubt, einem Übeltäter zu helfen oder ihm Zuflucht zu gewähren. Auf dem, der dies dennoch tut, liegen der Fluch und der Zorn Gottes am Tage der Auferstehung, und durch nichts kann er sich dafür entschädigen. In jeder Frage, in der ihr uneins seid, wendet euch an Gott und Muḥammad! Die Juden tragen ihre eigenen Unkosten, solange sie zusammen mit den Muslimen kämpfen. Die Juden im Stamme ʿAuf bilden mit den Gläubigen eine Gemeinde. Den Juden ihre Religion und den Muslimen die ihre! Dies gilt für ihre Freunde wie für sie selbst, es sei denn, einer hat unrecht oder sündhaft gehandelt; er bringt Unheil nur über sich und seine Familie. Dies gilt gleichermaßen für die Juden in den Stämmen Nadjjār, Ḥārith, Sāᶜida, Djusham, Aus, Thaᶜlaba, Djafna, einem Unterstamm der Thaᶜlaba, und Shuṭaiba. Treue geht vor Verrat. Für die Klientel der Thaᶜlaba gilt das gleiche und ebenso für die engen Freunde der Juden. Niemand aus der Gemeinde zieht ohne die Erlaubnis Muḥammads in den Kampf, doch wird er nicht daran gehindert, Rache für eine Verwundung zu nehmen. Wer immer vorschnell jemanden tötet, vernichtet nur sich selbst und seine Familie, es sei denn, jener hat Unrecht getan; Gott wird mit ihm zufrieden sein. Die Juden tragen ihre Unkosten und ebenso die Muslime die ihren. Sie helfen einander gegen jeden, der gegen die Leute dieser Urkunde kämpft. Zwischen ihnen herrscht echte Freundschaft und Treue ohne Verrat. Ein Mann ist nicht schuld für den Verrat seines Bundesgenossen. Wem Unrecht geschieht, dem wird geholfen. Die Juden tragen ihre eigenen Unkosten, solange sie zusammen mit den Muslimen kämpfen. Das Tal von Yathrib (Medina) ist ein Heiligtum für die Leute dieser Urkunde. Der unter dem Schutz stehende Fremde wird behandelt wie derjenige, der ihm Schutz gewährt, solange er nicht schadet und keinen Verrat begeht. Einer Frau wird nur mit Zustimmung ihrer Familie Schutz gewährt. Immer wenn zwischen den Leuten dieser Urkunde etwas geschieht oder zwischen ihnen Streit entsteht, woraus Unheil zu befürchten ist, so ist dies Gott und Muḥammad, Seinem Gesandten, vorzulegen. Gott nimmt aus dieser Urkunde an, was am frömmsten und rechtschaffensten ist. Den Quraish und ihren Helfern wird kein Schutz gewährt. Die Leute dieser Urkunde helfen sich gegen jeden, der Yathrib überfällt. Wenn die Juden zu einem Friedensschluß aufgerufen werden, so tun sie es und halten ihn ein. Und wenn sie die gleiche Forderung an die Gläubigen stellen, so tun diese es ebenso, es sei denn, sie kämpfen für den Glauben. Jeder erhält den Schutz von seiner Seite. Die Juden vom Stamme Aus, ihre Schutzbefohlenen wie sie selbst, haben die gleichen Rechte und Pflichten wie die Leute dieser Urkunde, solange sie sich diesen gegenüber aufrichtig verhalten. Treue geht vor Verrat. Jeder, der etwas erwirbt, erwirbt es für sich selbst. Gott billigt diese Urkunde. Sie schützt nicht den Übeltäter und den Sünder. Derjenige, der auszieht zum Kampf, ist in Medina sicher wie derjenige, der nichts unternimmt, solange er nicht Unrecht oder Verrat begeht. Gott schützt jeden, der aufrichtig ist und ihn fürchtet. Und Muḥammad ist der Prophet Gottes."[17]

خَبَرُ الأَذَان

## 37. DER GEBETSRUF

Nachdem sich der Prophet mit seinen ausgewanderten Brüdern in Medina eingerichtet hatte und die Lage der Helfer in der Stadt bereinigt war, verfestigte sich der Islam bei ihnen. Das Gebet war eingesetzt, die Armensteuer und das Fasten zur Pflicht gemacht, die gesetzlichen Strafen festgelegt und das Erlaubte und das Verbotene vorgeschrieben. Der Islam hatte bei ihnen seine Heimat gefunden. Und es waren diese Helfer, *die im Haus des Islam und im Glauben heimisch geworden sind* (Sure 59, 9).

Als der Prophet zu ihnen gekommen war, hatten sich die Gläubigen zunächst ohne besonderen Aufruf zu den festgelegten Zeiten bei ihm zu den Gebeten versammelt. Zuerst hatte der Prophet daran gedacht, wie die Juden mit einer Trompete zum Gebet aufrufen zu lassen, doch dann mißfiel ihm dieser Gedanke, und er ließ eine Klapper machen, durch deren Schlagen die Muslime zum Gebet gemahnt wurden.

In dieser Zeit hatte ᶜAbdallāh ibn Zaid einmal einen Traum, ging am nächsten Morgen zum Propheten und erzählte ihm davon:

„Letzte Nacht ging im Traum ein Mann an mir vorüber. Er war mit zwei grünen Gewändern bekleidet und trug eine Klapper in der Hand. Ich fragte ihn:

‚Du Diener Gottes, verkaufst du mir die Klapper?'

‚Was willst du damit machen?'

‚Wir rufen zum Gebet damit.'

‚Soll ich dir dafür etwas Besseres sagen?'

‚Nämlich?'

'Der Ruf: Allāhu akbar, Allāhu akbar, Allāhu akbar! Ich bekenne, daß es keinen Gott gibt außer Gott! Ich bekenne, daß es keinen Gott gibt außer Gott! Ich bekenne, daß Muḥammad der Prophet Gottes ist! Ich bekenne, daß Muḥammad der Prophet Gottes ist! Auf zum Gebet! Auf zum Gebet! Auf zum Heil! Auf zum Heil! Allāhu akbar, Allāhu akbar! Es gibt keinen Gott außer Gott!'"

Als er dies dem Propheten erzählt hatte, rief dieser aus:

„Wahrlich, ein wahrer Traum, in shā'a llāh! Gehe zu Bilāl und trage es ihm vor. Er soll mit jenen Worten zum Gebet rufen, denn er hat eine wirkungsvollere Stimme als du!"

Nachdem ᶜUmar zu Hause erstmals Bilāl zum Gebet hatte rufen hören, ging er, sein Gewand über den Boden schleppend, zum Propheten und sprach:

„O Prophet Gottes! Bei Dem, der dich mit der Wahrheit gesandt hat! Ich hatte genau den gleichen Traum wie ᶜAbdallāh ibn Zaid!"

„Gott sei's gelobt!" erwiderte Muḥammad.

Obige Überlieferung habe ich von Muḥammad ibn Ibrāhīm, der sie von Muḥammad, dem Sohn des ᶜAbdallāh ibn Zaid, gehört hatte. – Die folgende Aussage stammt von einer Frau aus dem Stamm der Nadjjār, von der ᶜUrwa sie hörte; dieser gab sie an Muḥammad ibn Djaᶜfar weiter, der sie mir erzählte:

Mein Haus war das höchste im Umkreis der Moschee, und Bilāl rief von dort täglich zum Morgengebet. Er kam stets, bevor es dämmerte, und erwartete den Anbruch des Morgens. Sobald er das Frühlicht erblickte, streckte er seine Arme aus und rief:

„O Gott, ich preise dich und erflehe deine Hilfe, daß sich die Quraish zu dieser Religion bekennen mögen."

Ich habe nie erlebt, daß er diese Worte einmal vor dem Gebetsruf weggelassen hätte.

الأعْداءُ مِنَ اليَهُود

## 38. DIE FEINDE UNTER DEN JUDEN

Aus Haß und Neid darüber, daß Gott die Araber dadurch ausgezeichnet hatte, daß er aus ihrer Mitte einen Propheten wählte, zeigten die jüdischen Rabbis dem Propheten in jener Zeit ihre ganze Feindschaft. Aus den beiden medinensischen Hauptstämmen Aus und Khazradj schlossen sich ihnen auch noch diejenigen Männer an, die in ihrer Religion der Unwissenheit verharrten. Es waren dies die Heuchler, die an der Religion ihrer Väter festhielten und die Auferstehung leugneten und die, als sie das Erscheinen des Islam dazu zwang und sich ihre Stämme um ihn scharten, sich nach außen hin zum Islam bekannten und ihn annahmen, da sie sich davor schützen wollten, getötet zu werden. Insgeheim waren sie jedoch Heuchler, und ihre Zuneigung galt den Juden, da diese den Propheten als Lügner bezeichneten und den Islam leugneten. Die jüdischen Rabbis waren es, die den Propheten durch ihre Fragen in Bedrängnis zu bringen suchten und unter den Gläubigen Verwirrung stiften wollten, um die Wahrheit durch Falsches zu entstellen. Über ihre Fragen wurden koranische Offenbarungen herabgesandt. Einige Fragen über das, was erlaubt und was verboten ist, kamen aber auch von den Muslimen selbst.

Zu den Heuchlern aus den Stämmen Aus und Khazradj gehörte Djulās, der Sohn des Suwaid. Djulās war es, der einmal über den Propheten sagte:

„Wenn dieser Mann die Wahrheit spricht und wir ihm alles glauben, sind wir schlimmer als die Esel."

ᶜUmair ibn Saᶜd hinterbrachte diesen Ausspruch dem Propheten, obwohl er zu Djulās' Stamm gehörte und in enger Beziehung zu ihm stand, da Djulās nach dem Tod von ᶜUmairs Vater dessen Mutter geheiratet hatte. Bevor er zum Propheten ging, hatte er Djulās erklärt:

„Von allen Menschen bist du mir der liebste, du hast dich mir gegenüber am großzügigsten gezeigt, und dir wünschte ich es am allerwenigsten, daß dich etwas Unangenehmes trifft. Wenn ich aber nun erzähle, was du gesagt hast, werde ich Schande über dich bringen. Schweige ich davon, wird mir mein Glaube verlorengehen. Da fällt mir ersteres noch leichter als letzteres."

Mit diesen Worten ging ᶜUmair zum Propheten und erzählte ihm, was Djulās gesagt hatte. Dieser schwor dann dem Propheten bei Gott, daß ᶜUmair ihn verleumdet und er dergleichen nie geäußert habe. Gott aber sandte den Koranvers herab:

*Sie schwören bei Gott, sie hätten das Wort des Unglaubens nicht gesagt. Dabei haben sie es doch gesagt und sind ungläubig geworden, nachdem sie den Islam angenommen hatten, und haben im Sinn gehabt, was sie nicht erreichen konnten, und sie haben nur darüber gegrollt, daß Gott – und sein Gesandter – sie durch Huld reich gemacht hat. Wenn sie sich nun bekehren, ist es besser für sie. Wenn sie sich aber abwenden, wird Gott ihnen im Diesseits und Jenseits eine schmerzhafte Strafe zukommen lassen. Und sie haben dann auf der Erde weder Freunde noch Helfer* (Sure 9, 74).

Man behauptet, Djulās habe später aufrichtig bereut und sei als guter Muslim bekanntgeworden.

Zu den Heuchlern gehörte auch Nabtal, der Sohn des Ḥārith. Über ihn soll der Prophet gesagt haben:

„Wer den Teufel sehen möchte, der schaue sich Nabtal an!"

Nabtal war von kräftiger Statur und tiefschwarzer Hautfarbe, hatte langes wehendes Haar, rotunterlaufene Augen und dunkelrote Wangen. Er pflegte zum Propheten zu kommen, mit ihm zu reden und ihm zuzuhören und nachher seine Worte den Heuchlern weiterzuerzählen. Er war es, der sagte:

„Muḥammad hört auf alles. Jedem, der ihm etwas erzählt, glaubt er."

Über ihn sandte Gott den Koranvers herab:

*Und unter ihnen gibt es welche, die dem Propheten Ungemach zufügen und sagen: „Er hört auf alles". Sprich: Er hört für euch nur Gutes, indem er an Gott glaubt und den Gläubigen Glauben schenkt, und er ist eine Barmherzigkeit für diejenigen von euch, die glauben. Diejenigen, die dem Gesandten Gottes Ungemach zufügen, haben eine schmerzhafte Strafe zu erwarten* (Sure 9, 61).

Unter den jüdischen Rabbis, die sich in heuchlerischer Weise mit den Muslimen zum Islam bekannten, war auch Zaid, der Sohn des Luṣait. Er war es, der, als sich das Kamel des Propheten einmal verirrte, sprach:

„Muḥammad behauptet, er erhielte himmlische Botschaft. Dabei weiß er nicht einmal, wo sein Kamel ist!"

Der Prophet erfuhr von diesen Worten und sprach, nachdem Gott ihm gezeigt hatte, wo sein Kamel war:

„Ich weiß nur, was Gott mich wissen läßt. Er hat mir gezeigt, wo es ist, nämlich in demunddem Tal, und es hat sich mit seinem Halfter an einem Baum verfangen."

Sogleich machten sich einige Muslime auf den Weg und fanden das Kamel so, wie der Prophet es beschrieben hatte.

Die Heuchler pflegten auch zur Moschee zu kommen, den Erzählungen der Muslime zuzuhören und sich über ihren Glauben lustig zu machen. Eines Tages hatten sich dort wieder einige von ihnen versammelt, als der Prophet sah, wie sie die Köpfe zusammensteckten und miteinander flüsterten. Da befahl er, sie mit Gewalt aus der Moschee zu treiben. Einer von ihnen war ᶜAmr ibn Qais vom Stamme Nadjjār, der in der Heidenzeit die Götzen des Stammes bewacht hatte. Abū Ayyūb ging auf ihn zu, packte ihn am Fuß und zog ihn über den Boden zur Moschee hinaus, wobei jener rief:

„Wie kommst du dazu, mich aus dem Dattelspeicher der Thaᶜlaba hinauszuwerfen?"[18]

Dann trat Abū Ayyūb auch zu Rāfiᶜ ibn Wadīᶜa, einem anderen Heuchler des Stammes Nadjjār, griff ihn sich fest am Gewand, versetzte ihm eine Ohrfeige und warf ihn mit den Worten zur Moschee hinaus:

„Pfui, du dreckiger Heuchler. Laß dich in der Moschee des Gesandten Gottes nicht mehr sehen!"

ᶜAbdallāh, der Sohn des ᶜAbdarraḥmān, aus Mekka erzählte mir folgende Schilderung des Shahr ibn Ḥaushab:

Eines Tages kam eine Gruppe jüdischer Rabbis zum Propheten und sprach:

„Wenn du uns vier Fragen, die wir dir stellen; beantwortest, folgen wir dir und glauben an dich."

„Gebt mir darauf euer Versprechen bei Gott!" erwiderte Muḥammad.

„Einverstanden!"

„So fragt, was ihr wollt!"

„Sage uns, wie es kommt, daß ein Sohn seiner Mutter ähnlich sehen kann, wo der Same doch vom Mann stammt?"

„Ich beschwöre euch bei Gott und Seinen Zeichen für die Kinder Israels! Wißt ihr nicht, daß der Same des Mannes weiß und dick und der der Frau gelb und dünn ist und daß die Ähnlichkeit sich danach richtet, welcher der beiden Samen zuoberst kommt."

„Bei Gott, richtig! Nun berichte uns über deinen Schlaf!"

„Wißt ihr nicht, daß die Augen dessen, der diesen Schlaf hat – wobei ihr behauptet, ich sei kein solcher –, schlafen, während sein Herz wacht?"

„Bei Gott, richtig! Jetzt sage uns, was Israel sich selbst verboten hat!"

„Wißt ihr nicht, daß Israel am liebsten Kamelmilch trank und Kamelfleisch aß, daß er sich dies aber selbst für verboten erklärte, um Gott dafür zu danken, daß Er ihn einmal von einer Krankheit genesen ließ?"

„Richtig, bei Gott! Nun erzähle uns noch über den Geist!"

„Wißt ihr nicht, daß Gabriel der Geist ist und er zu mir kommt?"

„Bei Gott, richtig! Aber, Muḥammad, er ist uns ein Feind. Er ist ein Engel, der Ungemach und Blutvergießen bringt. Wäre es nicht so, würden wir dir folgen."

Da sandte Gott die Koranverse herab:

*Sprich: Wenn einer dem Gabriel feind ist – und der hat ihn* (d. h. den Koran) *doch mit Gottes Erlaubnis dir ins Herz herabgesandt, als Bestätigung dessen, was vor ihm da war, und als Rechtleitung und Frohbotschaft für die Gläubigen –, wenn einer Gott und Seinen Engeln und Gesandten und dem Gabriel und Michael feind ist, so ist Gott den Ungläubigen feind. Und Wir haben doch klare Zeichen zu dir hinabgesandt. Nur die Frevler glauben nicht daran. Hat denn nicht jedesmal, wenn sie eine Verpflichtung eingingen, ein Teil von ihnen sie verleugnet? Nein! Die meisten von ihnen glauben nicht. Und als von Gott ein Gesandter zu ihnen kam, der bestätigte, was ihnen bereits vorlag, warf ein Teil von denen, die die Schrift erhalten hatte, die Schrift Gottes hinter sich, wie wenn sie von nichts wüßten. Und sie folgten dem, was die bösen Geister unter der Herrschaft Salomos vortrugen. Nicht Salomo war ungläubig, sondern die bösen Geister, indem sie die Menschen in der Zauberei unterwiesen* (Sure 2, 99-102).

Eines Tages betrat der Prophet eine jüdische Schule und rief die dort versammelten Juden zum Glauben an Gott auf. Nu<sup>c</sup>mān ibn <sup>c</sup>Amr und Ḥārith ibn Zaid aber fragten ihn:

„Was ist das für eine Religion, die du vertrittst, Muḥammad?"

„Die Religion Abrahams!"

„Abraham war aber Jude!"

„So laßt die Thora zwischen uns entscheiden!"

Dies lehnten sie jedoch ab, und Gott sandte die Koranverse herab:

*Hast du nicht jene gesehen, die einen Anteil an der Schrift erhalten haben? Sie werden zur Schrift Gottes aufgerufen, damit sie zwischen ihnen entscheide, worauf ein Teil von ihnen den Rücken kehrt und sich abwendet. Das kommt daher, daß sie sagen: „Das Höllenfeuer wird uns nur eine Anzahl von Tagen erfassen." Was sie ausheckten, hat sie in ihrer Religion betört* (Sure 3, 23-24).

Als sich die jüdischen Rabbis und die Christen aus Nadjrān beim Propheten versammelten, begannen sie zu disputieren, und die Rabbis sprachen:

„Abraham war in jedem Fall ein Jude."

„Abraham war ein Christ", behaupteten dagegen die Christen.

Da offenbarte Gott die Koranverse:

*Ihr Leute der Schrift! Warum streitet ihr über Abraham, wo doch die Thora und das Evangelium erst nach ihm herabgesandt worden sind? Habt ihr denn keinen Verstand? Ihr habt da über etwas gestritten, worüber ihr Wissen habt. Warum streitet ihr nun aber über etwas, worüber ihr kein Wissen habt? Gott weiß Bescheid, ihr aber nicht. Abraham war weder Jude noch Christ. Er war vielmehr ein gottergebener Ḥanīf*[19] *und keiner, der der Vielgötterei anhing. Die Menschen, die Abraham am nächsten stehen, sind diejenigen, die ihm gefolgt sind, und dieser Prophet und die, die gläubig sind. Gott ist der Freund der Gläubigen.* (Sure 3, 65-68)

Als der Prophet die jüdischen Rabbis und die Christen aus Nadjrān, die sich bei ihm versammelt hatten, zum Glauben an den Islam aufrief, fragte ihn Abū Rāfi<sup>c</sup> al-Qurazī:

„Möchtest du, Muḥammad, daß wir dich anbeten, wie die Christen Jesus, den Sohn der Maria, anbeten?"

Und einer von den Christen namens Ribbīs fragte ihn ebenfalls:

„Ist es das, was du von uns willst, Muḥammad, und wozu du uns aufrufst?"

„Gott bewahre mich davor“, entgegnete der Prophet, „daß ich einen anderen als Ihn anbete oder dazu auffordere, einen anderen als Ihn anzubeten. Dafür hat Gott mich nicht gesandt, und das hat Er mir nicht aufgetragen.“

Und Gott sandte darüber die Koranverse herab:

*Es darf nicht sein, daß Gott einem Menschen die Schrift, Urteilsfähigkeit und Prophetie gibt und dieser daraufhin zu den Menschen sagt: „Wendet eure Verehrung mir zu statt Gott!“ Seid vielmehr damit zufrieden, Rabbiner zu sein, indem ihr die Schrift lehrt und forscht! Und es geht nicht an, daß er euch befiehlt, die Engel und Propheten euch zu Herren zu nehmen. Sollte er euch befehlen, ungläubig zu sein, nachdem ihr gottergeben ward?* (Sure 3, 79-80)

Eines Tages kamen Nu^c^mān ibn ^c^Adā', Baḥrī und Sha's zum Propheten und sprachen mit ihm. Er rief sie zum Glauben an Gott auf und warnte sie vor Seiner Rache.

„Du kannst uns keine Angst machen, Muḥammad!“ entgegneten sie ihm und fuhren in der Art der Christen fort: „Wir sind die Kinder und Geliebten Gottes!“

Darüber offenbarte Gott die Koranverse:

*Und die Juden und die Christen sagen: „Wir sind Gottes Kinder und von Ihm geliebt.“ Sprich: Warum bestraft Er euch dann für eure Schuld. Nein! Ihr seid Menschen wie alle anderen Menschen, die Er geschaffen hat. Er vergibt, wem Er will, und bestraft, wen Er will. Gott hat die Herrschaft über Himmel und Erde und alles, was dazwischen ist. Bei Ihm wird alles enden* (Sure 5, 18).

Der Prophet forderte die Juden auf, den Islam anzunehmen, versuchte, sie dafür zu begeistern, und warnte sie vor der Eifersucht und der Strafe Gottes. Sie aber wiesen ihn zurück und glaubten nicht an seine Botschaft. Da wandten sich die Gefährten des Propheten, Mu^c^ādh, Sa^c^d ibn ^c^Ubāda und ^c^Uqba ibn Wahb, mit folgenden Worten an die Juden:

„O Volk der Juden! Fürchtet Gott! Ihr wißt sehr wohl, daß er der Gesandte Gottes ist, denn ihr habt uns von ihm erzählt und ihn uns beschrieben, als er noch gar nicht gesandt war.“

„Dies haben wir nie gesagt!“ erwiderten sie und behaupteten: „Seit Moses hat Gott keine Schrift mehr geoffenbart und keinen Verkünder Froher Botschaft und keinen Warner mehr gesandt.“

Darüber sandte Gott den Koranvers herab:

*Ihr Leute der Schrift! Unser Gesandter ist nunmehr zu euch gekommen, um euch während einer Zwischenzeit in der Reihe der Gesandten Klarheit zu geben, damit ihr nicht sagt: „Zu uns ist kein Verkünder Froher Botschaft und kein Warner gekommen." Nun ist ja ein Verkünder Froher Botschaft und ein Warner zu euch gekommen. Gott hat zu allem die Macht* (Sure 5, 19).

Einige Juden kamen einmal zum Propheten und fragten ihn, an welche Propheten er glaube. Muḥammad antwortete ihnen mit dem Koranvers:

*Wir glauben an Gott und an das, was als Offenbarung auf uns und was auf Abraham, Ismael, Isaak, Jakob und die Stämme Israels herabgesandt worden ist und was Moses, Jesus und die Propheten von ihrem Herrn erhalten haben, ohne daß wir bei einem von ihnen einen Unterschied machen. Ihm sind wir ergeben* (Sure 3, 84).

Bei der Erwähnung Jesu leugneten sie seine Prophetenschaft und sprachen:

„Wir glauben nicht an Jesus, den Sohn der Maria, und an niemanden, der an diesen glaubt."

Darüber offenbarte Gott:

*Sprich: Ihr Leute der Schrift! Habt ihr denn keinen andern Grund, uns zu grollen, als daß wir an Gott glauben und an das, was zu uns und was schon früher herabgesandt worden ist, und daß die meisten von euch Frevler sind?* (Sure 5, 59)

Eine Gruppe Juden kam einmal zum Propheten und fragte ihn: „Gott hat alles geschaffen, aber wer hat Gott geschaffen?"

Da erzürnte der Prophet dermaßen, daß sich seine Farbe änderte und er wütend auf sie losging. Doch Gabriel kam, beruhigte ihn und brachte ihm von Gott die Antwort auf ihre Frage, nämlich den Vers:

*Sprich: Er ist Gott, ein einziger Gott, der unveränderliche, Er hat nicht gezeugt und ist nicht gezeugt worden. Und keiner ist Ihm gleich* (Sure 112).

Nachdem er ihnen dies vorgetragen hatte, fragten sie ihn weiter:

„Dann beschreibe uns, wie Er aussieht, Seinen Unter- und Seinen Oberarm!"

Da erzürnte der Prophet noch mehr als das erste Mal und stürzte sich erneut auf sie, doch Gabriel beruhigte ihn wieder und brachte ihm von Gott die Antwort:

*Und sie haben Gott nicht richtig eingeschätzt. Am Tag der Auferstehung wird Er die ganze Erde in Seiner Hand halten und die Himmel zusam-*

*mengefaltet in Seiner Rechten. Gepriesen sei Er! Er ist erhaben über das, was sie Ihm beigesellen* (Sure 39, 67).

تَارِيخُ الهِجْرَة

## 39. DAS DATUM DER HIDJRA UND DIE ERSTEN FELDZÜGE

DER Prophet kam nach Medina am Montag, dem zwölften des Monats Rabīᶜ I., genau am Mittag. Er war damals dreiundfünfzig Jahre alt, und seit seiner Sendung waren dreizehn Jahre verstrichen. Er blieb dann elf Monate ununterbrochen in Medina. Zu Beginn des zwölften Monats, des Monats Ṣafar im folgenden Jahr, begab er sich erstmals auf einen Feldzug, den sogenannten Feldzug von Abwā', in dessen Verlauf er bis Waddān vorstieß. Das Unternehmen war gegen die Quraish und den Stamm der Ḍamra gerichtet. Der Führer dieses Stammes schloß jedoch Frieden mit ihm, und er kehrte kampflos nach Medina zurück, wo er für den Rest des Monats Ṣafar und den Beginn des Monats Rabīᶜ I. blieb. Dann zog er nach Buwāṭ gegen die Quraish, kehrte jedoch wieder kampflos nach Medina zurück und blieb dort für den Rest des Monats Rabīᶜ II. und einen Teil des Monats Djumādā I.

In diesem Monat machte er sich wieder auf gegen die Quraish. Er zog bis ᶜUshaira im Tal von Yanbuᶜ und verbrachte dort den Rest dieses Monats und einige Tage des Monats Djumādā II. In dieser Zeit schloß er einen Freundschaftsvertrag mit dem Stamm der Mudlidj und dessen Bundesgenossen von den Ḍamra. Anschließend kehrte er wieder kampflos nach Medina zurück, hatte dort aber noch keine zehn Nächte verbracht, als Kurz ibn Djābir vom Stamme Fihr einen Raubüberfall auf das in der Umgebung der Stadt weidende Vieh unternahm. Der Prophet verfolgte ihn bis zum Wādī Safawān bei Badr – deshalb wird dieses Unternehmen auch das Erste Badr genannt –, doch entkam ihm Kurz; und er kehrte nach Medina zurück, wo er für den Rest des Monats Djumādā II. und die Monate Radjab und Shaᶜbān blieb.

سَرِيَّة عَبْد اللّٰهِ بن جَحْش

## 40. DER STREIFZUG DES ᶜABDALLĀH IBN DJAḤSH UND DIE OFFENBARUNG ÜBER DEN HEILIGEN MONAT

Im Monat Radjab, nach seiner Rückkehr vom Ersten Badr, schickte der Prophet den ᶜAbdallāh ibn Djaḥsh mit einer Gruppe von acht Auswanderern – Helfer waren keine darunter – auf einen Streifzug in Richtung Mekka. Er gab ihm ein Schreiben mit und befahl ihm, dieses erst zwei Tage nach seinem Aufbruch zu lesen und dann entsprechend dem Inhalt des Briefes zu handeln, ohne aber einen seiner Begleiter dazu zu zwingen. ᶜAbdallāh tat, wie er geheißen. Als er nach zwei Tagen das Schreiben öffnete, las er:

„Wenn du diesen Brief gelesen hast, ziehe weiter bis nach Nakhla zwischen Mekka und Ṭā'if, lauere dort den Quraish auf und versuche für uns zu erfahren, was sie treiben."

ᶜAbdallāh fügte sich diesem Befehl, erzählte seinen Gefährten davon und fuhr fort:

„Der Prophet hat mir aber verboten, einen von euch zu etwas zu zwingen. Wer also den Märtyrertod sucht, der ziehe mit mir weiter. Wer ihn nicht begehrt, der kehre zurück. Ich jedenfalls handle nach dem Befehl des Gesandten Gottes."

So zog er los, und keiner seiner Gefährten blieb zurück. Sie durchquerten den Ḥidjāz, bis sie oberhalb von Furuᶜ zum Bergwerk von Baḥrān gelangten. Dort verirrte sich das Maultier, auf dem seine beiden Begleiter Saᶜd und Ibn Ghazwān bisher abwechselnd geritten waren. Während die beiden zurückblieben, um das Tier zu suchen, zog ᶜAbdallāh mit den anderen weiter bis nach Nakhla, wo sie auf eine Karawane der Quraish stießen, die Rosinen, Leder und andere Handelswaren mit sich führte. In dieser Karawane befanden sich unter anderen ᶜAmr, der Sohn des Ḥaḍramī, die beiden Makhzūmiten ᶜUthmān und sein Bruder Naufal sowie Ibn Kaisān, ein Freigelassener des Hishām ibn Mughīra. Als diese den Streiftrupp erblickten, fürchteten sie sich zunächst, da sie sich ganz in der Nähe gelagert hatten. Dann sahen sie aber ᶜUkkāsha, einen von ᶜAbdallāhs Gefährten, der sich den Kopf wie zur Pilgerfahrt geschoren hatte, und fühlten sich sicher in dem Glauben, es seien harmlose Pilger. Es war der letzte Tag im Monat Radjab, und ᶜAbdallāh beriet sich deshalb mit seinen Gefährten. Er sprach:

„Wenn wir sie diese Nacht unbehelligt ziehen lassen, werden sie morgen den Heiligen Bezirk erreichen und dort vor uns sicher sein. Töten wir sie aber heute, so töten wir sie im Heiligen Monat."

Sie zögerten und hatten Angst, sie anzugreifen, machten sich schließlich aber gegenseitig Mut und beschlossen, so viele wie möglich von ihnen zu töten und ihre Waren zu rauben. Wāqid vom Stamme Tamīn traf ᶜAmr, den Sohn des Ḥaḍramī, tödlich mit einem Pfeil. Den ᶜUthmān und den Freigelassenen Ibn Kaisān nahmen sie gefangen, während Naufal ihnen entkommen konnte. Dann brachte ᶜAbdallāh zusammen mit seinen Gefährten die Karawane und die beiden Gefangenen zum Propheten nach Medina. Muḥammad aber war sehr ungehalten und tadelte sie:

„Ich habe euch nicht befohlen, im Heiligen Monat zu kämpfen."

Er rührte die Karawane und die beiden Gefangenen nicht an und weigerte sich, etwas von den Waren zu nehmen. ᶜAbdallāh und seine Gefährten waren bestürzt und dachten, sie seien verloren. Auch ihre muslimischen Brüder machten ihnen heftige Vorwürfe, und die Quraish in Mekka sprachen:

„Muḥammad und seine Anhänger haben den Heiligen Monat verletzt, denn sie haben Blut vergossen, Güter geraubt und Männer gefangengenommen."

Die noch in Mekka lebenden Muslime versuchten, diesem Vorwurf mit der Behauptung zu begegnen, es sei dies nicht im Monat Radjab, sondern bereits im Shaᶜbān geschehen. Als der Vorfall schließlich immer heftiger diskutiert wurde, offenbarte Gott Seinem Propheten die Worte:

*Man fragt dich nach dem Heiligen Monat, ob es erlaubt ist, in ihm zu kämpfen. Sprich: In ihm zu kämpfen ist ein schweres Vergehen. Aber die Menschen vom Wege Gottes abzuhalten – und nicht an Ihn zu glauben –, und Gläubige von der Heiligen Stätte abzuhalten, und deren Anwohner daraus zu vertreiben, all das wiegt schwerer bei Gott. Und der Versuch, Gläubige zum Abfall vom Islam zu verführen, wiegt schwerer als töten.*

*Und sie werden nicht aufhören, gegen euch zu kämpfen, bis sie euch von eurem Glauben abbringen, wenn sie können* (Sure 2, 217).

Nachdem Gott diese Koranverse herabgesandt und damit die Muslime von ihrer Besorgnis befreit hatte, nahm der Prophet die Karawane und die beiden Gefangenen an. Die Quraish schickten aus Mekka einen Boten zu ihm, um die beiden Gefangenen, ᶜUthmān und Ibn Kaisān, loszukaufen, doch der Prophet ließ ihnen ausrichten:

„Wir lassen euch sie nicht auslösen, solange unsere beiden Gefährten nicht wieder aufgetaucht sind" – er meinte Saᶜd und Ibn Ghazwān, die ihr verirrtes Maultier gesucht und deswegen am Kampf nicht teilgenommen hatten. „Wir fürchten, ihr tut ihnen etwas an. Wenn ihr sie tötet, töten wir auch eure beiden Männer."

Als dann Saᶜd und Ibn Ghazwān doch wieder auftauchten, nahm er von den Quraish die Auslösesumme an. Ibn Kaisān wurde aber ein guter Muslim und blieb beim Propheten, bis er später beim Brunnen Maᶜūna als Märtyrer starb. ᶜUthmān dagegen kehrte nach Mekka zurück und starb dort als Ungläubiger.

Nachdem die koranische Offenbarung ᶜAbdallāh und seine Gefährten von ihrer Angst erlöst hatte, waren sie um ihre Vergeltung besorgt und fragten den Propheten:

„O Gesandter Gottes! Können wir hoffen, daß uns der Streifzug so vergolten wird wie denen, die sich im Heiligen Kampf befinden?"

Als Antwort sandte Gott die folgende Offenbarung herab, mit der Er ihnen die größte Hoffnung auf eine solche Vergeltung machte:

*Diejenigen, die glauben, und diejenigen, die ausgewandert sind und auf dem Wege Gottes gekämpft haben, dürfen auf die Barmherzigkeit Gottes hoffen. Gott ist barmherzig und bereit zu vergeben* (Sure 2, 218).

Über ᶜAbdallāhs Streifzug und die Angriffe der Quraish gegen Muḥammad wegen des Heiligen Monats, dichtete Abū Bakr – nach anderen Überlieferern ᶜAbdallāh selbst – die folgenden Verse:

*Der Kampf ist im Heiligen Monat ein Frevel für euch,*
*doch habt ihr den größeren Frevel gar nicht erkannt:*
*Denn ihr – und Gott ist der Zeuge – glaubt nicht an Muḥammad*

*und habt gegen seine Verkündung euch immer gewandt.*
*Und ihr habt aus Gottes Moschee Seine Diener vertrieben,*
*bis Er bei der Kaᶜba für sich keinen Beter mehr fand.*
*Ihr möget schmähen an uns im Heiligen Monat den Kampf,*
*doch schlimmer ist der, der den Glauben aus Mekka verbannt.*
*Mit des Ḥaḍramī Blut haben wir unsere Lanzen getränkt*
*in Nakhla, als Wāqid entfachte des Krieges lodernden Brand.*
*Und ᶜUthmān, der Sohn des ᶜAbdallāh, ist gefangen bei uns;*
*es hält ihn am Halse der Fessel blutiges Band.*

صَرَفُ القِبْلَةِ إِلَى الكَعْبَة

## 41. DIE ÄNDERUNG DER GEBETSRICHTUNG

IM Monat Shaᶜbān, zu Beginn des achtzehnten Monats nach der Ankunft des Propheten in Medina, wurde die Gebetsrichtung, die Qibla, geändert.[20]

غَزْوَة بَدْر الكُبْرَى

## 42. DIE GROSSE SCHLACHT VON BADR

DER Prophet erfuhr, daß Abū Sufyān mit einer gewaltigen Karawane der Quraish von Syrien auf dem Weg zurück nach Mekka war. Die Karawane trug Güter und Handelswaren der Quraish mit sich und wurde von dreißig oder vierzig Mann begleitet.

Zuhrī, ᶜĀṣim ibn ᶜUmar, ᶜAbdallāh ibn abī Bakr und Ibn Rūmān haben mir von ᶜUrwa, Ibn ᶜAbbās und anderen Überlieferern jeweils einen Teil der Vorgänge von Badr berichtet; im folgenden habe ich ihre Darstellungen zusammengefaßt:

Nachdem der Prophet gehört hatte, daß Abū Sufyān mit seiner Karawane aus Syrien anrückte, rief er die Muslime zusammen und sprach:

„Dies ist die Karawane der Quraish mit ihren Gütern. Zieht aus gegen sie, vielleicht wird Gott sie euch zur Beute machen!"

Die Männer kamen seiner Aufforderung nach, die einen schnell, die anderen zögernd, da sie nicht glaubten, der Prophet werde sich auf einen Krieg einlassen. In der Zwischenzeit versuchte Abū Sufyān, als er sich dem Ḥidjāz näherte, die letzten Neuigkeiten zu erfahren, und befragte besorgt jeden Reiter, den er unterwegs traf, bis ihm schließlich einer erzählte, daß Muḥammad seine Gefährten zum Kampf gegen ihn und seine Karawane aufgerufen hatte. Er blieb von da an auf der Hut und heuerte den Ḍamḍam ibn ᶜAmr an, den er mit der Weisung nach Mekka schickte, die Quraish zur Verteidigung ihrer Waren aufzufordern und sie davon zu unterrichten, daß Muḥammad die Karawane abfangen wolle.

Ḍamḍam ritt eilends nach Mekka und meldete dies den Quraish, die sich sogleich zum Aufbruch rüsteten, wobei sie sprachen:

„Muḥammad und seine Leute glauben wohl, sie hätten es wieder mit einer Karawane wie der des Ibn Ḥaḍramī zu tun. Sie werden bald etwas anderes erleben!"

Jeder von ihnen machte sich bereit oder sandte einen anderen an seiner Statt. Alle zogen aus, und keiner der Edlen blieb zurück außer Abū Lahab, der an seiner Stelle den ᶜĀṣ ibn Hishām schickte. Dieser schuldete ihm viertausend Dirham, die er nicht bezahlen konnte. Für diesen Betrag nun zog er an Abū Lahabs Stelle mit.

Nachdem die Quraish ihre Vorbereitungen beendet und sich zum Aufbruch entschlossen hatten, erinnerten sie sich plötzlich an ihren Zwist mit den Banū Bakr vom Stamme Kināna und fürchteten, diese könnten ihnen in den Rücken fallen. Da erschien ihnen der Teufel in Gestalt des Surāqa, eines der Edlen der Kināna, und erklärte ihnen:

„Ich bin euer Pfand, daß die Kināna nichts Böses hinter eurem Rücken unternehmen."

Eiligst brachen sodann die Quraish auf. Auch der Prophet machte sich in den ersten Tagen des Monats Ramaḍān auf den Weg. Zwei schwarze Fahnen zogen ihm voran; die eine, „Adler" genannt, trug ᶜAlī, die andere befand sich bei den Helfern. Der Prophet und seine Gefährten hatten damals siebzig Kamele, auf denen sie abwechselnd ritten. So teilte auch er sich ein Reittier mit ᶜAlī und Marthad. Sie nahmen zunächst den gewöhnlichen Weg von Medina nach Mekka und lagerten zum ersten Mal bei dem Brunnen Rauḥā'. Von dort zogen sie bis Munṣaraf, wo sie den Weg nach Mekka verließen und sich nach rechts über Nāzīya in Richtung Badr wandten. Sie durchquerten das Wādī Ruhqān zwischen Nāzīya und dem Paß von Ṣafrā'. Als sie nach dem Abstieg vom Paß in der Nähe von Ṣafrā' anlangten, schickte der Prophet Basbas und ᶜAdī nach Badr voraus, um Erkundigungen über Abū Sufyān und seine Karawane einzuholen. Er selbst zog weiter in Richtung auf das Dorf Ṣafrā' zu, das zwischen zwei Bergen liegt. Bevor er das Dorf erreichte, erkundigte er sich nach dem Namen der beiden Berge und erfuhr, daß der eine Musliḥ, Koter, und der andere Mukhri', Kacker, genannt wurde. Auch nach den Bewohnern fragte er, und man unterrichtete ihn, daß zwei Untergruppen des Stammes Ghifār, die Banū n-Nār, die Söhne des Feuers, und die Banū Ḥurāq, die Söhne des Brandes, dort lebten. Er erblickte in diesen Namen ein schlechtes Vorzeichen und wollte deshalb den Weg zwischen den beiden Höhen hindurch vermeiden. So zog er rechts an Ṣafrā' vorbei zu einem Wadi namens Dhāfrān. Dahinter lagerten sie.

Dort erfuhr er, daß die Quraish aus Mekka heranrückten, um ihre Karawane zu verteidigen. Er beriet sich darüber mit seinen Gefährten, und nachdem ihm Abū Bakr und ᶜUmar bereits zugesprochen hatten, erhob sich auch Miqdād und sagte:

„O Gesandter Gottes! Gehe dorthin, wohin dir Gott den Weg weist, denn wir sind bei dir, und wir werden wahrlich niemals zu dir sagen, was die Kinder Israels zu Moses sagten: *‚Geh du mit deinem Herrn und kämpft! Wir werden hierbleiben‘* (Sure 5, 24); sondern wir sagen dir: ‚Gehe du mit deinem Herrn und kämpft! Wir werden zusammen mit euch kämpfen!‘ Bei Dem, der dich mit der Wahrheit gesandt hat, auch wenn du mit uns bis nach Bark al-Ghimād zögest, würden wir mit dir gegen die Verteidiger kämpfen, bis du es eroberst."

Der Prophet dankte ihm und segnete ihn. Dann bat er auch die medinensischen Helfer um ihren Rat, denn sie bildeten die Mehrheit und hatten ihm bei der Huldigung von ᶜAqaba erklärt, sie könnten ihn nur in Medina schützen und wie ihre eigenen Kinder und Frauen verteidigen. Er fürchtete deshalb, die Helfer würden sich nur verpflichtet fühlen, ihm gegen einen Angreifer in Medina zu helfen, aber es vielleicht nicht als ihre Aufgabe ansehen, mit ihm außerhalb der Stadt gegen einen Feind zu ziehen. Nachdem er diese Zweifel geäußert hatte, fragte ihn Sa^c^d, der Sohn des Mu^c^ādh:

„Bei Gott, meinst du damit etwa uns, Gesandter Gottes?“ Und als der Prophet bejahte, erklärte er:

„Wir glauben an dich und bezeugen, daß deine Botschaft die Wahrheit ist. Wir haben mit dir darauf einen Bund geschlossen und dir versprochen, daß wir dir folgen und gehorchen werden. So gehe, wohin du willst, und wir sind mit dir. Bei Dem, der dich mit der Wahrheit gesandt hat, selbst wenn du uns auffordern würdest, das Meer zu durchqueren, und würdest dich hineinstürzen, wir alle würden dir folgen, und keiner von uns würde zurückbleiben. Wir haben nichts dagegen, daß du uns morgen gegen unsere Feinde führst, denn wir sind standhaft im Krieg, getreu im Kampf. Vielleicht wird Gott dir an uns zeigen, was dir Freude bringt. So laß uns mit Gottes Segen mit dir ziehen!“

Sa^c^ds Worte stimmten den Propheten glücklich und gaben ihm Mut. „Zieht los und seid frohen Mutes“, rief er seinen Gefährten zu, „denn Gott hat mir versprochen, daß wir eines von beiden, die Karawane oder das Heer der Quraish, besiegen werden, und, bei Gott, mir ist jetzt, als sähe ich schon die geschlagenen Feinde.“

Sie brachen von Dhāfrān auf, überquerten die Aṣāfir-Pässe, kamen zu einem Ort namens Dabba, ließen Ḥannān, eine berghohe Sanddüne, zur Rechten liegen und lagerten schließlich in der Nähe von Badr.

Am Abend schickte der Prophet ^c^Alī, Zubair und Sa^c^d ibn abī Waqqāṣ mit einigen anderen Männern als Kundschafter zum Brunnen von Badr. Sie trafen dort an der Tränke eine Kamelherde der Quraish und zwei ihrer Sklaven. Sie nahmen diese beiden mit zurück zum Lager und fragten sie aus, während der Prophet sein Gebet verrichtete. Zuerst behaupteten die beiden, die Quraish hätten sie zum Brunnen geschickt, um Wasser für sie zu holen. Den Muslimen mißfiel diese Auskunft jedoch, da sie wünschten, die beiden möchten zur Karawane des Abū Sufyān gehören. Sie prügelten sie deshalb heftig, bis sie sich dazu bekannten. Dann erst ließ man von ihnen ab. Der Prophet aber sprach, nachdem er sich im Gebet gebeugt und zweimal niedergeworfen hatte:

„Als die beiden euch die Wahrheit sagten, habt ihr sie geschlagen, und als sie logen, habt ihr von ihnen abgelassen. Sie haben die Wahrheit gesagt und gehören wirklich zum Heer der Quraish."

Dann bat er selbst die beiden, ihm zu erzählen, wo sich die Quraish befänden.

„Sie sind hinter der Sanddüne, die du dort am äußersten Rand des Wadis siehst", erhielt er zur Antwort. Die Sanddüne hieß ᶜAqanqal. Dann fragte er sie weiter:

„Wie viele sind sie?"

„Viele."

„Was ist ihre Zahl?"

„Wir wissen es nicht."

„Wie viele Tiere schlachten sie täglich?"

„Manchmal neun, manchmal zehn."

„Dann sind es zwischen neunhundert und tausend. Welche Edlen sind unter ihnen?"

Die beiden zählten sie auf. Da wandte sich der Prophet seinen Gefährten zu und sprach:

„Dieses Mekka hat seine Herzstücke gegen euch gesandt!"

Vorher hatten schon die beiden Kundschafter des Propheten, Basbas und ᶜAdī, Badr erreicht und ihre Kamele bei einem Hügel in der Nähe des Brunnens niederknien lassen. Mit einem alten Wasserschlauch waren sie hingegangen, um Wasser zu holen, und hatten dort Madjdī ibn ᶜAmr angetroffen, der aber nicht wußte, wer sie waren. Die beiden hörten auch am Brunnen, wie sich zwei Mädchen des dort ansässigen Stammes über irgendeine zu begleichende Schuld unterhielten und die eine der anderen versprach:

„Morgen oder übermorgen kommt die Karawane. Ich werde für sie arbeiten und dir dann zurückzahlen, was ich dir schulde."

Madjdī bestätigte dem Mädchen, was es über die Karawane gesagt hatte, und bereinigte den Streit zwischen den beiden. ᶜAdī und Basbas aber bestiegen ihre Kamele, ritten zum Propheten und erzählten ihm, was sie gehört hatten.

Inzwischen war Abū Sufyān vorsichtshalber seiner Karawane vorausgeritten. Er kam zu demselben Brunnen und fragte dort Madjdī, ob er jemanden bemerkt hätte. Dieser antwortete:

„Ich habe niemanden gesehen, den ich nicht kannte, außer zwei Reitern, die dort am Hügel ihre Kamele niederknien ließen, ihren Wasserschlauch füllten und wieder davonritten."

Abū Sufyān ging darauf zu der Stelle, nahm etwas vom Dung der Kamele der beiden und zerkrümelte ihn. Als er darin Dattelkerne fand, sprach er:

„Das ist das Viehfutter in Medina!"

Auf schnellstem Wege kehrte er zu seiner Karawane zurück und änderte deren Richtung, indem er den gewöhnlichen Weg verließ, so schnell er konnte, zur Küste abbog und Badr zur Linken liegenließ. Dann, als er sah, daß er seine Karawane gerettet hatte, schickte er einen Boten zu den Quraish und ließ ihnen sagen:

„Ihr seid ausgezogen, um eure Karawane, euere Männer und euere Güter, zu schützen. Nun, da sie gerettet ist, könnt ihr wieder umkehren."

Abū Djahl aber sprach:

„Nein! Wir werden nicht umkehren, bevor wir Badr nicht erreicht haben!" – Badr war einer der Märkte der Araber, wo sie alljährlich einen Jahrmarkt abhielten – „Wir wollen drei Tage dort bleiben, Kamele schlachten, einen Festschmaus halten, Wein trinken, und die Sklavinnen sollen uns aufspielen. Die Araber werden hören, daß wir gekommen sind und uns versammelt haben, und sie werden uns für immer achten. Zieht weiter!"

Das Heer der Quraish setzte sich wieder in Bewegung, bis es am äußersten Rand des Wadis, hinter der Düne ᶜAqanqal, haltmachte. Yalyal, das eigentliche Tal des Wadi, lag zwischen Badr und ᶜAqanqal, und die Brunnen von Badr waren auf der Medina zugewandten Seite des Tales. Gott sandte Regen herab, und der Boden wurde weich. Während sich für die Muslime die Erde zusammenklebte und sie nicht am Vorrücken hinderte, konnten die Quraish kaum mehr weiterziehen. Der Prophet ritt mit seinen Männern eilends bis zum ersten Brunnen von Badr und hielt an.

Mir wurde berichtet, daß Männer vom Stamme der Banū Salama folgendes erzählten:

Dort an jenem Brunnen fragte Ḥubāb ibn Mundhir den Propheten: „Dieser Platz hier, von dem es kein Vor und kein Zurück mehr gibt – hat Gott ihn dir gewiesen, oder hast du ihn nach deiner Meinung und aus deiner Berechnung heraus gewählt?"

„Letzteres ist richtig", erwiderte der Prophet. Da sprach Ḥubāb: „O Gesandter Gottes! Dies ist kein geeigneter Platz. Mach dich mit den Leuten auf und laß uns zu den Brunnen ziehen, die den Feinden am nächsten liegen. Die anderen Brunnen dahinter wollen wir verstopfen. Bei unserem Brunnen aber legen wir ein Becken an und füllen es mit Wasser. Kämpfen wir dann mit ihnen, haben wir zu trinken, sie aber nicht."

„Einen guten Rat hast du mir da gegeben", dankte ihm der Prophet und machte sich mit seinen Männern wieder auf den Weg. An dem den Quraish am nächsten liegenden Brunnen lagerten sie. Die anderen Brunnen ließ er verstopfen, während sie bei dem ihrigen ein Becken anlegten, es mit Wasser füllten und alle mit ihren Gefäßen daraus schöpften.

ᶜAbdallāh ibn abī Bakr erzählte mir, daß man ihm folgendes berichtet habe:

Saᶜd, der Sohn des Muᶜādh, wandte sich an den Propheten und sprach:

„O Gesandter Gottes! Sollen wir dir nicht eine Hütte bauen, in der du dich aufhalten kannst, und dir daneben deine Reitkamele bereithalten? Wenn wir dann auf unseren Feind treffen und wenn Gott uns stärkt und uns den Sieg verleiht, ist es das, was wir wollten. Geht es anders aus, besteigst du dein Reittier und begibst dich zu unseren Leuten, die zurückgeblieben sind. O Gesandter Gottes! Wir sind dir nicht mehr in Liebe zugetan als sie. Hätten sie gewußt, daß es zu einem Kampf kommen würde, wären sie nicht zurückgeblieben. Gott wird dich durch sie schützen, und sie werden dir mit Rat und Tat zur Seite stehen."

Der Prophet dankte ihm und segnete ihn. Sodann errichtete man für ihn eine Hütte, in der er sich aufhielt.

Am Morgen setzten sich die Quraish in Bewegung und rückten heran. Als der Prophet sie von ᶜAqanqal herunterkommen sah, rief er:

„O Gott! Da kommen die Quraish in ihrer Eitelkeit und ihrem Stolz. Sie befehden Dich und zeihen Deinen Gesandten der Lüge. O Gott! Gib mir die Hilfe, die Du mir versprochen hast! O Gott! Vernichte sie an diesem Morgen!"

Mein Vater Isḥāq ibn Yasār und andere Gelehrte erzählten mir, daß einige Alte unter den Helfern folgendes berichteten:

Nachdem die Quraish ihr Lager bezogen hatten, schickten sie den ᶜUmair ibn Wahb los, um herauszufinden, wie viele Prophetengefährten es seien. Er ritt um das Lager der Muslime, kehrte zu seinen Leuten zurück und sprach:

„Dreihundert, vielleicht auch etwas mehr oder weniger. Aber wartet noch, ich will sehen, ob sie einen Hinterhalt gelegt oder noch irgendwelche Hilfstruppen versteckt halten."

Er zog weit in das Wadi hinein, konnte aber nichts entdecken. Bei seiner Rückkehr sagte er:

„Ich habe nichts gefunden, aber ich habe, Männer von Quraish, Kamele den Tod tragen sehen, Kamele aus Yathrib (Medina), den Tod auf dem Rücken. Es sind Leute, deren einziger Schutz und deren alleinige Zuflucht ihre Schwerter sind. Keiner von ihnen wird getötet werden, bevor er nicht einen von uns getötet hat. Und wenn sie dann so viele von uns getötet haben, wie sie selbst sind, was ist dann noch Gutes am Leben? Überdenkt nochmals euer Tun!"

Nachdem Ḥakīm ibn Ḥizām diese Worte ᶜUmairs gehört hatte, kam er zu ᶜUtba, dem Sohn des Rabīᶜa, und sprach:

„Du bist der Führer und der Herr der Quraish, dem sie gehorchen. Möchtest du, daß man dich bei ihnen für alle Zeit in bestem Andenken bewahrt?"

„Wie denn, Ḥakīm?"

„Indem du mit den Leuten umkehrst und die Blutschuld für deinen Bundesgenossen Ibn Ḥaḍramī, die wir von Muḥammad fordern, selbst übernimmst."

„Ich werde es tun, und du sollst Zeuge sein. Ibn Ḥaḍramī war mein Bundesgenosse, und ich bezahle seinen Leuten die Blutschuld und die verlorenen Güter. Aber gehe zu Abū Djahl, denn ich fürchte, er wird sich dagegen auflehnen!“

Während sich Ḥakīm zu Abū Djahl begab, erhob sich ᶜUtba und hielt eine Ansprache an die Quraish:

„Männer von Quraish! Wahrlich, ihr werdet durch einen Kampf gegen Muḥammad und seine Gefährten nichts gewinnen. Wahrlich, wenn ihr ihn besiegt, werden wir uns nicht mehr ins Antlitz sehen können, weil wir uns gegenseitig unsere Vettern oder andere Verwandte umgebracht haben. Kehrt um und überlaßt Muḥammad den anderen Arabern! Wenn sie ihn töten, geschieht genau das, was ihr wollt, und wenn nicht, kann er euch nicht vorwerfen, ihr hättet ihm angetan, was ihr wolltet!“

Ḥakīm war inzwischen zu Abū Djahl gekommen, der gerade seinen Panzer aus der Hülle genommen hatte und ihn einölte. Ḥakīm erzählte ihm von ᶜUtbas Vorschlag, doch Abū Djahl wies ihn mit den Worten zurück:

„Seine Lungen haben sich vor Angst gefüllt, als er Muḥammad und seine Gefährten sah. Nein! Wir werden nicht umkehren, bis nicht Gott zwischen uns und Muḥammad entschieden hat. ᶜUtba glaubt doch selbst nicht, was er sagt. Er hat vielmehr nur gesehen, daß Muḥammad und seine Gefährten nicht mehr Männer sind als die Esser eines Schlachtkamels und daß sein eigener Sohn unter ihnen ist. Nun hat er Angst, wir könnten seinem Sohn etwas tun.“

Dann sandte Abū Djahl einen Boten zum Bruder des Ibn Ḥaḍramī, ᶜĀmir, und ließ ihm sagen:

„Dieser ᶜUtba, dein Bundesgenosse, will mit den Leuten umkehren, wo du deine Rache vor Augen hast. Auf! Fordere die Einhaltung des Bundes und die Rache für die Ermordung deines Bruders!“

Da erhob sich ᶜĀmir, zog blank und schrie:

„Rache für meinen Bruder ᶜAmr, Rache für ᶜAmr!“

Und es entbrannte der Kampf. Die Quraish verharrten in ihrem Übel, und ᶜUtbas Vorschlag wurde verworfen. Aswad aus der Sippe Makhzūm, ein übler und bösartiger Kerl, trat als erster von den Quraish vor und rief:

„Ich schwöre, ich werde aus ihrem Wasserbecken trinken oder es zerstören oder, noch bevor ich es erreiche, sterben.“

Er kam heran, doch Ḥamza, der Oheim des Propheten, trat ihm entgegen und versetzte ihm noch vor dem Becken einen Hieb, daß ihm ein Fuß und die Hälfte des Beines davonflogen. Er fiel auf den Rücken, und rauschend floß das Blut von seinem Bein zu seinen Gefährten.

Trotzdem kroch er noch zum Becken und stürzte sich hinein, um seinen Schwur zu erfüllen. Ḥamza aber folgte ihm und erschlug ihn im Becken.

Dann trat ᶜUtba zusammen mit seinem Bruder Shaiba und seinem Sohn Walīd aus der Reihe der Quraish hervor und rief die Muslime zum Einzelkampf auf. Drei junge Burschen von den Helfern boten sich ihnen zum Kampf an, doch die Quraish fragten sie:

„Wer seid ihr?"

„Wir gehören zu den medinensischen Helfern des Propheten."

„Von euch wollen wir nichts!" Und einer der Quraish rief:

„Muḥammad! Schicke unseresgleichen und Männer unseres Stammes gegen uns!"

Da forderte der Prophet Abū ᶜUbaida, Ḥamza und ᶜAlī auf, sich im Einzelkampf mit ihnen zu messen. Die Quraish fragten auch sie, wer sie seien, erkannten sie aber als ebenbürtige Edle an. ᶜUbaida, der älteste, kämpfte gegen ᶜUtba, Ḥamza gegen Shaiba und ᶜAlī gegen Walīd. Es dauerte nicht lange, da hatten Ḥamza und ᶜAlī ihre Gegner getötet. ᶜUbaida und ᶜUtba tauschten zwei Schläge, worauf beide verwundet niederstürzten. Sogleich fielen Ḥamza und ᶜAlī mit ihren Schwertern über ᶜUtba her und erledigten ihn. ᶜUbaida aber trugen sie zurück zu ihren Gefährten.

Dann drängten beide Seiten vor und gingen aufeinander los. Der Prophet hatte seinen Gefährten befohlen, nicht anzugreifen, bevor er es anordne.

„Wenn sie euch umzingeln", sprach er, „überschüttet sie mit euren Pfeilen!"

Er selbst blieb zusammen mit Abū Bakr in der Hütte, bat Gott um die versprochene Hilfe und sagte unter anderem:

„O Gott, wenn diese meine Schar heute untergeht, wird Dich niemand mehr anbeten."

„Deine dauernden Bitten", wandte Abū Bakr ein, „werden Deinem Herrn lästig fallen. Gott erfüllt dir, was Er dir versprochen hat." Dann schlief der Prophet in der Hütte ein, und als er aus seinem kurzen Schlummer erwachte, sagte er:

„Freue dich, Abū Bakr! Gottes Hilfe ist zu dir gekommen. Hier ist Gabriel und führt sein Pferd am Zügel, dessen Vorderzähne Staub bedeckt."

Als erster Muslim wurde Mihdja[c], ein Freigelassener [c]Umars, durch einen Pfeil getötet, und ein weiterer Pfeil traf den Ḥāritha, einen vom Stamme Nadjjār, tödlich am Hals, als er gerade aus dem Becken trank.

Darauf trat Muḥammad zu seinen Leuten hinaus und spornte sie an mit den Worten:

„Bei Dem, in Dessen Hand Muḥammads Seele liegt, jeder, der heute standhaft und Gottes Lohn erhoffend gegen den Feind kämpft, nur vorwärts strebt und nicht zurückweicht und dann den Tod findet, den wird Gott ins Paradies eingehen lassen."

[c]Umair ibn Ḥumām, der gerade einige Datteln in der Hand hielt und davon aß, hörte diese Worte und rief:

„Herrlich! Herrlich! Trennt mich vom Paradies nur der Tod aus ihrer Hand?"

Und sogleich warf er die Datteln weg, ergriff sein Schwert und kämpfte, bis er fiel. Dann nahm der Prophet eine Handvoll Steinchen, wandte sich zu den Quraish und rief: „Häßlich sollen diese Gesichter werden!"

Mit diesen Worten warf er mit den Steinen nach ihnen und befahl seinen Gefährten, loszustürmen. Dies war das Ende für die Quraish. Gott tötete viele ihrer Führer und ließ viele ihrer Edlen in Gefangenschaft geraten.

Nach Beendigung des Kampfes ordnete der Prophet an, daß alles, was die Männer an Beute angesammelt hatten, im Lager zusammengetragen werde, doch die Muslime begannen sich zu streiten. Diejenigen, die die Beute gesammelt hatten, sagten: „Dies gehört uns!"

Und diejenigen, die gegen den Feind gekämpft und ihn verfolgt hatten, riefen: „Bei Gott, wären wir nicht gewesen, hättet ihr jetzt nichts. Hätten wir den Feind nicht von euch abgehalten, hättet ihr nichts bekommen."

Und diejenigen, die den Propheten bewacht hatten, aus Sorge, der Feind könnte sich gegen ihn wenden, behaupteten: „Ihr habt nicht mehr Recht darauf als wir! Wir hätten auch gern gegen den Feind gekämpft, als er durch Gottes Hilfe davonlief, und hätten auch gern die Beute aufgesammelt, als sie niemand mehr verteidigte, doch waren wir besorgt, der Feind könne nochmals zurückkehren. Deshalb blieben wir zum Schutze des Propheten. Ihr habt nicht mehr Recht auf die Beute als wir."

ᶜAbdarraḥmān ibn Ḥārith und andere meiner Lehrer überlieferten mir von Sulaimān ibn Mūsā, der sich auf die Aussagen Makḥūls stützte, folgendes:

Abū Umāma vom Stamme Bāhila fragte später einmal den ᶜUbāda ibn Ṣāmit nach der Offenbarung der Sure „die Beute" (Sure 8). Da erzählte ihm dieser:

„Sie wurde wegen uns, den Badr-Kämpfern, geoffenbart, als wir uns um die Beute stritten und unser ganzer schlechter Charakter sich zeigte. Aber Gott entriß durch diese Sure die Beute unseren Händen und übergab sie dem Propheten. Dieser teilte sie zu gleichen Teilen unter den Muslimen auf."

Sodann schickte der Prophet den ᶜAbdallāh ibn Rawāḥa mit der Siegesbotschaft zu den Bewohnern der Oberstadt von Medina und den Zaid ibn Ḥāritha in die Unterstadt. Usāma, der Sohn des Zaid, erzählte später:

„Wir schlossen gerade das Grab der Ruqayya, der Tochter des Propheten und Frau ᶜUthmāns, bei dem mich der Prophet zurückgelassen hatte, um nach ihr zu sehen, da traf mein Vater Zaid in Medina ein. Ich kam zu ihm, als er von Menschen umringt auf dem Betplatz stand und rief:

‚Die Edlen der Quraish, ᶜUtba, Shaiba, Abū Djahl, Zamᶜa, Abu l-Bakhtarī, Umayya ibn Khalaf und die beiden Söhne des Ḥadjjādj, Nabīh und Munabbih sind tot!' ‚Ist das wahr?' fragte ich meinen Vater, und er erwiderte: ‚Ja, bei Gott, mein Sohn, es ist wahr.'"

Der Prophet selbst erreichte Medina einen Tag, bevor man die Gefangenen brachte.

ᶜAbdallāh ibn abī Bakr berichtete mir von Yaḥyā ibn ᶜAbdallāh:

Als die Gefangenen ankamen, befand sich Sauda, die Frau des Propheten, gerade bei der Familie des ᶜAfrā', wo man den Tod seiner beiden Söhne beweinte. Die Frauen mußten damals noch keinen Schleier tragen, und Sauda erzählte später:

„Ich war gerade bei ᶜAfrā's Familie, als der Ruf ertönte: ‚Man bringt die Gefangenen!' Sogleich ging ich nach Hause zum Propheten. Plötzlich erblickte ich in einer Ecke des Zimmers den Abū Yazīd, die Hände mit einem Strick an seinen Hals gefesselt. Als ich ihn so sah, konnte ich nicht an mich halten und rief: ‚Ihr habt euch ergeben, anstatt wie edle Männer zu sterben.' Da schreckte mich die Stimme des Propheten auf, der rief: ‚Hetzt du gegen Gott und Seinen Propheten?' ‚O Gesandter Gottes', erwiderte ich, ‚bei Dem, Der dich mit der Wahrheit gesandt hat, ich konnte mich einfach nicht beherrschen, als ich ihn in seinem Zustand sah.'"

Dann verteilte der Prophet die Gefangenen an seine Gefährten und trug ihnen auf, sie gut zu behandeln.

Unter den Gefangenen befand sich auch Abu l-ᶜĀṣ, der Schwiegersohn des Propheten und Gatte seiner Tochter Zainab. Aufgrund seines Reichtums, seiner Redlichkeit und seines Handels war er einer der geachtetsten Männer in Mekka. Mütterlicherseits war er ein Neffe der Khadīdja, die ihn wie ihren eigenen Sohn behandelt hatte. Als sie eines Tages den Propheten, noch bevor er seine Offenbarungen empfing, bat, für ihren Neffen eine Frau zu suchen, gab er ihm seine eigene Tochter Zainab in die Ehe. Nachdem Gott dann Muḥammad mit dem Prophetentum ausgezeichnet hatte, glaubten Khadīdja und seine Töchter an ihn, bezeugten die Wahrheit seiner Offenbarung und bekannten sich zu seiner Religion. Abu l-ᶜĀṣ aber verharrte in seiner Vielgötterei. Nun hatte der Prophet auch seine Tochter Ruqayya verheiratet, und zwar mit ᶜUtba, dem Sohn des Abū Lahab. Als er dann öffentlich Gottes Auftrag verkündete und sich offen gegen die Quraish wandte, sprachen diese untereinander:

„Wir haben Muḥammad von der Fürsorge für seine Töchter befreit. Geben wir sie ihm doch zurück! Er soll sich selbst um sie kümmern!"

Sie gingen zuerst zu Abu l-ᶜĀṣ und sagten: „Trenne dich von deiner Frau! Wir verheiraten dich dafür mit jeder anderen Quraishitin, die du möchtest."

„Niemals werde ich dies tun, und ich will an ihrer Stelle auch keine andere Frau von den Quraish", entgegnete er ihnen, und der Prophet – so habe ich gehört – war voll des Lobes für diese Haltung seines Schwiegersohnes.

Dann kamen die Quraish auch zu ᶜUtba und machten ihm den gleichen Vorschlag. Er willigte ein und erhielt dafür die Tochter des Saᶜīd ibn ᶜĀṣ. Die Tochter des Propheten, Ruqayya, aber verstieß er, noch bevor er ihr beigewohnt hatte. So befreite Gott sie aus seiner Hand, ihr zur Ehre und ihm zur Schande, und ᶜUthmān ibn ᶜAffān heiratete sie.

Der Prophet war damals in seiner Entscheidungsfreiheit zu sehr eingeengt, um etwas erlauben oder verbieten zu können. Obwohl der Islam seine Tochter Zainab von ihrem Gatten Abu l-ᶜĀṣ schied, konnte der Prophet die beiden bis zur Hidjra nicht voneinander trennen, und Zainab blieb bei Abu l-ᶜĀṣ, sie eine Muslimin, er ein Heide. Als die Quraish dann nach Badr zogen, kam auch Abu l-ᶜĀṣ mit ihnen und geriet in Gefangenschaft zum Propheten nach Medina.

Schließlich schickten die Mekkaner die Auslösesumme für die Gefangenen, und auch Zainab ließ den entsprechenden Betrag zur Auslösung von Abu l-ᶜĀṣ nach Medina bringen, darunter eine Halskette, die ihr einst Khadīdja zur Hochzeit geschenkt hatte. Als der Prophet die Kette erblickte, ergriff ihn großes Mitleid mit seiner Tochter. Er bat seine Gefährten, ihr sowohl ihren Mann als auch das Geld zurückzuschicken, und sie erfüllten ihm seine Bitte.

Die Gesamtzahl der Muslime, die an der Schlacht von Badr teilnahmen, betrug 314; davon waren mekkanische Auswanderer 83 und medinensische Helfer 231, 61 vom Stamme Aus und 170 vom Stamme Khazradj. Von den Auswanderern fielen sechs, von den Helfern acht. Die Quraish dagegen verloren 50 Mann, und 43 wurden gefangengenommen.

ما قِيلَ مِنَ الشِعْرِ في يَوْمِ بَدْر

## 43. GEDICHTE ÜBER DIE SCHLACHT VON BADR

Zur Dichtung, die von beiden Seiten über die Schlacht von Badr verfaßt wurde, gehören die folgenden Verse des Ka<sup>c</sup>b ibn Mālik, eines Bruders des Stammes Salama:

*Gottes Wille ist voll Wunder! Er in seiner Macht kann*
*handeln, wie er will, und niemand wird ihn je bezwingen!*
*Er entschied am Tag von Badr, daß wir jene üblen*
*Männer trafen, die im eignen Übel sich verfingen.*
*Sammeln und zum Kampfe rufen taten sie die Nachbar-*
*stämme, eine große Schar zum Kriege dingen,*
*um nur gegen uns allein zu ziehen und die Stämme*
*Ka<sup>c</sup>b und <sup>c</sup>Āmir, alle gegen uns zu bringen.*
*Der Prophet in unsrer Mitte war umringt vom Stamme*
*Aus wie eine Festung: Niemand konnte in sie dringen.*
*Und der Stamm Nadjjār, er stürmte vor mit seinem Banner,*
*leicht gerüstet ließ er von des Staubes Wolken sich umringen.*
*Als wir stießen auf den Feind und jeder standhaft suchte,*
*für die Freunde seine Todesängste mutig zu bezwingen,*
*da bezeugten wir, daß außer Gott kein andrer Herr ist,*
*und nur Sein Gesandter konnte uns die Wahrheit bringen.*
*Und wir zückten unsre Schwerter, hell im Lichte funkelnd,*
*wie wenn grelle Feuerbrände flackernd daran hingen.*
*Auseinander schlugen wir die Feindesschar mit ihnen,*
*daß die Frevler ihrem Todesschicksal nicht entgingen.*
*Abū Djahl stürzte nieder auf sein Antlitz; auch den*
*<sup>c</sup>Utba ließen dort im Staube liegen unsre Klingen.*
*At-Tamīmī und auch Shaiba blieben auf dem Schlachtfeld;*
*keiner konnte sie zum Glauben an den Herrn des Thrones zwingen.*
*Ja, zum Brennholz wurden sie fürs Feuer in der Hölle,*
*dort, wohin von jeher immer alle Heiden gingen.*
*Während nun der Heizer schürt die Glut mit Stein und Eisen,*
*werden glühend heiße Höllenflammen sie verschlingen.*

*Der Gesandte Gottes hatte sie gerufen, doch sie*
*hörten nicht und suchten in den Ruch des Magiers ihn zu bringen.*
*Gottes Wille war es, sie zu töten. Gegen seinen*
*Willen sich zu sträuben: Keinem kann es je gelingen.*

Ḥassān ibn Thābit dichtete über die Schlacht von Badr die folgenden Verse:

*Quraish hat am Tage von Badr erfahren,*
*am Tag, als sie fielen und mancher in Haft dort geriet,*
*daß wir, als die Lanzen, die hohen, sich stritten,*
*im Kriege gewannen am Tage des Abū Walīd.*
*Die Söhne Rabīʿas erlagen dem Kampfe*
*im zweifachen Panzer aus Eisen vom Schmied.*
*Ḥakīm ist geflohen aus Angst vor dem Stamme*
*Nadjjār, der wie die Löwen so mutig vorwärtszieht.*
*Und Fihr wurde von allen verlassen,*
*während Klein Ḥārith weit in der Ferne voran ihnen flieht.*
*Schande hat euch getroffen, der Tod euch ereilt*
*dort an der Ader am Halse, wo er am schnellsten geschieht.*
*Davon seid ihr alle gelaufen, und keiner*
*von euch um die alte Kampfesehre sich müht.*

Auch die folgenden Verse stammen von Ḥassān ibn Thābit:

*Haben die Mekkaner auch wirklich erfahren,*
*wie wir sie schlugen, die Heiden, mit tödlichem Mut?*
*Wir töteten kämpfend die Herrn ihres Stammes,*
*ihr Heer zog zurück, zerschlagen und bar jeder Hut.*
*Wir töteten ʿUtba und dann Abū Djahl;*
*auch Shaiba, die Hände gestreckt, im Sande dort ruht.*
*Wir töteten Ṭuʿma und auch den Suwaid,*
*als sich im Kampfe erhob des Staubes schmutzige Flut.*
*Durch uns sind gar viele gefallen von edel-*
*stem Stammbaum im Volke, aus vornehmstem Blut.*
*Wir ließen sie liegen, den Schakalen zum Fraß,*
*um später zu brennen in höllischer Glut.*

Ṣafīya, die Tochter des Musāfir ibn abī ᶜAmr, beklagte mit den folgenden Versen den Tod eines Quraishiten:

*Weh mir! Meine Augen sind leer,*
*die Tränen alle verflossen,*
*wie aus zwei Kübeln der Sklave*
*das Wasser schnell hat vergossen.*
*Der Löwe im Dickicht mit seinen Krallen*
*und seinen Zähnen, den großen,*
*kraftvoll, gewaltig und feurig,*
*zum Schutz seiner Jungen entschlossen:*
*Er ist nicht gleich meiner Sehnsucht*
*nach ihm, der im Kampf unverdrossen*
*selbst fand nun den Tod, das Schwert in*
*der Hand, das aus Stahl war gegossen*
*und mit dem er andern die Wunden einst schlug,*
*woraus das Blut war schäumend geflossen.*

Qutaila, die Tochter des Ḥārith ibn ᶜAlqama, trauerte mit den folgenden Versen um ihren Bruder Naḍr, der bei Badr in Gefangenschaft geriet und auf dem Weg nach Medina bei Uthail von den Gefährten des Propheten ermordet wurde:

*O Reiter, der Weg nach Uthail ist nicht weit.*
*Schon am Morgen des fünften Tages kommst du dort an.*
*Viele Kamele eilten von mir schon mit Grüßen dorthin*
*zu einem Toten; grüß ihn auch du und erzähl ihm sodann*
*von meiner Trauer um ihn und vom Strom meiner Tränen,*
*den ich oft auch erstickte, noch bevor er vom Auge mir rann.*
*Sag mir: Kann Naḍr mich hören, wenn ich ihn rufe?*
*Versteht mich ein Toter, der nicht sprechen mehr kann?*
*O Muḥammad, edelster Sproß aus dem Stamm deiner Mutter,*
*die sich aus vornehmer Sippe erwählte den Mann,*
*hätte es dir denn geschadet, ihm gnädig das Leben zu lassen,*
*wie manch anderer Krieger sich trotz seines Zornes der Gnade besann?*
*Auch hättest für ihn du ein Lösegeld annehmen können,*
*so hoch wie noch niemals ein Sieger eines gewann.*
*Naḍr war dir von allen am engsten verwandt und ver-*

*diente am meisten, daß die Freiheit du botest ihm an.*
*Doch gewaltsam schleppte man ihn dem Tode entgegen,*
*einen erschöpften, in Ketten gefangenen Mann.*
*Und die Schwerter der eigenen Brüder schlugen ihn nieder.*
*Ach! Wie viele Bande des Blutes zerbrachen daran.*

غَزْوَةُ أُحُد

## 44. DIE SCHLACHT VON UḤUD

DIE folgende Darstellung der Schlacht von Uḥud habe ich aus den Berichten des Zuhrī, Muḥammad ibn Yaḥyā, ᶜĀṣim, Ḥusain ibn ᶜAbdarraḥmān und anderen zusammengestellt:

Nach der Niederlage der heidnischen Quraish bei Badr, der Rückkehr des geschlagenen Heeres nach Mekka und der Ankunft Abū Sufyāns mit seiner Karawane gingen ᶜAbdallāh, der Sohn des Abū Rabīᶜa, ᶜIkrima, der Sohn des Abū Djahl, und Ṣafwān, der Sohn des Umayya, zusammen mit anderen Quraish, die bei Badr ihre Väter, Söhne und Brüder verloren hatten, zu Abū Sufyān und den anderen Männern, die in dessen Karawane Waren hatten, und sprachen zu ihnen:

„Männer von Quraish! Muḥammad hat euch großen Schaden zugefügt und eure Besten getötet. Helft uns deshalb mit dem Erlös aus euren Waren, damit wir gegen ihn Krieg führen und vielleicht unsere Toten rächen können."

Sie waren damit einverstanden. Gott aber offenbarte über sie – so hat man mir erzählt – den folgenden Koranvers:

*Diejenigen, die ungläubig sind, geben ihr Vermögen aus, um ihre Mitmenschen vom Wege Gottes abzuhalten. Sie werden es ausgeben. Dann wird es ein schmerzliches Bedauern für sie geben, und sie werden bestraft werden. Und diejenigen, die ungläubig sind, werden alle zur Hölle gehen* (Sure 8, 36).

Nachdem sich Abū Sufyān und die anderen Teilhaber der Karawane zur Aufwendung ihres Geldes bereit erklärt hatten, sammelten sich die Quraish mit ihren Aḥābīsh, den ihnen botmäßigen kinānitischen Stämmen und den Bewohnern des Tieflandes zum Krieg. Djubair ibn Muṭᶜim sprach zu seinem abessinischen

Sklaven Waḥshī, der, wie alle Abessinier, mit seiner Lanze nur selten das Ziel verfehlte:

„Ziehe auch du mit den Männern! Wenn du meinen Onkel Ṭu$^{c}$aima rächst, indem du Ḥamza, den Oheim Muḥammads, tötest, lasse ich dich frei!"

Die Quraish zogen mit allen verfügbaren Männern, den Gefolgsleuten vom Stamme Kināna und den Bewohnern des Tieflandes los. Sogar die Frauen begleiteten sie in ihren Kamelsänften, um ihre Kampfeswut zu schüren und sie von der Flucht zurückzuhalten. So wurde Abū Sufyān, der das Heer anführte, von Hind, der Tochter des $^{c}$Utba, begleitet, und immer wenn sie während des Zuges den Sklaven Waḥshī sah, rief sie ihm zu:

„Auf, Abū Dasma, Vater der Schwärze! Befriedige deinen Rachedurst!"

Schließlich langten sie bei $^{c}$Ainān, einer Anhöhe im Salzsumpf am Rande des Wādī Qanāt gegenüber von Medina, an. Sobald der Prophet davon gehört hatte, wandte er sich mit folgenden Worten an die Muslime in Medina:

„Ich hatte einen guten Traum. Ich habe zwei Kühe und an der Spitze meines Schwertes eine Scharte gesehen. Meine Hand, so träumte ich, steckte ich in einen starken Panzer, und ich glaube, dieser Panzer soll Medina bedeuten. Ich meine deshalb, wir sollten in Medina bleiben und die Quraish lassen, wo sie sind. Bleiben sie dort, befinden sie sich in einer schlechten Ausgangslage. Dringen sie aber in die Stadt ein, werden wir hier gegen sie kämpfen."

$^{c}$Abdallāh, der Sohn des Ubayy, stimmte dem Vorschlag des Propheten zu, die Stadt nicht zu verlassen. Andere Muslime aber, die später bei Uḥud für den Glauben starben und zuvor bei Badr nicht dabeigewesen waren, bestürmten den Propheten:

„O Gesandter Gottes, führe uns hinaus gegen den Feind! Er wird sonst glauben, wir seien zu feige und zu schwach, um gegen ihn zu kämpfen."

„O Gesandter Gottes", versuchte $^{c}$Abdallāh ibn Ubayy den Propheten zurückzuhalten, „bleibe in Medina und ziehe nicht hinaus gegen sie! Bei Gott, noch nie haben wir die Stadt verlassen, um einen Feind zu bekämpfen, ohne daß wir schwere Verluste erlitten; und noch nie ist jemand in die Stadt eingedrungen, ohne daß wir ihm Verluste zufügten. So lasse sie, wo sie sind. Wenn sie dort bleiben, sind sie in einer sehr schlechten Lage. Kommen sie in die Stadt, werden unsere Männer ihnen kämpfend entgegentreten, während die Frauen und die Kinder von den Häusern Steine auf sie herabwerfen. Und wenn sie sich zurückziehen, werden sie es mit der gleichen Enttäuschung tun, mit der sie gekommen sind."

Diejenigen, die dem Feind entgegenziehen wollten, drangen so lange in den Propheten, bis er in sein Haus trat und seinen Panzer anlegte. Es war ein Freitag zur Zeit nach dem Gebet. Ein Helfer vom Stamme Nadjjār war gestorben, und der Prophet hatte das Totengebet über ihn gesprochen. Als er nun aufbrach, hatten die Männer es aber schon wieder bereut, daß sie ihn gegen seinen Willen dazu überredet hatten, und sprachen:

„O Gesandter Gottes! Wir haben dich dazu überredet, obwohl du es nicht wolltest und wir kein Recht dazu hatten. So bleibe hier, wenn du möchtest!"

„Es ziemt sich nicht für einen Propheten", erwiderte er, „wenn er seine Rüstung einmal angelegt hat, diese wieder auszuziehen, noch bevor er gekämpft hat."

Mit tausend Gefährten machte er sich auf den Weg. Bei Shauṭ, zwischen Medina und Uḥud, trennte sich ᶜAbdallāh ibn Ubayy vom Propheten und kehrte mit einem Drittel der Männer wieder um, wobei er sprach:

„Er hat sich ihnen gebeugt und nicht auf mich gehört. Ich weiß nicht, warum wir uns hier umbringen lassen sollen."

Als er mit den Heuchlern und Zweiflern, die ihm folgten, zurückzog, ritt ᶜAbdallāh ibn ᶜAmr hinter ihnen her und rief:

„Ihr Männer, ich beschwöre euch bei Gott, laßt euer Volk und euren Propheten nicht im Stich, jetzt, da der Feind nahe ist."

„Wüßten wir", gaben sie zurück, „daß ihr wirklich kämpfen werdet, würden wir euch nicht verlassen. Wir glauben aber nicht, daß es überhaupt zu einem Kampf kommen wird."

Sie blieben bei ihrer ablehnenden Haltung und zogen weiter zurück. Da verfluchte sie ᶜAbdallāh ibn ᶜAmr: „Ihr Feinde Gottes, macht, daß ihr verschwindet. Gott wird dafür sorgen, daß der Prophet auch ohne euch auskommt."

Der Prophet rückte vor, bis er die Schlucht von Uḥud an der dem Berg zugewandten Seite erreichte. Er richtete Kamele und Kämpfer nach Uḥud aus und erteilte die Weisung, daß keiner kämpfen solle, bevor er es befehle. Die Quraish hatten ihre Kamele und Pferde zur Weide auf die den Muslimen gehörenden Felder von Ṣamgha im Wādī Qanāt geschickt, und einer der Helfer rief, als der Prophet zunächst zu kämpfen verbot:

„Sollen wir ihr Vieh die Felder der Banū Qaila abweiden lassen, ohne daß wir zuschlagen?"

Der Prophet bereitete sich mit seinen siebenhundert Männern zum Kampfe vor. Die Bogenschützen, fünfzig an der Zahl, unterstellte er dem ᶜAbdallāh ibn Djubair, der an jenem Tage durch seine weißen Gewänder besonders auffiel, und befahl ihm:

„Halte uns die Reiterei der Quraish mit den Pfeilen deiner Bogenschützen vom Leibe, so daß sie uns nicht in den Rücken fallen, ob die Schlacht nun zu unseren Gunsten verläuft oder nicht. Halte in jedem Fall deine Stellung, damit sie uns nicht aus deiner Richtung angreifen können!"

Dann legte der Prophet einen zweiten Panzer an und übergab das Banner an Muṣᶜab, den Sohn des ᶜUmair, einen Bruder des Stammes ᶜAbdaddār.

Auch die Quraish trafen ihre Vorbereitungen zum Kampf. Sie waren dreitausend Mann und hatten zweihundert Pferde, die sie auf dem Zug neben ihren Kamelen hergeführt hatten. Der rechte Flügel ihrer Reiterei unterstand dem Khālid ibn Walīd und der linke dem Sohn des Abū Djahl, ᶜIkrima.

Der Prophet ergriff sein Schwert und rief: „Wer kann dieses Schwert so gebrauchen, wie es ihm gebührt?"

Einige Männer boten sich ihm an, doch er enthielt es ihnen. Schließlich trat Abū Dudjāna, ein Bruder des Stammes Sāᶜida, auf ihn zu und fragte ihn:

„Was gebührt denn deinem Schwert, o Gesandter Gottes?"

„Es gebührt ihm, daß du mit ihm so lange auf den Feind einschlägst, bis es sich verbiegt", antwortete ihm der Prophet, und Abū Dudjāna sprach:

„Genauso werde ich es gebrauchen, o Gesandter Gottes."

Da gab ihm der Prophet das Schwert. Abū Dudjāna war ein tapferer Mann und sich seiner Kampfeskraft wohl bewußt. Immer wenn er seinen roten Turban anlegte, wußten die andern, daß er kämpfen werde. Auch damals, nachdem er das Schwert aus der Hand des Propheten entgegengenommen hatte, holte er jenen Turban hervor, band ihn sich um den Kopf und stolzierte zwischen den Linien auf und ab.

ʿĀṣim ibn ʿUmar berichtete mir weiter folgendes:

Abū ʿĀmir hatte sich mit fünfzig – andere behaupten, nur mit fünfzehn – jungen Männern des Stammes Aus einige Zeit zuvor vom Propheten getrennt und war nach Mekka gegangen. Dort hatte er den Quraish versprochen, daß im Falle eines Krieges keine zwei Männer gegen ihn kämpfen würden. Nun, als die Quraish und die Muslime aufeinandertrafen, stieß Abū ʿĀmir mit den Aḥābīsh und den Sklaven der Mekkaner als erster auf die Muslime und rief: „Männer vom Stamme Aus! Ich bin Abū ʿĀmir!"

„Blind sollst du werden, du gottloser Frevler!" schrien sie zurück, und er sprach: „Schlimmes hat meinen Stamm befallen, seit ich ihn verlassen habe."

Dann kämpfte er verbissen und schleuderte Steine nach ihnen. Abū Sufyān, der Führer der Quraish, hatte die Bannerträger der Banū ʿAbdaddār mit folgenden Worten zum Kampf angespornt:

„O Söhne des ʿAbdaddār, ihr habt am Tag von Badr unsere Fahne getragen. Was geschah, habt ihr gesehen. Die Männer erleiden immer das Schicksal ihrer Fahne. Geht sie verloren, sind sie es auch. Entweder ihr schützt also unsere Fahne, oder ihr übergebt sie uns, damit wir sie für euch schützen."

Sie waren über diese Worte sehr bekümmert, drohten ihm und sprachen: „Wir sollen dir unsere Fahne übergeben?! Wenn wir morgen auf den Feind treffen, wirst du erleben, was wir tun."

Dies aber war es, was Abū Sufyān wollte.

Als sie aufeinandertrafen und gegeneinander vorrückten, schlugen die Frauen der Quraish hinter ihren Männern die Tamburine und spornten sie an. Hind, die Tochter des ʿUtba, rief:

*Auf, ihr Banū ʿAbdaddār!*
*Auf zum Schutz der Enkelschar!*
*Scharfe Hiebe reichet dar!*

Und auch mit folgenden Versen feuerte sie die Männer an:

*Kissen werden aus wir breiten*
*denen, die jetzt vorwärts schreiten.*
*Die, die aber rückwärts reiten,*
*meiden wir für alle Zeiten.*

Die Männer kämpften, bis ein heißes Gefecht entbrannte. Abū Dudjāna drang tief in die Schar der Feinde ein und tötete jeden, auf den er stieß. Auch unter den Ungläubigen war ein Mann, der es nicht bei Verwundungen bewenden ließ, sondern jeden ganz erledigte. Die beiden kämpften sich aufeinander zu, bis sie sich trafen und zwei Schläge tauschten. Der Ungläubige hieb auf Abū Dudjāna ein, doch dieser parierte mit dem Schild, und das Schwert des Gegners blieb darin stecken. Da schlug Abū Dudjāna zu und traf ihn tödlich. Dann – so erzählte ein Augenzeuge – sah ich, wie er das Schwert über den Scheitel der Hind hob, es jedoch wieder von ihr wandte.

Abū Dudjāna erzählte später selbst:

„Ich erblickte eine Person, die die Feinde aufs heftigste zum Kampf anspornte, und wandte mich ihr zu. Als ich jedoch das Schwert gegen sie erhob, brach sie in Wehklagen aus, und ich merkte, daß es eine Frau war. Ich hatte zu große Ehrfurcht vor dem Schwert des Propheten, als daß ich damit auf eine Frau hätte schlagen können.

Ḥamza, der Onkel des Propheten, kämpfte, bis er Arṭāt ibn [c]Abdshurahbīl, einen der Fahnenträger der Quraish, getötet hatte. Dann lief ihm Sibā[c] ibn [c]Abdal[c]uzzā über den Weg, und Ḥamza rief ihm zu:

„Her zu mir, du Sohn der Mädchenbeschneiderin[21]!“

Sie stießen aufeinander; Ḥamza hieb auf ihn ein und tötete ihn.

Waḥshī, der abessinische Sklave des Quraishiten Djubair, erzählte später:

„Ich sah, wie Ḥamza mit seinem Schwerte die Kämpfer niederstreckte, ohne auch nur einen auszulassen, alle wie ein dunkelfarbiges Kamel überragend. Noch bevor ich ihn erreichte, trat Sibā[c] ihm entgegen, doch Ḥamza rief ihm zu: ‚Nur her zu mir, du Sohn der Mädchenbeschneiderin!' und versetzte ihm einen tödlichen Hieb, so schnell, daß man glauben konnte, er hätte seinen Kopf gar nicht berührt. Dann schwang ich meine Lanze, zielte genau und warf sie auf Ḥamza. Sie traf ihn in den Unterleib und trat ihm zwischen den Beinen wieder hervor. Er versuchte noch, auf mich zuzulaufen, brach jedoch zusammen. Ich ließ mir Zeit, bis er gestorben war; dann trat ich zu ihm hin, nahm meine Lanze wieder an mich und begab mich zurück zu unserem Lager, da mich außer ihm kein anderer unter den Gegnern interessierte."

Danach sandte Gott den Muslimen Seine Hilfe und erfüllte Sein Versprechen. Sie hieben die Feinde nieder, bis diese von ihrem Lager abgeschnitten waren und sich eine sichere Niederlage für sie anbahnte.

Yaḥyā ibn ᶜAbbād ibn ᶜAbdallāh ibn Zubair erzählte mir folgende Schilderung, die auf seinen Urgroßvater zurückgeht:

Ich sah, wie die Dienerschaft und die Begleiterinnen der Hind ihre Gewänder schürzten und flohen. Nichts hinderte uns mehr daran, sie zu ergreifen, als sich unsere Bogenschützen plötzlich dem feindlichen Lager zuwandten, von dem wir den Gegner getrennt hatten. Dadurch entblößten sie unsere rückwärtige Deckung, und die feindliche Reiterei fiel von hinten über uns her. Einer rief: „Muḥammad ist tot!"
Sogleich zogen wir uns zurück, und der Feind kehrte wieder um, nachdem wir seine Fahnenträger bereits getötet hatten, so daß keiner sich mehr dem Banner nähern konnte.

Ein Überlieferer berichtete mir:

Die Fahne lag am Boden, bis ᶜAmra, die Tochter des ᶜAlqama, sie für die Quraish wieder aufhob und diese sich um sie scharten. Der letzte, der sie davor gehalten hatte, war Ṣu'āb, ein abessinischer Sklave. Er kämpfte, bis ihm die Hände abgeschlagen wurden. Er beugte sich über der Fahne nieder und hielt sie zwischen Brust und Hals, bis er, Gott um Vergebung bittend, getötet wurde.

Nachdem die Muslime von ihrer Deckung entblößt waren, fügte ihnen der Feind große Verluste zu. Es war ein Tag der

Heimsuchung und Prüfung, an dem Gott viele Muslime mit dem Märtyrertod ehrte. Schließlich drangen die Feinde bis in die Nähe des Propheten vor. Er wurde von einem Stein getroffen und fiel auf die Seite. Dabei verlor er einen seiner Schneidezähne und wurde im Gesicht und an der Lippe verletzt.

Ḥumaid, genannt der Lange, erzählte mir von Anas ibn Mālik folgendes:

In der Schlacht von Uḥud verlor der Prophet einen Schneidezahn und wurde im Gesicht verwundet. Als ihm das Blut über das Antlitz rann und er es abwischte, sprach er:

„Wie kann ein Volk gedeihen, das seinem Propheten das Gesicht mit Blut färbt, während er es zum Glauben an seinen Herrn aufruft!"

Und Gott offenbarte darüber den Koranvers:

*Es ist nicht deine Sache, ob Er ihnen vergibt oder sie bestraft. Es sind Frevler* (Sure 3, 128).

Ḥusain ibn ᶜAbdarraḥmān erzählte mir von Maḥmūd ibn ᶜAmr:

Als die Feinde den Propheten zu überwältigen suchten, rief dieser aus: „Wer opfert sich für uns?"

Ziyād ibn Sakan machte sich mit fünf anderen Helfern auf und kämpfte für den Propheten, bis einer nach dem anderen fiel und schließlich nur noch Ziyād übrig war. Er kämpfte allein weiter, bis es ihm seine Wunden verboten. Da kehrte eine Gruppe Muslime zurück und vertrieb die Gegner. Der Prophet ließ ihn zu sich bringen und sein Haupt auf sein Bein legen. In dieser Haltung starb er.

Der erste, der nach der Niederlage und dem Gerücht, der Prophet sei gefallen, diesen erkannte, war Kaᶜb ibn Mālik.

„Ich erkannte ihn", so erzählte er später, „an seinen Augen, die unter dem Helm hervorleuchteten. Ich rief so laut ich konnte: ‚O ihr Muslime, seid frohen Mutes! Dies ist der Gesandte Gottes!' Der Prophet indes gab mir ein Zeichen, still zu sein."

Nachdem die Muslime alle den Propheten erkannt hatten, trugen sie ihn hinauf zur Schlucht. Bei ihm waren Abū Bakr, ᶜUmar, ᶜAlī, Ṭalḥa, Zubair und einige andere Muslime. Am Eingang der

Schlucht entfernte sich ͨAlī, füllte am Brunnen sein Schild mit Wasser und brachte es dem Propheten zu trinken. Dieser fand es jedoch zu übelriechend, so daß er nicht davon trank und sich nur das Blut vom Gesicht wusch. Er goß sich das Wasser über den Kopf und sprach dabei:

„Gewaltig ist Gottes Zorn gegen den, der das Gesicht des Propheten bluten ließ!"

Während der Prophet mit seinen Gefährten in der Schlucht war, kam plötzlich eine Gruppe Quraishiten den Berg herauf, und der Prophet warnte:

„O Gott! Sie dürfen nicht höher kommen als wir!"

Sogleich stellte sich ͨUmar mit einigen anderen Auswanderern den Quraish kämpfend entgegen und trieb sie wieder den Berg hinab. Der Prophet selbst versuchte, am Berg auf einen Felsen zu steigen, doch hatte ihn sein Alter korpulent werden lassen, so daß er mit seinen beiden Panzern nicht hinaufkam. Da kauerte sich Ṭalḥa nieder und hob den Propheten hoch, bis er bequem oben saß.

„Ṭalḥa hat sich damit das Paradies verdient", sprach darauf der Prophet.

ͨĀṣim ibn ͨUmar erzählte mir von Maḥmūd ibn Labīd folgendes:

Als der Prophet nach Uḥud zog, suchten inzwischen Ḥusail ibn Djābir und Thābit ibn Waqsh mit den Frauen und Kindern Schutz in den Verteidigungsburgen von Medina. Dort unterhielten sich die beiden Männer, und der eine sagte zum anderen:

„Was soll das? Worauf warten wir? Keiner von uns hat noch länger zu leben als ein Esel trinkt. Wir werden ohnehin heute oder morgen sterben. Warum nehmen wir nicht gleich unsere Schwerter und folgen dem Propheten? Vielleicht wird Gott uns den Märtyrertod an seiner Seite schenken."

Sie ergriffen ihre Schwerter, machten sich auf den Weg und mischten sich, ohne daß man sie erkannte, unter die Kämpfer. Den Thābit erschlugen die Heiden, während Ḥusail den Schwertern der Muslime zum Opfer fiel, die ihn nicht als einen der ihren erkannt hatten. Da rief sein Sohn Ḥudhaifa:

„Das ist mein Vater!"

„Bei Gott, wir wußten es nicht", erwiderten sie wahrheitsgemäß, und Ḥudhaifa sprach: „Gott möge euch vergeben, denn Er ist der Allbarmherzige."

Der Prophet wollte dem Ḥudhaifa die Blutschuld für seinen Vater bezahlen, doch Ḥudhaifa spendete sie als Almosen für die Muslime, was ihn in des Propheten Gunst noch steigen ließ.

Ṣāliḥ ibn Kaisān überlieferte mir folgendes:

Hind, die Tochter des bei Badr gefallenen ᶜUtba, und die sie begleitenden Frauen verstümmelten die Leichen der gefallenen Prophetengefährten und schnitten ihnen Ohren und Nasen ab. Hind machte Fußreifen und Armbänder daraus und schenkte sie Waḥshī, dem Sklaven des Djubair. Ḥamza, dem Oheim des Propheten, den Waḥshī getötet hatte, schnitt sie die Leber heraus, kaute sie, konnte sie aber nicht hinunterschlingen, und warf sie weg. Dann stieg sie auf einen hohen Felsen und schrie, so laut sie konnte:

*Wir haben euch zurückgezahlt die Badr-Schlacht,*
*denn jeder zweite Krieg noch größre Glut entfacht.*
*ᶜUtbas Tod ließ mich nicht ruhen eine Nacht;*
*auch Sohn und Bruder hattet ihr mir umgebracht.*
*Den Durst hab' ich gestillt und wahr den Schwur gemacht.*
*Du, Waḥshī, hast mit Kühlung mir mein Herz bedacht.*
*Dir gebührt mein Dank, solang in mir ein Leben wacht,*
*bis meine Knochen faulen in des Grabes Schacht.*

Auch die folgenden Verse sprach Hind:

*In Uḥud hab' ich die Rache an Ḥamza gefunden,*
*hab' ihm die Leber aus seinem Körper gewunden.*
*Dies hat mich von heftiger Trauer entbunden,*
*die mir gar schmerzlich und lange das Herz hat geschunden.*
*Wie Löwen oder wie eisiger Regen in Winterstunden*
*kommt der Krieg über euch mit Tod und mit Wunden.*

Bevor Abū Sufyān mit den Quraish das Schlachtfeld verließ, stieg er auf den Berg und rief mit lauter Stimme:

„Ihr habt vorzüglich gekämpft! Im Krieg wird eine Schlacht durch die nächste vergolten. Zeige deine Überlegenheit, Hubal!"

Der Prophet ließ ᶜUmar darauf mit den Worten enwidern:

„Gott ist erhabener und mächtiger als der Götze Hubal. Wir sind nicht gleich. Unsere Toten sind im Paradies, die euren in der Hölle!" Auf diese Antwort hin bat Abū Sufyān den ᶜUmar, zu ihm herüberzukommen. Der Prophet riet ᶜUmar, zu ihm zu gehen. Bei ihm angekommen, fragte ihn Abū Sufyān:

„Haben wir Muḥammad getötet?"

„Bei Gott, nein! Er kann sogar hören, was du gerade sagst", entgegnete ihm ᶜUmar, und Abū Sufyān fuhr fort:

„Ich glaube dir mehr als Ibn Qami'a."

Ibn Qami'a hatte gegenüber den Quraish behauptet, er habe Muḥammad getötet. Dann rief Abū Sufyān zu den Muslimen hinüber:

„Es gab Verstümmelungen an euren Gefallenen. Wahrlich, mir ist das weder recht noch unrecht, und ich habe es weder verboten noch befohlen."

Und als er mit seinen Leuten abzog, rief er den Muslimen noch zu: „Nächstes Jahr treffen wir uns wieder bei Badr!"

Der Prophet ließ durch einen seiner Gefährten seine Zustimmung dazu bekunden. Dann schickte er ᶜAlī hinter den Mekkanern her und trug ihm auf:

„Folge ihnen und achte darauf, was sie tun und was sie vorhaben! Wenn sie auf ihren Kamelen reiten und die Pferde seitlich mitführen, wollen sie nach Mekka zurückkehren. Reiten sie aber auf den Pferden und führen die Kamele, wollen sie nach Medina. Bei Dem, in Dessen Hand meine Seele liegt, wenn sie letzteres beabsichtigen, werde ich gegen sie ziehen und mit ihnen kämpfen!"

Als ᶜAlī zurückkehrte, berichtete er, daß sie die Pferde führten und auf den Kamelen ritten und in Richtung Mekka zögen. Der Prophet – so wurde mir überliefert – machte sich danach auf die Suche nach Ḥamza und fand ihn am Grunde des Wadis, die Leber aus dem Körper gerissen, verstümmelt und ohne Nase und Ohren. Als er dies sah, sprach er:

„Wäre es nicht wegen der Trauer seiner Schwester Ṣafīya und weil es nach meinem Tode Sitte werden könnte, ich würde ihn so liegen lassen als Nahrung für die wilden Tiere und die Vögel. Wahrlich, wenn Gott mir eines Tages den Sieg über die Quraish schenkt, werde ich dreißig Männer von ihnen verstümmeln!"

Und die Muslime schworen, als sie die Trauer und den Zorn des Propheten auf die Mörder seines Oheims bemerkten:

„Bei Gott, wenn Gott uns eines Tages über sie siegen läßt, werden wir sie verstümmeln, wie noch nie ein Araber jemanden verstümmelt hat."

Buraida ibn Sufyān berichtete mir von Muḥammad ibn Ka[c]b folgendes; das gleiche erfuhr ich von einem anderen vertrauenswürdigen Überlieferer, der sich auf die Aussagen des Ibn [c]Abbās stützte:

Über die Drohungen des Propheten und seiner Gefährten sandte Gott den Koranvers herab:

*Wenn ihr straft, so straft, wie man euch gestraft hat! Wenn ihr aber geduldig seid, ist es besser für euch. Sei geduldig! Durch Gott wirst du geduldig sein. Sei nicht traurig über sie und laß dich durch die Ränke, die sie schmieden, nicht bedrücken!* (Sure 16, 126)

Da verzieh ihnen der Prophet, war geduldig und verbot das Verstümmeln.

Sodann wollten die Leute ihre Gefallenen nach Medina bringen, um sie dort zu bestatten, doch der Prophet verwehrte es ihnen und befahl, sie dort zu begraben, wo sie gefallen waren.

Zuhrī berichtete mir von [c]Udhrī, einem Bundesgenossen der Sippe Zuhra:

Als der Prophet über die Gefallenen von Uḥud blickte, sprach er: „Ich bezeuge für sie, daß jeder, der um Gottes willen verwundet wurde, am Tag der Auferstehung auferweckt wird mit rot blutenden und nach Moschus duftenden Wunden. Seht, wer von ihnen am meisten aus dem Koran beherrschte, und legt ihn im Grab jeweils vor die anderen."

Sie bestatteten jeweils zwei und drei Männer zusammen.

Die Schlacht von Uḥud fand am Samstag in der Mitte des Monats Shawwāl (im Jahre 3) statt. Es war ein Tag der Heimsuchung, des Unglücks und der Prüfung, mit dem Gott die Gläubigen auf die Probe stellte und die Heuchler in Versuchung führte, die ihren Glauben nur mit der Zunge bekannten, ihren Unglauben aber im Herzen verbargen. Und es war ein Tag, an dem Gott diejenigen mit dem Märtyrertod auszeichnete, die er damit ehren wollte. Insgesamt wurden in der Schlacht von Uḥud fünfundsechzig Muslime getötet, sowohl Auswanderer wie Helfer. Von den Ungläubigen fielen zweiundzwanzig Männer.

ذِكْرُ ما قِيلَ مِنَ الشِعْرِ فِي يَوْمِ أُحُد

## 45. GEDICHTE ÜBER DIE SCHLACHT VON UḤUD

Zu den Gedichten, die über die Schlacht von Uḥud verfaßt wurden, gehören die folgenden Verse des Ka<sup>c</sup>b ibn Mālik, in denen er Ḥamza und andere bei Uḥud gefallene Muslime beweinte:

*Du weinst und möchtest doch nur weiterklagen*
*und die Erinnerung dir nicht versagen*
*an jene Männer, deren Kunde dich er-*
*reichte in diesen gar verdrehten Tagen;*
*die Erinn'rung läßt dein Herz erbeben,*
*aus Sehnsucht und aus Trauer ganz verzagen.*
*Indes, die Toten werden hochgeehrt in*
*sel'gen Gärten droben mit Gelagen*
*für das, was an des Wadis Ufer unter*
*dem Prophetenbanner sie ertragen*
*haben an dem Morgen, da die Aus und Khaz-*
*radj ihre Schwerter nahmen ohne Klagen.*
*Die Gefolgschaft des Gepriesnen war entschlossen,*
*für die klare Wahrheit jeden Kampf zu wagen,*
*und sie ließ nicht nach, umringt von Staubeswolken,*
*auf den kühnen Gegner einzuschlagen,*
*bis der König sie zu jenem Garten rief,*
*an dessen Eingang hoch die dichten Bäume ragen.*
*Alle starben und bestanden ihre Prüfung,*
*ohne ihrem Glauben zu entsagen:*
*so hat mit seinem scharfen Schwerte Ḥamza*

*in der Schlacht getreu die Last der Pflicht getragen;*
*es traf von Naufal ihn der große Sklave*
*– so wie dunkle Dromedare alle überragen –,*
*und er konnte ihm die flammengleiche*
*helle Lanze durch den Körper jagen.*
*Auch Nuᶜmān erfüllte sein Versprechen,*
*und auch Ḥanzala tat nie verzagen*
*an der Wahrheit, bis sein Geist zu einer*
*prächt'gen goldnen Wohnstatt ward getragen.*
*Eure Toten aber, ihr Quraish, sie wer-*
*den in der tiefsten Hölle brennend klagen.*

Der gleiche Dichter drückte seine Trauer über den Tod Ḥamzas auch mit folgenden Versen aus, in denen er Ṣafiya, Ḥamzas Schwester, anspricht:

*Auf, Ṣafiya, sei nicht schwach und laß die*
*Frauen ihre Klagen über Ḥamza mehren!*
*Laß nicht nach im Weinen über diesen*
*Löwen Gottes in den kampfgeprüften Heeren.*
*Er war die Stärke für unsre Waisen, der*
*wie der Leu es verstand, im Kampf sich zu wehren,*
*dem Prophet zu Gefallen und um den*
*mächtigen Herren des Thrones zu ehren.*

Auf der Gegenseite pries ᶜAmr ibn ᶜĀṣ den Sieg der Quraish bei Uḥud mit folgenden Worten:

*Gleich einem um den Berg gewundnen Gürtel ist das Heer,*
*aus unfruchtbarer Wüste kommend, gegen euch geritten.*
*Dort wünschte sich der Stamm Nadjjār in seiner Dummheit,*
*uns zu treffen; – manchmal gehen in Erfüllung solche Bitten!*
*Nichts schreckte sie in ihrem Übel, außer daß auf einmal aus der*
*Schlucht von uns die Reiterscharen eilends vorwärtsschritten.*
*Sie wollten unsre Zelte plündern, doch bevor sie sie*
*erreichten, brennend heiße Hiebe auf sie niederglitten;*
*und es blieben liegen dort vom Stamme Khazradj*
*Männerköpfe wie Melonenscheiben aufgeschnitten.*

*Ja, schon immer haben wir verteidigt unsre Zelte,*
*und schon manche haben unter unsrem Zorn gelitten.*

حَدِيثُ بِئْرِ مَعُونَةَ

## 46. DER KAMPF AM BRUNNEN VON MAᶜŪNA IM MONAT ṢAFAR DES JAHRES 4

DER Prophet blieb den Rest des Monats Shawwāl sowie die Monate Dhu l-Qaᶜda, Dhu l-Ḥidjja und Muḥarram in Medina. Vier Monate nach der Niederlage von Uḥud schickte er dann jene Gruppe von Gefährten auf den Weg, die am Brunnen von Maᶜūna niedergemetzelt wurden.

Über diese Vorgänge habe ich von meinem Vater Isḥāq, von ᶜAbdallāh ibn abī Bakr und von anderen Gelehrten die folgende Darstellung erhalten; mein Vater stützte sich dabei auf die Aussagen des Mughīra, des Sohnes des ᶜAbdarraḥmān:

Abu l-Barā', genannt der „Speerspieler", kam eines Tages zum Propheten nach Medina, der ihm den Islam erklärte und ihn einlud, sich dazu zu bekehren. Abu l-Barā' nahm den Islam zwar nicht an, war in seiner Einstellung jedoch nicht mehr weit davon entfernt und sprach:

„Muḥammad, wenn du einige deiner Gefährten zu den Bewohnern des Nadjd schickst und diese zur Bekehrung aufforderst, werden sie, so glaube ich, den Islam annehmen."

„Ich fürchte, sie werden meine Männer töten", entgegnete der Prophet, doch Abu l-Barā' fuhr fort:

„Ich garantiere für ihre Sicherheit. Schicke sie nur los und lasse sie bei den Bewohnern dort für deine Sache werben!"

Da sandte der Prophet den Mundhir ibn ᶜAmr, genannt „Der-schnell-den-Tod-sucht", einen Bruder des Stammes Sāᶜida, zusammen mit vierzig Gefährten aus der Reihe der besten Muslime. Sie zogen los, bis sie den Brunnen von Maᶜūna in der Gegend zwischen dem Gebiet des Stammes ᶜĀmir und der Lavawüste des Stammes Sulaim erreichten und haltmachten. Von dort schickten sie den Ḥarām ibn Milḥān mit einem Schreiben des Propheten zu ᶜĀmir ibn Ṭufail, dem „Feind Gottes". Dieser sah sich den Brief jedoch nicht einmal an, sondern stürzte sich sogleich auf Ḥarām und tötete ihn. Dann rief er die Banū ᶜĀmir gegen die Prophetengefährten zu Hilfe, doch weigerten sich diese mit dem Argument, sie wollten das Schutzversprechen, das ihnen Abu l-Barā' abgenommen hatte, nicht verletzen.

Darauf wandte er sich um Unterstützung an die ᶜUṣayya, Riᶜl und Dhakwān, Untergruppen des Stammes Sulaim, und diese kamen seinem Wunsch nach. Sie zogen zu den Muslimen und umringten sie an ihrem Lagerplatz. Als diese die Angreifer bemerkten, ergriffen sie ihre Schwerter und kämpften, bis sie alle den Tod gefunden hatten außer Kaᶜb ibn Zaid. Diesen ließen sie mit einem letzten Funken Leben im Körper liegen. Schwer verwundet fand man ihn dann später mitten unter den toten Muslimen. Er lebte noch bis zur Grabenschlacht, in der er als Märtyrer fiel.

ᶜAmr ibn Umayya und ein Helfer vom Stamme ᶜAmr waren während des Kampfes mit den Kamelen der Muslime auf der Weide, und erst die über dem Lager kreisenden Vögel kündeten ihnen von dem Unheil, das ihre Gefährten getroffen hatte.

„Bei Gott, diese Vögel bedeuten Schlimmes!" sagten sie und begaben sich zurück, um nachzusehen. Da lagen ihre Gefährten im Blut, und die Reiterschar, die sie getötet hatte, hielt noch daneben.

„Was meinst du, sollen wir tun?" fragte der Helfer den ᶜAmr ibn Umayya, und dieser erwiderte:

„Ich glaube, wir sollten zum Propheten zurückkehren und ihm erzählen, was geschehen ist."

„Ich kann mich nicht von einem Ort entfernen, an dem Mundhir getötet wurde, und möchte nicht, daß man so etwas von mir erzählt."

Mit diesen Worten begann der Helfer zu kämpfen, bis er fiel. Den ᶜAmr ibn Umayya nahmen sie gefangen, doch ließ ihn ᶜĀmir ibn Ṭufail wieder frei, als er ihm erzählte, daß er zum Stammesverband der Muḍar gehörte. Er schnitt ihm nur die Stirnlocke ab und entließ ihn aufgrund eines Gelübdes seiner Mutter – so behauptete er –, die sich zur Freilassung eines Gefangenen verpflichtet hatte.

ᶜAmr ibn Umayya machte sich auf den Rückweg. Bei Qarqara, am Anfang des Wādī Qanāt, tauchten zwei Männer vom Stamme ᶜĀmir auf und lagerten mit Ibn Umayya im Schatten. Die beiden ᶜĀmiriten waren mit dem Propheten durch ein Schutzversprechen verbunden, wovon Ibn Umayya aber nichts wußte. Er hatte sie nach ihrer Stammeszugehörigkeit gefragt und erfahren, daß sie zu den ᶜĀmir gehörten. Er wartete, bis sie schliefen; dann stürzte er sich auf sie und brachte sie um, im Glauben, er hätte damit die Ermordung der Prophetengefährten gerächt. Zurück in Medina erzählte er dem Propheten, was geschehen war, doch dieser rief aus:

„Du hast zwei Männer getötet, für die ich nun die Blutschuld zahlen muß." Und er fuhr fort: „An diesem ganzen Unternehmen ist Abu l-Barā' schuld. Ich selbst wollte es nicht und habe einen solchen Ausgang befürchtet."

Als Abu l-Barā' davon erfuhr, daß ᶜĀmir ibn Ṭufail sein Versprechen ihm gegenüber nicht gehalten hatte und daß nun seinetwegen so viele Gefährten des Propheten den Tod gefunden hatten, bedrückte ihn dies sehr.

أَمْرُ إِجْلَاءِ بَنِي النَّضِيرِ

## 47. DIE VERTREIBUNG DER BANŪ NAḌĪR

YAZĪD, der Sohn Rūmāns, berichtete mir über die Vertreibung des Stammes Naḍīr folgendes:

Sodann begab sich der Prophet zu dem jüdischen Stamm der Banū Naḍīr. Er wollte sie bitten, ihm bei der Bezahlung der Blutschuld für jene beiden Männer zu helfen, die ᶜAmr ibn Umayya zuvor umgebracht hatte. Muḥammad war dazu verpflichtet, da ihn mit den beiden Ermordeten ein Schutzversprechen verbunden hatte. Andererseits waren die beiden Stämme Naḍīr und ᶜĀmir Bundesgenossen. Als der Prophet nun mit seiner Bitte zu den Banū Naḍīr kam, erklärten sie sich bereit, ihm zu helfen. Dann zogen sie sich zur Beratung zurück und sprachen zueinander:

„In eine so günstige Lage bekommen wir diesen Mann nie wieder" der Prophet saß nämlich neben der Wand eines ihrer Häuser –; „wer steigt also auf das Haus, wirft einen Stein auf ihn und befreit uns so von ihm?"

Einer von ihnen, ᶜAmr ibn Djiḥāsh, erklärte sich dazu bereit und stieg auf das Haus, um einen Stein auf den Propheten zu schleudern. Dieser saß dort mit einigen seiner Gefährten – darunter Abū Bakr, ᶜUmar und ᶜAlī –, als ihn eine Botschaft vom Himmel erreichte, in der ihm das Vorhaben jener Leute geoffenbart wurde. Er machte sich deshalb sogleich auf den Rückweg nach Medina, ohne aber seinen Gefährten etwas davon gesagt zu haben. Diese warteten bei den Banū Naḍīr auf ihn, und als es ihnen zu lange wurde, suchten sie ihn. Ein Mann, der gerade aus Medina kam, erzählte ihnen schließlich, er habe den Propheten in die Stadt kommen sehen. Sie folgten ihm dorthin, und als sie ihn erreichten, berichtete er ihnen von dem Verrat, den die Juden gegen ihn geplant hatten. Dann ließ er zum Krieg gegen sie rüsten, zog mit den Männern los und fiel über die Banū Naḍīr her. Es war dies im Monat Rabīᶜ I. Er belagerte sie sechs Tage. Danach erfolgte die Offenbarung des Weinverbots.

Die Juden hatten sich in ihren Burgen vor ihm verschanzt. Als der Prophet darauf befahl, ihre Palmen abzuschlagen und Feuer daran zu legen, riefen sie ihm zu:

„O Muḥammad! Du hast bisher mutwillige Zerstörungen verboten und alle die getadelt, die sie durchführten. Wie kommt es dann, daß du unsere Palmen abschlägst und verbrennst?"

Unter den Banū ᶜAuf, einer Untergruppe der medinensischen Khazradj, gab es einige Männer, darunter den Feind Gottes ᶜAbdallāh ibn Ubayy, Wadīᶜa, Mālik ibn abī Qauqal, Suwaid und Dāᶜis, die den Banū Naḍīr hatten folgendes ausrichten lassen:

„Haltet stand und verteidigt euch. Wir werden euch nicht aufgeben. Kämpft man gegen euch, werden wir auf eurer Seite kämpfen, vertreibt man euch, ziehen wir mit euch weg."

Die Naḍīr erwarteten nun diese versprochene Hilfe, doch jene taten nichts. Da erfüllte Gott ihre Herzen mit Schrecken, und sie baten den Propheten, er möge sie vertreiben, ihnen aber ihr Leben lassen und ihnen erlauben, so viel von ihrem Besitz mitzunehmen, wie die Kamele tragen konnten, außer ihren Waffen. Der Prophet war damit einverstanden. Sie schleppten alles fort, was die Kamele zu tragen imstande waren. Es gab sogar einige, die ihre Häuser bis zum Oberbalken der Tür zerstörten, diesen auf den Rücken eines Kameles luden und damit wegzogen. Sie begaben sich nach Khaibar, einige auch nach Syrien. Unter ihren Adligen, die nach Khaibar gingen, waren Sallām, Kināna und Ḥuyayy. Nachdem sie sich in Khaibar angesiedelt hatten, unterwarf sich ihnen die dortige Bevölkerung.

ᶜAbdallāh, der Sohn Abū Bakrs, erzählte mir, daß ihm folgendes berichtet wurde:

Mit Kind und Kegel zogen sie davon. Pfeifen und Tamburine hatten sie bei sich, und Sängerinnen zogen spielend hinter ihnen drein. Mit einem solchen Prunk und einem solchen Stolz machten sie sich auf den Weg, wie man es damals noch bei keinem Stamm je gesehen hatte.

Den übrigen Besitz ließen sie dem Propheten zurück. Es wurde sein persönliches Gut, über das er verfügen konnte, wie er wollte. Er verteilte es unter die ersten Auswanderer. Von den Helfern erhielten lediglich Sahl ibn Ḥunaif und Abū Dudjāna etwas, die über Armut klagten. Nur zwei Männer des Stammes Naḍīr wurden Muslime, jedoch allein, um ihren Besitz zu retten. Die gesamte Sure „die Versammlung" (Sure 59) wurde über die Banū Naḍīr geoffenbart. Darin wird geschildert, mit welcher Strafe sie Gott heimsuchte, wie Er Seinem Propheten Macht über sie gab und was Er mit ihnen tat.

غَزْوَةُ ذَاتِ الرِّقَاعِ

## 48. DER FELDZUG VON DHĀT AR-RIQĀᶜ

NACH dem Zug gegen die Banū Naḍīr blieb der Prophet den Monat Rabīᶜ II. und einen Teil vom Djumādā (im Jahre 4) in Medina. Sodann begab er sich auf den Feldzug in den Nadjd gegen die Banū Muḥārib und die Banū Thaᶜlaba, zwei Unterstämme des Großverbandes der Ghaṭafān. Er rückte bis Nakhl vor, wo er auf eine große Menge der Ghaṭafān stieß. Beide Seiten näherten sich einander, es kam jedoch nicht zum Kampf, da jeder den Gegner fürchtete. Schließlich betete der Prophet das Gebet der Furcht[22] und zog mit seinen Leuten wieder ab.

Der Feldzug wurde Dhāt ar-Riqā[c] genannt, weil sie während des Zuges ihre Fahnen mit Flicken (*riqā[c]*) ausbesserten. Nach anderen Überlieferern erhielt der Feldzug diesen Namen nach einem dort stehenden Baum, den man so nannte.

[c]Amr ibn [c]Ubaid überlieferte mir von Ḥasan, der sich wieder auf Djābir ibn [c]Abdallāh stützte, folgendes:

Ein Mann vom Stamme Muḥārib, namens Ghaurath, fragte seine Stammesgefährten von Ghaṭafān und Muḥārib: „Soll ich euch nicht Muḥammad töten?"

„Doch, aber wie willst du das anstellen?" entgegneten sie ihm.

„Indem ich ihn meuchlings ermorde."

Ghaurath begab sich zum Propheten, der am Boden saß und sein Schwert auf dem Schoß liegen hatte, und fragte ihn: „Muḥammad, darf ich mir einmal dein Schwert betrachten?"

Der Prophet bejahte. Ghaurath nahm das Schwert, zog es aus der Scheide und begann, es zu schwingen, um ihn zu erschlagen, doch Gott hielt ihn davor zurück. Dann fragte Ghaurath:

„Muḥammad, hast du denn keine Angst vor mir?"

„Nein", antwortete der Prophet, „weshalb sollte ich denn vor dir Angst haben?"

„Fürchtest du mich denn nicht, wenn ich das Schwert in der Hand halte?"

„Nein! Gott wird mich vor dir schützen."

Da gab Ghaurath dem Propheten das Schwert zurück. Gott aber offenbarte:

*Ihr Gläubigen! Gedenket der Gnade, die Gott euch erwiesen hat, als gewisse Leute ihre Hand nach euch ausstrecken wollten, worauf Er ihre Hand von euch zurückhielt. Und fürchtet Gott! Auf Gott sollen die Gläubigen immer vertrauen* (Sure 5,11).

Yazīd ibn Rūmān überlieferte mir, daß dieser Koranvers über [c]Amr ibn Djiḥāsh, den Bruder des Stammes Naḍīr, und seine Mordabsichten geoffenbart wurde; Gott weiß am besten, welche Version die richtige ist.

غزوة بدر الآخرة

## 49. DER LETZTE FELDZUG NACH BADR

NACHDEM der Prophet vom Riqā<sup>c</sup>-Feldzug nach Medina zurückgekehrt war, verbrachte er dort den Rest des Monats Djumādā I. sowie die Monate Djumādā II. und Radjab. Im Sha[c]bān zog er dann nach Badr, um sich, wie verabredet, mit Abū Sufyān erneut zur Schlacht zu treffen. Er wartete dort acht Nächte auf ihn. Abū Sufyān aber war mit seinen Mekkanern nur bis Madjanna im Gebiet von Ẓahrān oder bis nach [c]Usfān gekommen und entschied sich dann zur Rückkehr. Seinen Mekkanern erklärte er dies mit den Worten:

„Männer von Quraish! Für uns ist nur ein fruchtbares Jahr günstig, wenn wir unser Vieh die Sträucher abweiden lassen und selbst genügend Milch trinken können. Dieses Jahr aber ist zu trocken. Ich kehre deshalb um und bitte euch, mir zu folgen."

So kehrten die Quraish wieder zurück. Die Mekkaner nannten dieses ihr Heer das „Brei-Heer", indem sie behaupteten, sie seien nur ausgezogen, um Brei zu essen.

Der Prophet begab sich wieder nach Medina und blieb dort, bis der Monat Dhu l-Ḥidjja im Jahre 4 seiner Ankunft nach Medina vorüber war. Sodann unternahm er einen Feldzug nach Dūmat al-Djandal, kehrte jedoch um, ohne den Ort erreicht und ohne einen Kampf geführt zu haben, und blieb den Rest des Jahres (5) in Medina.

غَزْوَةُ الخَنْدَق

## 50. DIE GRABENSCHLACHT

DIE Grabenschlacht fand im Monat Shawwāl des Jahres 5 statt.

Yazīd ibn Rūmān, ein vertrauenswürdiger Überlieferer, hat mir, gestützt auf ᶜAbdallāh ibn Kaᶜb, Muḥammad ibn Kaᶜb, Zuhrī, ᶜĀṣim, ᶜAbdallāh ibn abī Bakr und andere Gelehrte, von der Grabenschlacht berichtet, wobei der eine den anderen ergänzte:

Eine Gruppe von Juden, darunter die Naḍīriten Sallām, Ḥuyayy und Kināna sowie die Wā'iliten Haudha und Abū ᶜAmmār, zogen zusammen mit anderen Angehörigen der Stämme Naḍīr und Wā'il, die sich auf die Gegenseite des Propheten gestellt hatten, zu den Quraish nach Mekka, riefen sie zum Krieg gegen den Propheten auf und sprachen:

„Wir werden euch im Kampf gegen ihn beistehen, bis wir ihn völlig vernichtet haben."

„O ihr Juden", erwiderten die Quraish, „ihr seid das Volk mit der ersten Schrift und wißt, worüber wir uns mit Muḥammad zerstritten haben. Welche Religion ist nun besser, die unsere oder die seine?"

„Eure Religion ist besser als die seine, und ihr seid im Recht, nicht er", gaben ihnen die Juden zur Antwort. Über sie hat Gott die Koranverse geoffenbart:

*Hast du nicht jene gesehen, die einen Anteil an der Schrift erhalten haben? Sie glauben an Götzen und falsche Gottheiten und sagen über die, die ungläubig sind: „Die da sind eher auf dem rechten Weg als die Gläubigen." Das sind diejenigen, die Gott verflucht hat. Und wen Gott verflucht, für den findest du keinen Helfer* [... usw. bis zu dem Vers:] *Oder beneiden sie etwa die Leute wegen dessen, was Gott ihnen von Seiner Huld gegeben hat. Wir haben der Sippe Abrahams die Schrift und die Weisheit gegeben und ihnen gewaltige Herrschaft verliehen. Und nun glaubten die einen von ihnen daran, während die anderen ihre Mitmenschen davon abhielten. Die Hölle wird schlimm genug brennen* (Sure 4, 51-55).

Die Quraish freuten sich über die Worte der Juden, nahmen eilfertig den Gedanken vom Krieg gegen Muḥammad, wozu die Juden sie aufgefordert hatten, an, sammelten sich und trafen ihre Absprachen. Dann begaben sich die Juden auch zu den Ghaṭafān, forderten sie ebenfalls zum Kampf gegen den Propheten auf, bekundeten ihnen ihre Unterstützung und berichteten ihnen, daß die Quraish ihrer Aufforderung bereits nachgekommen seien. So schlossen sich ihnen auch die Ghaṭafān an.

Die Quraish wurden angeführt von Abū Sufyān und die Ghaṭafān von ᶜUyaina ibn Ḥiṣn mit den Banū Fazāra. Ḥārith ibn Naufal führte die Banū Murra und Misᶜar ibn Rukhaila diejenigen Ashdjaᶜ, die ihm folgten. Als der Prophet von ihrer Absicht erfuhr, ließ er vor Medina einen Graben ausheben. Er selbst beteiligte sich auch an den Arbeiten, um bei den Muslimen das Verlangen nach himmlischem Lohn zu wecken. Sie arbeiteten unermüdlich. Einige Heuchler aber versuchten, den Propheten und die Muslime bei ihrer Arbeit aufzuhalten, schützten Schwäche vor und stahlen sich nach Hause fort, ohne daß der Prophet es wußte oder erlaubt hätte. Hatte ein Muslim etwas Dringendes zu erledigen, trug er dies dem Propheten vor und fragte ihn um Erlaubnis, seiner Angelegenheit nachgehen zu dürfen; der Prophet erlaubte es ihm dann, und der Muslim kehrte nach Erledigung seiner Sache in der Hoffnung auf Vergeltung nach dem Tod an seine frühere Arbeit zurück. Über diese Gläubigen offenbarte Gott:

*Die wahren Gläubigen sind diejenigen, die an Gott und Seinen Gesandten glauben und, wenn sie mit ihm zusammen eine gemeinsame Sache betreiben, nicht weggehen, ohne ihn vorher um Erlaubnis zu bitten. Diejenigen, die dich um Erlaubnis bitten, sind es, die an Gott und Seinen Gesandten glauben. Und wenn sie dich wegen irgendeiner Angelegenheit, die sie zu erledigen haben, um Erlaubnis bitten, dann gib, wem von ihnen du willst, die Erlaubnis und bitte Gott für sie um Vergebung! Er ist barmherzig und bereit zu vergeben* (Sure 24, 62).

Dieser Vers wurde über diejenigen Muslime herabgesandt, die das Gute beachteten und wünschten und die Gott und Seinem Propheten gehorchten. Über die Heuchler aber, die sich ohne Erlaubnis des Propheten von ihrer Arbeit davonstahlen, sprach Gott:

*Einen Aufruf des Gesandten dürft ihr unter euch nicht so bewerten, wie wenn einer von euch einen anderen aufruft. Gott kennt schon diejenigen von euch, die sich wegstehlen, um sich in Sicherheit zu bringen. Diejenigen, die Schwierigkeiten machen, indem sie sich von seiner Sache zurückziehen, sollen sich in acht nehmen, daß nicht eine Prüfung oder schmerzhafte Sache über sie kommt! Gehört nicht alles, was im Himmel und auf Erden ist, Gott? Er kennt schon den Zustand, in dem ihr euch befindet, d. h., ob ihr lügt oder die Wahrheit sagt. Und am Tag, da sie zu Ihm zurückgebracht werden, wird Er ihnen dann Kunde geben über das, was sie getan haben. Gott weiß alles* (Sure 24, 63-64).

Über die Arbeiten am Graben habe ich manche Erzählungen gehört, in denen Gott Beispiele geboten hat für die Rechtfertigung des Propheten und für die Bestätigung seiner Prophetenschaft, Dinge, die die Muslime mit eigenen Augen sahen. Eine dieser Erzählungen ist die folgende, die Djābir ibn ᶜAbdallāh überlieferte:

An einer Stelle des Grabens bereitete ihnen einmal ein gewaltiger Felsbrocken große Mühe, und sie klagten es dem Propheten. Da ließ er sich einen Behälter voll Wasser bringen, spie hinein, betete sodann, wie Gott es von ihm wünschte, und besprengte den Felsen mit dem Wasser. Die Anwesenden berichteten später:

„Bei Dem, der ihn als Propheten mit der Wahrheit gesandt hat, der Fels zerfiel wie zu Sand und leistete Hacken und Schaufeln keinen Widerstand mehr."

Die folgende Begebenheit berichtete mir Saᶜīd ibn Mīnā, der wieder von jemand anderem gehört hatte, daß eine Tochter des Bashīr ibn Saᶜd erzählte:

Meine Mutter ᶜAmra bint Rawāḥa rief mich zu sich, legte mir eine Handvoll Datteln in mein Gewand und sprach:

„Bringe deinem Vater und deinem Onkel das Essen!"

Ich nahm die Datteln und ging. Als ich auf der Suche nach den beiden beim Propheten vorbeikam, sagte er:

„Komm her, Mädchen! Was hast du da?"

„O Gesandter Gottes, dies sind Datteln, mit denen mich meine Mutter zu meinem Vater und meinem Oheim schickt, damit sie sie essen."

„Gib sie mir!" forderte mich der Prophet auf. Ich schüttete sie ihm in die Hände, doch waren es so wenige, daß sie sie nicht einmal ausfüllten. Dann ließ er ein Gewand ausbreiten, schüttete die Datteln darauf, so daß sie sich auf dem Gewand verteilten, und befahl einem seiner Begleiter, unter den Leuten am Graben auszurufen, sie sollten zum Essen kommen. Alle liefen herbei und begannen die Früchte zu verzehren. Die Datteln vermehrten sich aber immer weiter, so daß sie, als die Männer wieder weggingen, immer noch vom Rande des Gewandes fielen.

Salmān, der Perser, erzählte, wie mir berichtet wurde, folgendes:

Ich arbeitete an einer Stelle des Grabens, wo mir ein Felsen sehr zu schaffen machte. Der Prophet war in meiner Nähe, und als er sah, wie schwer ich mich tat, stieg er zu mir herab, nahm mir die Hacke aus der Hand und hieb damit dreimal auf den Felsen, wobei jedesmal ein Lichtstrahl aufleuchtete. Ich fragte ihn:

„O Gesandter Gottes, der du mir teurer bist als Vater und Mutter, was ist das, was ich unter der Hacke aufleuchten sehe, wenn du damit zuschlägst?"

„Hast du dies denn wirklich gesehen, Salmān?" fragte er mich zurück, und als ich bejahte, sprach er:

„Das erste Aufleuchten bedeutet, daß Gott mir den Jemen geöffnet hat, das zweite Syrien und den Westen und das dritte den Osten."

Als der Prophet den Graben fertiggestellt hatte, rückten die Quraish heran und lagerten mit zehntausend Aḥābīsh, den Kināna und den Bewohnern des Tieflandes, die ihnen folgten, am Zusammenfluß der Sturzbäche von Rūma zwischen Djuruf und Zughāba. Auch die Ghaṭafān kamen mit den anderen Bewohnern des Nadjd, die ihnen folgten, heran und lagerten bei Dhanab Naqmā in Richtung Uḥud. Der Prophet zog mit dreitausend Muslimen vor die Stadt, bis er den Berg Sal[c] im Rücken hatte, und ließ das Lager errichten. Der Graben lag zwischen ihm und dem Feind. Die Kinder und Frauen ließ er in die Burgen bringen.

Der Gottesfeind Ḥuyayy ibn Akhṭab vom jüdischen Stamme Naḍīr kam zu Ka[c]b ibn Asad von den jüdischen Banū Quraiẓa, der für seinen Stamm die Verträge schloß und mit dem Propheten ein Abkommen vereinbart hatte. Als Ka^c^b die Stimme des Ḥuyayy vor der Burg hörte, schloß er vor ihm das Tor. Ḥuyayy bat um die Erlaubnis, eintreten zu dürfen, doch weigerte sich Ka^c^b, ihm zu öffnen. Ḥuyayy rief:

„Wehe dir, Ka^c^b! Mach mir auf!"

„Weh dir, Ḥuyayy!" erwiderte Ka^c^b, „du bist ein Mann von schlechten Vorzeichen. Ich habe mit Muḥammad einen Vertrag geschlossen und werde diesen nicht brechen, denn ich habe nur Treue und Aufrichtigkeit an ihm gesehen."

„Öffne mir, damit ich mit dir reden kann!"

„Nein, ich werde es nicht tun!"

„Du sperrst mich doch nur aus, weil du Angst hast, ich könnte dir etwas von deinem Weizenbrei wegessen."

Dies machte Ka^c^b wütend, und er öffnete dem Ḥuyayy das Tor. Dann sprach dieser:

„Wehe dir, Ka^c^b! Ich habe dir ewigen Ruhm und ein Meer von Kriegern gebracht. Mit den Quraish, ihren Führern und Herren bin ich gekommen und habe sie am Zusammenfluß der Bäche von Rūma lagern lassen, und ebenso mit den Ghaṭafān, ihren Führern und Herren, die ich bei Dhanab Naqmā in Richtung Uḥud habe haltmachen lassen. Sie haben mit mir ein Bündnis geschlossen und mir fest versprochen, daß sie so lange kämpfen werden, bis wir Muḥammad und seine Anhänger völlig vernichtet haben."

„Nein, Ḥuyayy! Du hast mir vielmehr ewige Schmach gebracht und eine leere Wolke, die ihr Wasser vergossen hat und die trotz Blitz und Donner nichts enthält. Laß mich in Frieden und versuche nicht, mich von meinem Versprechen abzubringen, denn ich habe an Muḥammad immer nur Ehrlichkeit und Treue gesehen."

Ḥuyayy indes bedrängte Ka^c^b so lange, bis er ihm das Versprechen abnahm, er werde, wenn die Quraish und Ghaṭafān, ohne Muḥammad getötet zu haben, zurückkehren müßten, ihn mit in seine Burg nehmen und mit ihm zusammen sein Schicksal erwarten. Damit hatte aber Ka^c^b seine Abmachung mit dem Propheten gebrochen und das Versprechen, das sie verband, gelöst.

Als Muḥammad und die Muslime von dieser Entwicklung erfuhren, schickte er den damaligen Führer des Stammes Aus,

Sa[c]d ibn Mu[c]ādh, und den Führer der Khazradj, Sa[c]d ibn [c]Ubāda, zusammen mit zwei anderen Gefährten los und trug ihnen auf:

„Geht und seht nach, ob es wahr ist, was wir erfahren haben. Wenn es richtig ist, gebt mir in rätselhafter Form Bescheid, so daß ich es verstehe, aber entmutigt nicht die Leute. Halten sie dagegen treu zu unserer Vereinbarung, so macht es öffentlich bekannt!"

Sie gingen zu den Juden, fanden diese aber in einer noch übleren Einstellung gegenüber dem Propheten, als sie zuvor erfahren hatten.

„Wer ist der Gesandte Gottes?" sprachen sie, „wir haben keine Abmachung mit ihm."

Sa[c]d ibn Mu[c]ādh in seinem leidenschaftlichen Ungestüm beschimpfte sich mit ihnen, doch Sa[c]d ibn [c]Ubāda hielt ihn mit den Worten zurück:

„Hör auf, sie zu beschimpfen. Das, was uns von ihnen trennt, läßt sich nicht durch Schmähungen bereinigen."

Die beiden Sa[c]ds kehrten mit ihren Begleitern zum Propheten zurück, grüßten ihn und sprachen:

„[c]Aḍal und Qāra!", womit sie auf den Verrat von [c]Aḍal und Qāra anspielten, den diese einst an den Männern von Radjī[c], Khubaib und seinen Freunden begangen hatten. Der Prophet aber rief:

„Allāhu akbar! Seid frohen Mutes, ihr Muslime!"

Die Lage wurde für die Muslime immer ernster, und sie hatten große Angst. Die Feinde bedrängten sie von oben und unten, bis die Gläubigen zu zweifeln begannen und bei einigen Heuchlern der Unglaube offen zutage trat. So sprach etwa Mu[c]attib ibn Qushair, ein Bruder des Stammes [c]Amr ibn [c]Auf:

„Muḥammad versprach uns, daß wir die Schätze Chosroes und Caesars aufzehren werden; dabei kann heute keiner von uns sicher auf den Abtritt gehen."

Und Aus ibn Qaiẓī, einer vom Stamme Ḥāritha, wandte sich vor einer großen Menge von Männern seines Stammes an den Propheten mit den Worten:

„O Gesandter Gottes, unsere Häuser sind vor dem Feinde entblößt. Erlaube uns deshalb, daß wir zu unseren Gehöften zurückkehren, denn diese liegen außerhalb Medinas."

Der Prophet und die Heiden verharrten über zwanzig Tage lang, fast einen Monat, in ihren Stellungen, ohne daß es, von einigen Pfeilschüssen und der Tatsache der Belagerung abgesehen, zu einem Kampf kam.

ᶜĀṣim und ein anderer vertrauenswürdiger Überlieferer berichteten mir von Muḥammad ibn Muslim az-Zuhrī folgendes:

Als die Lage für die Muslime sich weiter verschlimmerte, schickte der Prophet zu ᶜUyaina ibn Ḥiṣn und Ḥārith ibn ᶜAuf, den beiden Führern der Ghaṭafān, und bot ihnen ein Drittel des Ernteertrages von Medina, wenn sie sich mit ihren Leuten zurückzögen. Es kam zu Friedensverhandlungen, und man schrieb auch ein entsprechendes Dokument, doch war es noch nicht unterzeichnet und der Friede noch nicht beschlossen, sondern lediglich die gegenseitige Absicht dazu war bekundet worden. Als der Prophet dann das Abkommen unterzeichnen wollte, ließ er Saᶜd ibn Muᶜādh und Saᶜd ibn ᶜUbāda holen, erzählte ihnen davon und fragte sie um ihren Rat. Die beiden erkundigten sich zunächst:

„O Gesandter Gottes, ist dies eine Sache, von der du möchtest, daß wir sie tun, oder ist es ein Befehl Gottes an dich, den wir ausführen müssen, oder tust du es nur uns zuliebe?"

„Ich tue es nur euch zuliebe", entgegnete der Prophet, „und ich würde es wahrlich nicht tun, wenn ich nicht gesehen hätte, wie die Araber wie mit einem einzigen Bogen auf euch schossen und euch von allen Seiten bedrängten. Ich möchte für euch etwas von ihrer Angriffswucht zerbrechen."

Dem hielt Saᶜd ibn Muᶜādh entgegen:

„O Gesandter Gottes, solange wir mit jenen Leuten zusammen der Vielgötterei und dem Götzendienst anhingen und wir Gott weder verehrten noch kannten, hat es sie nicht danach gelüstet, eine einzige Dattel aus Medina zu verzehren, es sei denn, wir hätten sie ihnen aus Gastfreundschaft gegeben oder sie ihnen verkauft. Sollen wir ihnen jetzt unseren Besitz schenken, nachdem uns Gott mit dem Islam ausgezeichnet, uns auf den rechten Weg geführt und uns durch dich berühmt gemacht hat? Bei Gott, wir haben dies nicht nötig und werden ihnen lediglich unser Schwert darreichen, bis Gott zwischen uns richtet."

„Du sollst es haben", erwiderte der Prophet, und Sa$^{c}$d ibn Mu$^{c}$ādh ergriff die Urkunde, tilgte die Schrift und sprach:

„Nun laßt sie sich gegen uns mühen!"

Die Belagerung dauerte an, ohne daß es zu einem regelrechten Kampf kam. Einmal legten jedoch einige Ritter der Quraish ihre Rüstungen an, machten sich mit ihren Pferden auf den Weg zum Lager der verbündeten Kināna und riefen:

„Auf zum Krieg, ihr Banū Kināna! Heute sollt ihr sehen, wer die wahren Ritter sind!"

Schnell ritten sie heran, bis sie am Graben haltmachten. Bei seinem Anblick sprachen sie:

„Dies ist wahrlich eine Kriegslist, auf die die Araber bisher noch nicht gekommen sind."

Sodann wandten sie sich einer engen Stelle des Grabens zu und hieben auf die Pferde ein, so daß sie ihn überwanden und in das sumpfige Gebiet zwischen dem Graben und dem Berg Sal$^{c}$ eindrangen. Sogleich machte sich $^{c}$Alī mit einigen Muslimen auf, um die Lücke, durch die die Feinde ihre Pferde getrieben hatten, zu sichern.

Unverzüglich stürzten die Ritter der Quraish auf sie zu. $^{c}$Amr ibn $^{c}$Abdwudd, der in der Schlacht von Badr verwundet worden war und deshalb nicht an der Schlacht von Uḥud teilgenommen hatte, befand sich unter den Quraish und hatte sich besonders kenntlich gemacht, damit jeder seinen Rang sehen konnte. Als er mit seinen Reitern vor den Muslimen anhielt, rief er:

„Wer ist zum Zweikampf bereit?" $^{c}$Alī meldete sich und antwortete ihm:

„$^{c}$Amr, du hast einmal geschworen, du würdest, wenn dich ein Quraishit vor die Wahl zwischen zwei Dingen stellt, eines davon annehmen?"

„Richtig!"

„So fordere ich dich denn auf, an Gott, an Seinen Propheten und an den Islam zu glauben."

„Das brauche ich nicht."

„So fordere ich dich auf, abzusteigen und zu kämpfen."

„Weshalb, Sohn meines Bruders? Wahrlich, ich möchte dich nicht töten."

„Aber ich will dich töten!"

Bei diesen Worten ʿAlīs wurde ʿAmr so wütend, daß er sich von seinem Pferde stürzte, diesem die Beine zerhieb und es auf den Kopf schlug. Dann trat er auf ʿAlī zu, und die beiden umkreisten sich kämpfend, bis ʿAlī ihn tötete und die anderen Ritter Hals über Kopf über den Graben zurückflohen. Dazu sprach ʿAlī die Verse:

*Für steinerne Götzen hat er in seiner Torheit gekämpft;*
*Ich kämpfte für den Herrn des Propheten durch meinen Verstand.*
*Ich wandte mich ab, nachdem er am Boden dort lag*
*wie der Zweig einer Palme zwischen Steinen und Sand.*
*Und ich ließ ihm die Kleider. Wäre ich dort gefallen,*
*er hätte vom Leib mir gerissen ein jedes Gewand.*
*Seine Religion, ihr Muslime, wird Gott nie verlassen,*
*nie wird Er nehmen von Seinem Propheten die schützende Hand.*

Und über ʿIkrima ibn abī Djahl, der damals, nachdem ʿAmr gefallen war, seine Lanze wegwarf und floh, spottete Ḥassān ibn Thābit mit folgenden Versen:

*ʿIkrima! So wie vielleicht noch nie zuvor*
*warfst du die Lanze weg und flohst voraus.*
*Du wandtest dich zur Flucht und ranntest ohne*
*rechts und links zu blicken schnell wie Vogel Strauß.*
*Und dein Rücken glich nicht dem der Menschen:*
*Wie der Rücken der Hyänen sah er aus.*

Wie Gott es im Koran beschrieben hat (Sure 33, 10-11), verharrten der Prophet und seine Gefährten in Angst und Not, weil die Feinde sich gemeinsam gegen sie wandten und sie von oben und unten bedrängten. Da kam Nuʿaim ibn Masʿūd vom Stamme Ghaṭafān zum Propheten und sprach:

„O Gesandter Gottes, ich habe den Islam angenommen, doch wissen meine Leute nichts davon. Befehle mir nun, was du willst!"

„Du bist nur ein einzelner Mann unter uns", erwiderte ihm der Prophet, „so gehe und versuche Zwietracht unter unsere Gegner zu säen, so gut du kannst. Krieg ist nun einmal Betrug."

Nuʿaim begab sich daraufhin zu den Banū Quraiẓa, mit denen er in heidnischer Zeit oft zusammen gezecht hatte, und sprach:

„Ihr Banū Quraiẓa! Ihr kennt meine Zuneigung zu euch und unsere besondere Freundschaft."

„Ja, wir mißtrauen dir nicht", gaben sie zurück, und er fuhr fort: „Die Quraish und die Ghaṭafān sind nicht in derselben Lage wie wir. Euere Heimat ist Medina. Hier habt ihr eueren Besitz, euere Kinder und euere Frauen. Ihr könnt Medina nicht irgendwohin verlassen. Die Quraish und Ghaṭafān sind gekommen, um Muḥammad und seine Gefährten zu bekämpfen, und ihr habt ihnen gegen Muḥammad geholfen. Dies ist nicht ihr Land, sie haben ihren Besitz und ihre Frauen nicht hier und sind deshalb nicht in der gleichen Lage wie ihr. Sobald sie eine Gelegenheit sehen, werden sie sie nutzen. Kommt es aber nicht dazu, werden sie in ihre Heimat zurückkehren und euch mit Muḥammad allein lassen, gegen den ihr dann aber machtlos seid. Kämpft deshalb nicht auf ihrer Seite, solange ihr nicht einige Adelige von ihnen als Geiseln habt, die in eueren Händen als Sicherheit dafür bleiben, daß sie zusammen mit euch gegen Muḥammad kämpfen werden, bis ihr ihn vernichtet habt."

„Du hast uns einen vorzüglichen Rat erteilt", stimmten ihm die Banū Quraiẓa zu. Dann ging er zu den Quraish und sprach zu Abū Sufyān und seinen Leuten:

„Ihr wißt, wie sehr ich euch zugetan bin und was mich von Muḥammad trennt. Nun habe ich etwas erfahren, das ich glaube euch mitteilen zu müssen, um euch zu warnen. Behaltet es aber für euch."

Die Quraish sicherten ihm das zu, und er fuhr fort: „Wißt, daß die Juden inzwischen ihre Gegnerschaft zu Muḥammad bereut und ihm die folgende Botschaft haben zukommen lassen: ‚Wir bereuen, was wir getan haben. Möchtest du, daß wir für dich aus den beiden Stämmen Quraish und Ghaṭafān einige vornehme Männer ergreifen und sie dir übergeben, damit du ihnen die Köpfe abschlagen kannst und wir dann gemeinsam gegen die übrigen ziehen, bis wir sie vernichtet haben?' Muḥammad hatte ihnen darauf eine zustimmende Antwort erteilt. Wenn euch die Juden nun um die Stellung von Bürgen bitten, übergebt ihnen nicht einen einzigen Mann!"

Schließlich ging er auch noch zu seinem eigenen Stamm, den Ghaṭafān, und sprach:

„Männer von Ghaṭafān! Ihr seid mein Ursprung und meine Sippe, und ihr seid mir von allen am liebsten. Ich glaube nicht, daß ihr mir mißtraut."

Sie stimmten ihm zu und versprachen ihm auch, seinen Rat vertraulich zu behandeln, worauf er ihnen das gleiche erzählte wie den Quraish und sie ebenso warnte.

In der Nacht zum Sabbat im Monat Shawwāl des Jahres 5 bewirkte Gott es dann für Seinen Propheten, daß Abū Sufyān und die Häupter der Ghaṭafān einige Männer aus ihren beiden Stämmen zu den Banū Quraiẓa schickten und diesen folgendes mitteilen ließen: „Wir haben hier keine feste Wohnstatt, und es verenden uns hier Kamele und Pferde. Macht euch deshalb bereit zum Kampf, damit wir Muḥammad ein für allemal erledigen."

Die Quraiẓa gaben ihnen zur Antwort:

„Heute ist Sabbat, der Tag, an dem wir nichts tun, und es ist euch wohlbekannt, was einst mit denen geschehen ist, die ihn verletzten. Außerdem kämpfen wir nicht mit euch gegen Muḥammad, solange ihr uns keine Bürgen stellt, die als Sicherheit so lange in unseren Händen bleiben, bis wir Muḥammad vernichtet haben. Wir fürchten nämlich, daß ihr, wenn der Krieg zu eueren Ungunsten verläuft und ihr im Kampf in Bedrängnis kommt, schnellstens nach Hause zurückkehrt und uns hier mit Muḥammad allein laßt, gegen den wir dann nichts mehr ausrichten können."

Als die Boten mit dieser Erklärung der Quraiẓa zurückkamen, sprachen die Quraish und Ghaṭafān:

„Nuᶜaim ibn Masᶜūd hatte wahrlich recht. Laßt uns die Quraiẓa benachrichtigen, daß wir ihnen keinen einzigen Mann als Geisel übergeben werden und daß sie, wenn sie kämpfen wollen, dies tun sollen."

Auf diese Antwort der beiden Stämme hin sprachen nun auch die Banū Quraiẓa:

„Nuᶜaim ibn Masᶜūd hat die Wahrheit gesprochen. Sie wollen nichts als kämpfen, und wenn sie eine Gelegenheit sehen, werden sie sie ergreifen. Geht es aber anders aus, machen sie sich sofort auf den Heimweg und lassen uns hier mit Muḥammad allein."

Erneut ließen sie den Quraish und Ghaṭafān ausrichten, sie würden erst kämpfen, wenn sie ihnen Geiseln als Bürgen stellten.

Jene lehnten abermals ab, und Gott säte Zwietracht unter sie. Auch schickte Er in den Winternächten einen eiskalten Wind gegen sie, der ihnen die Kessel umwarf und ihre Zelte wegfliegen ließ.

Da wandte sich Abū Sufyān an die Quraish und sprach:

„Männer von Quraish! Wir sind hier nicht an einer festen Wohnstätte. Pferde und Kamele gehen uns ein, und die Banū Quraiẓa haben ihr Wort gebrochen. Schlimmes haben wir von ihnen erfahren. Auch seht ihr den heftigen Sturm, der uns keinen Kochkessel, kein Feuer und kein Zelt mehr läßt. Macht euch auf, ich ziehe ab!“

Darauf schritt er zu seinem Kamel, dessen Vorderfüße zusammengebunden waren, setzte sich darauf und schlug es, worauf es sich auf drei Beinen erhob; und die Fußfessel wurde ihm erst abgenommen, als es bereits stand. Die Ghaṭafān hörten vom Aufbruch der Quraish und machten sich auch eilends auf den Rückweg in ihre Heimat. Am nächsten Morgen verließen der Prophet und die Muslime den Graben, kehrten in die Stadt zurück und legten ihre Waffen ab.

غَزْوَةُ بَنِي قُرَيظَة

## 51. DER ANGRIFF AUF DIE BANŪ QURAIẒA

ZUR Zeit des Mittagsgebetes kam, wie mir Zuhrī berichtete, Gabriel zum Propheten. Der Engel trug einen Turban aus Brokat, und auch der Sattel des Maultiers, auf dem er ritt, war mit Seidenbrokat bedeckt. Er fragte den Propheten:

„Hast du die Waffen bereits niedergelegt?“

„Ja“, antwortete Muḥammad, und Gabriel fuhr fort:

„Die Engel haben dies noch nicht getan, und ich komme gerade von der Verfolgung der Feinde zurück. Gott – Er ist erhaben und mächtig – befiehlt dir, Muḥammad, gegen die Banū Quraiẓa zu ziehen. Ich begebe mich jetzt zu ihnen und werde sie erbeben lassen.“

Sogleich ordnete der Prophet an, unter den Muslimen auszurufen: „Alle diejenigen, die hören und gehorchen, sollen ihr Nachmittagsgebet nicht verrichten, bevor sie sich nicht bei den Banū Quraiẓa eingefunden haben."

Er schickte ᶜAlī mit der Fahne voraus, und die Muslime folgten ihm eilends nach. Als sich ᶜAlī den befestigten Häusern der Quraiẓa näherte, vernahm er häßliche Worte über den Propheten. Er kehrte um und sprach zum Propheten, als er ihn unterwegs traf:

„Gesandter Gottes! Du solltest dich diesen schändlichen Menschen nicht nähern."

„Weshalb? Du hast wohl Schmähungen gegen mich gehört?"

„So ist es."

„Wenn sie mich sähen, würden sie nicht so über mich reden."

Und als er ihren Häusern näher kam, rief er:

„Ihr Brüder der Affen! Hat Gott euch jemals erniedrigt und seine Rache über euch gesandt?"

„Du bist nicht so töricht, uns dies anzutun, Abu l-Qāsim!" antworteten ihm die Quraiẓa.

Der Prophet belagerte sie fünfundzwanzig Tage, bis sie erschöpft waren und Gott ihre Herzen mit Angst erfüllte. Ḥuyayy ibn Akhṭab war nach dem Abzug der Quraish und Ghaṭafān und entsprechend seiner Abmachung mit Kaᶜb ibn Asad in die Schutzfestung der Quraiẓa geflüchet. Als sie sich bewußt wurden, daß der Prophet die Belagerung nicht aufheben würde, bevor er sie vernichtet habe, sprach Kaᶜb:

„Volk der Juden! Ihr seht, was über euch gekommen ist. Ich mache euch drei Vorschläge. Entscheidet euch für einen!"

„Nämlich?"

„Entweder wir folgen und glauben diesem Mann. Es ist wahrlich deutlich geworden, daß er ein gesandter Prophet ist und daß er es ist, den ihr in euerer Schrift vorausgesagt findet. Dann werden euer Leben, euer Besitz, euere Kinder und euere Frauen sicher sein."

„Niemals werden wir das Gesetz der Thora aufgeben und es gegen etwas anderes eintauschen!"

„Wenn ihr diesen Vorschlag nicht annehmt, so mache ich euch einen zweiten, nämlich, daß wir unsere Frauen und Kinder töten und dann unbelastet mit gezücktem Schwert gegen Muḥammad und seine Gefährten ziehen. Gehen wir zugrunde, so lassen wir keine Nachkommenschaft zurück, um die wir uns sorgen müßten. Siegen wir aber, werden wir andere Frauen und Kinder haben."

„Wir sollen diese Armen töten?! Was wäre dann noch Schönes am Leben?"

„Wenn ihr auch dies ablehnt, so schlage ich euch als letztes folgendes vor: Heute nacht ist die Nacht zum Sabbat, und Muḥammad und seine Gefährten werden sich wahrscheinlich vor uns sicher fühlen. Steigt deshalb hinunter; vielleicht können wir ihn und seine Leute überraschen."

„Wir sollen unseren Sabbat schänden und tun, was keiner vor uns getan hat, ohne daß er, wie du weißt, (in einen Affen) verwandelt worden ist?"

„Ihr habt euch, seit euch euere Mutter gebar, noch nie zu etwas entschließen können!"

Daraufhin ließen sie dem Propheten durch einen Boten die Bitte überbringen, er möge ihnen den Abū Lubāba, einen Bruder des Stammes ᶜAuf, schicken, damit sie sich mit ihm über ihre Lage beraten könnten. Der Prophet sandte Abū Lubāba zu ihnen, und als sie ihn sahen, kamen die Männer herbei, und ihre Frauen und Kinder weinten so sehr, daß er Mitleid für sie empfand.

„Glaubst du", fragten sie ihn, „wir sollten uns Muḥammads Urteil unterwerfen?"

„Ja!" antwortete er und deutete auf seine Kehle, womit er ihnen andeutete, daß sie niedergemetzelt würden.

Abū Lubāba erzählte später, er habe den Ort noch nicht verlassen gehabt, als er bereits erkannte, daß er Gott und Seinem Gesandten gegenüber treulos gehandelt hatte. Er kehrte deshalb nicht zum Propheten zurück, sondern band sich in der Moschee an eine Säule und schwor, er werde dort so lange verweilen, bis Gott ihm sein Tun verziehen habe, und er werde nie mehr die Banū Quraiẓa und jene Stelle aufsuchen, wo er sich Gott und Seinem Gesandten gegenüber ungetreu verhalten habe. Der Prophet hatte lange auf Abū Lubābas Rückkehr gewartet. Als er dann erfuhr, was mit ihm geschehen war, sprach er:

„Wäre er zu mir gekommen, hätte ich für ihn um Vergebung gebetet. Jetzt aber werde ich ihn nicht aus seiner Lage befreien, bevor ihm Gott nicht verziehen hat."

Die Vergebung für Abū Lubāba – so überlieferte mir Yazīd ibn $^{c}$Abdallāh – wurde dem Propheten zur Zeit der Morgendämmerung geoffenbart, als er sich im Zimmer seiner Frau Umm Salama aufhielt. Diese erzählte später:

„Als es dämmerte, hörte ich den Propheten lachen und fragte ihn nach dem Grund dafür. Er erklärte mir, daß dem Abū Lubāba verziehen worden sei. Ich bat ihn, diesem die frohe Nachricht bringen zu dürfen, und der Prophet willigte ein. Von der Tür meines Zimmers aus rief ich zur Moschee hinüber: ‚Freue dich, Abū Lubāba, Gott hat dir vergeben!' Da eilten die Leute herbei, um ihn zu befeien, doch er sprach: ‚Nein, bei Gott, erst, wenn mich der Prophet selbst losbindet!' Auf dem Wege zum Morgengebet befreite ihn dann der Prophet."

An diesem Morgen unterwarfen sich die Quraiẓa dem Urteil des Propheten. Da wandten sich die Aus an Muḥammad und sprachen:

„O Gesandter Gottes! Die Quraiẓa sind unsere Verbündeten und nicht die der Khazradj. Du weißt, wie du vor einiger Zeit mit ihren Verbündeten verfahren bist."

Damals hatte der Prophet die jüdischen Banū Qainuqā$^{c}$, Verbündete der Khazradj, belagert. Diese hatten sich seinem Urteil unterworfen, doch war der Khazradjit $^{c}$Abdallāh ibn Ubayy für sie eingetreten, und der Prophet hatte sie ihm überlassen. Als nun die Aus um das gleiche Recht hinsichtlich der mit ihnen verbündeten Quraiẓa baten, fragte sie der Prophet:

„Seid ihr damit zufrieden, wenn einer von euch das Urteil über sie fällt?"

„Ja!"

„So laßt Sa$^{c}$d ibn Mu$^{c}$ādh entscheiden!"

Der Prophet hatte Sa$^{c}$d, der am Graben von einem Pfeil getroffen worden war, auf den Gebetsplatz in das Zelt einer Frau vom Stamme Aslam, namens Rufaida, bringen lassen, die sich um die Verwundeten kümmerte und die verletzten Muslime versorgte. Nachdem ihn der Prophet nun zum Richter über die Banū Quraiẓa ernannt hatte, kamen seine Stammesgenossen zu ihm und hoben ihn auf einen Esel. Da Sa$^{c}$d recht beleibt war, legten sie ihm ein Lederkissen unter. Auf dem Weg zum Propheten baten ihn seine Stammesgenossen:

„Abū ʿAmr, laß Milde mit deinen Verbündeten walten, denn eben deswegen hat dich der Prophet mit dieser Entscheidung beauftragt.“

Als sie ihn immer mehr bedrängten, sagte er:

„Für mich ist die Zeit gekommen, da es mich nicht mehr rührt, wenn ihr mich wegen einer Entscheidung tadelt, die ich im Sinne Gottes fälle.“

Beim Propheten und den Muslimen angelangt, fragte sie Saʿd:

„Verpflichtet ihr euch bei Gott, die Entscheidung, die ich über die Quraiẓa fällen werde, anzunehmen?“

Und nachdem sie ihm dies versprochen hatten, fuhr er fort:

„So entscheide ich, daß die Männer getötet und die Kinder und Frauen gefangengenommen werden und ihr Besitz aufgeteilt wird.“

Schließlich mußten sich die Quraiẓa ergeben, und der Prophet ließ sie im Gehöft der Bint Ḥārith, einer Frau vom Stamme Nadjjār, einsperren. Sodann begab er sich zum Markt von Medina, dort, wo heute noch der Markt ist, und befahl, einige Gräben auszuheben. Als dies geschehen war, wurden die Quraiẓa geholt und Gruppe um Gruppe in den Gräben enthauptet. Darunter befanden sich auch der Feind Gottes Ḥuyayy ibn Akhṭab und das Stammesoberhaupt Kaʿb ibn Asad. Insgesamt waren es sechs- oder siebenhundert Männer; einige behaupten sogar, es seien zwischen acht- und neunhundert gewesen. Als sie damals in Gruppen zum Propheten geführt wurden, fragten sie Kaʿb:

„Was glaubst du, wird man mit uns tun?“

„Werdet ihr es denn nie begreifen?“ rief Kaʿb, „seht ihr denn nicht, daß der Rufer niemals aufhört zu rufen und daß diejenigen, die hinweggebracht werden, nie mehr zurückkehren. Es ist der Tod, bei Gott!“

Als der Feind Gottes, Ḥuyayy ibn Akhṭab, herangebracht wurde, war er mit einem bestickten, rötlichen Gewand bekleidet, in das er überall fingerkuppengroße Löcher geschnitten hatte, damit man es nach der Hinrichtung nicht von seiner Leiche rauben würde. Die Hände waren ihm mit einem Strick an den Hals gebunden. Als er den Propheten sah, sprach er:

„Ich tadle mich nicht dafür, daß ich dir meine Feindschaft gezeigt habe, aber der, der Gott verläßt, wird verlassen.“ Und an die Leute gewandt, fuhr er fort: „O ihr Menschen! Gegen diesen Befehl Gottes ist nichts einzuwenden. Er hat den Kindern Israels eine Schrift, ein Verhängnis und ein Gemetzel geoffenbart."

Nach diesen Worten setzte er sich und wurde enthauptet.

Der Prophet verteilte den Besitz, die Frauen und die Kinder der Banū Quraiẓa unter den Muslimen. Er legte fest, welche Anteile an der Beute jeweils den Reitern und den Unberittenen zustanden, und behielt selbst ein Fünftel ein. Jeder Reiter erhielt drei Teile, nämlich zwei Teile für das Pferd und einen Teil für sich selbst. Jeder Unberittene bekam einen Teil. Am Tag des Sieges über die Quraiẓa gab es sechsunddreißig Pferde. Es war dies die erste Beute, die auf diese Weise aufgeteilt und aus der ein Fünftel einbehalten wurde. Diese Regelung des Propheten wurde auch in den folgenden Feldzügen bei der Aufteilung der Beute angewandt. Die gefangenen Frauen und Kinder aus dem Fünftel schickte er mit dem Helfer Saᶜd ibn Zaid in den Nadjd und tauschte sie gegen Pferde und Waffen ein.

Eine der gefangenen Frauen, Raiḥāna bint ᶜAmr, behielt der Prophet für sich selbst. Sie blieb in seinem Besitz, bis er starb. Als er ihr vorschlug, sie zu heiraten und sie aufforderte, den Schleier zu tragen, bat sie ihn, er möge sie lieber als Sklavin in seinem Besitz behalten, da dies für beide einfacher sei. Der Prophet kam ihrem Wunsche nach. Bei ihrer Gefangennahme zeigte sie ihre Abneigung gegenüber dem Islam und hielt am Judentum fest. Der Prophet beachtete sie deshalb eine Zeitlang nicht und war darüber sehr enttäuscht. Eines Tages aber, als er mit seinen Gefährten zusammensaß, hörte er hinter sich das Geräusch zweier Sandalen und sprach:

„Dies ist Thaᶜlaba, der mir die frohe Kunde bringt, daß Raiḥāna den Islam angenommen hat."

So war es in der Tat, und der Prophet freute sich darüber.

Im Grabenkrieg fanden nur sechs Muslime den Tod; von den Ungläubigen fielen drei Männer.

## ما قِيلَ فِي الشِعْرِ فِي أَمْرِ الخَنْدَقِ وَبَنِي قُرَيظَة

## 52. GEDICHTE ÜBER DEN GRABENKRIEG

Für die Quraish sprach Ibn Ziba'rā die folgenden Verse:

*Grüß mir das Lager, von dem alle Spuren schon lan-*
*ge verwischt und verweht sind im Wandel der Zeiten,*
*Spuren, die mir wie jüdische Lettern erschienen.*
*Nur noch die Koppeln und Pflöcke verblieben in weiten*
*und einsamen Wüsten, in denen die blutjungen*
*Mädchen dir nie mehr Ergötzen und Wollust bereiten.*
*Doch lasse dich nicht zur Erinn'rung an jenes vergangene*
*Leben und jene verwüsteten Plätze verleiten!*
*Dankbar gedenke vielmehr der tapferen Scharen,*
*die gemeinsam und alle voll Mut die geweihten*
*und heiligen Blutopfersteine von Mekka verließen,*
*um im stimmengewaltigen Heer nach Medina zu reiten.*
*Sie verließen die Höhen und deutlichen Wege,*
*vertraut mit den Pässen und Unwegsamkeiten,*
*und führten im Zuge die edlen und rassigen Pferde,*
*– die Leiber gestreckt und auch schmal an den Seiten*
*und geboren von schlankem Geblüt wie die Wölfe,*
*die flink und behend um den Viehhirten gleiten –.*
*'Uyaina strebte voran mit der Fahne des Heeres,*
*dahinter tat Ṣakhr die Schar der Verbündeten leiten,*
*– zwei Herren, wie Monde so strahlend, die dem Armen die*
*Hilfe gewähren und dem Flüchtling die Zuflucht bereiten –*
*bis sie Medina erreichten und gegen den Tod das*
*bewährte und schneidende Schwert aus der Scheide befreiten.*
*Vierzig bedrückende Tage erlebte Muḥammad,*
*obwohl die Gefährten sich tapfer im Kampf um ihn reihten.*
*Und als man zum Aufbruch uns rief an dem Morgen,*
*da konntet ihr unsere Siege uns kaum mehr bestreiten.*
*Hätte euch nicht euer Graben geholfen, ihr läget*
*als Leichen jetzt dort, von den Geiern zerfleischt an den Seiten.*

Für die Muslime antwortete darauf Ḥassān ibn Thābit mit den Versen:

*Können die Spuren des leeren verwüsteten Lagers*
*dem suchenden Frager denn noch eine Antwort bereiten,*
*dort in der Wüste, wo Regen die Spuren verwischte*
*und dauernde wehende Winde hoch über sie gleiten?*
*Auch ich sah die Zelte einst dort, geschmückt von den hellen*
*Gesichtern, die her sich von edelster Abstammung leiten.*
*Doch lasse sie nun und denke nicht mehr an die Mädchen*
*mit knospenden Brüsten, die weichen, die hellen, gescheiten!*
*Beklage vielmehr, was du sahst von den zornigen Männern,*
*die sich voll Unrecht mit Gottes Gesandtem entzweiten!*
*Sie riefen die Kämpfer aus Städten und Wüsten zusammen*
*und zogen davon, um im Krieg mit Muḥammad zu streiten.*
*Ibn Ḥarb und ʿUyaina befehligten beide die Heere,*
*in die sie dazu noch die Schar der Verbündeten reihten,*
*bis sie Medina erreichten und hofften, die Freunde*
*Muḥammads zu töten, zu plündern die Habseligkeiten.*
*Sie griffen uns an und bewiesen uns all ihre Macht,*
*doch wurden sie wütend zur Flucht noch getrieben beizeiten.*
*Ein heftiger Sturm hat sie alle zerstreut, als die Heere*
*des Herrn aller Herren uns siegreich von ihnen befreiten.*
*Vor ihrem Kampfe hat Gott die Muslime bewahrt*
*und ließ ihnen beste Belohnung bereiten.*
*Nachdem sie bereits keine Hoffnung mehr hatten, versprengte*
*die Hilfe des Schenkenden Königs die feindlichen Seiten*
*zur Freude Muḥammads und seiner Gefährten, zur Schande*
*all derer, die lügend und zweifelnd die Wahrheit bestreiten,*
*und unrein und hart sind im grausamen Herzen*
*und überallhin ihren heidnischen Argwohn verbreiten.*
*Sie sind mit dem ewigen Unheil verbunden und werden*
*im Unglauben leben, verstockt bis zum Ende der Zeiten.*

## إسْلام عَمرُ بن العَاص وَخَالِد بن الوَلِيد

## 53. ᶜAMR IBN ᶜĀṢ UND KHALID IBN WALĪD NEHMEN DEN ISLAM AN

Yazīd ibn abī Ḥabīb überlieferte mir das folgende von Rāshid, einem Freigelassenen des Ḥabīb ibn abī Aus vom Stamme Thaqīf, der sich auf die Aussagen des Ḥabīb, seines Herrn, stützte; diesem hatte ᶜAmr ibn ᶜĀṣ selbst erzählt:

Nachdem wir mit den verbündeten Stämmen den Graben verlassen hatten, rief ich einige Quraishiten zusammen, die meiner Meinung waren und mir ihr Gehör schenkten. Diesen erklärte ich: „Ihr kennt meine Meinung, daß das Treiben Muḥammads inzwischen üble Ausmaße annimmt. Ich habe eine Idee und möchte euch fragen, was ihr davon haltet."

„Und was ist das für eine Idee?"

„Ich bin der Meinung, wir sollten uns zum Negus begeben und bei ihm bleiben. Gewinnt Muḥammad die Oberhand über unser Volk, bleiben wir weiter beim Negus, denn es dürfte für uns besser sein, unter seiner Herrschaft als unter der Muḥammads zu leben. Siegen unsere Leute, so kennen sie uns und werden uns nichts Schlimmes antun."

„Ein vorzüglicher Rat!"

„So sammelt denn Geschenke, die wir dem Negus mitbringen können!"

Da dieser von den Erzeugnissen unseres Landes das Leder am meisten schätzte, brachten wir eine große Menge davon zusammen und machten uns auf den Weg, bis wir bei ihm anlangten. Wir waren gerade bei ihm angekommen, da erschien auch ᶜAmr ibn Umayya bei ihm, den der Prophet wegen Djaᶜfar und seinen Freunden nach Abessinien geschickt hatte.[23] Als er den Negus wieder verließ, sprach ich zu meinen Begleitern:

„Das ist ᶜAmr ibn Umayya! Wenn ich zum Negus ginge und ihn bäte, ihn mir auszuliefern, würde er ihn mir überlassen, und ich könnte ihm den Kopf abschlagen. Die Quraish müßten dann feststellen, daß ich ihnen mit der Ermordung des Boten des Propheten einen großen Dienst erwiesen habe."

Ich ging zum Negus und warf mich vor ihm nieder, wie ich es früher schon getan hatte. Er hieß mich willkommen und fragte:

„Hast du mir aus deiner Heimat ein Geschenk mitgebracht?"

„Ja, o König! Viel Leder!"

Ich ließ es zu ihm bringen. Es gefiel ihm sehr, und er war ganz versessen darauf. Dann bat ich ihn:

„O König! Ich habe gerade einen Mann von dir weggehen sehen. Er ist der Abgesandte eines unserer Feinde. Liefere ihn mir aus, damit ich ihn töten kann, denn er hat einige unserer besten und edelsten Männer umgebracht."

Bei diesen meinen Worten erzürnte der Negus und schlug sich mit der Hand derart fest auf die Nase, daß ich dachte, er hätte sie sich gebrochen. Hätte sich die Erde gespalten, ich wäre aus Angst vor ihm hineingesprungen.

„Wahrlich, wäre ich mir bewußt gewesen, daß du meine Bitte so abscheulich findest, hätte ich sie nicht geäußert!" versuchte ich mich zu entschuldigen, doch er rief:

„Soll ich dir etwa den Boten eines Mannes ausliefern, zu dem der Erzengel kommt, der auch zu Moses kam, damit du ihn umbringst!"

„O König! Ist er wirklich ein solcher Mann?" fragte ich ihn, und er erwiderte:

„Wehe dir, ᶜAmr! Gehorche mir und folge ihm, denn er ist im Recht und wird seine Gegner besiegen, wie Moses den Pharao und seine Heere besiegte!"

„Bist du bereit, daß ich dir anstelle Muḥammads den Treueid auf den Islam leiste?"

Er stimmte zu, streckte seine Hand aus, und ich leistete den Treueschwur. Als ich ihn dann verließ und zu meinen Gefährten zurückkehrte, hatte sich meine Meinung völlig geändert, doch verheimlichte ich ihnen, daß ich den Islam angenommen hatte. Sodann machte ich mich auf den Weg zum Propheten, um mich zum Islam zu bekennen.

Unterwegs traf ich Khālid ibn Walīd, der aus Mekka kam, und fragte ihn:

„Wohin des Wegs, Abū Sulaimān?"

„Der Weg ist klar. Der Mann ist in der Tat ein Prophet. Ich gehe zu ihm, um den Islam anzunehmen. Wie lange soll ich noch warten?“

„Bei Gott, mit der gleichen Absicht komme auch ich.“

In Medina angelangt, huldigte Khālid dem Propheten als erster. Dann trat ich auf Muḥammad zu und sprach: „O Gesandter Gottes! Ich huldige dir unter der Bedingung, daß mir alle Schuld aus der Vergangenheit vergeben und alles Vergangene nicht mehr erwähnt wird.“

„So huldige!“ antwortete der Prophet und fuhr fort: „Die Annahme des Islam schneidet wie die Hidjra alles ab, was vorher war.“ Da huldigte ich ihm und ging weg.

غَزْوَةُ بَنِي الْمُصْطَلِق

## 54. DER ÜBERFALL AUF DIE BANŪ MUṢṬALIQ

Im Monat Shaᶜbān des Jahres 6 unternahm der Prophet den Zug gegen den Stamm der Banū Muṣṭaliq aus dem Großverband der Khuzāᶜa.

ᶜĀṣim ibn ᶜUmar, ᶜAbdallāh ibn abī Bakr und Muḥammad ibn Yaḥyā haben mir jeder einen Teil der folgenden Darstellung über das Unternehmen gegen die Banū Muṣṭaliq erzählt:

Der Prophet erfuhr, daß sich die Banū Muṣṭaliq unter ihrem Anführer Ḥārith ibn abī Ḍirār gegen ihn sammelten. Da zog er gegen sie aus und traf sie an einer Wasserstelle namens Muraisīᶜ in der Gegend von Qudaid in Richtung Küste. Sie gingen aufeinander los und kämpften, bis Gott die Banū Muṣṭaliq in die Flucht schlug, einige von ihnen tötete und den Propheten ihre Kinder, ihre Frauen und ihren Besitz zur Beute machen ließ. Die vielen Gefangenen wurden unter die Muslime verteilt, darunter auch Djuwairīya, des Ḥārith Tochter.

Muḥammad ibn Djaᶜfar berichtete mir von seinem Onkel ᶜUrwa ibn Zubair, daß ᶜĀ'isha, die Gattin des Propheten, folgendes erzählte:

Als der Prophet die Gefangenen aus dem Stamm der Banū Muṣṭaliq als Beute verteilte, geriet Djuwairīya in den Anteil des Thābit ibn Qais oder dessen Vetter und wollte sich selbst von ihm freikaufen. Sie war eine reizende, anmutige Frau, und jeder, der sie sah, war sogleich von ihr gefangengenommen. Sie kam zum Propheten, um ihn zu bitten, ihr beim Freikauf zu helfen. Sobald ich sie an der Tür meines Zimmers sah, so erzählte ᶜĀ'isha später, empfand ich einen Widerwillen gegen sie, da ich wußte, daß der Prophet sie so sehen werde, wie ich sie sah. Sie trat bei ihm ein und sprach:

„Ich bin Djuwairīya, die Tochter des Ḥārith ibn abī Ḍirār, des Führers seines Stammes. Mir ist, wie du weißt, Unheil widerfahren. Ich bin in den Beuteanteil des Thābit ibn Qais geraten, möchte mich aber von ihm freikaufen und bin deshalb mit der Bitte zu dir gekommen, mir dabei zu helfen."

„Vielleicht möchtest du noch etwas Besseres?" fragte sie der Prophet, und als sie wissen wollte, was er meinte, fuhr er fort: „Ich werde die Summe für deinen Freikauf bezahlen und dich heiraten!"

Sie war damit einverstanden, und er heiratete sie. Die Nachricht davon verbreitete sich schnell unter den Muslimen, worauf sie alle ihre Gefangenen, die sie vom Stamm der Banū Muṣṭaliq hatten, freiließen, da diese ja nun mit dem Propheten verschwägert waren. Durch seine Heirat mit ihr kamen hundert Familien dieses Stammes wieder frei, und ich kenne keine andere Frau, die für ihren Stamm ein größerer Segen gewesen wäre.

خَبَرُ الإِفْكِ فِي غَزْوَةِ بَنِي المُصْطَلِق

## 55. DIE LÜGE, DIE ÜBER ᶜĀ'ISHA VERBREITET WURDE

ZUHRĪ hat für mich den folgenden Bericht zusammengestellt, wobei er sich auf die Aussagen von ᶜAlqama ibn Waqqāṣ, Saᶜīd ibn Djubair, ᶜUrwa ibn Zubair und ᶜUbaidallāh ibn ᶜAbdallāh stützte; alle haben ihm einzelne Teile davon erzählt, und der eine hatte mehr davon behalten als der andere. Auch Yaḥyā ibn ᶜAbbād und ᶜAbdallāh ibn abī Bakr, ersterer nach Aussagen seines Vaters, letzterer von ᶜAmra, der Tochter des ᶜAbdarraḥmān, schilderten mir ᶜĀ'ishas eigene Darstellung über die Angelegenheit mit der Verleumdung. Alles, was in ihren Bericht Eingang gefunden hat, stammt von diesen Männern, wobei sie sich gegenseitig ergänzen. Jeder von ihnen ist vertrauenswürdig und erzählte, was er von ᶜĀ'isha selbst gehört hat.

ᶜĀ'isha erzählte: Immer wenn der Prophet beabsichtigte, Medina zu verlassen, ließ er durch das Los entscheiden, welche seiner Frauen ihn begleiten durfte. So tat er es auch vor dem Feldzug gegen die Banū Muṣṭaliq. Das Los fiel auf mich, und der Prophet nahm mich mit. Die Frauen pflegten damals nur Kleinigkeiten zu essen, damit sie unterwegs nicht zu schwer waren. Wenn mein Kamel gesattelt wurde, saß ich gewöhnlich schon in der Kamelsänfte, dem Haudadj; dann kamen die Männer, faßten den Haudadj unten an, hoben ihn hoch, legten ihn dem Kamel auf den Rücken, banden ihn mit Stricken fest und zogen, das Kamel am Kopfe führend, los.

Nach dem Unternehmen gegen die Banū Muṣṭaliq machte sich der Prophet wieder auf den Rückweg. In der Nähe von Medina ließ er eine Rast einlegen, und wir verbrachten dort einen Teil der Nacht. Als er wieder zum Aufbruch rufen ließ, begannen die Leute sich fertigzumachen, und ich ging etwas abseits, um meine Notdurft zu verrichten. Am Hals trug ich eine meiner Onyxketten. Ohne daß ich es bemerkte, glitt diese, als ich mein

Bedürfnis verrichtet hatte, mir vom Hals, und erst bei meiner Rückkehr zum Lagerplatz griff ich suchend nach ihr und vermißte sie. Obwohl man bereits mit dem Aufbruch begonnen hatte, kehrte ich nochmals an jene Stelle zurück und suchte die Kette, bis ich sie fand. Die Männer, die mir das Kamel sattelten, waren inzwischen nach Beendigung ihrer Arbeit zu meiner Lagerstelle gekommen, die ich gerade wieder verlassen hatte, und dachten, ich sei wie gewöhnlich bereits im Haudadj. In der festen Annahme, daß ich mich darin befände, hoben sie ihn auf das Kamel und zogen weiter. Ich aber fand bei meiner Rückkehr ins Lager keine Menschenseele mehr vor. Sie waren alle weg. Da wickelte ich mich in mein Gewand und legte mich hin, denn ich wußte ja, daß man gewiß zu mir zurückkehren werde, sobald man mich vermißte. Und, bei Gott, kaum hatte ich mich niedergelegt, da kam Ṣafwān ibn Muᶜaṭṭal vom Stamme Sulaim vorbei. Aus irgendeinem Grunde war er hinter dem Heer zurückgeblieben und hatte die Nacht nicht zusammen mit den anderen verbracht. Als er meine Gestalt erblickte, kam er heran und blieb bei mir stehen. Er hatte mich schon früher einmal gesehen, als wir noch nicht den Schleier tragen mußten. Als er mich erkannte, rief er aus:

„Wir gehören Gott und kehren zu Ihm zurück! Die Frau des Propheten!“ Und während ich in meinem Gewand eingehüllt blieb, fuhr er fort: „Weshalb bist du zurückgeblieben? Gott erbarme sich deiner!“

Ich antwortete nicht. Er holte sein Kamel, bat mich aufzusteigen und hielt sich dabei von mir fern. So stieg ich auf; er zog das Kamel am Kopf und machte sich eilends auf den Weg, um unsere Leute einzuholen. Aber, bei Gott, wir erreichten sie nicht, und ich wurde auch nicht vermißt, bis es Morgen wurde und sie haltmachten. Nachdem sie sich ausgeruht hatten, tauchte Ṣafwān mit mir bei ihnen auf. Sogleich verbreiteten die Verleumder ihre Lügen über mich, und das ganze Heer geriet in Aufregung. Ich aber wußte, bei Gott, von alledem nichts.

Wir gelangten nach Medina, und alsbald wurde ich sehr krank, so daß ich immer noch nichts von den Gerüchten erfuhr. Diese aber waren bis zum Propheten und zu meinen Eltern gedrungen, die mir indes nicht das geringste erzählten. Ich vermißte nur die gewohnte Freundlichkeit des Propheten, denn immer wenn ich sonst krank gewesen war, verhielt er sich mir gegenüber besonders nett und fürsorglich. Diesmal kümmerte er sich aber nicht um mich, und mir fehlte seine Aufmerksamkeit. Immer wenn er zu mir kam, fragte er lediglich meine Mutter, die mich pflegte: „Wie geht es ihr?", und sonst nichts. Es tat mir im Herzen weh, und als ich bemerkte, wie er sich mir entfremdet hatte, bat ich ihn, mir zu erlauben, daß man mich zur Pflege ins Haus meiner Mutter brächte. Er hatte nichts dagegen. So brachte man mich zu meiner Mutter, wobei ich aber immer noch nicht wußte, was eigentlich geschehen war, bis ich nach über zwanzig Tagen von meiner Krankheit wieder genas.

Wir waren Araber und hatten nicht diese gewissen Örtchen in unseren Häusern, wie die Fremden sie haben. Wir ekeln uns davor und verabscheuen sie. Um ein Bedürfnis zu verrichten, pflegten wir ins Freie, außerhalb der Stadt zu gehen. Die Frauen taten dies stets des Nachts. Eines Abends ging ich also zusammen mit Umm Misṭaḥ, die zum Geschlecht der ʿAbd-manāf gehörte und eine Tante meines Vaters Abū Bakr war, hinaus, um meine Notdurft zu verrichten. Wie sie so mit mir dahinschritt, stolperte sie über ihr Kleid und schimpfte: „Soll doch Misṭaḥ fallen!"

„Beim Ewigen Gott", entfuhr es mir, „so spricht man nicht über einen Auswanderer, der bei Badr gekämpft hat!"

Doch sie entgegnete: „Hast du, Tochter des Abū Bakr, denn nicht das Gerücht gehört?"

„Was für ein Gerücht?" erwiderte ich, und nachdem sie mir erzählt hatte, was die Verleumder redeten, fragte ich sie:

„Ist das wirklich wahr?"

„Ja, bei Gott, so ist es!" gab sie zurück.

Ich konnte nicht einmal mehr meine Notdurft verrichten, sondern lief sofort zurück, und, bei Gott, ich weinte so sehr, daß ich dachte, es würde mir das Herz zerreißen. Zu Hause schalt ich meine Mutter: „Gott möge dir vergeben! Die Leute reden über mich, und du sagst mir kein Wort davon!"

„Meine liebe Tochter", versuchte sie mich zu trösten, „nimm es nicht so schwer. Es gibt kaum eine schöne Frau, die mit einem Mann verheiratet ist, der sie liebt, ohne daß die Nebenfrauen und auch die anderen Leute über sie reden."

Der Prophet aber erhob sich unter den Muslimen und predigte ihnen, ohne daß ich davon wußte. Er lobte und pries Gott und sprach: „O ihr Menschen! Wie kommt es, daß einige Männer mich wegen meiner Familie kränken und unwahr von ihr sprechen! Bei Gott, ich weiß nur Gutes von ihr. Wie kommt es, daß sie dies von einem Mann behaupten, von dem ich auch nur Gutes weiß und der keines meiner Zimmer ohne meine Begleitung betritt!"

Die Hauptschuld an den Gerüchten trugen ᶜAbdallāh ibn Ubayy unter den Männern des Stammes Khazradj sowie Misṭaḥ und Ḥamna, die Tochter des Djaḥsh. Ḥamnas Schwester Zainab war nämlich eine der Frauen des Propheten, und diese war die einzige unter seinen Frauen, die sich mit mir in seiner Wertschätzung messen konnte. Während Gott aber Zainab in ihrem Glauben beschützte, so daß sie nur Gutes sprach, verbreitete Ḥamna das Gerücht überall. Sie tat dies gegen mich und zugunsten ihrer Schwester, die darunter sehr litt.

Auf die oben genannten Worte des Propheten erwiderte Usaid ibn Ḥuḍair:

„Wenn die Verleumder zum Stamme Aus gehören, werden wir dich vor ihnen schützen; gehören sie aber zu unseren Brüdern vom Stamme Khazradj, so gib uns deine Befehle, denn, bei Gott, dies wären wahrlich Menschen, denen man den Kopf abschlagen sollte."

Darauf erhob sich Saᶜd ibn ᶜUbāda, den man bislang für einen frommen Mann gehalten hatte, und sprach:

„Beim Ewigen Gott! Du lügst! Wir werden sie nicht enthaupten! Du hättest dies nie gesagt, wenn du nicht wüßtest, daß sie zu den Khazradj gehören. Wären sie aus deinem Stamme, hättest du dies nicht gesagt."

„Du lügst!" gab Usaid zurück, „du bist ein Heuchler, der für die Heuchler streitet!"

Die Männer gingen aufeinander los, und beinahe wäre es zwischen den beiden Stämmen zu einem Kampf gekommen. Danach kam der Prophet zu mir und rief ᶜAlī und Usāma ibn Zaid, um sich mit ihnen zu beraten. Usāma lobte mich sehr und fuhr fort:

„O Prophet Gottes! Es ist deine Familie, und wir wissen nur das Beste über sie. All das, was behauptet wird, ist erlogen und falsch!"

ᶜAlī dagegen sprach: „O Prophet Gottes! Der Frauen gibt es wahrlich genug, und du kannst sie leicht ersetzen. Frage doch die Sklavin, sie wird dir die Wahrheit sagen!“

Der Prophet rief Buraira. ᶜAlī trat auf sie zu, versetzte ihr einen heftigen Schlag und fuhr sie an:

„Sage dem Propheten die Wahrheit!“

„Bei Gott“, begann sie, „ich weiß nur Gutes über ᶜĀ'isha. Das einzige, was ich an ihr auszusetzen habe, ist, daß sie, wenn ich meinen Teig geknetet habe und sie bitte, darauf achtzugeben, dabei einschläft; dann kommt das Schaf und frißt den Teig.“

Dann kam der Prophet zu mir ins Zimmer – bei mir waren meine Eltern und eine Frau von den Helfern, die mit mir weinte –, setzte sich, pries und lobte Gott und sprach:

„ᶜĀ'isha! Du weißt, was die Leute über dich reden! So fürchte Gott, und wenn du etwas von dem getan hast, was die Leute behaupten, bereue es vor Gott, denn Er nimmt die Reue Seiner Diener an.“

Kaum hatte er dies gesagt, schwanden meine Tränen, so daß ich sie nicht mehr spürte. Ich erwartete, daß meine Eltern für mich antworten würden, aber sie sagten nichts. Bei Gott, ich kam mir selbst zu armselig und klein vor, als daß ich erwartet hätte, daß Gott wegen mir Koranverse herabsenden könnte, die man in den Moscheen rezitieren und beim Gebet sprechen würde, aber ich hoffte doch, daß der Prophet im Traum etwas sehen oder Gott ihm etwas mitteilen möge, um die Verleumdung von mir abzuwenden, denn Er kannte meine Unschuld. Für eine koranische Offenbarung kam ich mir fürwahr zu unbedeutend vor. Als ich bemerkte, daß meine Eltern nichts sagten, fragte ich sie:

„Antwortet ihr dem Propheten denn nicht?“

„Bei Gott, wir wissen nicht, was wir ihm erwidern sollen“, gaben sie zurück.

Ich kenne keine Familie, die so viel gelitten hat wie die Familie meines Vaters Abū Bakr in jenen Tagen. Als sie weiterhin schwiegen, brach ich erneut in Tränen aus und sagte:

„Bei Gott, ich werde niemals etwas derartiges vor Gott bereuen! Ich weiß, daß ich, wenn ich bestätigen würde, was die Leute behaupten – und Gott weiß, daß ich unschuldig bin –, etwas gestehen würde, was nicht geschehen ist. Streite ich aber ihre Verleumdungen ab, wirst du mir nicht glauben."

Dann versuchte ich, mich an den Namen Jakob zu erinnern, kam jedoch nicht darauf. Deshalb sagte ich:

„Ich werde dir wie Josephs Vater antworten: *‚Ich muß mich in Geduld üben. Und Gott sei um Hilfe gebeten gegen das, was ihr aussagt'* (Sure 12, 18)."

Und, bei Gott, der Prophet hatte sich von seinem Platz noch nicht erhoben, als in der gewohnten Weise eine Offenbarung Gottes über ihn kam. Man bedeckte ihn mit seinem Gewand und legte ihm ein Lederkissen unter sein Haupt. Ich aber fürchtete und sorgte mich nicht, als ich dies sah; ich wußte ja, daß ich unschuldig war und daß Gott mich nicht ungerecht behandeln würde. Nicht so meine Eltern. Bei Dem, in Dessen Hand meine Seele liegt! Kaum kam der Prophet wieder zu sich, als ich dachte, meine Eltern würden sterben aus Angst, Gott könnte die Behauptung der Leute bestätigt haben. Der Prophet kam zu sich und setzte sich auf. Der Schweiß rann ihm vom Gesicht wie Perlen an einem Wintertag. Während er ihn sich von der Stirn wischte, sprach er:

„Freue dich über die Botschaft, ᶜĀ'isha! Gott hat deine Unschuld geoffenbart."

Ich aber lobte Gott. Sodann trat der Prophet hinaus vor die Leute und trug ihnen vor, was Gott geoffenbart hatte. Dem Misṭaḥ ibn Uthātha, dem Ḥassān ibn Thābit und der Ḥamna bint Djaḥsh aber, die vor allem jene Ungeheuerlichkeit verbreitet hatten, ließ er die vorgeschriebene Anzahl an Peitschenhieben verabreichen.

Die Offenbarung, die Gott über die Schamlosen, die die Worte der Verleumder verbreitet hatten, herabsandte, lautet:

*Diejenigen, die die Lüge vorgebracht haben, sind nur eine kleine Gruppe von euch. Ihr dürft nicht meinen, sie gereiche euch zum Nachteil. Sie gereicht euch vielmehr zum Vorteil. Jedem einzelnen von ihnen wird das angerechnet, was er an Sünde begangen hat. Und der Haupttäter hat eine gewaltige Strafe zu erwarten.*

Damit meinte Gott Ḥassān ibn Thābit und seine verleumderischen Freunde. Und Gott fuhr fort:

*Warum haben denn, als ihr davon hörtet, die gläubigen Männer und Frauen nicht ihrerseits eine gute Meinung* (von ᶜĀ'isha) *gehabt?* Und weiter sprach Gott: *Als ihr es mit euerer Zunge aufnahmt und mit euerem Mund sagtet, wovon ihr kein Wissen hattet, und es für unwichtig hieltet, während es bei Gott schwer wiegt!* (Sure 24, 11-15).

Nachdem dies über ᶜĀ'isha und ihre Verleumder geoffenbart worden war, sprach ihr Vater Abū Bakr, der den Misṭaḥ finanziell unterstützte, weil dieser mit ihm verwandt war und Not litt:

„Bei Gott, ich werde dem Misṭaḥ nichts mehr geben und werde ihm nicht mehr im geringsten helfen, nach alledem, was er über ᶜĀ'isha gesagt und was er über uns gebracht hat."

Daraufhin sandte Gott die folgende Offenbarung herab:

*Und diejenigen von euch, die begünstigt sind und über genügend Mittel verfügen, sollen nicht schwören, daß sie den Verwandten, den Armen und denen, die um Gottes willen ausgewandert sind, nichts mehr geben werden. Sie sollen vielmehr verzeihen und Nachsicht üben. Wünscht ihr denn nicht, daß Gott euch vergibt? Gott ist barmherzig und bereit, zu vergeben.* (Sure 24, 22).

„Wahrlich, ich möchte, daß Gott mir vergibt!" sprach Abū Bakr und zahlte an Misṭaḥ wie bisher und schwor, daß er ihm die Unterstützung nie entziehen werde.

Einer der Muslime äußerte sich über die Hiebe, die Ḥassān und seine Freunde erhielten, weil sie ᶜĀ'isha verleumdet hatten, mit den folgenden Versen:

*Ḥamna, Misṭaḥ und Ḥassān: sie haben nun gekostet*
*ihren Teil und mußten ihre Schändlichkeiten büßen.*
*ᶜĀ'isha, des Propheten Gattin, haben sie verleumdet,*
*aber zornig auf dem Thron ließ Gott sie es verdrießen.*
*Den Gesandten Gottes haben sie damit gekränkt, doch*
*Scham und Schande ließen sie nicht lange es genießen.*
*Ausgeschüttet wurden Peitschenhiebe über sie, wie*
*sonst nur Regengüsse von den hohen Wolken fließen.*

أمرُ الحُدَيبِيَّةِ في آخرِ سَنَةِ ستّ

## 56. DER ZUG NACH ḤUDAIBĪYA AM ENDE DES JAHRES 6

DER Prophet verbrachte dann die Monate Ramaḍān und Shawwāl in Medina. Im Monat Dhu l-Qaᶜda machte er sich auf den Weg nach Mekka, um die kleine Pilgerfahrt[24] zu unternehmen. Kriegerische Absichten verfolgte er nicht. Er forderte die Araber und benachbarten Beduinen auf, mit ihm zu ziehen, da er fürchtete, die Quraish würden ihm mit Waffengewalt entgegentreten oder ihm den Zugang zur Kaᶜba verwehren, was sie dann ja auch taten. Viele Araber zögerten jedoch, und der Prophet brach mit den Auswanderern und den Helfern sowie denjenigen Arabern auf, die sich ihm angeschlossen hatten. Er führte Schlachtopfer mit sich und trug das Pilgergewand, damit sich die Quraish vor kriegerischen Absichten sicher fühlen und begreifen sollten, daß er wirklich nur ausgezogen war, um die Kaᶜba zu besuchen und zu verehren.

Zuhrī berichtete mir von ᶜUrwa, der sich auf die Aussagen des Miswar ibn Makhrama und des Marwān ibn Ḥakam stützte, folgendes:

Im Jahr von Ḥudaibīya zog der Prophet aus, um die Kaᶜba aufzusuchen, hatte aber keine kriegerischen Absichten. Siebzig Kamele führte er als Opfertiere mit. Da es siebenhundert Männer waren, entfiel auf jeweils zehn Männer ein solches Kamel. Unterwegs, bei ᶜUsfān, begegnete Bishr ibn Sufyān dem Propheten und sprach:

„O Gesandter Gottes! Die Quraish haben von deinem Aufbruch gehört. Mit Leopardenfellen bekleidet haben sie mit ihren Frauen und Kindern Mekka verlassen und sich in Dhū Ṭuwā niedergelassen. Sie haben geschworen, daß du Mekka niemals gegen ihren Willen betreten wirst. Khālid ibn Walīd führt ihre Reiterei, die sie nach Kurāᶜ al-Ghamīm vorausgeschickt haben."

„Wehe den Quraish!“ erwiderte darauf der Prophet, „der Gedanke an den Krieg hat sie verschlungen. Was würde es ihnen schaden, wenn sie sich nicht in meine Angelegenheiten mit den übrigen Arabern einmischten. Wenn diese mich töten, ist dies doch genau das, was sie wollen. Wenn Gott mir aber den Sieg über sie verleiht, werden sie in Scharen zum Islam übertreten oder mit mir kämpfen, solange sie dazu die Kraft haben. Was denken sich eigentlich die Quraish? Wahrlich, ich werde so lange für meine göttliche Botschaft kämpfen, bis Gott ihr zum Sieg verhilft oder ich zugrunde gehe.“

Darauf erkundigte er sich nach einem Mann, der sie auf einem Weg nach Mekka führen könnte, ohne daß sie den Quraish begegnen würden. Dann befahl er seinen Leuten, zur rechten Hand durch das Salzgebiet zu ziehen, auf einem Weg, der sie über den Paß von Murār in die Niederung von Ḥudaibīya unterhalb Mekkas bringen würde. Das Heer schlug diesen Weg ein, und als die quraishitische Reiterei die Staubwolken sah, die die Muslime aufwirbelten, merkten sie, daß diese einen anderen Weg nahmen, und kehrten deshalb im Galopp zu den Quraish zurück. Auf dem Paß von Murār kniete das Kamel des Propheten nieder, und seine Leute sprachen:

„Dein Kamel will nicht weiter!“

„Es ist nicht die Art meines Kamels, so etwas zu tun, sondern Der, Der den Elefanten von Mekka zurückhielt[25], versperrt ihm den Weg. Wenn mir die Quraish heute einen Vorschlag machen und mich bitten, erneut eine verwandtschaftliche Beziehung zu ihnen zu knüpfen, werde ich in jedem Falle darauf eingehen.“

Er ließ die Muslime absteigen, und als sie ihn darauf aufmerksam machten, daß es im Wadi dort kein Wasser gebe, wo sie sich lagern könnten, zog er aus seinem Köcher einen Pfeil und gab diesen einem seiner Gefährten. Jener stieg damit in eines der ausgetrockneten Wasserlöcher und stieß den Pfeil mitten hinein, worauf das Wasser reichlich floß. Nachdem Mensch und Tier getrunken hatten, ließen sie sich dort nieder.

Als sich der Prophet ausgeruht hatte, kam Budail ibn Warqā' mit einigen anderen Männern vom Stamme Khuzāᶜa zu ihm, und sie fragten ihn, was er vorhabe. Er antwortete, er wolle keinen Krieg und sei lediglich gekommen, um die Kaᶜba zu besuchen und den Heiligen Bezirk zu ehren. Dann sagte er ihnen das gleiche wie vorher schon dem Bishr ibn Sufyān. Die Khuzāᶜa kehrten zu den Quraish zurück und sprachen:

„Männer von Quraish! Ihr handelt zu voreilig gegen Muḥammad. Er ist wirklich nicht gekommen, um zu kämpfen, sondern will lediglich die Kaᶜba besuchen."

Die Quraish mißtrauten dem Budail jedoch und wiesen ihn barsch ab, indem sie sagten:

„Auch wenn Muḥammad nicht vorhat zu kämpfen, wird er Mekka gegen unseren Willen nicht betreten, und die Araber werden nicht darüber reden, daß wir es ihm erlaubt hätten."

Sowohl die Muslime als auch die Heiden unter den Khuzāᶜa waren für Muḥammad Männer des Vertrauens und verschwiegen ihm nichts, was in Mekka geschah. Die Quraish schickten sodann den Ḥulais ibn ᶜAlqama zum Propheten. Ḥulais gehörte zu den Banū Ḥārith aus dem Großverband der Kināna und war damals der Führer der Aḥābīsh. Sobald der Prophet ihn kommen sah, wandte er sich an die Muslime und sprach:

„Dieser Mann gehört zu denen, die den Gott der Kaᶜba verehren. Schickt ihm die Opfertiere entgegen, damit er sie sieht."

Als Ḥulais die Kamele erblickte, wie sie von der Seite des Wadis auf ihn zuströmten, und bemerkte, daß sie alle zum Zeichen der Opferung mit Halsbändern geschmückt waren und ihr Fell, da sie schon so lange auf ihrem Weg nach Mekka aufgehalten worden waren, bereits ganz zerfressen war, zog er aus Ehrfurcht vor diesem Anblick nicht weiter, sondern kehrte sogleich zu den Quraish zurück und erzählte ihnen davon. Diese aber sagten nur:

„Setz dich hin! Du bist doch nur ein Beduine und hast keine Ahnung!"

ᶜAbdallāh ibn abī Bakr überlieferte mir weiter:

Zornig antwortete ihnen Ḥulais:

„Ihr Quraish! Auf dieser Grundlage haben wir das Bündnis nicht mit euch geschlossen! Wollt ihr denn jemandem den Zutritt zum Hause Gottes verwehren, der gekommen ist, um es zu verehren?! Bei Dem, in Dessen Hand meine Seele liegt, entweder laßt ihr Muḥammad das tun, wozu er gekommen ist, oder ich werde meine Aḥābīsh bis auf den letzten Mann abziehen."

„Langsam, Ḥulais!" erwiderten sie ihm, „lasse uns gewähren, bis wir zufriedenstellende Bedingungen erreicht haben!"

Zuhrī fuhr in seinem Bericht fort:

Als nächsten schickten die Quraish den ᶜUrwa ibn Masᶜūd vom Stamme Thaqīf zum Propheten. ᶜUrwa hatte ihnen erklärt:

„Ihr Männer von Quraish! Ich habe gehört, mit welch tadelnden und bösen Worten ihr eueren Boten bedacht habt, als er von Muḥammad zurückkehrte. Ihr wißt, ihr seid für mich der Gebärer, und ich bin für euch wie ein Sohn" – ᶜUrwa stammte nämlich mütterlicherseits von den Quraish –. „Nachdem ich gehört hatte, was euch geschehen ist, habe ich diejenigen Männer meines Stammes versammelt, die mir gehorchen, und bin zu euch gekommen, um euch zu helfen."

Die Quraish bestätigten ihm ihr Vertrauen. ᶜUrwa kam daraufhin zum Propheten, setzte sich vor ihm nieder und sprach:

„Muḥammad! Hast du diesen bunten Haufen zusammengebracht und bist mit ihm zu deinem eigenen Stamm gezogen, um diesen zu vernichten? Die Quraish sind mit ihren Frauen und Kindern aufgebrochen, haben Leopardenfelle angelegt und geschworen, daß du gegen ihren Willen Mekka niemals betreten wirst. Ich bin sicher, deine Leute hier werden dich schon morgen im Stich lassen." Da rief Abū Bakr, der hinter ihm saß:

„Wir und den Propheten im Stich lassen?! Scher dich lieber um den Kitzler deiner Göttin Lāt!"

„Wer ist dieser Mann, Muḥammad?" fragte ᶜUrwa, und der Prophet sagte es ihm, worauf ᶜUrwa an Abū Bakr gewandt sprach:

„Hättest du bei mir nicht etwas gut, ich würde es dir heimzahlen. Aber jetzt sind wir quitt!"

Dann ergriff er, während er mit dem Propheten sprach, dessen Bart, doch Mughīra ibn Shuᶜba, der in seiner Eisenrüstung neben dem Propheten stand, holte zum Schlag auf seine Hand aus und drohte ihm:

„Nimm deine Hand vom Gesicht des Propheten, solange du es noch kannst!"

„Wehe dir, du grober Flegel!" entgegnete ihm ᶜUrwa und fragte den Propheten, der darüber lachen mußte, nach dem Namen des Mannes.

„Es ist Mughīra ibn Shu<sup>c</sup>ba, der Sohn deines Bruders!" antwortete ihm der Prophet, worauf ᶜUrwa jenen beschimpfte:

„Welche Treulosigkeit! War es nicht erst gestern, daß ich für dich die Blutschuld bezahlt habe!"

Darauf erklärte der Prophet dem ᶜUrwa das gleiche, was er schon vorher den anderen gesagt hatte, und deutete abermals darauf hin, daß er ohne kriegerische Absichten gekommen sei. Während seines Aufenthaltes beim Propheten sah ᶜUrwa, wie sich die Prophetengefährten Muḥammad gegenüber verhielten: Immer wenn er seine Waschungen vollzog, eilten sie herbei, um sein Wasser zu bekommen; immer wenn er spuckte, rannten sie hinzu; und jedes Haar, das ihm ausfiel, hoben sie auf. Als ᶜUrwa dann zu den Quraish zurückkehrte, sprach er:

„Männer von Quraish! Ich war schon bei Chosroe in seinem Reich, beim Kaiser in seinem Reich und beim Negus in seinem Reich, aber ich habe nie einen König in seinem Volk gesehen wie Muḥammad unter seinen Gefährten. Ich habe Männer gesehen, die ihn für nichts in der Welt jemals aufgeben werden. So macht euch nun euere eigenen Gedanken!"

أَمرُ الهُدْنَة

## 57. DER WAFFENSTILLSTAND

Zuhrī berichtete weiter:

Dann schickten die Quraish den Suhail, einen Bruder der Banū ᶜĀmir ibn Lu'ayy, zum Propheten mit dem Auftrag:
„Gehe zu Muḥammad und schließe mit ihm Frieden unter der Bedingung, daß er in diesem Jahr wieder nach Medina umkehrt, damit die Araber nicht sagen können, er habe Mekka jemals gegen unseren Willen betreten."
Der Prophet sah ihn kommen und sagte:

„Nachdem sie diesen Mann geschickt haben, glaube ich, daß sie Frieden schließen wollen."

Suhail kam zum Propheten. Sie unterhielten sich lange miteinander, bis sie sich auf eine Friedensvereinbarung einigten und nur noch die entsprechende Urkunde zu schreiben war. Da sprang cUmar auf, lief zu Abū Bakr und sprach:

„Abū Bakr! Ist er denn nicht der Prophet Gottes?!“

„Doch!“ erwiderte dieser, und cUmar fragte weiter:

„Und sind wir denn keine Muslime?“

„Doch!“

„Aber weshalb müssen wir dann durch diesen Vertrag mit den Heiden unseren Glauben so herabsetzen?“

„O cUmar! Halte zu ihm! Ich bezeuge, daß er der Prophet Gottes ist.“

„Auch ich bekenne, daß er Gottes Prophet ist!“ antwortete ihm cUmar, ging zu Muḥammad und fragte auch ihn:

„Bist du der Gesandte Gottes?“

„Ja.“

„Sind wir Muslime?“

„Ja.“

„Sind sie Ungläubige?“

„Ja.“

„Aber weshalb müssen wir dann durch diesen Vertrag mit den Heiden unseren Glauben so herabsetzen?“

„Ich bin der Sklave und der Prophet Gottes. Niemals werde ich Seinem Auftrag zuwiderhandeln, und niemals wird Er mich zu Schaden kommen lassen.“

Später pflegte cUmar darüber zu sagen:

„Wegen meines damaligen Verhaltens dem Propheten gegenüber hörte ich nicht auf, Almosen zu geben, zu fasten, zu beten und Sklaven freizulassen. Ich fürchtete nämlich, Gott werde mich für meine Worte bestrafen, die ich damals in der Hoffnung äußerte, meine Meinung sei die bessere.“

Sodann rief der Prophet cAlī herbei und befahl ihm zu schreiben: „Im Namen des barmherzigen und gütigen Gottes“, doch Suhail wandte ein:

„Den kenne ich nicht! Schreibe nur: ‚In Deinem Namen, o Gott[26]!‘“

Der Prophet war damit einverstanden, und cAlī schrieb es. Dann befahl er ihm fortzufahren: „Dies ist das Friedensabkommen, auf das sich Muḥammad, der Gesandte Gottes, mit Suhail ibn cAmr geeinigt hat.“

Suhail aber sprach: „Würde ich bekennen, daß du der Gesandte Gottes bist, hätte ich nicht gegen dich gekämpft! Nenne lediglich deinen und deines Vaters Namen!"

So ließ der Prophet folgendes schreiben: „Dies ist das Friedensabkommen, auf das sich Muḥammad, der Sohn des ᶜAbdallāh, mit Suhail ibn ᶜAmr geeinigt hat. Sie sind übereingekommen, zehn Jahre auf den Krieg zu verzichten. In dieser Zeit sollen sich die Menschen sicher fühlen und voneinander fernhalten. Muḥammad verpflichtet sich, jeden an die Quraish auszuliefern, der sich ohne die Erlaubnis seines Schutzherren zu ihm begibt, während die Quraish ihrerseits nicht verpflichtet sind, Überläufer von Muḥammad zurückzuschicken. Es soll keine Feindschaft, keinen heimlichen Diebstahl und keinen Betrug zwischen uns geben. Es steht jedem frei, sich für ein Bündnis mit Muḥammad oder den Quraish zu entscheiden." Da sprangen die Khuzāᶜa auf und erklärten, daß sie in ein Bündnis mit Muḥammad treten würden. Die Banū Bakr sprachen sich dagegen für eine Verbindung mit den Quraish aus und sagten zum Propheten: „Du kehrst in diesem Jahr um, ohne Mekka betreten zu haben. Im nächsten Jahr werden wir dir den Weg freigeben, so daß du mit deinen Gefährten nach Mekka ziehen und drei Nächte dort bleiben kannst. Du darfst so bewaffnet sein wie ein Reiter und die Schwerter in der Scheide mitführen. Sonst darfst du nichts in die Stadt mitbringen."

Während der Prophet und Suhail die Urkunde verfaßten, kam Suhails eigener Sohn, Abū Djandal, in Fesseln daher, nachdem er den Quraish hatte entfliehen können. Die Gefährten des Propheten waren wegen eines Traumes, den Muḥammad gehabt hatte, in der Gewißheit ausgezogen, daß sie Mekka erobern würden. Als sie nun die Friedensverhandlungen sahen, die Verpflichtung zur Umkehr und alle anderen Abmachungen, die Muḥammad einging, verzweifelten sie beinahe zu Tode. Kaum hatte Suhail nun seinen Sohn erblickt, stand er auf, schlug ihm ins Gesicht, packte ihn am Kragen und sprach:

„Muḥammad, wir haben unsere Abmachung getroffen, bevor mein Sohn zu dir kam."

Der Prophet mußte ihm recht geben, und Suhail zog Abū Djandal heftig am Kragen, um ihn zu den Quraish zurückzuschleppen. Abū Djandal aber schrie so laut er konnte:

„O ihr Muslime! Soll man mich denn zu den Ungläubigen zurückbringen, damit sie mich in meinem Glauben wankend machen?"

Dies ließ die Muslime noch mehr verzweifeln, doch der Prophet antwortete:

„Habe Geduld, Abū Djandal, und rechne auf Gottes Vergeltung, denn Er wird dir und den anderen Unterdrückten, die mit dir sind, einen Ausweg und einen glücklichen Ausgang bereiten. Wir haben mit ihnen Frieden geschlossen und uns bei Gott verpflichtet, diesen einzuhalten. Wir können deshalb keinen Verrat an ihnen begehen."

ᶜUmar sprang auf, ging neben Abū Djandal her und sprach: „Geduld, Abū Djandal! Es sind nur Ungläubige, und das Blut eines jeden von ihnen ist nicht mehr wert als das Blut eines Hundes!"

In der Hoffnung, Abū Djandal würde seinen Vater erschlagen, hielt ᶜUmar ihm den Griff seines Schwertes so nahe hin, daß er es hätte ergreifen können. Abū Djandal verzichtete jedoch darauf, seinen eigenen Vater zu töten.

Der Prophet lagerte außerhalb des Heiligen Bezirks, verrichtete seine Gebete aber innerhalb desselben[27]. Nach Abschluß des Friedensabkommens schlachtete er seine Opfertiere. Dann setzte er sich nieder und schor sich den Kopf. Als seine Leute dies sahen, sprangen sie auf und taten es ihm gleich.

Auf dem Rückzug wurde dem Propheten zwischen Mekka und Medina die Sure „der Erfolg" (Sure 48) geoffenbart:

*Wir haben dir einen offenkundigen Erfolg beschieden. Gott wollte dir deine frühere und spätere Schuld vergeben, Seine Gnade an dir vollenden und dich einen geraden Weg führen* (Verse 1-2).

Dann folgt der Bericht über den Propheten und seine Gefährten, bis Er von der Huldigung spricht:

*Diejenigen, die dir huldigen, huldigen Gott. Gottes Hand ist über ihrer Hand. Wenn einer eine Verpflichtung bricht, tut er das zu seinem eigenen Nachteil. Wenn aber einer eine Verpflichtung, die er Gott gegenüber eingegangen ist, erfüllt, wird Er ihm gewaltigen Lohn geben* (Vers 10).

Im folgenden erwähnt Gott die Beduinen, die sich Muḥammads Zug trotz seiner Aufforderung nicht angeschlossen hatten:

*Diejenigen Beduinen, die zurückgelassen worden sind, werden zu dir sagen: „Unsere Herden und Familien haben uns so sehr in Anspruch genommen“* [usw., bis Er über sie sprach:] *Diejenigen, die zurückgelassen worden sind, werden, wenn ihr aufbrecht, um Beute zu machen, sagen: „Laßt uns euch folgen!“ Sie würden das Wort Gottes gern abändern. Sag: „Nein, ihr werdet uns nicht folgen. So hat Gott sich schon vorher geäußert.“* (Verse 11 und 15)

Es folgt der Bericht über die Beduinen und über den Kampf gegen das tapfere Volk, der ihnen erklärt wird. Dann sprach Gott weiter:

*Gott hat wirklich an den Gläubigen Wohlgefallen gefunden, als sie dir (in Ḥudaibīya) unter dem Baum huldigten. Er wußte, was sie im Herzen hatten. Und Er sandte die Gelassenheit auf sie herab und stellte ihnen als Lohn einen nahen Erfolg und viel Beute in Aussicht, die sie machen würden. Gott ist mächtig und weise. Er hat euch versprochen, daß ihr viel Beute machen würdet. Und Er hat euch den einen Teil eilends zukommen lassen und die Hand der Menschen von euch zurückgehalten. Und das geschah, damit es ein Zeichen für die Gläubigen sei und Er euch einen geraden Weg führe. Und einen anderen Teil, über den ihr noch keine Gewalt habt, hat Gott bereits erfaßt. Er hat zu allem die Macht* (Verse 18-21).

Im folgenden erwähnt Gott, wie Er ihn vom Kampfe zurückhielt, nachdem er sie vorher besiegt hatte. Er meinte damit diejenigen, die Er von ihm zurückgehalten hatte, und fuhr fort:

*Und Er ist es, Der im Talgrund von Mekka ihre Hand von euch und euere Hand von ihnen zurückgehalten hat, nachdem Er euch früher über sie hatte siegen lassen. Gott durchschaut wohl, was ihr tut.* (Vers 24)

Und Gott sprach weiter:

*Sie sind es, die ungläubig sind und euch von der Heiligen Stätte abgehalten haben, euch und die Opfertiere, so daß sie verhindert waren, ihre Schlachtstätte zu erreichen. Und wenn ihr nicht (im Falle einer kriegerischen Auseinandersetzung) gläubige Männer und Frauen, die es (in Mekka) gab, von denen ihr aber nichts wußtet, zu Schaden gebracht hättet, so daß ihr euch unwissentlich an ihnen versündigt hättet, (wäre das Unternehmen anders ausgegangen).* (Vers 25)

Dann sagte Gott:

*Als die Ungläubigen das Ungestüm, dasjenige des Heidentums, in ihrem Herzen Platz greifen ließen* [– dies bezieht sich auf Suhail ibn ʿAmr, als dieser es ablehnte „Im Namen des barmherzigen und gütigen

Gottes" und „Muḥammad, der Gesandte Gottes" zu schreiben –], *worauf Gott die Gelassenheit auf Seinen Gesandten und die Gläubigen herabsandte und sie auf das Wort der Gottesfurcht verwies! Sie verdienten es eher und waren Seiner am ehesten würdig* [d. h. des Bekenntnisses zu Gottes Einheit: Es gibt keinen Gott außer Gott, und Muḥammad ist sein Sklave und sein Gesandter]. *Gott hat doch Seinem Gesandten das Traumgesicht wirklich wahr gemacht: Bestimmt werdet ihr – so Gott will – die Heilige Stätte in Sicherheit betreten und euch den Kopf scheren oder die Haare schneiden, ohne daß ihr euch zu fürchten braucht. Und Er wußte, was ihr nicht wußtet* (Verse 26-27).

Kein früherer Sieg im Islam war größer gewesen als dieser. Zuvor wurde immer nur gekämpft, wenn sich die Menschen trafen. Nun aber, nachdem der Waffenstillstand erreicht und der Krieg aufgehoben war, die Menschen sich voreinander sicher fühlten und sich trafen, um miteinander zu reden, sprach kein vernünftiger Mensch mehr über den Islam, ohne ihm beizutreten. In den folgenden zwei Jahren bekehrten sich ebensoviele neu zum Islam, wie vorher schon an ihn geglaubt hatten, oder sogar mehr.

ذِكْرُ الْمَسِيرِ إِلَى خَيْبَر

## 58. DER ZUG NACH KHAIBAR IM MONAT MUḤARRAM DES JAHRES 7

NACH seiner Rückkehr von Ḥudaibīya blieb der Prophet während des Monats Dhu l-Ḥidjja (im Jahre 6) und eines Teiles des Monats Muḥarram (im Jahre 7) in Medina. Dann brach er nach Khaibar auf.

Er wählte den Weg über den Berg ᶜIṣr – dort errichtete man eine Moschee für ihn – und am Ort Saḥbā' vorbei zu einem Wadi namens Radjīᶜ zwischen Khaibar und dem Stammesgebiet der Ghaṭafān. Dort lagerte er, um zu verhindern, daß die Ghaṭafān, die auf seiten der Bewohner von Khaibar standen, diesen zur Hilfe kommen konnten.

Sobald die Ghaṭafān hörten, daß sich der Prophet im Gebiet von Khaibar aufhielt, sammelten sie sich und brachen auf, um, wie mir berichtet worden ist, den Juden gegen den Propheten zu helfen. Sie waren erst einen Tag unterwegs, als ihnen das Gerücht zu Ohren kam, daß mit ihren Herden und Familien etwas geschehen sei. Sie befürchteten, daß die Feinde sie in ihrer Abwesenheit angegriffen hätten, und kehrten deshalb nach Hause zurück. Somit gaben sie dem Propheten den Weg nach Khaibar frei. Er rückte immer weiter in das Gebiet vor und nahm dabei Herde um Herde und eroberte Festung um Festung. Als erste fiel die Festung Nā<sup>c</sup>im. Dort starb Maḥmūd ibn Maslama, als ein Mühlstein auf ihn herabgeschleudert wurde und ihn tötete. Die nächste Festung war Qamīṣ und gehörte dem Stamm Abu l-Ḥuqaiq. Von ihnen nahm der Prophet einige Frauen gefangen, darunter Ṣafīya, die mit Kināna ibn Rabī<sup>c</sup> verheiratet war, und zwei ihrer Kusinen. Ṣafīya nahm der Prophet für sich selbst. Diḥya vom Stamme Kalb hatte den Propheten gebeten, Ṣafīya ihm zu überlassen. Als Muḥammad diese dann aber für sich selbst aussuchte, schenkte er dem Diḥya die beiden Kusinen. Alle Gefangenen von Khaibar wurden unter die Muslime verteilt.

Als der Prophet eines Tages sah, wie die Muslime das Fleisch von Hauseseln verzehrten, nannte er ihnen mehrere Dinge, die er ihnen fortan verbot.

<sup>c</sup>Abdallāh ibn abī Nadjīḥ überlieferre mir von Makḥūl dazu folgendes:

Der Prophet verbot ihnen damals vier Dinge: den Geschlechtsverkehr mit den Schwangeren unter den gefangenen Frauen, den Genuß des Fleisches der Hausesel, den Genuß fleischfressender Tiere und den Verkauf von noch nicht aufgeteilter Beute.

Der Prophet eroberte weiter Festung um Festung und nahm Herde um Herde, bis sie zu den beiden Burgen Waṭīḥ und Sulālim gelangten. Es waren dies die letzten beiden Festungen der Bewohner von Khaibar, die eingenommen wurden. Muḥammad belagerte sie etwa zehn Tage.

<sup>c</sup>Abdallāh ibn Sahl überlieferte nir von Djābir ibn <sup>c</sup>Abdallāh folgendes:

Der Jude Marḥab kam mit allen seinen Waffen aus der Festung seines Stammes und sprach im Radjaz-Metrum die Verse:

*In Khaibar wird mein Name Marḥab oft genannt.*
*Ich bin für scharfe Waffen und als Held bekannt.*
*Bald nehme ich die Lanze, bald das Schwert zur Hand,*
*wenn Feinde nahen, löwengleich und wutentbrannt.*
*Und niemand darf sich feindlich nähern meinem Land.*

„Wer stellt sich mir zum Zweikampf?" rief er sodann zu den Muslimen hinüber, und Kaᶜb ibn Mālik erwiderte ihm:

*Als Kaᶜb bin ich in Khaibar allen wohlbekannt,*
*als einer, der im Kampfe kühn die Not verbannt,*
*wenn immer neue Kriege ziehen durch das Land.*
*Mein scharfes Schwert, es leuchtet wie ein Diamant*
*in meiner tadelsfreien, tapf'ren Kämpferhand.*
*Wir treten euch, bis jedem seine Schmach bekannt*
*und ihr uns Steuern oder Beute gebt als Pfand.*

„Wer stellt sich ihm zum Kampf?" fragte der Prophet, und Muḥammad ibn Maslama rief:

„Ich, Gesandter Gottes! Ich bin zur Rache verpflichtet, nachdem gestern mein Bruder getötet wurde."

„So trete gegen ihn an!" antwortete ihm der Prophet und betete zu Gott, ihm zu helfen.

Die beiden gingen aufeinander los. Ein alter Baum stand zwischen ihnen, hinter dem sie jeweils vor ihrem Gegner Schutz suchten. Sobald sich der eine dahinter versteckte, schlug der andere die Äste vor ihm ab, bis sie sich schließlich ungeschützt gegenüberstanden und der astlose Baum sie nur noch wie ein aufrecht stehender Mann voneinander trennte. Marḥab stürzte sich auf Ibn Maslama und schlug auf ihn ein. Dieser parierte den Hieb mit dem Schild, und Marḥabs Schwert blieb darin stecken. Da schlug Ibn Maslama zu und tötete ihn.

Der Prophet belagerte die Bewohner von Khaibar in ihren beiden Festungen Waṭīḥ und Sulālim, bis sie keinen Ausweg mehr sahen und ihn baten, er möge sie ziehen lassen und ihr Leben verschonen. Der Prophet erfüllte ihnen ihre Bitte. Er hatte alle ihre Ländereien, Shaqq, Naṭā und Katība, und alle ihre Festungen mit Ausnahme der beiden Burgen erobert. Als die Bewohner des

Gebietes von Fadak erfuhren, was in Khaibar geschehen war, schickten sie eine Gesandtschaft mit der Bitte zum Propheten, er möge sie ebenfalls ziehen lassen und ihr Leben verschonen; sie würden ihm dafür ihre Besitzungen überlassen. Auch ihrer Bitte entsprach er. Nachdem sich die Bewohner von Khaibar auf dieser Grundlage ergeben hatten, baten sie den Propheten, er möge sie auf ihren ehemaligen Besitzungen beschäftigen und ihnen die Hälfte der Erträge überlassen. Sie verwiesen darauf, daß sie mehr von der Bestellung des Landes verstünden als die Muslime. Der Prophet ging auf ihre Bedingungen ein, fügte jedoch hinzu, daß er sie jederzeit vertreiben könne, wenn er dies wolle. Die gleiche Vereinbarung traf er mit den Bewohnern von Fadak. Während Khaibar aber als Kriegsbeute unter die Muslime aufgeteilt wurde, ging Fadak in den Privatbesitz des Propheten über, da die Muslime weder Pferde noch Kamele hatten einsetzen müssen, um es zu erobern.

Eines Tages, nachdem die Eroberungen beendet waren und der Prophet sich sicher wähnte, schenkte ihm Zainab bint Ḥārith, eine der gefangenen Frauen, ein gebratenes Schaf. Sie hatte sich vorher erkundigt, welches Stück vom Schaf ihm am liebsten sei, und man hatte ihr die Schulter genannt. Darauf vergiftete sie das ganze Schaf, tat auf die Schulter aber besonders viel Gift. Dann brachte sie es herbei und legte es vor dem Propheten nieder. Er nahm sich das Schulterstück und kaute einen Bissen davon, schluckte ihn aber nicht hinunter. Bishr ibn Barā', der beim Propheten war und sich ebenfalls einen Bissen genommen hatte, verschlang diesen jedoch. Der Prophet dagegen spuckte ihn aus und sprach:

„Dieser Knochen sagt mir, daß er vergiftet ist."

Er ließ die Frau holen, und sie gestand. Als er sie fragte, weshalb sie dies getan habe, antwortete sie ihm:

„Du weißt, was du meinem Volke angetan hast. Ich dachte mir: Wenn du nur ein König bist, werde ich damit von dir erlöst sein; bist du aber ein Prophet, wirst du gewarnt werden."

Da ließ sie der Prophet ungestraft ziehen. Bishr aber starb an dem, was er gegessen hatte.

Als die Eroberung von Khaibar beendet war, zog der Prophet noch in das Gebiet von Wādī l-Qurā und belagerte es einige Tage. Dann kehrte er nach Medina zurück.

غَزْوَةُ القَضَاء

## 59. DIE VOLLZOGENE PILGERFAHRT

WÄHREND der Monate Rabīᶜ bis Shawwāl im Jahre 7 blieb der Prophet in Medina und ließ von seinen Anhängern mehrere Eroberungszüge durchführen. Dann, im Monat Dhu l-Qaᶜda, jenem Monat, in dem die Ungläubigen ihm im Jahr zuvor das Betreten von Mekka verwehrt hatten, unternahm er die „Vollzogene Pilgerfahrt“ anstelle der kleinen Pilgerfahrt, an der man ihn gehindert hatte[28]. Es waren die gleichen Muslime, die ihn bereits im Vorjahr begleitet hatten, die sich nun im Jahre 7 wieder mit ihm auf den Weg machten. Sobald die Mekkaner davon hörten, verließen sie die Stadt, um ihm den Einzug nach Mekka zu ermöglichen. Die Quraish redeten sich ein, Muḥammad und seine Gefährten litten unter Armut und Not.

Den folgenden Bericht des Ibn ᶜAbbās habe ich von einem vertrauenswürdigen Überlieferer:

Reihenweise standen die Mekkaner am Versammlungshaus, um den Propheten und seine Gefährten zu betrachten. Als er die Moschee betrat, legte er sein Gewand über die linke Schulter und ließ seine rechte Schulter unbedeckt. Er sprach:
„Gott erbarme sich eines Mannes, der ihnen heute etwas von Seiner Macht gezeigt hat.“

Er küßte den Schwarzen Stein und lief mit seinen Gefährten langsam um die Kaᶜba. Sobald ihn das Gebäude vor den Blicken der Zuschauer verbarg und er auch die südliche Ecke des Heiligtums geküßt hatte, ging er einfachen Schrittes wieder zum Schwarzen Stein und küßte ihn abermals. Sodann umkreiste er noch sechsmal die Kaᶜba, dreimal im Laufschritt und dreimal einfachen Schrittes. Die Muslime glaubten damals, daß dieses Ritual für sie nicht verbindlich sei und daß der Prophet dies nur wegen der Quraish und dem, was er von ihnen gehört hatte, so getan habe. Erst als er später während der Abschiedswallfahrt bei diesem Ritual blieb, wurde es zur Regel[29].

Abān ibn Ṣāliḥ und ᶜAbdallāh ibn abī Nadjīḥ überlieferten mir von ᶜAṭā' die folgende Nachricht, die mir Mudjāhid auch von Ibn ᶜAbbās mitteilte:

Während jener Reise heiratete der Prophet im Zustand des *ḥarām*[30] Maimūna, die Tochter des Ḥārith. Derjenige, der für ihn diese Heirat vermittelte, war ᶜAbbās ibn ᶜAbdalmuṭṭalib.

Der Prophet blieb drei Tage in Mekka. Am letzten Tag kam Ḥuwaiṭib ibn ᶜAbdalᶜuzzā, den die Quraish beauftragt hatten, dafür zu sorgen, daß der Prophet Mekka wieder verließ, mit einigen anderen Quraishiten zu ihm. Sie sagten:

„Deine Frist ist abgelaufen. Verlasse uns!"

„Was würde es euch schaden", entgegnete der Prophet, „wenn ihr mich hierbleiben ließet, so daß ich bei euch die Hochzeit feiern und ein Festmahl veranstalten kann, an dem auch ihr teilnehmt?"

„Wir brauchen dein Essen nicht!" gaben sie zurück, „mach, daß du wegkommst!"

Der Prophet verließ Mekka und gab Maimūna in die Obhut seines Freigelassenen Abū Rāfiᶜ, der sie ihm dann nach Sarif nachbrachte. Dort vollzog er mit ihr die Ehe und kehrte im Monat Dhu l-Ḥidjja nach Medina zurück.

ذِكْرُ غَزْوَةِ مُؤْتَة

## 60. DER FELDZUG NACH MU'TA IM MONAT DJUMĀDĀ I. DES JAHRES 8

MUḤAMMAD ibn Djaᶜfar berichtete mir von seinem Oheim ᶜUrwa ibn Zubair folgendes:

Im Monat Djumādā I. des Jahres 8 schickte der Prophet ein Heer nach Mu'ta. Er unterstellte es dem Befehl des Zaid ibn Ḥāritha und sprach:

„Wenn Zaid fällt, erhält Djaᶜfar ibn abī Ṭālib die Führung. Stirbt auch er, übernimmt ᶜAbdallāh ibn Rawāḥa den Befehl über das Heer!"

Die Muslime, dreitausend an der Zahl, rüsteten sich zum Aufbruch, und als es soweit war, nahmen die Feldherrn des Propheten von den Zurückbleibenden Abschied. ᶜAbdallāh ibn Rawāḥa brach dabei in Tränen aus. Nach dem Grund dafür befragt sprach er:

„Ich weine nicht, weil ich etwa an dieser Welt hänge oder euch besonders missen würde, sondern weil ich den Propheten einen Koranvers habe vortragen hören, in dem es vom Höllenfeuer heißt: *Und es gibt keinen unter euch, der nicht zu ihm hinunterkommen würde. Dies ist bei deinem Herrn entschieden und beschlossen* (Sure 19, 71).

Ich aber weiß nicht, wie ich aus dem Höllenfeuer zurückkehren kann, nachdem ich dorthin gelangt bin."

„Gott sei mit euch und schütze euch und bringe euch heil zu uns zurück!" entgegneten die Muslime. ᶜAbdallāh aber sprach:

*Gott möge mir vergeben und mir einen Hieb vergön-*
*nen, der mir weite Wunden schlägt, aus denen Blutschaum fließt,*
*oder einen Todesstoß aus kühner, heißer Männer-*
*hand, die mir die Lanze durch Gedärm und Leber spießt,*
*damit die Menschen, die mein Grab besuchen, flehn, daß Er*
*für mich, nachdem ich recht getan, den rechten Weg beschließt.*

Das Heer brach auf, und der Prophet begleitete es ein Stück des Wegs. Als er dann von ihm Abschied nahm und nach Medina zurückkehrte, sprach ᶜAbdallāh ibn Rawāḥa:

*Friede sei auf jenem Mann, dem besten aller Freunde,*
*dem ich hier den Abschied gab, umringt von hohen Palmen.*

Das Heer zog bis nach Maᶜān in Syrien. Dort erfuhren die Muslime, daß Heraklius mit hunderttausend Byzantinern, denen sich weitere hunderttausend Mann aus den Stämmen Lakhm, Djudhām, Qain, Bahrā' und Balī angeschlossen hatten, nach Ma'āb in der Landschaft Balqā' gekommen war. Auf diese Nachricht hin blieben die Muslime zwei Nächte in Maᶜān und überlegten, was sie angesichts dieser Lage tun sollten. Einige schlugen vor:

„Wir schreiben an den Propheten und unterrichten ihn von der Anzahl der Feinde. Entweder schickt er uns weitere Männer zur Hilfe, oder er erteilt uns einen anderen Befehl, nach dem wir uns richten können."

ᶜAbdallāh ibn Rawāḥa aber spornte sie an und sprach:

„Bei Gott, ihr Männer, das, wovor ihr jetzt zurückschreckt, ist doch eben das, weshalb ihr ausgezogen seid: der Märtyrertod! Wir kämpfen doch nicht gegen den Feind mit Zahlen, Kraft und Heeresgröße, sondern allein mit dem Glauben, mit dem Gott uns ausgezeichnet hat. So macht euch auf! Eines von zwei schönen Dingen erwartet uns: der Sieg oder der Märtyrertod!"

„Bei Gott, Ibn Rawāḥa hat recht!" riefen die Muslime und zogen weiter.

An der Grenze der Landschaft Balqā' trafen sie bei dem Dorf Mashārif auf die byzantinischen und arabischen Heerscharen und zogen sich beim Anrücken des Gegners nach Mu'ta zurück. Dort kam es zum Kampf. Zaid ibn Ḥāritha kämpfte mit der Fahne des Propheten in der Hand, bis er so viel Blut verloren hatte, daß er mitten unter den feindlichen Lanzen fiel. Darauf ergriff Djaᶜfar die Fahne und stürzte sich in den Kampf. Als ihm jeder Fluchtweg abgeschnitten war, sprang er von seinem Rotschimmel, durchschlug diesem die Beine und kämpfte, bis er starb. Djaᶜfar war der erste Muslim, der so mit seinem Pferd verfuhr.

Yaḥyā ibn ᶜAbbād erzählte mir, daß ihm sein Vater von dessen Pflegevater, der bei Mu'ta dabei war, folgendes berichtet hat:

Ich sehe heute noch Djaᶜfar vor mir, wie er sich von seinem Rotschimmel stürzte, diesem die Beine zerschlug und kämpfte, bis er fiel, wobei er sprach:

*Zum Garten Eden habe ich es nicht mehr weit;*
*ein kühler Trunk erwartet mich voll Köstlichkeit.*
*Den Byzantinern droht der nahen Strafe Leid,*
*als Heiden, ohne eines Stammbaums Vornehmheit.*
*Zum Todeskampfe gegen sie bin ich bereit.*

Und nachdem Djaᶜfar gefallen war, ergriff ᶜAbdallāh ibn Rawāḥa die Fahne, stürmte auf seinem Pferd voran und machte sich selbst Mut, indem er rief:

*Du mußt dich, Seele, in den Kampf begeben,*
*und geht es noch so gegen dein Bestreben.*
*Und läßt der Krieger Schrei dich auch erbeben,*
*du wirst zum Paradies dich heut' erheben.*
*Du klarer Wassertropfen sollst nicht länger leben*
*von einem alten Wassersack umgeben!*

Als er vom Pferd stieg, trat einer seiner Vettern mit einem Fleischknochen auf ihn zu und forderte ihn auf:

„Stärke dich damit! Du hast schon schwere Kämpfe durchgemacht."

Er nahm den Knochen und aß etwas davon. In diesem Augenblick hörte er jedoch heftigen Kampfeslärm, sprach zu sich selbst: „Und du lebst noch!", warf den Knochen weg, ergriff sein Schwert, stürmte vor und kämpfte, bis er fiel. Sodann übernahm Thābit ibn Aqram die Fahne und rief:

„Ihr Muslime! Einigt euch auf einen Mann aus eueren Reihen, der die Führung übernehmen soll."

Sie schlugen ihn selbst vor, doch er lehnte ab. So einigten sie sich auf Khālid ibn Walīd. Nachdem dieser die Fahne übernommen hatte, versuchte er sich vom Feinde fernzuhalten und weitere Kämpfe zu vermeiden. Beide Seiten trennten sich voneinander, und Khālid brachte die Muslime nach Medina zurück.

Muḥammad ibn Djaᶜfar berichtete mir von seinem Onkel ᶜUrwa folgendes:

Als sich das Heer Medina näherte, ritt ihnen der Prophet mit den zurückgebliebenen Muslimen entgegen. Die Kinder rannten nebenher.

„Nehmt die Jungen mit auf eure Esel", forderte der Prophet seine Begleiter auf, „und gebt mir Djaᶜfars Sohn!"

Man brachte ihm ᶜAbdallāh ibn Djaᶜfar, und er setzte ihn vor sich auf sein Reittier. Dann begannen die Leute Staub auf die Heimkehrenden zu werfen und riefen:

„Ihr Feiglinge! Ihr seid auf dem Wege Gottes geflohen!"

„Wenn Gott der Erhabene es will", unterbrach der Prophet das Treiben, „sind es keine Fliehenden, sondern Männer, die sich zurückgezogen haben, um sich zum nächsten Kampf zu rüsten."

ذِكرُ الأسبابِ المُوجبَةِ
المَسيرِ إلى مَكّةَ وَذِكرُ فتحِ مكّةَ

## 61. DER GRUND FÜR DEN ZUG NACH MEKKA UND DIE EROBERUNG IM JAHRE 8

Nachdem der Prophet das Heer nach Mu'ta geschickt hatte, verbrachte er selbst die Monate Djumādā II. und Radjab in Medina. In dieser Zeit kam es zu dem Überfall des Stammes Bakr aus dem Großverband der Kināna gegen die Khuzā$^c$a an einer Wasserstelle namens Watīr, im Unterland von Mekka. Der Grund für diesen Streit zwischen den beiden Stämmen war folgender: Noch vor dem Islam war ein Angehöriger der mit den Kināna verbündeten Banū Ḥaḍramī einmal als Händler unterwegs. Als er sich mitten im Gebiet der Khuzā$^c$a befand, wurde er von diesen überfallen, getötet und ausgeplündert. Darauf überfielen die Bakr einen Khuzā$^c$iten und töteten ihn. Unmittelbar vor dem Islam griffen dann die Khuzā$^c$a die Söhne des Aswad ibn Razn aus dem Clan der Banū Dīl – die herrschende und edelste Familie unter den Kināna – an und töteten drei von ihnen in $^c$Arafa an den Grenzsteinen des Heiligen Bezirkes.

So stand es um die beiden Stämme Bakr und Khuzā$^c$a, als das Aufkommen des Islam ihren Streit in den Hintergrund drängte und man sich mehr mit dem neuen Glauben befaßte. Im Vertrag von Ḥudaibīya zwischen dem Propheten und den Quraish war nun festgelegt worden – so berichtete mir Zuhrī von $^c$Urwa und dieser von Miswar, Marwān und anderen Überlieferern –, daß jeder, der sich mit dem Propheten oder den Quraish verbünden wollte, dies tun konnte. Die Banū Bakr entschieden sich daraufhin für die Quraish, während sich die Khuzā$^c$a auf die Seite des Propheten stellten. Der Clan der Banū Dīl vom Stamme Bakr versuchte nun aber den Waffenstillstand dazu zu nutzen, um an den Khuzā$^c$a diejenigen zu rächen, die jene vormals umgebracht hatten. Naufal, der damalige Führer der Banū Dīl, dem allerdings nicht alle Bakr folgten, überfiel mit seinen Leuten die Khuzā$^c$a an deren Brunnen Watīr und tötete einen von ihnen. Beide Seiten trennten sich wieder, doch die Kämpfe begannen erneut. Die Quraish unterstützten die Bakr mit Waffen, und einige von ihnen kämpften im Schutze der Nacht sogar selbst auf ihrer Seite. Schließlich trieben sie die Khuzā<sup>c</sup>a in den Heiligen Bezirk.

Budail ibn Warqā' begab sich daraufhin mit einem seiner Stammesgenossen von den Khuzā<sup>c</sup>a zum Propheten nach Medina und berichtete ihm, was ihnen widerfahren war und daß die Quraish den Banū Bakr geholfen hatten. Dann machte er sich wieder auf den Rückweg nach Mekka. Der Prophet aber sprach zu den Muslimen:

„Ich glaube, Abū Sufyān wird zu euch kommen, um den Vertrag zu bekräftigen und die Vertragsfrist zu verlängern."

Tatsächlich trafen Budail und seine Gefährten auf ihrem Rückweg in <sup>c</sup>Usfān auf Abū Sufyān. Die Quraish hatten ihn aus Furcht über ihr Verhalten zum Propheten geschickt, damit er das Abkommen festige und eine Verlängerung der Vertragsdauer erwirke. Als Abū Sufyān unterwegs Budail traf, vermutete er, daß dieser beim Propheten gewesen war, und fragte ihn:

„Woher kommst du, Budail?"

„Ich bin mit den Khuzā<sup>c</sup>a an der Küste entlang und durch dieses Wadi gezogen."

„Bei Muḥammad warst du nicht?"

Budail verneinte und zog weiter in Richtung Mekka. Abū Sufyān aber sprach:

„Wenn Budail in Medina war, hat er dort seinen Tieren Datteln zu fressen gegeben."

Und er ging zu der Stelle, wo Budails Kamel niedergekniet war, nahm etwas vom Dung, zerbröckelte ihn und fand Dattelkerne darin.

„Ich schwöre", rief er aus, „Budail ist bei Muḥammad gewesen!" Abū Sufyān zog weiter. In Medina angekommen, begab er sich zunächst zu seiner Tochter Umm Ḥabība, die mit Muḥammad verheiratet war, und wollte sich dort auf den Teppich des Propheten setzen. Seine Tochter indes faltete den Teppich zusammen, und Abū Sufyān fragte sie:

„Mein liebes Töchterchen! Ich weiß nicht, bin ich dir zu schade für den Teppich, oder ist dir der Teppich zu schade für mich?"

„Das ist der Teppich des Gesandten Gottes, und du bist ein unreiner Heide. Ich möchte nicht, daß du auf dem Teppich des Propheten sitzt."

„Wahrlich, seit du nicht mehr bei mir bist, ist es schlecht um dich bestellt."

Darauf begab er sich zum Propheten selbst und redete auf ihn ein, doch erhielt er keine Antwort. Dann bat er Abū Bakr, er möge sich für ihn beim Propheten verwenden, daß dieser mit ihm spreche, doch wies er sein Ansinnen zurück. Und als er sich mit der gleichen Bitte an ᶜUmar wandte, sagte dieser:

„Ich soll für dich beim Propheten vermitteln?! Bei Gott, und hätte ich nur eine Ameise, ich würde mit ihr gegen dich kämpfen!"

Schließlich ging Abū Sufyān zu ᶜAlī, bei dem sich Fāṭima, die Tochter des Propheten, befand. Ḥasan, der Sohn der beiden, krabbelte vor ihr auf dem Boden herum. Abū Sufyān sprach:

„O ᶜAlī! Du bist mir von allen Leuten hier am engsten verwandt. Ich flehe dich an, vermittle für mich beim Propheten und laß mich, bitte, nicht erfolglos zurückkehren!"

„Wehe dir, Abū Sufyān!" antwortete ᶜAlī, „bei Gott, wenn der Prophet einmal etwas beschlossen hat, läßt er nicht mehr mit sich darüber reden."

Da wandte sich Abū Sufyān an Fāṭima und bat sie:

„Tochter Muḥammads! Möchtest du nicht deinen kleinen Sohn hier beauftragen, daß er zwischen den Menschen ein Schutzverhältnis vermittelt, auf daß er bis zum Ende der Zeiten zum Herrn aller Araber wird?"

„Bei Gott, mein Sohn ist dafür nicht alt genug!" erwiderte sie ihm und fuhr fort: „Außerdem kann niemand einem anderen gegen den Propheten Schutz bieten."

Da wandte sich Abū Sufyān nochmals an ᶜAlī und sagte: „Vater des Ḥasan! Ich sehe, es steht schlecht für mich. Gib mir einen Rat!"

„Bei Gott, ich weiß wirklich nicht, was dir helfen könnte. Aber du bist doch der Herr der Kināna; so biete ein Schutzverhältnis unter den Leuten an und kehre nach Mekka zurück!"

„Meinst du, das nützt mir etwas?"

„Ich glaube nicht, aber sonst fällt mir auch nichts ein."

Abū Sufyān begab sich in die Moschee und erklärte:

„Ich gewähre Schutz unter den Menschen."

Darauf bestieg er sein Kamel und verließ Medina. In Mekka fragten ihn die Quraish, was er habe ausrichten können, und er sprach:

„Ich ging zu Muḥammad, redete auf ihn ein, doch er antwortete mir nicht. Dann war ich bei Abū Bakr, doch fand ich nichts Gutes an ihm. Darauf begab ich mich zu ᶜUmar und erkannte in ihm einen der schlimmsten Feinde. Schließlich ging ich zu ᶜAlī und merkte, daß er der Sanftmütigste unter jenen Leuten ist. Ich habe einen Rat von ihm befolgt, weiß aber nicht, ob er etwas nützt."

„Nämlich?"

„Er hat mir geraten, ich solle eine Schutzerklärung unter den Leuten abgeben, und ich habe dies getan."

„Hat Muḥammad das bestätigt?"

„Nein!"

„Wehe dir! Er hat sich auch noch ein Spiel mit dir erlaubt. Was du gesagt hast, nützt gar nichts."

„Sonst weiß ich auch nichts."

Inzwischen befahl der Prophet den Muslimen, sich zu rüsten. Abū Bakr traf bei seiner Tochter ᶜĀ'isha ein, als diese gerade etwas von der Ausrüstung des Propheten zusammentrug, und fragte sie:

„Hat der Prophet dich gebeten, seine Ausrüstung zurechtzulegen?"

„Ja! Auch du sollst dich fertigmachen."

„Und wohin, glaubst du, will er ziehen?"

„Bei Gott, ich weiß es nicht."

Später gab der Prophet den Medinensern bekannt, daß er nach Mekka aufbreche. Er befahl ihnen, sich gründlich vorzubereiten und den Quraish gegenüber ihr Vorhaben geheimzuhalten, damit er sie in Mekka überraschen könne.

Zuhrī berichtete mir von ᶜUbaidallāh ibn ᶜAbdallāh, der sich auf die Aussagen des ᶜAbdallāh ibn ᶜAbbās stützte, folgendes:

Am zehnten Ramaḍān brach der Prophet auf. Er und die Muslime fasteten, bis sie Kuḍaid zwischen ᶜUsfān und Amadj erreichten. Mit zehntausend Muslimen zog er von dort weiter nach Marr aẓ-Ẓahrān. Allein vom Stamme Sulaim waren siebenhundert oder gar tausend Männer dabei und vom Stamme Muzaina ebenfalls tausend Mann. Alle vertretenen Stämme folgten ihm in großer Zahl, und viele hatten sich zum Islam bekehrt. Die Auswanderer und Helfer begleiteten geschlossen den Propheten, und keiner blieb zurück.

Während der Prophet in Marr aẓ-Ẓahrān lagerte, wußten die Quraish immer noch nicht, was er vorhatte. Abū Sufyān, Ḥakīm ibn Ḥizām und Budail ibn Warqā' verließen deshalb in jenen Nächten Mekka, um Erkundigungen einzuziehen und Näheres in Erfahrung zu bringen. Zuvor hatte ᶜAbbās bereits den Propheten getroffen und sich ihm angeschlossen.

In Marr aẓ-Ẓahrān – so erzählte ᶜAbbās, der Oheim des Propheten, später selbst – sorgte ich mich um die Quraish und sagte mir, wenn der Prophet gewaltsam nach Mekka eindringt, bevor sie zu ihm kommen und ihn um seinen Schutz bitten, bedeutet dies ihren Untergang für alle Ewigkeit. Ich bestieg deshalb das weiße Maultier des Propheten, um nach Arāk[31] zu reiten. Dort, so dachte ich mir, müßte ich einen Holzsammler, einen Melker oder sonst jemanden finden, der nach Mekka gehen und den Mekkanern berichten könnte, wo der Prophet lagerte, damit sie zu ihm kämen und ihn um seinen Schutz bäten, bevor er mit Gewalt bei ihnen eindringe. Und bei Gott, während ich so dahinritt, hörte ich plötzlich die Stimmen Abū Sufyāns und Budails, die sich miteinander unterhielten. Abū Sufyān sagte gerade:

„Ich habe noch nie solche Feuer und ein solches Lager gesehen wie heute nacht."

„Dies, bei Gott, sind Feuer der Khuzāᶜa, die der Krieg entzündet hat", antwortete Budail, doch Abū Sufyān wandte ein:

„Die Khuzāᶜa sind zu schwach und zu gering an Zahl, als daß dies ihre Feuer und ihr Lager wären."

Ich hatte Abū Sufyāns Stimme erkannt, und als ich ihn anrief, erkannte er auch die meine und fragte überrascht, was ich wollte.

„Wehe dir, Abū Sufyān", erwiderte ich ihm, „dies ist der Prophet mit seinen Leuten, und ich habe Angst um die Quraish."

„Ich bitte dich inständig, was soll ich tun?" fragte er mich, und ich antwortete:

„Wenn du ihm in die Hände fällst, wird er dir den Kopf abschlagen lassen. Besteige daher dieses Maultier, damit ich dich zum Propheten bringe und ihn um Schutz für dich bitte!"

Er setzte sich hinter mir auf das Reittier, und seine beiden Begleiter kehrten nach Mekka zurück. Immer wenn ich mit Abū Sufyān an einem Lagerfeuer der Muslime vorbeiritt, fragten sie, wer wir seien, erkannten dann aber das Maultier des Propheten und merkten, daß ich es war. Schließlich kamen wir auch an der Feuerstelle ᶜUmars vorbei. Auch er erkundigte sich, wer wir seien, und trat auf uns zu. Da erblickte er Abū Sufyān hinter mir auf dem Maultier und rief:

„Abū Sufyān, der Feind Gottes! Gepriesen sei Gott, der dich uns vertragslos ausgeliefert hat!"

Eiligst rannte er zum Propheten. Ich aber ließ das Maultier galoppieren und kam etwas früher dort an. Kaum war ich vom Maultier gesprungen und beim Propheten eingetreten, eilte auch ᶜUmar herein und sprach zu ihm:

„Diesen Abū Sufyān hat uns Gott vertragslos ausgeliefert! Laß mich ihm den Kopf abschlagen!"

Ich machte sogleich geltend, daß sich Abū Sufyān unter meinen Schutz gestellt hatte. Sodann setzte ich mich zum Propheten, ergriff sein Haupt und schwor, daß sich in dieser Nacht ohne mein Beisein niemand mit ihm vertraulich werde unterhalten können. Und als ᶜUmar weiter drängte, sprach ich:

„Langsam, ᶜUmar! Wäre Abū Sufyān ein Mitglied der Sippe ᶜAdī ibn Kaᶜb, würdest du nicht so reden. Du weißt aber, daß er zu den ᶜAbdmanāf gehört."

„Langsam, ᶜAbbās!" widersprach er mir, „deine Bekehrung zum Islam am Tage, als du ihn annahmst, bedeutete mir wahrlich mehr, als wenn mein eigener Vater sich dazu bekehrt hätte. Und ich weiß auch, daß der Prophet der gleichen Meinung ist.

Muḥammad bat mich, Abū Sufyān mit zu meinem Lagerplatz zu nehmen und ihn am folgenden Morgen wieder zu ihm zu bringen. So verbrachte Abū Sufyān die Nacht bei mir, und schon am frühen Morgen ging ich mit ihm wieder zum Propheten, der ihn mit den Worten empfing:

„Wehe dir, Abū Sufyān! Ist es nicht an der Zeit zu erkennen, daß es keinen Gott gibt außer Gott?!"

„Du bist mir teuerer als Vater und Mutter!“ erwiderte Abū Sufyān, „wie milde, edel und freundlich bist du doch! Gäbe es einen Gott außer Gott, hätte Er mir, so glaube ich, weitergeholfen.“

„Wehe dir, Abū Sufyān! Glaubst du nicht, daß es dann auch an der Zeit ist zu erkennen, daß ich der Gesandte Gottes bin?“ fragte ihn Muḥammad weiter, und er antwortete:

„Du bist mir teuerer als Vater und Mutter, und wie groß sind doch deine Milde, dein Edelmut und deine Freundlichkeit. Daran, daß du Gottes Gesandter seist, habe ich jedoch immer noch einige Zweifel.“

Nun wandte ich mich an Abū Sufyān und bat ihn inständig:

„Nimm den Islam an und bekenne, daß es keinen Gott gibt außer Gott und daß Muḥammad der Prophet Gottes ist, bevor man dir den Kopf abschlägt!“

Da sprach Abū Sufyān das Glaubensbekenntnis und wurde somit Muslim. Ich aber bat den Propheten, etwas für Abū Sufyāns Ansehen zu tun, worauf er erklärte:

„Jeder, der sich in das Haus Abū Sufyāns begibt, soll sicher sein! Und jeder, der sich in seinem eigenen Haus einschließt, soll sicher sein! Und jeder, der in die Moschee geht, soll sicher sein!“

Als Abū Sufyān sich daraufhin entfernen wollte, bat mich der Prophet, diesen an jener engen Stelle des Wadis, wo der Berg hineinragte, zurückzuhalten, damit er die Heere Gottes an sich vorüberziehen sehe. Ich tat, wie mich der Prophet geheißen hatte. Die Stämme zogen mit ihren Fahnen an uns vorbei, und Abū Sufyān fragte mich jedesmal nach dem Namen des Stammes. Antwortete ich ihm: „Sulaim“, erwiderte er: „Was habe ich mit den Sulaim zu tun!“; und kamen dann die Muzaina, sagte er: „Was habe ich mit den Muzaina zu tun!“, usw., bis alle Stämme vorübergezogen waren. Schließlich kam der Prophet mit seiner „Dunkelgrünen Schar“ vorbei – „dunkelgrün“ genannt wegen der großen Menge Eisen –, in der sich die Auswanderer und Helfer befanden, von denen man nur die Augen aus den Eisenrüstungen hervorleuchten sah. Und wieder fragte mich Abū Sufyān:

„Großer Gott, ʿAbbās, wer sind jene?“

„Dies ist der Prophet mit den Auswanderern und Helfern“, erwiderte ich ihm, worauf er ausrief:

„Keiner kann sie überwältigen! Bei Gott, ᶜAbbās, die Macht deines Neffen ist gewaltig geworden.“

„Es ist seine Prophetenschaft, die dies bewirkt hat“, antwortete ich ihm, und er gestand es ein. Ich riet ihm, eilends zu den Quraish zu gehen.

Dort angekommen, rief er, so laut er konnte:

„Ihr Quraish! Muḥammad ist mit einer Heerschar gegen euch gezogen, der ihr nichts entgegenzusetzen habt. Wer in mein Haus kommt, ist sicher!“

Da stürzte Hind, die Tochter des ᶜUtba, auf ihn zu, packte ihn am Schnurrbart und schrie:

„Tötet ihn, diesen dicken Fettsack! Was für ein schändlicher Beschützer seines Volkes!“

„Weh euch!“ warnte er die Quraish, „laßt euch von dieser Frau nicht verleiten, denn gegen Muḥammads Heerschar könnt ihr nichts ausrichten. Wer aber in mein Haus kommt, ist sicher!“

„Gott soll dich töten!“ antworteten sie ihm, „was wird dein Haus uns helfen?“

„Auch jeder, der sich in seinem eigenen Haus einschließt“, so fuhr er fort, „ist sicher, und auch der, der sich in die Moschee begibt.“ Darauf zerstreuten sich die Leute und gingen in ihre Häuser oder in die Moschee.

ᶜAbdallāh ibn abī Bakr berichtete mir folgendes:

Als der Prophet Dhū Ṭuwā erreichte, hielt er auf seinem Reittier an. Er trug einen Turban aus einem Stück roten jemenitischen Stoffes und beugte angesichts des Sieges, mit dem Gott ihn ausgezeichnet hatte, sein Haupt in Demut vor Ihm nieder, so daß sein Bart beinahe die Mitte seines Sattels berührte.

ᶜAbdallāh ibn abī Nadjīḥ überlieferte mir folgendes:

In Dhū Ṭuwā teilte der Prophet sein Heer: Den Zubair, der den linken Flügel befehligte, ließ er mit einem Teil des Heeres von Kudā her in die Stadt eindringen, während er Saᶜd ibn ᶜUbāda beauftragte, über den Paß von Kadā' in die Stadt vorzurücken. Dem Khālid, der dem rechten Flügel mit den Stämmen Aslam, Sulaim, Ghifār, Muzaina, Djuhaina u. a. voranstand, befahl er, von Līṭ aus an die Stadt heranzugehen. Die Hauptreihe der

Muslime ergoß sich unter Führung des Abū ᶜUbaida nach Mekka hinein, vor dem Propheten herziehend, der von Adhākhir kommend in das Stadtgebiet eindrang. Oberhalb Mekkas angelangt, wurde ihm dort sein Zelt errichtet.

Bei Khandama scharten inzwischen Ṣafwān, ᶜIkrima und Suhail eine Gruppe von Männern zum Kampf um sich. Auch Ḥimās ibn Qais, ein Bruder des Stammes Bakr, machte seine Waffen zurecht und besserte sie aus, als seine Frau ihn fragte:

„Wozu tust du das?“

„Zum Kampf gegen Muḥammad und seine Gefährten!“ antwortete er, doch sie entgegnete ihm:

„Ich glaube nicht, daß du damit Muḥammad und seine Gefährten auch nur im geringsten wirst aufhalten können.“

„Ich hoffe, ich werde dir einen von ihnen als Diener schenken“, gab er zurück und fuhr fort:

*Es gibt nun, wenn sie kommen, keine Ausflucht mehr,*
*denn hier der fehlerlose langgespitzte Speer*
*und dieses doppeltscharfe Schwert sind meine Wehr!*

Sodann kämpfte er zusammen mit Ṣafwān, ᶜIkrima und Suhail bei Khandama gegen die von Khālid geführten Muslime. Nachdem drei Muslime und zwölf oder dreizehn Heiden gefallen waren, flohen die Ungläubigen. Auch Ḥimās flüchtete nach Hause und ließ seine Frau das Tor verriegeln. Als sie ihn dann spöttisch fragte, was aus seinen früheren Worten geworden sei, sprach er:

*Hättest bei Khandama dort du gesehen*
*den Ṣafwān und den ᶜIkrima flüchtend sich drehen,*
*den Abū Yazīd wie die Säule starr stehen*
*und heranziehn mit Schwertern Muḥammads Armeen,*
*wie sie Arme und Schädel mit Wunden versehen*
*und mit wirrem Geschreie die Unsrigen flehen*
*und herüber die Rufe der Siegenden wehen –*
*es würde dir schnellstens das Tadeln vergehen!*

Der Prophet hatte seine Heerführer verpflichtet, beim Eindringen nach Mekka nur gegen jene zu kämpfen, die Widerstand leisteten.

Lediglich eine kleine Anzahl von Ungläubigen, die er ihnen namentlich nannte, sollten sie töten, selbst wenn sie sie unter den Vorhängen der Ka$^{c}$ba versteckt fänden. Zu diesen gehörte $^{c}$Abdallāh ibn Sa$^{c}$d, ein Bruder der Banū $^{c}$Āmir ibn Lu'ayy. Dieser war zum Islam übergetreten und hatte für den Propheten Offenbarungen aufgeschrieben, war dann aber wieder vom Glauben abgefallen und zu den Quraish zurückgekehrt. Nun floh er zu $^{c}$Uthmān, der ihm durch Milchbruderschaft verbunden war, und dieser versteckte ihn. Nachdem sich die Leute beruhigt hatten, brachte er $^{c}$Abdallāh zum Propheten und bat um Straflosigkeit für ihn. Man behauptet, der Prophet habe lange geschwiegen, bevor er seine Zustimmung gab, und habe dann, nachdem sich $^{c}$Uthmān wieder entfernt hatte, zu seinen Gefährten, die um ihn geschart waren, gesagt:

„Ich habe geschwiegen, damit einer von euch aufsteht und ihm den Kopf abschlägt", worauf ihn einer der Helfer fragte, weshalb er ihm kein Zeichen gegeben habe. Da erklärte der Prophet:

„Der Prophet tötet nicht durch Zeichen!"

Zu denen, die der Prophet zu töten befahl, gehörte auch $^{c}$Abdallāh ibn Khaṭal, ein Mann von den Banū Taim ibn Ghālib. Auch dieser war Muslim gewesen, und der Prophet hatte ihn eines Tages zusammen mit einem Helfer ausgesandt, um die Armensteuer einzuziehen. Bei sich hatte er auch einen freigelassenen muslimischen Sklaven. Als sie einmal lagerten, befahl er diesem, einen Ziegenbock zu schlachten und ein Mahl zu richten. Er selbst legte sich schlafen. Als er erwachte und der Freigelassene nichts vorbereitet hatte, ging er auf ihn los und tötete ihn. Danach fiel er wieder vom Islam ab und bekannte sich zur Vielgötterei. Er besaß auch zwei Singsklavinnen, Fartanā und ihre Freundin, die über den Propheten Spottlieder sangen. Muḥammad ordnete deshalb an, diese beiden zusammen mit Ibn Khaṭal zu töten.

Weiter gehörten dazu Ḥuwairith ibn Nuqaidh, einer von denen, die Muḥammad in Mekka geschmäht hatten, und Miqyas ibn Ḥubāba. Letzterer hatte einen Helfer ermordet, der aus Versehen seinen Bruder umgebracht hatte, und war ebenfalls als Heide zu den Quraish zurückgekehrt. Unter den zu Tötenden waren noch Sāra, die Freigelassene eines Angehörigen der

Banū ᶜAbdalmuṭṭalib, und ᶜIkrima, der Sohn des Abū Djahl. Sāra war eine von denen gewesen, die den Propheten in Mekka beschimpft hatten. ᶜIkrima floh in den Jemen; seine Frau, Umm Ḥakīm, nahm den Islam an und bat beim Propheten um Gnade für ihn. Muḥammad sicherte ihm Straflosigkeit zu, und Umm Ḥakīm zog in den Jemen, um ihren Mann zu suchen. Dann brachte sie ihn zum Propheten, und ᶜIkrima nahm den Islam an. Ibn Khaṭal und Miqyas dagegen wurden getötet. Auch eine der beiden Singsklavinnen des Ibn Khaṭal wurde umgebracht, während die andere floh, bis ihr der Prophet auf entsprechende Bitten hin Gnade erwies. Dasselbe geschah mit Sāra. Den Ḥuwairith aber tötete ᶜAlī.

Muḥammad ibn Djaᶜfar überlieferte mir folgendes von ᶜUbaidallāh ibn ᶜAbdallāh, der sich auf die Aussagen der Ṣafiya, der Tochter des Shaiba, stützte:

Nachdem der Prophet in Mekka angekommen war und die Leute sich beruhigt hatten, begab er sich zur Kaᶜba und ritt siebenmal um sie herum, wobei er jedesmal mit einem Stock, den er in der Hand hielt, den Schwarzen Stein berührte. Dann rief er ᶜUthmān ibn Ṭalḥa und ließ sich von ihm den Schlüssel zur Kaᶜba geben. Man öffnete ihm das Heiligtum, und er trat ein. Er fand darin eine Holztaube, zerbrach sie mit eigener Hand und warf sie weg. Daraufhin stellte er sich an das Tor der Kaᶜba, während sich die Menschen im Moscheehof um ihn scharten, und sprach:

„Es gibt keinen Gott außer Gott allein. Er hat keinen Gefährten. Er hat Sein Versprechen erfüllt und Seinem Diener zum Sieg verholfen. Er allein hat die verbündeten Gegner in die Flucht geschlagen. Jede Blut- und jede Geldschuld sowie jedes Vorrecht mit Ausnahme des Rechtes zur Bewachung der Kaᶜba und zur Tränkung der Pilger werden von mir aufgehoben. Die Blutschuld für einen versehentlich, doch halb absichtlich, mit Peitsche oder Stock Getöteten ist schwer: einhundert Kamele, davon vierzig trächtig. O ihr Quraish, Gott hat von euch genommen den Hochmut der heidnischen Zeit und den Stolz auf die Vorfahren. Alle Menschen stammen von Adam, und Adam wurde aus Staub erschaffen." Dann trug er den Koranvers vor:

*Ihr Menschen! Wir haben euch geschaffen von einem männlichen und einem weiblichen Wesen und haben euch zu Völkern und Stämmen gemacht, damit ihr einander kennt. Als vornehmster gilt bei Gott derjenige von euch, der am frömmsten ist* (Sure 49, 13).

Und er fügte hinzu: „Ihr Quraish! Was glaubt ihr, werde ich mit euch tun?“

„Gutes! Du bist uns ein edler Bruder, der Sohn eines edlen Bruders“, erwiderten sie, und er sprach:

„Geht eueres Wegs! Ihr seid frei!“

Dann setzte er sich in der Moschee nieder. ᶜAlī kam mit dem Schlüssel der Kaᶜba zu ihm und bat ihn:

„Übertrage unserer Familie den Dienst an der Kaᶜba und das Tränken der Pilger!“

Der Prophet aber ließ ᶜUthmān ibn Ṭalḥa holen und sprach:

„Hier ist dein Schlüssel, ᶜUthmān. Heute ist ein Tag der Güte und Treue.“

An der Eroberung Mekkas nahmen insgesamt zehntausend Muslime teil: von den Banū Sulaim siebenhundert, von den Banū Ghifār vierhundert, von den Aslam vierhundert und von den Muzaina eintausendunddrei; die übrigen waren Quraish, Helfer und ihre Bundesgenossen sowie einige Beduinengruppen aus den Stämmen Tamīm, Qais und Asad. Nach der Eroberung blieb der Prophet fünfzehn Nächte in Mekka und verkürzte in dieser Zeit die Gebete[32]. Die Eroberung fand statt am 20. Ramaḍān des Jahres 8.

غَزْوَةُ حُنَيْنٍ فِي سَنَةِ ثَمَانٍ بَعْدَ الفَتْحِ

## 62. DIE SCHLACHT VON ḤUNAIN IM JAHRE 8

ALS der Stammesverband der Hawāzin hörte, daß der Prophet Mekka erobert hatte, rief Mālik ibn ᶜAuf jene Stämme zusammen. Außer den Hawāzin kamen auch alle Thaqīf, Naṣr und Djusham sowie, aus dem Stammesverband der Qais ᶜAilān, einige wenige von den Banū Hilāl. Aus dem Verband der Hawāzin hielten sich die Stämme Kaᶜb und Kilāb abseits; keiner von ihnen, der einen Namen hatte, war anwesend. Unter den Banū Djusham befand sich Duraid, ein sehr alter Mann, an dem man nur noch seinen Rat und seine Kenntnisse in der Kriegsführung schätzte, da er einst ein erfahrener Führer gewesen war. Die Thaqīf hatten zwei Häuptlinge: Qārib führte die Bündnistruppen, während Dhu l-Khimār zusammen mit seinem Bruder Aḥmar die Banū Mālik leitete. Die oberste Führung lag bei Mālik ibn ᶜAuf. Nachdem sich dieser zum Zug gegen den Propheten entschlossen hatte, ließ er die Männer von ihren Herden, Frauen und Kindern begleiten. Als er im Wādī Auṭās haltmachte, sammelten sich die Kämpfer um ihn, und der alte Duraid, den man in einer Art Kamelsänfte trug, erkundigte sich nach dem Namen des Wadis. Sie nannten es ihm, und er sprach: „Welch trefflicher Platz für die Reiter! Nicht hügliges felsiges Land, nicht weicher Boden, voll mit Sand! Aber höre ich nicht der Kamele Brüllen dabei und der Esel Geschrei und der Kinder Quängelei und das Blöken der Schafe?"

Sie erklärten ihm, daß Mālik zusammen mit den Männern auch die Herden, Frauen und Kinder hergebracht habe. Da ließ er Mālik rufen und sprach:

„Mālik! Du bist der Führer deines Volkes geworden. Auf diesen Tag werden schwere Tage folgen. Höre ich nicht der Kamele Brüllen dabei und der Esel Geschrei und der Kinder Quängelei und das Blöken der Schafe?"

„Ich habe die Männer von ihren Herden, Kindern und Frauen begleiten lassen."

„Und weshalb?"

„Ich will hinter jeden Mann seine Familie und seine Herden stellen, damit er um sie kämpft."

Da schnalzte Duraid und schimpfte:

„Schafhirt, du dummer! Kann denn einen Flüchtenden etwas aufhalten? Wenn es zu deinen Gunsten verläuft, hilft dir nur ein Mann mit Schwert und Lanze; und wenn es zu deinen Ungunsten ausgeht, wirst du mit Familie und Herde entehrt. – Was taten die Stämme Kaᶜb und Kilāb?"

„Kein einziger ist von ihnen gekommen."

„So fehlen Kraft und Leidenschaft. Wäre es ein Tag erhabener Taten, würden Kaᶜb und Kilāb nicht abseits stehen. Ich wünschte mir, ihr hättet es ihnen gleichgetan. Welche von eueren Stämmen sind da?"

„ʿAmr ibn ʿĀmir und ʿAuf ibn ʿĀmir."

„Diese beiden Sprosse Āmirs nutzen nichts und schaden nichts. O Mālik, du hast nicht gut daran getan, den Hauptteil der Hawāzin gegen die Brust der feindlichen Pferde zu stellen. Schicke sie hinauf in das unangreifbare und hohe Gebiet ihres Landes und begegne diesen Abtrünnigen vom alten Glauben auf dem Pferderücken. Geht es dann zu deinen Gunsten aus, können sich jene, die hinter dir stehen, wieder mit dir vereinen; verläuft es zu deinen Ungunsten, hast du deine Familie und deine Herden gerettet."

„Nein, dies werde ich nicht tun! Du bist alt, und dein Verstand ist alt. Entweder, ihr Hawāzin, ihr gehorcht mir, oder ich werde mich auf dieses Schwert stützen, bis es mir am Rücken wieder herauskommt."

Mālik konnte es nicht ertragen, daß Duraid irgend etwas zu sagen oder zu entscheiden haben sollte. Als die Hawāzin darauf dem Mālik ihren Gehorsam erklärten, sprach Duraid:

*O könnt' ich wie ein Junger streiten,*
*ich würde ruhig vorwärts reiten,*
*das Roß mit langer Mähne leiten,*
*das ziegenschlank ist an den Seiten.*

Mālik aber befahl den Männern:

„Sobald ihr die Feinde erblickt, zerbrecht die Scheiden eurer Schwerter und stürzt euch auf sie wie ein Mann!"

Als der Prophet von ihnen hörte, schickte er den Ibn abī Ḥadrad zu ihnen, damit er sich unter sie mische und so lange bei ihnen bleibe, bis er erfahre, was sie vorhätten. Ibn abī Ḥadrad tat, wie er geheißen worden war. Er bekam Kenntnis von ihrem Kriegsvorhaben gegen den Propheten und den Plänen Māliks und der Hawāzin. Zum Propheten zurückgekehrt, berichtete er ihm alles. Als dieser daraufhin beschloß, gegen die Hawāzin zu ziehen, teilte man ihm mit, daß Ṣafwān ibn Umayya, der damals noch Heide war, Panzer und Waffen besitze. Muḥammad ließ ihn holen und bat ihn:

„Leihe uns deine Waffen, damit wir morgen mit ihnen gegen unseren Feind antreten können."

„Willst du dir die Waffen mit Gewalt nehmen?“ fragte Ṣafwān, und Muḥammad erklärte ihm:

„Nein! Nur geliehen und verbürgt! Wir geben sie dir dann wieder zurück.“

Ṣafwān hatte nichts dagegen einzuwenden und gab dem Propheten hundert Panzer mit den entsprechenden Waffen. Man behauptet, daß Muḥammad ihn auch bat, den Transport der Ausrüstung zu übernehmen, und Ṣafwān kam seiner Bitte nach. Sodann machte sich der Prophet mit zweitausend Mekkanern und jenen zehntausend Gefährten, durch die Gott hatte Mekka erobern lassen, auf, um gegen die Hawāzin zu ziehen.

ᶜĀṣim berichtete mir von ᶜAbdarraḥmān ibn Djābir, daß dessen Vater diesem folgendes erzählt habe:

Als wir uns dem Wadi von Ḥunain näherten, stiegen wir ein anderes weites und abschüssiges Wadi in der Tihāma hinunter. Es war kurz vor dem Morgengrauen. Die Feinde waren schon vor uns in das Wadi gekommen und hatten sich in den Seitenwegen, an Biegungen und engen Stellen versteckt. Sie waren entschlossen und gerüstet, und als uns ihre einzelnen Abteilungen während des Abstiegs plötzlich wie ein Mann überfielen, versetzten sie uns in tödliche Angst. Die Muslime flohen, ohne daß einer auf den anderen achtete. Der Prophet zog sich nach rechts zurück und rief:

„Wohin ihr Männer? Her zu mir! Ich bin der Gesandte Gottes! Ich bin Muḥammad, der Sohn des ᶜAbdallāh.“

Doch es half nichts. Die Kamele fielen übereinander, und die Männer rannten davon. Beim Propheten blieben nur einige wenige Auswanderer, Helfer und Verwandte, darunter Abū Bakr, ᶜUmar, ᶜAlī und ᶜAbbās. Einer von den Hawāzin, auf einem roten Kamel, in der Hand eine schwarze Fahne, die an der Spitze einer langen Lanze hing, zog den Hawāzin voran. Sobald er einen Muslim erreichte, stieß er mit der Lanze zu. Entwischten ihm die Flüchtenden, hob er die Lanze hoch, worauf die Nachkommenden ihm folgten.

Als die Muslime flohen und die groben Kerle unter den Mekkanern, die mit dem Propheten gekommen waren, die Niederlage sahen, äußerten einige von ihnen offen ihre Feindschaft gegenüber dem Propheten, von der sie immer noch beseelt waren. So rief Abū Sufyān, der die Lospfeile noch in seinem Köcher trug:

„Erst das Meer wird ihre Flucht beenden!"

Und Djabala ibn Ḥanbal schrie: „Vergeblich ist heut die Zauberei!"

Doch sein Bruder, obwohl wie er noch Heide, wies ihn zurecht: „Halt den Mund! Es ist mir immer noch lieber, von einem Quraishiten als von einem Stammesgenossen der Hawāzin beherrscht zu werden!"

Zuhrī überlieferte mir den folgenden Augenzeugenbericht des ᶜAbbās von dessen Sohn Kathīr:

Ich war beim Propheten und hatte meine Hand am Gebißteil des Halfters, das ich seinem weißen Maultier zwischen die Kiefer geschoben hatte. Ich war ein kräftiger Mann mit einer gewaltigen Stimme. Als der Prophet seine Männer fliehen sah, rief er:

„Wohin ihr Männer?"

Sie scherten sich aber nicht darum. Da forderte er mich auf zu schreien: „Ihr Helfer! Ihr Gefährten der Akazie[33]!" Und sogleich kam ihre Antwort:

„Hier! Hier!"

Und jeder von ihnen, der sein Reittier nicht zur Umkehr bewegen konnte, warf ihm seinen Panzer auf den Nacken, ergriff Schwert und Schild, sprang herab und ließ es laufen, während er meiner Stimme folgte, bis er beim Propheten anlangte. Schließlich hatten sich hundert von ihnen bei ihm versammelt, traten dem Feind entgegen und kämpften. Ihr Schlachtruf lautete zuerst: „Herbei, ihr Helfer!" und später: „Herbei, ihr Khazradj!" Sie kämpften standhaft. Der Prophet, von oben auf das Kampfgetümmel blickend, sprach: „Nun ist der Ofen heiß[34]!"

ᶜĀṣim in seinem Bericht von Djābir erzählte mir weiter:

Während jener Mann von den Hawāzin auf seinem Kamel und mit der Fahne in der Hand sein Unwesen trieb, machte sich ᶜAlī zusammen mit einem der Helfer an diesen heran. ᶜAlī kam von hinten und zerschlug seinem Kamel die Hinterbeine, worauf es rückwärts zu Boden sank. Der Helfer stürzte sich auf den Mann und versetzte ihm einen Hieb, der ihm den Fuß und das halbe

Bein davonfliegen ließ, worauf er tot vom Sattel fiel. Der Kampf tobte weiter, und als die Flüchtenden zurückkehrten, fanden sie beim Propheten nur noch Gefangene, die Hände auf den Rücken gefesselt.

ᶜAbdallāh ibn abī Bakr und ein anderer vertrauenswürdiger Überlieferer berichteten mir vom folgenden Erlebnis des Abū Qatāda:

In der Schlacht von Ḥunain sah ich zwei Männer miteinander kämpfen: einen Muslim und einen Ungläubigen. Plötzlich bemerkte ich, wie ein anderer Ungläubiger seinem Gefährten gegen den Muslim zu Hilfe kommen wollte. Ich ging auf ihn zu und schlug ihm eine Hand ab. Mit der anderen packte er mich jedoch am Halse und ließ mich wahrhaftig nicht los, bis ich den Geruch des Blutes verspürte. Er hatte mich schon fast erwürgt, und hätte ihn der Blutverlust nicht geschwächt, wäre es ihm auch gelungen. So stürzte er aber endlich nieder, und ich erschlug ihn. Der weiter andauernde Kampf lenkte dann meine Aufmerksamkeit von ihm ab, und ein Mekkaner kam an ihm vorbei und plünderte ihn aus. Als der Kampf zu Ende war und wir die Feinde besiegt hatten, sprach der Prophet:

„Jedem, der einen Feind getötet hat, gehören dessen Waffen und Kleider."

„O Gesandter Gottes!" wandte ich mich an ihn, „ich habe einen Feind getötet, von dem ich hätte reichlich Beute nehmen können, doch lenkte mich die Schlacht zu sehr von ihm ab, und ich weiß nun nicht, wer sich die Beute geholt hat."

Ein Mekkaner bestätigte meine Worte und gab zu, daß er die Beute besaß. Er bat den Propheten, mich mit einem Teil aus jener Beute zufriedenzustellen; Abū Bakr aber wandte sich dagegen und sprach:

„Willst du etwa mit einem Löwen Gottes, der für Seine Religion kämpft, das von ihm erbeutete Gut teilen? Gib ihm die Beute ganz zurück!"

Der Prophet stimmte dem zu. Ich aber nahm die Beute, verkaufte sie und erwarb für den Erlös einen kleinen Palmengarten. Es war dies mein erster Besitz.

Mein Vater Isḥāq erzählte mir folgende Überlieferung des Djubair ibn Muṭᶜim:

Noch bevor die Feinde flohen, sah ich, wie sich während des Kampfes etwas wie ein schwarzes Tuch vom Himmel herabsenkte und zwischen uns und den Feinden niederfiel. Als ich näher hinblickte, da waren es lauter schwarze Ameisen, die das ganze Wadi erfüllten. Ich zweifelte nicht daran, daß es die Engel waren, und sogleich flohen die Feinde.

Die geschlagenen Ungläubigen kamen nach Ṭā'if. Einige unter ihnen bezogen ein Lager bei Auṭās, und andere begaben sich nach Nakhla. Die Reiterei des Propheten verfolgte diejenigen, die den Weg in Richtung Nakhla einschlugen, jedoch nicht jene, die sich den Pässen zuwandten. Die Gefangenen aus der Schlacht von Ḥunain wurden mit ihrer Habe beim Propheten versammelt, der sie nach Djiᶜrāna bringen und dort festhalten ließ. Über die Schlacht von Ḥunain sprach Budjair ibn Zuhair die folgenden Verse:

*Wären nicht Gott und sein Diener gewesen, wir wären*
*geflohen, die Herzen in Schrecken verzweifelt entfacht.*
*Am Tag, als die Feinde am Abhang uns trafen,*
*da wurden die Pferde und Reiter zu Fall dort gebracht.*
*Das Gewand in den Händen, entflohen die einen, den*
*anderen brachten die Hufe der Pferde das Ende der Schlacht.*
*Mit dem Sieg unseres Glaubens hat Gott uns geehrt*
*und im Dienst für den Gnädigen mächtig gemacht.*
*Sie aber hat er vernichtet und alle zerstreut*
*und hat sie im Dienste des Teufels mit Schande bedacht.*

Die folgenden Verse verfaßte ᶜAbbās ibn Mirdās über die Schlacht von Ḥunain:

*O Siegel aller Propheten! Du weist uns den richtigen*
*Weg und wurdest von Gott mit der Wahrheit gesandt.*
*Für die Geschöpfe hat Gott eine Liebe errichtet*
*auf dir, und dich den Gepries'nen, Muḥammad, genannt.*
*Und wir, die wir fest zu dem Bund mit dir stehen,*

*sind dir, geführt von Ḍaḥḥāk, als tapfere Heerschar bekannt.*
*Ḍaḥḥāk ist mit spitzigen Waffen beladen, als wär er,*
*vom Feinde umringt, einem dornigen Baume verwandt.*
*Er bekämpft selbst die eigene Sippe, denn stets war sein Ziel,*
*daß er Gottes und deine Zufriedenheit fand. –*
*Laß dir berichten, wie ich ihn angreifen sah:*
*Den Heiden zerschlug er die Häupter, umgeben von Sand;*
*bald würgte er sie mit den Händen, bald spaltete*
*er ihre Schädel, das schneidende Schwert in der Hand.*
*Voraus eilten ihm die Gefährten vom Stamme Sulaim,*
*und sie haben schlagend und stoßend den Feind übermannt.*
*Sie zogen voran seiner Fahne, vergleichbar dem Löwen,*
*der wütend den Gegner vom Lager der Jungen verbannt.*
*Nach dem Gehorsam zu Gott und der Liebe zu dir und nicht*
*nach den Banden des Blutes der Sinn ihnen stand.*
*Dein Herr ist der Helfer, und dies sind die Taten,*
*durch die wir für immer berühmt sind im Land.*

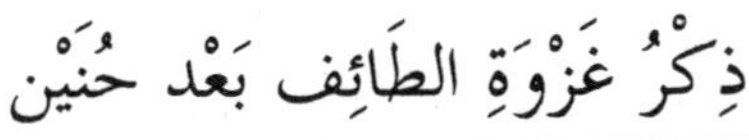

## 63. DER ZUG NACH ṬĀ'IF IM JAHRE 8

NACHDEM die bei Ḥunain geschlagenen Truppen des Stammes Thaqīf ihre Stadt Ṭā'if erreicht hatten, verschlossen sie die Tore und bereiteten sich auf die Verteidigung vor. ʿUrwa ibn Masʿūd und Ghailān ibn Salama nahmen weder an der Schlacht von Ḥunain noch an der nun folgenden Verteidigung der Stadt Ṭā'if teil, da sie sich in Djarash befanden, um die Benutzung von Testudines, Katapulten und anderen Belagerungsmaschinen zu erlernen.

Von Ḥunain zog der Prophet nach Ṭā'if und lagerte in der Nähe der Stadt. Einige seiner Gefährten wurden durch Pfeile getötet, da das Lager zu nahe an der Stadtmauer gelegen war und die Pfeile sie erreichen konnten. Es gelang den Muslimen nicht, durch die Mauer in die verschlossene Stadt einzudringen; und nachdem jene Muslime durch Pfeilschüsse ums Leben gekommen waren, verlegte der Prophet das Lager an die Stelle, wo heute die Moschee von Ṭā'if steht. Muḥammad belagerte die Stadt gute zwanzig Tage. Er kämpfte erbittert gegen sie, und die Pfeilschützen beider Seiten schossen aufeinander. Dann, am Tage des Sturms auf die Mauer, verbargen sich einige Prophetengefährten unter einer Testudo und rückten an die Mauer heran, um sie zu durchbrechen. Als die Thaqīf aber glühende Eisenstücke auf sie herabschleuderten, mußten sie die Testudo verlassen, und die Thaqīf beschossen sie mit Pfeilen und töteten einige von ihnen. Daraufhin befahl der Prophet, die Rebstöcke des Stammes abzuschlagen, und die Muslime folgten seiner Aufforderung.

Während der Belagerung von Ṭā'if sprach der Prophet – so habe ich erfahren – zu Abū Bakr:

„Ich sah im Traum, wie mir ein mit Butter gefüllter Napf geschenkt wurde. Aber ein Hahn hackte daran und vergoß den Inhalt."

„So glaube ich nicht, daß du bei ihnen dein Ziel erreichen wirst", erwiderte ihm Abū Bakr, und der Prophet stimmte ihm zu.

Dann kam Khuwaila bint Ḥakīm, die Frau ᶜUthmāns, zum Propheten und bat ihn, er möge ihr, wenn Gott ihm den Sieg über Ṭā'if verliehen habe, den Schmuck der Tochter Ghailāns oder der Tochter ᶜAqīls schenken; die beiden waren unter den thaqafitischen Frauen wegen ihres Schmuckes berühmt. Der Prophet aber antwortete:

„Und wenn mir Gott nicht erlaubt, die Thaqīf zu besiegen?!"

Da verließ ihn Khuwaila und erzählte dies ᶜUmar, der daraufhin zum Propheten ging und ihn fragte, ob er dies wirklich gesagt habe. Als der Prophet bejahte, erkundigte sich ᶜUmar weiter:

„Und Gott hat dir den Sieg über die Thaqīf nicht erlaubt?"

„Nein!"

„Soll ich also das Zeichen zum Abzug geben?" Der Prophet stimmte zu, und ᶜUmar ließ die Muslime abrücken.

Insgesamt waren bei Ṭā'if zwölf Gefährten des Propheten gefallen: sieben von den Quraish, vier von den Helfern und einer von den Banū Laith.

أمْر أموال هَوَازِن
وَسَبَايَاهَا وَعَطَايَا المؤلَّفة قُلُوبهم مِنها

## 64. DIE VERTEILUNG DER BEUTE DER HAWĀZIN

Von Ṭā'if zog der Prophet mit den Muslimen und vielen Gefangenen der Hawāzin über Daḥnā nach Dji<sup>c</sup>rāna. Beim Verlassen der Stadt Ṭā'if hatte einer seiner Gefährten ihm geraten, er solle die Thaqīf verfluchen; doch er erwiderte:

„O Gott, leite die Thaqīf auf den rechten Weg und bringe sie zum Islam!"

In Djiᶜrāna suchten ihn dann Abgesandte der Hawāzin auf, denn er hielt dort sechstausend Kinder und Frauen ihres Stammes als Gefangene und unzählige Kamele und Schafe als Beute fest.

ᶜAmr ibn Shuᶜaib berichtete mir, was sein Vater von seinem Großvater ᶜAbdallāh ibn ᶜAmr gehört hatte:

Die Abgesandten, die inzwischen den Islam angenommen hatten, kamen zum Propheten und sprachen:

„O Gesandter Gottes! Wir sind ein Ursprung und eine Sippe! Es ist dir nicht verborgen geblieben, welch Unglück uns getroffen hat. So sei uns gnädig, wie Gott dir gnädig ist!"

Und einer von ihnen aus dem Stamme Saᶜd ibn Bakr erhob sich und sagte:

„O Gesandter Gottes! Dort in den Pferchen sind deine Tanten von Vaters und Mutters Seite und deine Ammen, die dich nährten. Hätten wir den Ḥārith ibn abī Shimr oder den Nuᶜmān ibn Mundhir bei uns gesäugt, und es wäre uns dann dies widerfahren, hätten wir auf ihr Mitgefühl und ihre Gunst hoffen können. Du aber bist der beste, den ein Stamm je genährt hat!"

„Sind euch euere Frauen und Kinder oder euere Herden lieber?" fragte sie der Prophet, und sie antworteten:

„Wenn du uns zwischen unseren Herden und unserem Stolz wählen läßt, gib uns unsere Frauen und Kinder zurück; sie sind uns lieber!"

„Die Gefangenen, die mir und der Sippe ᶜAbdalmuṭṭalib zustehen“ – so erwiderte der Prophet –, „gebe ich euch zurück. Und wenn ich mit den Muslimen das Mittagsgebet gesprochen habe, erhebt euch und sprecht: ‚Wir bitten den Propheten um Fürsprache für unsere Kinder und Frauen bei den Muslimen und die Muslime um Fürsprache beim Propheten!‘ Ich werde euch dann meine Gefangenen geben und mich bei meinen Gefährten für euch einsetzen.“

Die Abgesandten taten, was ihnen der Prophet empfohlen hatte, und als er ihnen daraufhin die Gefangenen, die er und die Familie ᶜAbdalmuṭṭalib besaßen, zurückgab, erklärten auch die Auswanderer und Helfer, daß sie ihre Gefangenen dem Propheten zur Verfügung stellten. Aqraᶜ, ᶜUyaina und ᶜAbbās ibn Mirdās lehnten es dagegen für ihre Person und für ihre Stämme Tamīm, Fazāra und Sulaim ab, die Gefangenen herauszugeben. Die Sulaim allerdings wandten sich gegen ihren eigenen Führer Ibn Mirdās und verzichteten auf die Gefangenen, worauf dieser ihnen vorwarf, sie hätten ihn lächerlich gemacht. Den anderen erklärte der Prophet:

„Jeder von euch, der an seinem Recht auf die Gefangenen festhält, bekommt aus der ersten Beute, die ich machen werde, für jede Gefangene sechs Kamele. Gebt ihnen also ihre Kinder und Frauen zurück!“

Bei den Abgesandten der Hawāzin erkundigte sich der Prophet dann nach ihrem Führer Mālik ibn ᶜAuf, und sie erzählten ihm, daß er sich bei den Thaqīf in Ṭā'if aufhalte. Da bat er sie:

„Sagt dem Mālik, daß ich, wenn er als Muslim zu mir kommt, ihm seine Familie und seine Herden zurückgebe und ihm noch hundert Kamele dazu schenke!“

Auf diese Nachricht hin verließ Mālik Ṭā'if. Da er fürchtete, die Thaqīf könnten erfahren, was ihm Muḥammad hatte bestellen lassen, ließ er ein Kamel bereithalten und ein Pferd nach Ṭā'if bringen. In der Nacht verließ er die Stadt, bestieg sein Pferd und ritt im Galopp zu der Stelle, wo er das Kamel hatte festbinden lassen. Auf diesem erreichte er in Djiᶜrāna oder Mekka den Propheten, der ihm seine Familie und seine Herden zurückgab und ihm noch hundert Kamele schenkte. Mālik nahm daraufhin den Islam an und wurde ein guter Muslim. Dabei sprach er:

*Ich habe unter allen Menschen solche Männer*
*nie gefunden, die vergleichbar mit Muḥammad waren.*
*Er hält sein Wort und schenkt gar reichlich dem, der darum fleht,*
*und wenn du willst, wirst du von ihm, was morgen ist, erfahren.*
*Und wenn die Kämpfer, ihre scharfen Zähne zeigend, sich*
*mit Lanzen und mit Indiens Schwertern um ihn scharen,*
*dann steht er dort, von Staub umgeben, jenen Löwen gleich,*
*die über ihre Jungen wachend sie vom Tod bewahren.*

Nachdem der Prophet die Gefangenen von Ḥunain ihrem Stamm zurückgegeben hatte, ritt er weg, doch seine Leute folgten ihm mit den Worten:

„O Gesandter Gottes! Verteile nun unter uns, was wir an Kamelen, Ziegen und Schafen erbeutet haben!"

Sie bedrängten ihn derart, daß er sich zu einem Baum flüchten mußte und ihm sein Überhang heruntergerissen wurde. Da rief er:

„Gebt mir meinen Überhang zurück! Ihr Männer, hätte ich so viele Schafe wie Bäume in der Tihāma stehen, ich würde sie unter euch verteilen. Ihr habt mich niemals geizig, feige oder lügend gesehen!"

Dann trat er zu seinem Kamel, nahm diesem ein Haar vom Höcker, hielt es mit zwei Fingern hoch und fuhr fort:

„Ihr Männer! Ich habe, bei Gott, von euerer Beute nur ein Fünftel und nicht um dieses Haar mehr; und das Fünftel erhaltet ihr wieder. Gebt jeden Faden und jede Nadel zurück, die euch nicht zustehen. Denn der Betrug, den einer begeht, wird am Tage der Auferstehung als Schande, Feuer und Schmach auf ihn zurückfallen."

Einigen führenden Männern gab der Prophet Geschenke, um sie und ihre Leute für sich zu gewinnen. So schenkte er dem Abū Sufyān, dessen Sohn Muʿāwīya, dem Ḥakīm ibn Ḥizām u. a. jeweils hundert Kamele.

ʿĀṣim berichtete mir von Maḥmūd ibn Labīd, der sich auf eine Überlieferung des Abū Saʿīd al-Khuḍrī stützte, folgendes:

Nachdem der Prophet seine Geschenke unter den Quraish und den Beduinenstämmen verteilt hatte und die Helfer leer ausgingen, waren diese schmerzlich berührt. Es gab viel Gerede unter ihnen und schließlich sogar den Vorwurf, der Prophet habe nur an seinen eigenen Stamm gedacht. Sa<sup>c</sup>d ibn <sup>c</sup>Ubāda kam zu ihm und sprach:

„O Gesandter Gottes! Die Helfer sind von dir schmerzlich berührt, weil du die Beute unter deinem Stamm verteilt und den Beduinenstämmen gewaltige Geschenke gemacht hast, wir aber nichts bekommen haben."

„Wo stehst du in dieser Angelegenheit?" fragte der Prophet, und Sa<sup>c</sup>d erwiderte: „Nur bei meinem Volk!"

„So lasse deine Leute hier in diesem Pferch zusammenkommen!" Sa<sup>c</sup>d tat, wie er geheißen worden war, und nachdem sich die Helfer versammelt hatten, trat der Prophet vor sie hin, lobte und pries Gott und sprach:

„O ihr Volk der Helfer! Was ist das für ein Gerede, das ich von euch höre, und was für ein Groll, den ihr gegen mich hegt? Kam ich nicht zu euch nach Medina, als ihr in die Irre gingt, worauf Gott euch den richtigen Weg wies; als ihr arm ward, worauf Gott euch reich machte; als ihr untereinander verfeindet ward, worauf Gott euere Herzen versöhnte?"

„Ja! Gott und sein Prophet sind überaus gnädig und gut!"

„Warum antwortet ihr mir nicht weiter, ihr Helfer?"

„Was sollen wir dir antworten. Bei Gott und seinem Propheten sind Gnade und Güte."

„Ihr könntet mir antworten – und ihr würdet die Wahrheit sagen, und man würde euch glauben –: ‚Du kamst zu uns, als Lügner beschimpft, und wir haben dir geglaubt; verlassen, und wir haben dir geholfen; vertrieben, und wir haben dir Zuflucht gewährt; arm, und wir haben mit dir geteilt.' Zürnt ihr mir im Herzen wegen weltlicher Güter, mit denen ich Menschen gewinne, damit sie Muslime werden, während ich euch dem Islam anvertraue? Seid ihr nicht zufrieden, daß jene mit Schafen und Kamelen davongehen, während ihr mit dem Propheten nach Hause zurückkehrt? Bei Dem, in Dessen Hand meine Seele liegt, wäre nicht die Hidjra gewesen, wäre ich einer von euch; und würden alle Menschen einen Weg gehen und die Helfer einen anderen, ich würde mit euch ziehen. O Gott, sei gnädig den Helfern, ihren Kindern und Kindeskindern!"

Da weinten sie, bis ihnen die Tränen über die Bärte rannen, und sie sprachen:

„Wir sind mit dem Gesandten Gottes als Anteil zufrieden!"

Und der Prophet ging weg, und sie zerstreuten sich.

Von Djiʿrāna begab sich der Prophet nach Mekka zur Kleinen Pilgerfahrt[24] und kehrte dann Ende des Monats Dhu l-Qaʿda oder im Monat Dhu l-Ḥidjja nach Medina zurück. Zu seinem Vertreter in Mekka ernannte er den ʿAttāb ibn Asīd. Bei ihm ließ er den Muʿādh ibn Djabal, damit er die Mekkaner im Glauben unterweise und sie den Koran lehre.

Die Einwohner von Ṭā'if verharrten in ihrer Vielgötterei und ihrer ablehnenden Haltung bis zum Monat Ramaḍān im folgenden Jahr, dem Jahre 9.

غَزْوَة تَبُوك

## 65. DER ZUG NACH TABŪK IM JAHRE 9

VON Dhu l-Ḥidjja im Jahre 8 bis Radjab im Jahre 9 blieb der Prophet in Medina. Dann befahl er, Vorbereitungen für den Zug gegen die Byzantiner zu treffen.

Zuhrī, Yazīd ibn Rūmān, ʿAbdallāh ibn abī Bakr und ʿĀṣim ibn ʿUmar berichteten mir über den Zug nach Tabūk, wobei sich ihre Schilderungen gegenseitig ergänzen:

Als der Prophet seinen Gefährten befahl, sich zum Zug gegen die Byzantiner zu rüsten, befanden sich die Menschen gerade in großer Not, die Hitze lastete schwer auf dem Land, und es herrschte eine Dürre. Die Früchte waren reif, und die Männer wollten lieber im Schatten bei ihren Früchten bleiben und ihr Land in dieser Zeit nicht verlassen. Früher hatte der Prophet fast immer nur in Andeutungen von dem Ziel seiner Feldzüge gesprochen und meist ein anderes als das wirkliche Ziel genannt. Dieses Mal aber sagte er es ihnen offen, denn der Weg war weit, die zeitlichen Umstände schwierig und die Zahl der Feinde, gegen die sie ziehen wollten, groß. So befahl er ihnen, sich entsprechend zu rüsten, und erklärte ihnen, daß er gegen die Byzantiner zu ziehen gedenke.

Während der Prophet seine Vorbereitungen traf, sagte er eines Tages zu Djadd ibn Qais:

„Djadd! Möchtest du dieses Jahr denn nicht gegen die Bleichhäutigen[35] kämpfen?"

„O Gesandter Gottes! Würdest du mir gestatten, zurückzubleiben, und mich nicht in Versuchung führen? Wahrlich, meine Leute wissen, daß es keinen Mann gibt, der so wie ich den Reizen der Frauen verfallen ist, und ich habe Angst, daß ich mich nicht beherrschen kann, wenn ich die Frauen der Bleichhäutigen sehe."

Der Prophet erlaubte ihm zurückzubleiben und wandte sich von ihm ab. Über Djadd aber wurde der Koranvers geoffenbart:

*Und unter ihnen gibt es welche, die sagen: „Erlaube mir zurückzubleiben und führe mich nicht in Versuchung!" Sind sie nicht bereits der Versuchung verfallen? Die Hölle wird dereinst die Ungläubigen umfassen!* (Sure 9, 49), [d. h. es war nicht die Versuchung durch die byzantinischen Frauen, die er fürchtete; die Versuchung, der er verfiel, war größer, nämlich hinter dem Propheten zurückzubleiben und mehr an sich als an ihn zu denken. Und Gott sprach:]

*Hinterdrein hat er die Hölle zu erwarten!* (Sure 14, 16).

Einige Heuchler, die sich dem Heiligen Kampf entziehen wollten, an der Wahrheit zweifelten und Verleumdungen über den Propheten verbreiteten, forderten sich gegenseitig auf, in dieser Hitze nicht fortzuziehen. Über sie sandte Gott den Koranvers herab:

*Sie sagen: „Rückt nicht in der Hitze aus!" Sprich: Das Feuer der Hölle ist heißer! Wenn sie doch Verstand annehmen würden! Sie werden nur kurz zu lachen, aber lange zu weinen haben, zum Lohn für das, was sie begingen* (Sure 9, 81).

Der Prophet betrieb eifrig seine Reisevorbereitungen und befahl den Muslimen, sich eilends zu rüsten. Die Reichen trieb er an, für die Sache Gottes Geld und Reittiere bereitzustellen. Einige brachten Reittiere und sicherten sich so ihren Lohn im Jenseits. Die größte Geldsumme von allen spendete ᶜUthmān ibn ᶜAffān. Als aber einige arme Muslime, die als die „Weiner" bekannt wurden, zum Propheten kamen und ihn um Reittiere baten, konnte er ihnen keine geben. Da verließen sie ihn wieder, und ihre Augen flossen vor Tränen über aus Trauer darüber, daß sie die notwendigen Mittel nicht aufbringen konnten. Mir wurde erzählt, daß Ibn Yāmīn zweien von ihnen begegnete und sie fragte, weshalb sie weinten. Nachdem sie es ihm erklärt hatten, schenkte er ihnen ein Kamel, das sonst zum Wasserschöpfen verwendet wurde, als Reittier und versorgte sie mit getrockneten Datteln. Beide zogen dann mit dem Propheten.

Als Muḥammad durch das Gebiet von Ḥidjr kam, ließ er lagern, und die Männer holten sich Wasser aus dem Brunnen. Beim Weggehen aber warnte er sie:

„Trinkt keinen Tropfen von diesem Wasser und verwendet es nicht für die Waschungen vor dem Gebet! Habt ihr Brotteig damit gemacht, verfüttert diesen an die Kamele und eßt nicht davon! Und keiner soll sich in dieser Nacht allein und ohne Begleiter entfernen!“

Die Muslime gehorchten seinem Befehl mit Ausnahme zweier Männer von den Banū Sāʿida. Der eine der beiden ging, um sein Bedürfnis zu verrichten, der andere, um sein Kamel zu suchen. Der erste erkrankte auf seinem Weg an Diphtherie, und den zweiten packte der Wind und schleuderte ihn auf einen der beiden Berge des Stammes Ṭayyi'. Als man dem Propheten davon erzählte, sprach er:

„Habe ich euch nicht verboten, euch ohne Begleiter zu entfernen!“ Dann betete er für den einen, worauf dieser gesund wurde. Den anderen brachten ihm später die Ṭayyi' nach Medina. Am nächsten Morgen hatten die Muslime kein Wasser und klagten dies dem Propheten. Da betete er, worauf Gott eine Wolke sandte und es regnete, so daß die Muslime ihren Durst stillen konnten und so viel Wasser mitnahmen, wie sie brauchten.

ʿĀṣim überlieferte mir die folgende Schilderung von Maḥmūd ibn Labīd, der sie von einem seiner Stammesgenossen gehört hatte:

Ein bekannter Heuchler unseres Stammes begleitete den Propheten überallhin. Und als Gott damals in Ḥidjr auf die Gebete des Propheten hin eine Regenwolke sandte und die Muslime ihren Durst stillen konnten, fragten wir ihn:

„Wehe dir! Zweifelst du immer noch?“

„Es war nur eine zufällig vorüberziehende Wolke“, erwiderte der Heuchler.

Nach der Ankunft des Propheten in Tabūk kam der Statthalter von Aila, Yuḥannā ibn Ru'ba, schloß mit ihm einen Friedensvertrag und zahlte die Kopfsteuer[36]. Auch die Bewohner von Djarbā' und Adhruḥ fanden sich ein und entrichteten ihre Abgaben. Der Prophet schrieb eine Urkunde für sie, die sie noch heute besitzen. Für Yuḥannā ließ er folgendes Dokument aufsetzen:

„Im Namen Gottes, des Allbarmherzigen, des Allgütigen! Dies ist eine Sicherheitsurkunde von Gott und Muḥammad, seinem Propheten und Gesandten, für Yuḥannā ibn Ru'ba und die Bewohner von Aila, ihre Schiffe und Karawanen zu Wasser und zu Land. Sie, so wie alle Syrer, Jemeniten und Seeleute, die sich bei ihnen aufhalten, stehen unter dem Schutze Gottes und des Propheten Muḥammad. Wer den Vertrag bricht, indem er etwas Neues hinzufügt, den schützt sein Besitz nicht. Er gehört dem, der ihn sich nimmt. Sie dürfen nicht am Zugang zu einem Brunnen und weder zu Wasser noch zu Lande an der Benutzung eines Weges gehindert werden."

Danach schickte der Prophet den Khālid ibn Walīd zu Ukaidir nach Dūma. Ukaidir gehörte zum Stamm der Kinda, herrschte als König über Dūma und war Christ. Der Prophet sagte Khālid voraus, er werde Ukaidir auf der Jagd nach wilden Kühen treffen. Khālid machte sich auf den Weg, bis er in Sichtweite der Festung kam. Es war eine mondhelle Sommernacht, und Ukaidir hielt sich mit seiner Frau auf dem Dach auf. Die ganze Nacht über schabten die Kühe mit ihren Hörnern am Tor der Festung, und seine Frau fragte ihn:

„Hast du jemals schon so etwas gesehen?"

„Nein, bei Gott!"

„Wer läßt sie dies tun?"

„Niemand!"

Er stieg vom Dach, ließ sein Pferd satteln und ritt mit einigen seiner Familienangehörigen, die ihre Wurfspeere dabeihatten, hinaus. Außerhalb der Festung stieß die muslimische Reiterschar auf sie, nahm sie gefangen und tötete Ukaidirs Bruder. Ukaidir trug ein mit Gold bedecktes Brokatgewand. Khālid nahm es ihm weg und schickte es dem Propheten, bevor er selbst mit Ukaidir bei ihm ankam.

ᶜĀṣim berichtete mir, daß Anas ibn Mālik erzählte:

Ich sah das Gewand des Ukaidir, als es zum Propheten gebracht wurde. Die Muslime betasteten und bestaunten es. Der Prophet aber sprach:

„Darüber staunt ihr?! Bei Dem, in Dessen Hand meine Seele liegt, die Mundtücher des Saᶜd ibn Muᶜādh im Paradies sind wahrlich schöner!"

Dann brachte Khālid den Ukaidir selbst. Der Prophet schenkte ihm das Leben, schloß einen Vertrag mit ihm auf Zahlung der Kopfsteuer und ließ ihn in seinen Ort zurückkehren. Er blieb nur etwas über zehn Tage in Tabūk und zog dann nach Medina zurück.

أمرُ وَفْدِ ثَقِيف وَإِسْلامُهَا

## 66. DIE GESANDTSCHAFT DER THAQĪF UND IHRE BEKEHRUNG IM JAHRE 9

DER Prophet kam im Ramaḍān wieder in Medina an. Im gleichen Monat fand sich die Gesandtschaft der Thaqīf bei ihm ein.

Mit den Thaqīf war inzwischen folgendes geschehen: Nachdem der Prophet ihre Stadt Ṭā'if verlassen hatte, war ihm ᶜUrwa ibn Masᶜūd gefolgt, holte ihn noch vor Medina ein, nahm den Islam an und bat ihn, er möge ihn mit dem Islam zu seinem Volk zurückkehren lassen. Der Prophet, der ihre stolze und ablehnende Haltung kannte, warnte ihn damals:

„Sie werden dich töten!"

„O Gesandter Gottes!" antwortete ihm ᶜUrwa, „ich bin ihnen lieber als ihre Erstgeborenen."

Er war in der Tat bei seinen Stammesgenossen beliebt, und sie hörten auf ihn. Er bat sie, den Islam anzunehmen, und hoffte, sie würden ihm wegen seines Ansehens bei ihnen nicht widersprechen. Nachdem er sie jedoch dazu aufgerufen und sich selbst offen zu seinem Glauben bekannt hatte, schossen sie von allen Seiten mit Pfeilen auf ihn, als er sich ihnen von einem Zimmer aus zeigte. Einer der Pfeile verletzte ihn tödlich.

„Was denkst du über deinen Tod?“ fragte man ihn, noch bevor er starb, und er erwiderte:

„Er ist eine Ehre, mit der Gott mich auszeichnet, und ein Martyrium, zu dem Er mich führt. Ich bin jenen Märtyrern gleich, die im Kampf auf seiten des Propheten fielen, bevor er unsere Stadt verließ. Begrabt mich neben ihnen!“

Sie bestatteten ihn an deren Seite, und man behauptet, daß der Prophet über ihn sagte:

„Er ist in seinem Volke, was der Mann in der Sure Yā Sīn für sein Volk war.“[37]

Nach ᶜUrwas Tod ließen die Thaqīf einige Monate verstreichen, bevor sie sich untereinander berieten und bemerkten, daß sie nicht gegen alle sie umgebenden Stämme, die inzwischen dem Propheten gehuldigt und den Islam angenommen hatten, Krieg führen konnten. Sie beschlossen deshalb, einen Mann zum Propheten zu schicken, wie sie vorher auch den ᶜUrwa gesandt hatten. Sie sprachen mit ᶜAbdyālīl, einem Altersgenossen des ᶜUrwa, und unterbreiteten ihm den Vorschlag. Er aber lehnte ab, da er fürchtete, man werde bei seiner Rückkehr mit ihm ebenso wie mit ᶜUrwa verfahren, und sprach:

„Ich tue es nur, wenn ihr noch einige andere Männer mit mir schickt.“

So kamen sie überein, ihn von fünf Männern begleiten zu lassen. Er nahm sie nur mit, weil er fürchtete, er werde sonst das gleiche Schicksal wie ᶜUrwa erleiden, und damit sie bei der Rückkehr nach Ṭā'if ihre jeweiligen Stammesgruppen von ihm ablenkten.

Als sie in der Nähe von Medina bei Qanāt haltmachten, trafen sie dort Mughīra ibn Shuᶜba, der gerade die Kamele der Prophetengefährten weidete, eine Aufgabe, die die Gefährten abwechselnd übernahmen. Sobald er die Thaqafiten erblickte, ließ er die Kamele bei ihnen und rannte eilends zum Propheten, um ihm die frohe Botschaft von ihrer Ankunft zu verkünden. Unterwegs begegnete ihm Abū Bakr, und er erzählte ihm, daß thaqafitische Reiter gekommen seien, um dem Propheten zu huldigen und den Islam anzunehmen; sie verlangten nur, daß der Prophet ihnen einige Bedingungen einräume und sie von ihm eine Urkunde erhielten, in der ihr Stamm, ihr Land und ihr Besitz gesichert würden. Da bat ihn Abū Bakr, er möge ihn zuerst zum Propheten gehen und mit ihm sprechen lassen. Während Abū Bakr dem Propheten die Nachricht brachte, kehrte Mughīra zu den Thaqafiten zurück. Er lehrte sie, wie sie den Propheten zu grüßen hätten, denn sie pflegten noch die heidnische Begrüßungsform. Bei ihrer Ankunft in Medina wurde ihnen dann – so wird behauptet – neben der Moschee ein Zelt errichtet. Khālid ibn Saʿīd vermittelte zwischen ihnen und dem Propheten, bis sie ihre Urkunde erhielten, und Khālid war es auch, der das Dokument schrieb. Die Thaqafiten weigerten sich, etwas von dem Essen zu verzehren, das man ihnen vom Propheten brachte, bevor nicht Khālid davon gekostet hatte, bis sie den Islam annahmen und die Urkunde ausgestellt war. Eine der Bitten, die sie an den Propheten richteten, war, er möge ihnen die Statue der Göttin Lāt noch drei Jahre unzerstört lassen. Der Prophet wies ihr Ansinnen zurück, und auch als sie ihn wenigstens um ein oder zwei Jahre Aufschub und schließlich sogar nur um einen Monat baten, lehnte er es ab, eine bestimmte Frist zu gewähren. Sie wollten mit der Verschonung der Göttin, wie sie offen zugaben, nur erreichen, daß sie vor ihren törichten Stammesgenossen, ihren Frauen und Kindern sicher wären; auch wollten sie ihr Volk durch die Zerstörung des Götzen nicht in Angst versetzen, bevor es sich zum Islam bekehrt habe. Der Prophet aber gestand ihnen lediglich zu, Abū Sufyān und Mughīra mit ihnen nach Ṭā'if zu schicken, damit diese das Götzenbild zerstörten. Weiterhin baten die Thaqafiten den Propheten, er möge sie von der Pflicht zum Gebet befreien und nicht von ihnen verlangen, daß sie ihre Götzenbilder mit eigenen Händen zerstören müßten. Letzteres gestand ihnen der Prophet zu; über das Gebet aber sprach er:

„Es ist nichts Gutes an einer Religion, in der es kein Gebet gibt!"

„O Muḥammad!" antworteten sie, „so werden wir die Gebete denn verrichten, auch wenn es eine Erniedrigung für uns ist."

Als sie sich dann auf den Rückweg nach Ṭā'if machten, schickte der Prophet den Abū Sufyān und den Mughīra mit ihnen, damit sie den Götzen venichteten. In der Nähe der Stadt wollte Mughīra den Abū Sufyān vorausgehen lassen, doch lehnte dieser ab und sprach:

„Geh du zu deinem Volk!"

Abū Sufyān blieb auf seinem Landgut in Dhu l-Hadm. Mughīra aber ging in die Stadt, begab sich hinauf zu der Göttin und schlug mit einer Spitzhacke auf das Götzenbild ein. Seine Sippe, die Banū Mu^c^attib, stand schützend vor ihm, da sie fürchtete, man werde auf ihn schießen oder ihn wie ^c^Urwa töten. Die Frauen der Thaqīf kamen barhäuptig einher, weinten um die Göttin und klagten:

*Weint um sie, die Schutz gewährt!*
*Statt zu kämpfen mit dem Schwert,*
*haben Feige sie entehrt.*

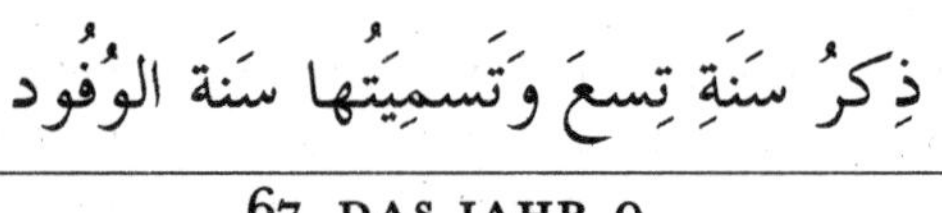

## 67. DAS JAHR 9, DAS JAHR DER GESANDTSCHAFTEN

NACH der Eroberung Mekkas, dem Zug nach Tabūk und der Bekehrung und Huldigung der Thaqīf kamen von überall her die Gesandtschaften der arabischen Stämme zu ihm. Die Araber hatten mit ihrer Entscheidung für oder gegen den Islam gewartet, bis sie sahen, was mit den Quraish und dem Propheten geschehen würde. Die Quraish waren nämlich ihrer aller Führer und Leiter, die Hüter des Heiligtums und die reinen Nachkommen von Abrahams Sohn Ismā^c^īl; und die Stammesführer der Araber bestritten dies nicht. Es waren nun die Quraish gewesen, die dem Propheten den Krieg erklärt und sich ihm widersetzt hatten. Nachdem aber Mekka erobert worden war, die Quraish sich dem Propheten und dem Islam unterworfen hatten und die anderen Araber erkannten, daß sie nicht die Macht besaßen, den Propheten zu bekriegen und zu befeinden, kamen sie von überall her zu ihm und nahmen – wie Gott sagte – „in Scharen" den Islam an. Zu Seinem Propheten sprach Gott:

*Wenn die Hilfe Gottes kommt und der Erfolg sich einstellt, und wenn du siehst, daß die Menschen in Scharen der Religion Gottes beitreten, dann lobpreise deinen Herrn und bitte Ihn um Vergebung! Er ist gnädig* (Sure

110), [d. h., lobe Gott für den Sieg, den Er deinem Glauben verliehen hat, und bitte Ihn um Vergebung, denn Er ist bereit zu vergeben!]

إسْلام بَنِي الحَارث بِن كَعْب
عَلَى يَدِ خالِد بِن الوَلِيد لَمَّا سَارَ إلَيهِم

## 68. DIE BANŪ ḤĀRITH NEHMEN DURCH KHĀLID IBN WALĪD DEN ISLAM AN

Im Monat Rabī^c II. oder Djumādā I. des Jahres 10 schickte der Prophet Khālid ibn Walīd zu den Banū Ḥārith in Nadjrān und befahl ihm, ihnen drei Tage Zeit zu lassen, um den Islam anzunehmen. Wenn sie seiner Aufforderung nachkämen, sollte er ihre Unterwerfung billigen, und wenn nicht, nach drei Tagen gegen sie kämpfen. Sobald er bei ihnen ankam, sandte Khālid seine Reiter in alle Richtungen, und diese riefen mit den Worten zum Islam auf:

„Ihr Menschen! Aslimū taslamū, nehmt den Islam an, und ihr werdet sicher sein!"

Die Menschen bekehrten sich darauf zum Islam und folgten dem Aufruf. Khālid blieb bei ihnen, wie der Prophet es ihm aufgetragen hatte, um sie im Islam, dem Buche Gottes und der Sunna des Propheten[38] zu unterweisen. Dann schrieb er an den Propheten einen Brief, in dem er ihm alles mitteilte und ihm erklärte, er werde dort bleiben, bis er ihm antworte. Der Gesandte Gottes schrieb ihm zurück:

„Im Namen des barmherzigen und gütigen Gottes! Vom Propheten Muḥammad, dem Gesandten Gottes, an Khālid ibn Walīd. Friede sei über dir! Ich preise Gott, außer Dem es keinen Gott gibt. Dein Bote hat mir deinen Brief gebracht, in welchem du mir mitteilst, daß die Banū Ḥārith kampflos den Islam angenommen haben, deiner Aufforderung zur Annahme des Islam nachgekommen sind, bezeugen, daß es keinen Gott gibt außer Gott und daß Muḥammad der Diener und Gesandte Gottes ist und Gott sie rechtgeleitet hat. Gib ihnen frohe Botschaft und warne sie. Dann kehre zurück und bringe von ihnen eine Gesandtschaft mit. Friede, Gottes Barmherzigkeit und Sein Segen seien über dir!“

Als Khālid mit der Gesandtschaft beim Propheten ankam und dieser sie erblickte, fragte er:

„Wer sind diese Leute, die wie Inder aussehen?“

„Es sind Männer von den Banū Ḥārith“, erklärte man ihm. Sie blieben vor dem Propheten stehen und sprachen:

„Wir bezeugen, daß du der Gesandte Gottes bist und daß es keinen Gott gibt außer Gott!“

„Und ich bezeuge, daß es keinen Gott gibt außer Gott und daß ich der Gesandte Gottes bin!“ entgegnete der Prophet und fuhr fort: „Wenn Khālid mir nicht geschrieben hätte, daß ihr den Islam kampflos angenommen habt, würde ich euch euere Köpfe vor die Füße werfen!“

„Wir loben weder dich noch Khālid!“

„Wen lobt ihr denn!“

„Wir loben Gott, der uns durch dich rechtgeleitet hat, o Prophet!“

„Ihr habt recht!“

Der Prophet ernannte dann den Qais ibn Ḥuṣain zum Führer der Banū Ḥārith, und die Gesandtschaft kehrte Ende Shawwāl oder Anfang Dhu l-Qaᶜda zu ihrem Stamm zurück. Nachdem sie in ihrer Heimat angelangt waren, schickte ihnen Muḥammad den ᶜAmr ibn Ḥazm, damit er sie in der Religion unterweise, sie die Sunna und die Regeln des Islam lehre und die Armensteuer von ihnen einziehe. Im folgenden Dokument erteilte er ihm seinen Auftrag:

„Im Namen des barmherzigen und gütigen Gottes! Dies ist eine Kundgabe von Gott und seinem Gesandten. O ihr, die ihr glaubt, erfüllt euere Pflichten! Dies ist der Auftrag des Propheten Muḥammad, des Gesandten Gottes, an ᶜAmr ibn Ḥazm, mit dem er ihn in den Jemen schickte. Er befiehlt: Fürchte Gott in allen deinen Taten, denn Gott ist mit denen, die gottesfürchtig sind und recht handeln! Halte dich an die Wahrheit, wie Gott es dir aufgetragen hat! Verkündige den Menschen die Frohe Botschaft und ermahne sie, danach zu handeln! Lehre sie den Koran und unterweise sie darin! Verbiete, daß ein Unreiner den Koran berührt! Teile ihnen ihre Rechte und Pflichten mit! Laß Milde walten gegen den Rechthandelnden und Strenge gegen den Unrechthandelnden, denn Gott haßt und verbietet das Unrecht durch sein Wort: *Gottes Fluch kommt über die Frevler* (Sure 11, 18)!

Bringe ihnen frohe Kunde vom Paradies und erkläre ihnen, wie man es erreicht! Warne sie vor dem Feuer und dem dorthin führenden Weg! Freunde dich mit den Menschen an, damit sie im Glauben unterwiesen werden! Lehre sie die Regeln der Pilgerfahrt, ihre Durchführung, die Verpflichtung zu ihr und Gottes Befehl dazu: Die Große Pilgerfahrt ist die Große Pilgerfahrt, und die Kleine Pilgerfahrt ist die ᶜUmra[24]! Verbiete den Menschen, in einem einfachen kleinen Gewand zu beten, es sei denn, seine beiden Enden liegen doppelt über den Schultern! Verbiete ihnen, sich in ein Gewand zu kleiden, das die Scham sichtbar werden läßt! Verbiete ihnen, die Haare im Nacken zu flechten! Verbiete ihnen, ihre Stämme und Sippen anzurufen, wenn es unter ihnen Zwietracht gibt, denn sie sollen den Einzigen Gott, Der keinen Gefährten hat, anrufen; und diejenigen, die dies nicht tun, sollen mit dem Schwert geschlagen werden, bis sie es tun! Befiehl ihnen, die rituellen Reinigungen durchzuführen, indem sie das Gesicht, die Hände bis zum Ellenbogen und die Füße bis zur Ferse waschen und den Kopf abwischen, wie Gott es angeordnet hat! Befiehl ihnen, zur vorgeschriebenen Zeit die Gebete mit dem Beugen und Niederwerfen des Körpers und in Demut zu verrichten: Bei Tagesanbruch das Morgengebet; wenn die Sonne sinkt das Nachmittagsgebet; wenn die Nacht herannaht, aber noch bevor die Sterne am Himmel erscheinen, das Abendgebet; und zu Beginn der Nacht das Nachtgebet! Befiehl ihnen, zur Moschee zu eilen, wenn sie gerufen werden, und sich zu waschen, wenn sie hingehen! Befiehl ihnen, von der Beute das Fünftel Gottes einzuziehen sowie vom Landbesitz die Armensteuer, die den Gläubigen vorgeschrieben ist: ein Zehntel von dem, was durch Quellen oder Regen bewässert wird; ein Zwanzigstel von dem, was mit Eimern bewässert wird; zwei Schafe für jeweils zehn Kamele; vier Schafe für jeweils zwanzig Kamele; eine Kuh für jeweils vierzig Kühe; ein Kalb für jeweils dreißig Kühe; ein Schaf für jeweils vierzig frei weidende Schafe oder Ziegen! Dies ist die Almosensteuer, die Gott den Menschen zur Pflicht gemacht hat; und dem, der darüber hinaus etwas gibt, gereicht es zum Lohn. Diejenigen Juden und

Christen, die aus eigenem Antrieb aufrichtige Muslime werden und der islamischen Religion folgen, gelten als Gläubige und haben dieselben Rechte und Pflichten wie diese. Wer in seinem Christentum oder Judentum verharrt, darf nicht davon abgebracht werden; jeder Erwachsene unter ihnen, sowohl Mann wie Frau, Freier wie Sklave muß einen ganzen Dinar oder den Gegenwert in Kleidern bezahlen! Alle, die dies tun, stehen unter dem Schutze Gottes und Seines Gesandten; wer sich aber weigert, der ist der Feind Gottes, Seines Gesandten und aller Gläubigen!“

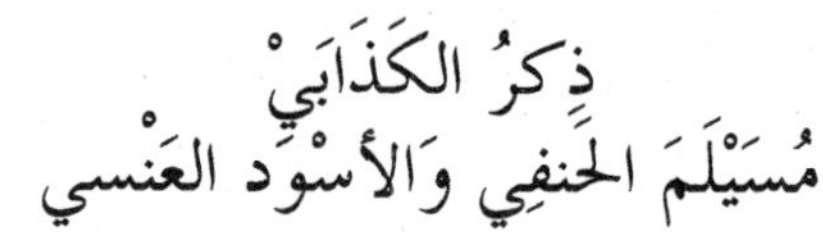

## 69. DIE BEIDEN LÜGENPROPHETEN MUSAILIMA UND ASWAD

Noch zu Lebzeiten des Propheten traten zwei Lügenpropheten auf: Musailima ibn Ḥabīb unter den Banū Ḥanīfa in der Landschaft Yamāma und Aswad ibn Kaᶜb in Ṣanᶜā’ im Jemen.

Von einem vertrauenswürdigen Überlieferer hörte ich, daß Abū Huraira folgendes berichtete:

Ich habe den Propheten sagen hören: „Die Stunde der Auferstehung wird nicht kommen, bevor nicht dreißig Antichristen aufgetreten sind, die alle behaupten, sie seien Propheten.“

Musailima hatte folgenden Brief an den Propheten geschrieben:

„Von Musailima, dem Gesandten Gottes, an Muḥammad, den Gesandten Gottes! Friede sei über dir! Ich wurde dir zum Teilhaber in der Herrschaft gemacht. Die eine Hälfte des Landes gehört uns, die andere den Quraish. Die Quraish aber sind ein feindseliges Volk.“

Zwei Boten brachten diesen Brief zum Propheten.

Ein Scheich aus dem Stamme Ashdjaᶜ überlieferte mir von seinem Stammesgenossen Salama die folgenden Worte seines Vaters Nuᶜaim: Als der Prophet den Brief las, hörte ich ihn zu den beiden Boten sagen: „Und was sagt ihr dazu?“

„Wir sind der gleichen Meinung wie er!" antworteten sie, worauf er ausrief:

„Bei Gott, wäre es nicht untersagt, Boten zu töten, ich würde euch beide enthaupten lassen!"

Dann schrieb er an Musailima: „Im Namen des barmherzigen und gütigen Gottes! Von Muḥammad, dem Gesandten Gottes, an Musailima, den Lügner.

Friede über dem, der der Rechtleitung folgt! Die Erde gehört Gott. Er gibt sie, wem von Seinen Dienern Er will, zum Erbe. Das Ende gehört denen, die gottesfürchtig sind."

Dies war gegen Ende des Jahres 10.

حِجَّة الوَدَاع

## 70. DIE ABSCHIEDSWALLFAHRT

Zu Beginn des Monats Dhu l-Qaᶜda rüstete sich der Prophet für die Wallfahrt und befahl den Muslimen, das gleiche zu tun.

ᶜAbdarraḥmān ibn Qāsim überlieferte mir den folgenden Bericht der Frau des Propheten, ᶜĀ'isha, wie er ihn von seinem Vater gehört hat:

Am 25. Dhu l-Qaᶜda brach der Prophet auf, und weder er noch seine Begleiter sprachen von etwas anderem als der Wallfahrt, bis sie Sarif erreichten. Der Prophet und einige Edle unter den Muslimen hatten ihre Opfertiere bei sich. Nun befahl er, daß diejenigen, die keine Opfertiere mitgebracht hatten, das Pilgergewand wieder ablegen sollten, um nur die ᶜUmra[24] durchzuführen.

Ich hatte an jenem Tag, so erzählte ᶜĀ'isha später, meine Regel bekommen und weinte, als der Prophet zu mir kam.

„Was ist mit dir, ᶜĀ'isha? Hast du deine Regel bekommen?" fragte er mich, und ich antwortete:

„Ja! Bei Gott, ich wünschte, ich wäre in diesem Jahre nicht mit euch auf die Reise gegangen!"

„Sag dies nicht!" gab er zurück, „denn du kannst alles tun, was die Pilger tun; nur die Kaᶜba umschreiten darfst du nicht!"

Der Prophet gelangte nach Mekka, und jeder, der kein Opfertier dabei hatte, und dessen Frauen legten das Pilgergewand ab und machten nur die ᶜUmra[24]. Am Opfertag wurde mir eine große Menge Rindfleisch gebracht und in mein Zimmer gelegt. Auf meine Frage, was dies sei, erhielt ich zur Antwort:

„Der Prophet hat für seine Frauen die Rinder geschlachtet."

Muḥammad vollzog weiter die Wallfahrt und erklärte den Muslimen das Zeremoniell. Vieles machte er ihnen in einer Rede klar, in der er Gott pries und lobte und sprach:

„O ihr Menschen! Hört auf meine Worte, denn ich weiß nicht, ob ich euch nochmals an dieser Stelle treffen werde. O ihr Menschen! Euer Blut und euer Besitz sind euch heilig, bis ihr euerem Herrn begegnet, so wie dieser Tag und dieser Monat heilig sind. Ihr werdet euerem Herrn begegnen, und Er wird euch nach eueren Taten fragen. Ich habe es euch kundgetan. Wer ein anvertrautes Gut besitzt, gebe es dem zurück, der es ihm anvertraut hat. Aller Zins ist aufgehoben, aber euer Kapital gehört euch. Behandelt nicht ungerecht, und ihr werdet nicht ungerecht behandelt werden. Gott hat entschieden, daß es keinen Zins gibt, und der Zins des ᶜAbbās ibn ᶜAbdalmuṭṭalib ist vollständig aufgehoben[39]. Auch jede Blutschuld aus heidnischer Zeit ist aufgehoben. Und die erste Blutschuld, die ich aufhebe, ist die des Ibn Rabīᶜa ibn Ḥārith ibn ᶜAbdalmuṭṭalib; mit dieser heidnischen Blutschuld beginne ich. Und weiter, o ihr Menschen! Der Teufel hat die Hoffnung aufgegeben, daß er jemals wieder in euerem Lande verehrt wird; aber er wird schon zufrieden sein, wenn ihr ihm noch in solchen Taten folgt, die ihr für gering erachtet. So nehmt euch in acht vor ihm in euerem Glauben! O ihr Menschen!

*Die Verschiebung der Kalenderordnung durch einen Schaltmonat ist ein Übermaß an Unglauben. Diejenigen, die ungläubig sind, werden dadurch noch mehr irregeführt. Sie erklären den Heiligen Monat in einem Jahr für nichtheilig, in einem anderen für heilig, um der Zahl dessen, was Gott an Monaten für heilig erklärt hat, gleichzukommen, und für nichtheilig, was Gott für heilig erklärt hat* (Sure 9, 37).

Die Zeit hat ihren Kreislauf beendet und ist so wie am Tage, als Gott die Himmel und die Erde erschaffen hat. Bei Gott ist die Zahl der Monate zwölf; davon sind vier heilig, drei aufeinanderfolgende und der Radjab von Muḍar zwischen Djumādā und Shaᶜbān[40]. Und weiter, o ihr Menschen! Ihr habt Rechte gegenüber eueren Frauen, und sie haben Rechte gegenüber euch. Ihr habt ihnen gegenüber das Recht, daß sie euer Bett nicht beflecken und keinen offensichtlichen Ehebruch begehen. Wenn sie es tun, hat Gott euch erlaubt, sie in getrennte Räume zu sperren und sie zu schlagen, aber nicht zu heftig. Enthalten sie sich dieser Taten, haben sie das Recht auf Unterhalt und Kleidung in freundlicher Weise. Meint es gut mit eueren Frauen, denn sie sind Gefangene bei euch, die für sich selbst nichts besitzen! Ihr habt sie nur als von Gott anvertrautes Gut erhalten, und ihre Schamteile sind euch durch Gottes Worte erlaubt. So versteht meine Worte, ihr Menschen! Ich habe es euch mitgeteilt. Ich habe unter euch etwas zurückgelassen, wonach ihr niemals mehr in die Irre gehen werdet, wenn ihr daran festhaltet: einen klaren Auftrag, das Buch Gottes und die Sunna Seines Propheten. O ihr Menschen! Hört und versteht meine Worte! Wisset, daß jeder Muslim dem anderen Muslim ein Bruder ist und daß alle Muslime Brüder sind! Niemand darf von seinem Bruder etwas nehmen, was dieser ihm nicht gerne gibt. So seid nicht ungerecht gegen euch selbst! O Gott, habe ich es nun mitgeteilt?"

„O Gott, ja!" sollen darauf die Muslime gerufen haben, und der Prophet sprach: „O Gott, sei Du mein Zeuge!"

Darauf zog der Prophet nach Medina zurück und blieb dort vom Ende des Monats Dhu l-Ḥidjja bis zum Monat Ṣafar (des Jahres 11).

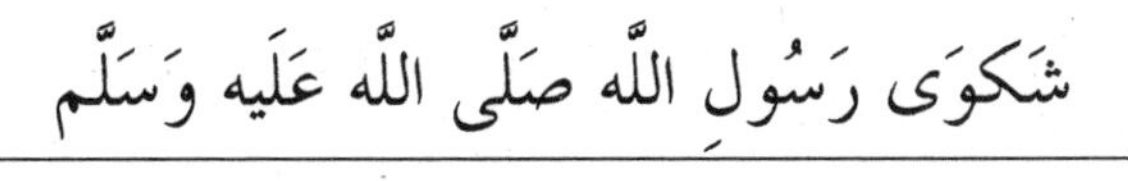


## 71. DIE KRANKHEIT DES PROPHETEN

DIE Erkrankung des Propheten, an der Gott ihn sterben lassen und zu Seiner Ehre und Gnade erheben wollte, begann in den letzten Tagen des Monats Ṣafar oder zu Beginn des Monats Rabīᶜ I. Es fing damit an, daß er, wie mir berichtet wurde, mitten in der Nacht zum Friedḥof Baqīᶜ al-Gharqad hinausging, dort um Vergebung für die Toten bat und dann zu seiner Familie zurückkehrte; am Morgen begann dann sein Leiden.

Durch die Überliefererkette: $^{c}$Abdallāh ibn $^{c}$Umar von $^{c}$Ubaid ibn Djubair, einem Freigelassenen des Ḥakam, von $^{c}$Abdallāh ibn $^{c}$Amr habe ich erfahren, daß der Freigelassene des Propheten Abū Muwaihiba folgendes erzählte:

Mitten in der Nacht ließ der Prophet mich zu sich kommen und sagte:

„Mir wurde befohlen, für die Toten auf dem Baqī$^{c}$-Friedhof um Vergebung zu beten. So komme mit mir!“

Ich ging mit ihm, und als er mitten zwischen den Gräbern stand, sprach er:

„Friede sei über euch, o ihr Volk der Gräber! Freut euch, daß ihr nicht mehr seid, wo die Lebenden sind! Wie Fetzen der finsteren Nacht nahen die Versuchungen[41], eine nach der anderen, die letzte schlimmer als die erste.“ Und zu mir gewandt fuhr er fort: „Mir wurden die Schlüssel zu den Schätzen dieser Welt und der Aufstieg ins Paradies nach einem langen Leben hier angeboten, und ich wurde vor die Wahl gestellt, mich dafür oder für die Begegnung mit meinem Herrn und den Eintritt ins Paradies schon jetzt zu entscheiden.“

„Ich flehe dich an, nimm die Schlüssel für die Schätze dieser Welt, ein langes Leben darin und den Eintritt ins Paradies!“ bat ich ihn, doch er sprach:

„Nein, bei Gott, Abū Muwaihiba! Ich habe mich entschieden, schon jetzt meinem Herrn zu begegnen und ins Paradies einzugehen.“

Dann bat er für die Toten um Vergebung, und nachdem er den Friedhof verlassen hatte, begann sein Leiden, durch das Gott ihn zu sich nahm.

Ya$^{c}$qūb ibn $^{c}$Utba berichtete mir von Zuhrī, daß ihm $^{c}$Ubaidallāh ibn $^{c}$Abdallāh die folgende Schilderung der Frau des Propheten, $^{c}$Ā'isha, überliefert hat:

Als der Prophet vom Friedhof zurückkehrte, fand er mich, wie ich über Kopfschmerzen klagte.

„Nein, bei Gott, $^{c}$Ā'isha, mein Kopf schmerzt!“ sagte daraufhin der Prophet und fuhr fort: „Würde es dich nicht schmerzen, wenn du vor mir sterben würdest und ich dich in das Leichentuch hülle, das Totengebet über dich spreche und dich begrabe?“

„Wahrlich, mir ist, als sähe ich dich vor mir, wie du nach meinem Begräbnis nach Hause zurückkehrst und hier mit einer deiner Frauen die Hochzeitsnacht verbringst[42]!“

Der Prophet lächelte. Als er dann seine Frauen aufsuchte, wurden die Schmerzen immer schlimmer, bis sie ihn im Hause Maimūnas übermannten. Er rief seine Frauen zusammen und bat sie um ihr Einverständnis, daß er in meinem Hause gepflegt werde, und sie stimmten zu. Mit verbundenem Kopf und gestützt auf zwei Männer seiner Familie kam er schleppenden Schrittes zu mir. Als die Krankheit und die Schmerzen immer schlimmer wurden, sprach er:

„Schüttet sieben Schläuche mit Wasser aus verschiedenen Brunnen über mich, auf daß ich zu den Menschen hinausgehen kann und ihnen meinen Auftrag gebe!“

Wir ließen ihn sich in einen Waschzuber der Tochter ᶜUmars, Ḥafṣa, setzen und gossen das Wasser über ihn, bis er zu rufen begann: „Genug! Genug!“

Zuhrī berichtete mir von Ayyūb ibn Bashīr folgendes:

Der Prophet kam mit verbundenem Kopf und bestieg die Kanzel. Zuerst betete er lange über die bei Uḥud Gefallenen und bat um Vergebung für sie. Dann sprach er:

„Gott hat einen Seiner Diener vor die Wahl zwischen dieser Welt und einem Leben bei Ihm gestellt, und der Diener wählte letzteres.“ Abū Bakr verstand die Worte und erkannte, daß der Prophet sich selbst meinte. Er weinte und rief:

„Nein! Wir flehen dich an!“

„Langsam, Abū Bakr!“ erwiderte Muḥammad und fuhr fort: „Seht diese Türen, die zur Moschee hin offenstehen. Nur die Tür des Hauses von Abū Bakr laßt geöffnet, denn ich kenne keinen unter meinen Gefährten, der mir ein besserer Beistand wäre!“

Zuhrī berichtete mir von Ḥamza ibn ᶜAbdallāh, daß ᶜĀ'isha erzählte:

Als der Prophet schwer erkrankte, sprach er: „Laßt Abū Bakr die Gebete leiten!“

„O Gesandter Gottes!“ wandte ich ein, „mein Vater Abū Bakr ist ein zarter Mann mit einer schwachen Stimme, und wenn er den Koran liest, weint er oft.“

„Laßt Abū Bakr die Gebete leiten!“ befahl er nochmals, und als ich denselben Einwand erhob, sprach er: „Ihr seid wie die Gefährten Josefs[43]! Sagt Abū Bakr, er soll den Leuten vorbeten!“

Ich hatte diese Bedenken nur geäußert, weil ich wollte, daß mein Vater von dieser Aufgabe verschont bliebe, und weil ich wußte, daß die Menschen nie einen Mann lieben werden, der den Platz des Propheten einnimmt, und daß sie ihn für alles Unheil, das geschieht, verantwortlich machen werden.

Ibn Shihāb sprach: ᶜAbdalmalik ibn abī Bakr ibn ᶜAbdarraḥmān berichtete mir von seinem Vater, der sich auf die Worte des ᶜAbdallāh ibn Zamaᶜa stützte, folgendes:

Während ich mich einmal mit einigen anderen Muslimen beim Propheten befand – in den Tagen, als es ihm immer schlechter ging –, rief gerade Bilāl zum Gebet. Da sprach der Prophet:

„Laßt jemanden den Gläubigen vorbeten!“

Ich trat hinaus und fand ᶜUmar bei den Leuten. Abū Bakr war nicht anwesend. Da forderte ich ᶜUmar auf, das Gebet zu leiten, und er tat es. Sobald aber der Prophet ᶜUmars kräftige Stimme „Allāhu akbar“ rufen hörte, sagte er:

„Wo ist Abū Bakr? Dies wollen Gott und die Muslime nicht! Dies wollen Gott und die Muslime nicht!“

Daraufhin wurde Abū Bakr gerufen, und er betete mit den Gläubigen weiter, nachdem ᶜUmar sein Gebet beendet hatte. Mir aber hielt ᶜUmar vor:

„Wehe dir! Was hast du mir angetan, Ibn Zamaᶜa? Bei Gott, als du mich auffordertest, das Gebet zu leiten, dachte ich, der Prophet hätte dich mit diesem Befehl geschickt. Ich hätte sonst nicht vorgebetet.“

„Nein, der Prophet hatte mir dies nicht aufgetragen“, antwortete ich, „aber als ich Abū Bakr nicht sah, dachte ich, daß du unter den Anwesenden am meisten Anrecht darauf hast, das Gebet zu leiten.“

Muḥammad ibn Ibrāhīm überlieferte mir von Qāsim ibn Muḥammad folgendes:

Der Prophet sprach, als er ᶜUmar beim Gebet „Allāhu akbar" rufen hörte:

„Wo ist Abū Bakr? Jenen wollen Gott und die Muslime nicht!"

Die Muslime hätten nie daran gezweifelt, daß der Prophet mit diesen Worten Abū Bakr zu seinem Nachfolger ernannt hat, wenn nicht ᶜUmar später bei seinem eigenen Tod gesagt hätte:

„Wenn ich einen Nachfolger ernenne, so hat dies vor mir schon jemand getan, der besser war als ich; und wenn ich es ihnen überlasse, einen Nachfolger für mich zu wählen, so hat dies auch schon jemand getan, der besser war als ich."

An diesen Worten erkannten die Muslime, daß der Gesandte Gottes keinen Nachfolger bestimmt hatte[44].

Abū Bakr ibn ᶜAbdallāh ibn abī Mulaika berichtete mir folgendes:

Am Montag verließ der Prophet mit verbundenem Kopf sein Gemach und begab sich zum Morgengebet. Abū Bakr betete bereits den Gläubigen vor. Als der Prophet erschien, wurden sie unruhig, und Abū Bakr merkte daran, daß der Prophet gekommen war. Daraufhin trat er von seinem Platz zurück, doch der Prophet stieß ihn in den Rücken und forderte ihn auf, weiter vorzubeten. Er selbst ließ sich rechts neben Abū Bakr nieder und verrichtete das Gebet im Sitzen. Nach dem Gebet wandte er sich den Gläubigen zu und sprach zu ihnen mit so lauter Stimme, daß sie durch die Tür der Moschee nach draußen drang:

„O ihr Menschen! Das Feuer ist entfacht, und die Versuchungen nahen wie Fetzen dunkler Nacht. Bei Gott, ihr könnt mir nichts zur Last legen. Ich habe euch nur erlaubt, was der Koran erlaubt, und ich habe euch nur verboten, was der Koran verbietet."

Yaᶜqūb ibn ᶜUtba überlieferte mir von Zuhrī, der sich auf ᶜUrwa beruft, die folgenden Worte ᶜĀ'ishas:

An jenem Tag kam der Prophet von der Moschee zurück und legte das Haupt in meinen Schoß. Da trat ein Mann aus der Familie Abū Bakrs ein. In der Hand trug er ein grünes Zahnputzholz, und als ich den Blicken des Propheten entnahm, daß er das Holz gerne gehabt hätte, fragte ich ihn:

„Möchtest du das Zahnputzholz?"

Er bejahte. Ich nahm das Hölzchen, kaute es für ihn weich und gab es ihm. Er rieb sich damit so gründlich die Zähne, wie ich es noch nie bei ihm gesehen hatte, und legte es beiseite. Dann bemerkte ich, wie mir sein Kopf auf meinem Schoße schwer wurde, und als ich ihm darauf ins Antlitz sah, waren seine Augen starr. Er sprach:

„Ja! Der Erhabenste Gefährte ist Der im Paradies!"

„Bei Dem, Der dich mit der Wahrheit gesandt hat! Du wurdest vor die Wahl gestellt und hast gewählt!" antwortete ich, und der Gesandte Gottes verschied.

Yaḥyā ibn ᶜAbbād ibn ᶜAbdallāh erzählte mir von seinem Vater ᶜAbbād, daß dieser ᶜĀ'isha hatte sagen hören:

Der Prophet hatte den Kopf an meiner Brust liegen, als er starb. Es war zu einer Zeit, als ich an der Reihe war, und ich war seinetwegen zu niemandem ungerecht. Es geschah durch meine Unerfahrenheit und mein jugendliches Alter, daß er in meinen Armen verschied. Ich legte dann sein Haupt auf ein Kissen, stand auf und schlug mir, zusammen mit den anderen Frauen, auf Brust und Gesicht.

Zuhrī überlieferte mir von Saᶜīd ibn Musayyab den folgenden Bericht des Abū Huraira:

Nachdem der Prophet verstorben war, erhob sich ᶜUmar und sprach zu den Muslimen: „Einige Heuchler werden behaupten, der Prophet sei gestorben. Nein! Der Gesandte Gottes ist nicht gestorben, sondern er ist zu seinem Herrn gegangen so wie Moses, der vierzig Nächte von seinem Volk fernblieb und dann zu ihm zurückkehrte, nachdem behauptet worden war, er sei gestorben. Bei Gott, der Prophet wird zurückkehren, wie Moses zurückgekehrt ist, und wird denjenigen Hände und Füße abschlagen, die behauptet haben, er sei gestorben."

Als Abū Bakr davon hörte, begab er sich zum Tor der Moschee, während ᶜUmar zu den Leuten sprach. Er achtete auf nichts, sondern ging in das Zimmer der ᶜĀ'isha, wo der Prophet mit einem Mantel aus jemenitischem Stoff bedeckt lag. Er trat hinzu, deckte das Gesicht des Propheten auf, küßte es und sprach:

„Du, der du mir teurer bist als Vater und Mutter, hast den Tod gekostet, den Gott dir beschieden hat, und ein zweiter Tod wird dich nicht mehr treffen.“

Er legte ihm den Mantel wieder über das Gesicht, trat hinaus, wo ᶜUmar zu den Menschen sprach, und forderte ihn auf zu schweigen. Dieser weigerte sich aber und redete weiter. Da wandte Abū Bakr sich selbst an die Gläubigen, und als sie seine Worte vernahmen, ließen sie ᶜUmar stehen und kamen zu ihm. Abū Bakr lobte und pries Gott und sprach:

„O ihr Menschen! Wenn jemand Muḥammad anbetet, Muḥammad ist tot! Wenn jemand Gott anbetet, Gott lebt und wird nie sterben!“ Dann trug er den Koranvers vor:

*Muḥammad ist nur ein Gesandter. Vor ihm hat es schon Gesandte gegeben. Werdet ihr euch denn zurückwenden, wenn er stirbt oder getötet wird? Wer sich zurückwendet, wird Gott keinen Schaden zufügen. Aber Gott wird es denen vergelten, die dankbar sind* (Sure 3, 144).

Bei Gott, es war, als hätten die Muslime nichts von der Offenbarung dieses Verses gewußt, bevor ihn Abū Bakr damals vortrug. Sie übernahmen ihn und führten ihn ständig im Munde. ᶜUmar aber erzählte später:

„Bei Gott, kaum hatte ich Abū Bakr den Vers vortragen hören, war ich so erschüttert, daß mich meine Füße nicht mehr trugen und ich zu Boden stürzte: Ich wußte jetzt, der Prophet war wirklich gestorben!“

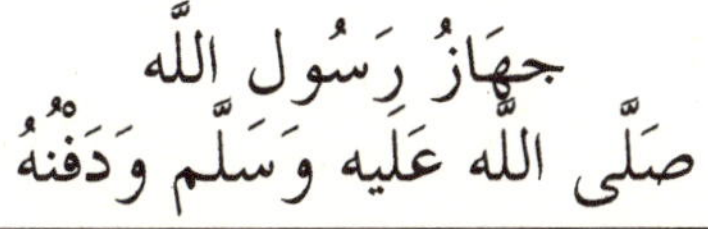

## 72. DIE BEISETZUNG DES PROPHETEN

Nachdem Abū Bakr gehuldigt worden war, kamen die Männer, um die Beisetzung des Propheten am Dienstag vorzubereiten.

ᶜAbdallāh ibn abī Bakr, Ḥusain ibn ᶜAbdallāh und andere überlieferten mir folgendes:

ᶜAlī, ᶜAbbās ibn ᶜAbdalmuṭṭalib, dessen beide Söhne Faḍl und Qutham sowie Usāma ibn Zaid und Shuqrān, der Freigelassene des Propheten, übernahmen es, den Propheten zu waschen. Aus ibn Khaulī, einer aus dem Stamme ᶜAuf ibn Khazradj, der zu den Gefährten des Propheten gehörte und bei Badr gekämpft hatte, beschwor ᶜAlī, ihn auch an der Waschung teilnehmen zu lassen, und er erlaubte es ihm. Dann stützte ᶜAlī den Kopf des Propheten mit der Brust und drehte zusammen mit Faḍl und Qutham den Leichnam herum. Usāma und Schuqrān gossen Wasser über ihn, und ᶜAlī wusch ihn, wobei er ihn mit der Brust abstützte. Der Prophet trug noch sein Hemd, und ᶜAlī rieb den Körper damit von außen ab, ohne daß er ihn mit der Hand unmittelbar berührte. Dabei sprach er:

„Du, der du mir teurer als Vater und Mutter bist, wie wunderbar bist du doch als Lebender und als Toter!"

Am Leichnam des Propheten sah man nicht die Merkmale, wie sie an gewöhnlichen Toten erscheinen.

Als am Dienstag die Vorbereitungen beendet waren, legten sie ihn auf das Bett in seinem Zimmer. Die Muslime hatten sich gestritten, wo sie ihn bestatten sollten. Die einen wollten ihn in der Moschee, die anderen an der Seite seiner verstorbenen Gefährten beisetzen. Abū Bakr aber sprach:

„Ich habe den Propheten sagen hören: ‚Alle Propheten wurden dort beerdigt, wo sie gestorben sind.'"

Da hoben sie das Bett beiseite, auf dem er gestorben war, und gruben ihm darunter sein Grab. Und die Muslime kamen in Gruppen, um das Totengebet über ihn zu sprechen: zuerst die Männer, dann die Frauen und schließlich die Kinder. Dabei gab es keinen, der das Gebet leitete.

Mitten in der Nacht zum Mittwoch wurde der Prophet dann bestattet.

Die Muslime waren vom Tod des Propheten schwer getroffen. Und ᶜĀ'isha – so habe ich gehört – pflegte zu sagen:

„Nach des Propheten Tod wurden die Araber abtrünnig, Christen und Judentum erhoben ihr Haupt, die Heuchelei wurde offenkundig, und die Muslime glichen, da sie den Propheten verloren hatten, einer im Regen einer kalten Winternacht herumirrenden Schafherde, bis Gott sie unter Abū Bakr wieder sammelte."

Ḥassān ibn Thābit beweinte den Tod des Propheten mit den folgenden Versen:

*Unter all den Menschen gibt es keinen, der wie ich sich*
*müht und diesen Schwur so ohne Falsch und ehrlich spricht:*
*Nie, bei Gott, ward dem Propheten gleich ein Mann geboren,*
*der die rechte Leitung seines Volkes so verficht.*
*Einen, der wie er den Gast beschützte und Versprechen*
*hielt, schuf vorher Gott in seiner ganzen Schöpfung nicht.*
*Stets gesegnet war sein Tun, gerecht war seine Führung,*
*und durch ihn erstrahlte unter uns ein Licht.*
*Deine Frauen schlagen nicht mehr auf die Pflöcke deiner*
*Zelte, die sie nun verließen ohne Zuversicht.*
*Wie die Mönche tragen sie jetzt Lumpenkleider, und sie*
*wissen, einen Ausweg aus dem Elend gibt es nicht.*
*O du bester aller Menschen warst ein Strom von Wasser,*
*ohne den mein Körper nun vor Durst zusammenbricht.*

# ANHANG

## ANMERKUNGEN ZUM TEXT

(Die Pfeile verweisen auf das alphabetische Register)

1 Zum Stammbaum zwischen Nebujot (arab. Nabit) über → Abraham (arab. Ibrāhīm) bis Adam vgl. AT Genesis 5; 11, 10-26; und 25, 13; bzw. Chronik I. Kap. Zu den Namen von Muḥammad bis Fihr → Quraish, → ᶜAbdallāh ibn ᶜAbdalmuṭṭalib, → ᶜAbdalmuṭṭalib.

2 Das *Jahr des Elefanten*, das Geburtsjahr des Propheten. Der Begriff geht auf die mit historischen Fakten verwobene Legende zurück, wonach der christliche König in Südarabien, Abraha, einen Feldzug gegen Mekka unternahm, sein Elefant aber an der Grenze der Stadt niederkniete und nicht mehr zu bewegen war weiterzuziehen. Eine Seuche vernichtete zudem sein Heer, und er mußte erfolglos umkehren. Nach muslimischen Berechnungen war dies das Jahr 570 n. Chr. und das Geburtsjahr des Propheten.

3 Der *zamzam*-Brunnen liegt südöstlich der → Kaᶜba und wurde nach der islamischen Legende von Gabriel geöffnet, um Hagar und Ismāᶜīl vor dem Verdursten zu retten. Er soll eine Zeitlang zugeschüttet gewesen und vom Großvater des Propheten, → ᶜAbdalmuṭṭalib, wieder ausgegraben worden sein. Die Verteilung des heiligen und heilsamen Wassers an die Pilger war eines der Ämter, die mit der Kaᶜba verbunden waren.

4 Zum *ḥaṭīm* → Kaᶜba.

5 Dem hier wiedergegebenen Text (Johannes 15, 23-27) liegt die *syrisch-palästinensische Version* des Evangeliums zugrunde.

6 Zu dieser und auch einigen der voranstehenden Forderungen vgl. Koran, Sure 17, 90-93.

7 Die „auf die Knoten spuckenden Zauberer" werden für die vorislamische Zeit häufig erwähnt und erscheinen auch im Koran (Sure 113, 4). Dahinter steckt die Vorstellung, daß man durch das Blasen oder Spucken auf ein verknotetes Stück Stoff o. ä. aus dem Besitz des zu Verfluchenden den Knoten löst und damit dem Besitzer auf magische Art Schaden zufügt.

8 *hazadj* und *radjaz* gelten den Arabern als älteste Dichtungsformen. Vor allem der Radjaz (jeder Vers in der Regel aus zwei oder drei Dijamben

bestehend) ist eines der beliebtesten altarabischen Metren für Kinder-, Spott- und Kampflieder sowie Zauberverse.

9 Sure 18, die im arabischen Text darauf teilweise wiedergegeben ist.

10 Sure 19.

11 Wie im Koran sind auch hier unter Sabier die Mandäer zu verstehen, die nach Juden und Christen als dritte „Buchreligion" angesehen wurden.

12 Sure 20.

13 Die *tashrīq*-Tage sind die letzten drei Tage der Pilgerzeit (11.-13. Dhu l-Ḥidjja).

14 Anspielung auf die *Änderung der Gebetsrichtung*. Zunächst hatte sich Muḥammad beim Gebet nach Jerusalem gewandt. Ein bis zwei Jahre nach der Hidjra wurde durch eine koranische Offenbarung (Sure 2, 242-245) die Richtung zur ➻ Kaᶜba vorgeschrieben.

15 *nuqabā'* (Singular: *naqīb*), eigentlich „Führer", Terminus technicus für die zwölf bei ᶜAqaba gewählten Vertreter der Medinenser.

16 d. h., wie Ibn Hishām erklärend hinzufügt: Was euch heilig ist, ist auch mir heilig, und euer(e) Blut(schuld) ist auch mein(e) Blut(schuld).

17 Dieser Text ist als die *Verfassung von Medina* bekannt und häufig diskutiert worden. Der Text gilt allgemein als authentisch, doch ist die exakte Entstehungszeit (vor oder nach Badr, vor oder nach der ersten Judenvertreibung) weiterhin umstritten. Zahlreiche Wiederholungen machen zudem eine Zusammensetzung aus verschiedenen und zu verschiedenen Zeiten entstandenen Elementen wahrscheinlich (Watt). Auch inhaltlich bleibt manches problematisch, und die Übersetzung ist nicht immer gesichert.

18 Die Moschee wurde auf einem ursprünglichen Dattelspeicher des Stammes ➻ Thaᶜlaba errichtet.

19 Der Begriff *ḥanīf* erscheint mehrfach im Koran und den Prophetenbiographien, und es ist viel darüber geschrieben worden, ohne daß jedoch eine eindeutige Klärung erreicht wurde. Als Ḥanīfen galten diejenigen, die vor Muḥammad die reine und unverfälschte monotheistische Religion besaßen, d. h. keine polytheistischen Heiden, aber auch weder Juden noch Christen waren. Auch mehrere Männer im heidnischen Mekka vor der Sendung des Propheten werden Ḥanīfen genannt, darunter ➻ Waraqa ibn Naufal.

20 Siehe oben Anm. Nr. 14.

21 Die Mutter des Sibāᶜ war eine der Frauen, die im heidnischen Mekka die Mädchen beschnitten. Die Sitte wurde im Islam mit Ausnahme Ägyptens und des Sudan nicht beibehalten. In Ägypten herrscht heute darüber eine Auseinandersetzung unter den Rechtsgelehrten.

22 Das *Gebet der Furcht*, beschrieben im Koran, Sure 4, 101-103: Bei Bedrohung durch den Feind kann das Gebet gruppenweise verrichtet werden, wobei eine Gruppe die Waffen bereithält, während eine andere betet. Auch kann in einem solchen Fall das Gebet verkürzt werden.

23 Zur Auswanderung nach Abessinien vgl. im Text S. 65f.

24 Die große Pilgerfahrt (*ḥadjj*) ist eine der fünf Pflichten im Islam, der jeder erwachsene Muslim wenigstens einmal im Leben nachkommen soll. Das genau festgelegte Zeremoniell findet zwischen dem 7. und 13. Dhu l-Ḥidjja statt. – Die kleine Pilgerfahrt (*ᶜumra*) ist zeitlich ungebunden, wurde ursprünglich gern im Radjab, später aber oft zusammen mit der großen Pilgerfahrt durchgeführt.

25 Dies bezieht sich auf den Elefanten des Abraha, vgl. dazu Anmerkung 2.

26 Der Heide Suhail versteht unter der Formel „In Deinem Namen, o Gott" nicht die Anrede an den einen Gott (Allāh), sondern an den Gott Allāh, der in Mekka neben vielen anderen Gottheiten verehrt wurde (➛ Hubal, ➛ ᶜUzzā, ➛ Lāt, ➛ Manāt u. a. m.). Daß er sich gegen den Zusatz „barmherzig", *raḥmān*, wandte, ist darin begründet, daß unter dem Namen Raḥmān in Arabien auch ein anderer Gott bekannt war, für den etwa ➛ Musailima gleichzeitig mit Muḥammad als Prophet auftrat.

27 Der *Heilige Bezirk* schließt die ganze Stadt Mekka ein und reicht bis Ḥudaibīya. Die Grenze war durch Steine markiert.

28 Muḥammad verrichtete wiederum nur die Kleine Pilgerfahrt (*ᶜumra*) und nicht die Große (*ḥadjj*). Vgl. Anmerkung 24.

29 d. h., es wurde *Sunna* (das Handeln, Sprechen und Gutheißen des Propheten), nämlich Praxis und Theorie der „sunnitisch"-muslimischen Gemeinde. Der Koran und die in den Ḥadīth-(Traditions-) Werken festgehaltene Sunna sind die beiden Hauptquellen des Islam.

30 d. h. im *Weihezustand des Pilgers*, der durch bestimmte rituelle Reinigungen und das Anlegen des Pilgergewandes erreicht wird. Sexueller Verkehr in diesem Zustand ist untersagt. Aus rechtlichen Gründen haben sich später die Meinungen der Juristen an der Überlieferung von Muḥammads Heirat als Pilger heftig entzündet.

31 Ein Wadi in der Nähe von Mekka, vielleicht aber auch nur eine Stelle, wo *arāk*-Bäume (eine Baumart mit Dornen) wuchsen.

32 d. h., der Prophet betrachtete sich als Reisenden außerhalb seines Wohnortes (Medina) und betete deshalb die täglichen Gebete in einer kürzeren Form (z. B. zwei Niederwerfungen statt vier), eine Praxis, die heute noch gültig ist.

33 Ein Jahr zuvor, beim ersten Zug nach Mekka, hatten ihm die medinensischen Helfer unter einer Akazie den Eid geschworen, bis zum Tod für ihn zu kämpfen.

34 Wie schon Guillaume vermerkte, enthält dieser Ausspruch ein Wortspiel mit *watīs* (Ofen) und *auṭās*, dem Namen des Wadis, in dessen Nähe der Kampf stattfand.

35 Eigentlich „die Söhne des Bleich-(oder Gelb-)häutigen", worunter die Byzantiner verstanden wurden. Häufig wurden sie auch „die Roten" genannt im Gegensatz zu den Arabern, die sich als braun oder schwarz bezeichneten.

36 Der Begriff *djizya* beinhaltete hier wahrscheinlich nicht nur die Kopf-, sondern auch die Grundsteuer (*kharādj*). Diese Steuern mußten die unterworfenen Christen und Juden (d. h. die Angehörigen einer „Buchreligion"), die sich nicht zum Islam bekannten, entrichten und erhielten dadurch den Schutz der Muslime.

37 Vgl. Koran, Sure 36.

38 *Sunna*: Das Handeln, Sprechen und Gutheißen des Propheten, vgl. oben Anm. 29.

39 In dieser berühmten Rede, deren Geschichtlichkeit allerdings zweifelhaft ist, wird, wie übrigens auch im Koran, das Zinsgeschäft grundsätzlich verboten, zumindest will es so scheinen. Das Verbot blieb auch durchaus im Bewußtsein der Muslime, und das islamische Recht hat sich immer wieder damit auseinandergesetzt, doch hat man auch Wege gefunden, das Verbot zu umgehen.

40 Die drei hintereinanderfolgenden Heiligen Monate sind *dhu l-qaʿda*, *dhu l-ḥidjja* und *muḥarram*. Die Hinzufügung bei dem vierten Heiligen Monat (der siebte des Kalenders) *radjab* „von Muḍar" läßt erkennen, daß dieser Monat ursprünglich nur dem Stamm Muḍar heilig war. Die Heiligkeit eines Monats bedeutete das Verbot von Kampfhandlungen, doch blieb dieses Verbot später nur rein theoretisch. – Das voranstehende Verbot des Schaltmonats führte dazu, daß die Monate des muslimischen Kalenders fortan nicht mehr an die Jahreszeiten gebunden waren.

41 „Versuchungen" ist der ursprüngliche Sinn des Wortes *fitan*; es erhielt jedoch bald die Bedeutung „Bürgerkriege", „Spaltungen der Gemeinde", was vielleicht auch schon hier intendiert ist.

42 Ein nettes Beispiel für die sprichwörtliche Eifersucht der ➛ ʿĀ'isha.

43 Gemeint sind gewiß die Brüder Josefs, vgl. Koran, Sure 12.

44 ʿUmars Vorgänger, der einen Nachfolger, nämlich ʿUmar selbst, ernannt hatte, war ➛ Abū Bakr. Der, der keinen Nachfolger ernannt hatte, kann nach dieser Äußerung deshalb nur der Prophet selbst

gewesen sein. Obwohl diese Vorstellung im allgemeinen anerkannt wird, bleibt Muḥammads Wunsch, Abū Bakr solle der Gemeinde vorbeten, woraus durchaus auf eine entsprechende Nachfolgeregelung geschlossen werden kann. Die entsprechenden Überlieferungen gehen allerdings vielfach auf → ᶜĀ'isha, die Tochter Abū Bakrs, zurück! Das Versäumnis Muḥammads, seiner Gemeinde klare Regeln für die Bestimmung des Nachfolgers gegeben zu haben, wurde in der Folgezeit einer der Hauptgründe für die Auseinandersetzungen und Spaltungen der Muslime.

# REGISTER
## DER WICHTIGSTEN NAMEN MIT KURZEN ERLÄUTERUNGEN

AARON, arab. HĀRŪN, wie im Alten Testament Prophet und Bruder des Moses.

ᶜABBĀS IBN ᶜABDALMUṬṬALIB, ein Oheim des Propheten; Stammvater der ᶜAbbāsiden-Dynastie, die in Bagdad von 750 bis 1258 die Kalifen stellte. Die spätere politische Machtstellung der ᶜAbbāsiden führte dazu, daß ihr Ahnherr in seiner Stellung zum Propheten von den Geschichtsschreibern allzu gern glorifiziert wurde, weshalb auch seine hier geschilderte positive Haltung gegenüber Muḥammad nicht zu ernst genommen werden muß. In der Schlacht von Badr kämpfte er sogar noch gegen den Propheten, was von unserem Autor mit einem angeblichen Ausspruch des Propheten heruntergespielt wird, ᶜAbbās habe dies gegen seinen Willen getan. – ᶜAbbās war Händler und offenbar eines der wohlhabenderen Mitglieder der Sippe, wozu gewiß auch das Amt des „Tränkens der Pilger" (➛ Kaᶜba) erheblich beitrug. Er starb im Alter von 88 Jahren um das Jahr 653.

ᶜABDALLĀH IBN ᶜABDALMUṬṬALIB, der Vater des Propheten. Abgesehen davon, daß die Mutter ᶜAbdallāhs aus der Sippe ➛ Makhzūm von ➛ Quraish stammte, ist über ihn kaum etwas Konkretes bekannt. Als er um das Jahr 570, kurz vor oder kurz nach der Geburt Muḥammads, starb, soll er erst 25 Jahre alt gewesen sein.

ᶜABDALLĀH IBN DJAḤSH, Quraishit aus der Sippe ➛ Asad. Er war nach Abessinien ausgewandert, kehrte jedoch im Gegensatz zu seinem Bruder, der Christ wurde, nach Mekka zurück und zog mit dem Propheten nach Medina. Durch seine Schwester ➛ Zainab, einer Frau des Propheten, war er diesem besonders verbunden. Er war der Anführer des umstrittenen Raubzuges nach Nakhla. Er fiel in der Uḥud-Schlacht und wurde zusammen mit ➛ Ḥamza bestattet.

ᶜABDALLĀH IBN RAWĀḤA, bedeutender Prophetengefährte vom Stamm ➛ Khazradj in Medina und einer der zwölf Nuqabā' unter den Helfern (vgl. Anm. 15). Er fiel als zweiter Feldherr bei Mu'ta 629. – Muḥammad schätzte seinen aufrichtigen Glauben, aber auch seine Radjaz-Verse. Schreibkundig, diente er dem Propheten gelegentlich als Sekretär.

ᶜAbdallāh ibn Ubayy, vor der Ankunft des Propheten einer der führenden Männer unter den ➵ Khazradj. Seine Bekehrung zum Islam war nur sehr halbherzig; er wird zu den schlimmsten „Heuchlern" gerechnet und war an manchen Intrigen gegen die Muslime beteiligt (➵ ᶜĀ'isha). Er starb in Medina 631.

ᶜAbdalmuṭṭalib ibn Hāshim ibn ᶜAbdmanāf, Großvater des Propheten. Er trieb Handel mit Syrien und dem Jemen und hatte das Amt des Tränkens der Pilger an der ➵ Kaᶜba inne. Er soll den Zamzam-Brunnen gegraben haben. Auch wenn die Quellen seine Rolle in Mekka gewiß überbetonen, muß er doch einer der politisch bedeutsamsten Vertreter der Quraish in der Mitte des sechsten Jahrhunderts gewesen sein. Er starb um 579, nachdem der junge Muḥammad noch einige Jahre bei ihm gelebt hatte.

ᶜAbdaddār, eine der weniger bedeutenden Sippen der ➵ Quraish.

ᶜAbdmanāf, Ur-Urgroßvater des Propheten und Stammvater der vier Sippen ᶜAbdshams, Naufal, Hāshim und Muṭṭalib. ➵ Quraish.

ᶜAbdshams, die zur Zeit des Propheten einflußreichste und wohlhabendste Sippe (neben den ➵ Makhzūm) im Stamm ➵ Quraish. Ihr Sprecher war ➵ Abū Sufyān. Diese Sippe galt als schärfster Gegner Muḥammads. Aus ihr stammten die Umayyaden, die das Kalifat in Damaskus von 660-750 innehatten.

Abraham, arab. Ibrāhīm, der Abraham der Bibel. Gilt den Muslimen als Erbauer der ➵ Kaᶜba, als Prophet und erster Muslim. Von seinen beiden Söhnen Isaak (arab. Isḥāq) und Ismael (arab. Ismāᶜīl) wird letzterer als Stammvater der Araber angesehen.

Abū Bakr, aus der Sippe ➵ Taim von ➵ Quraish mit dem Beinamen aṣ-Ṣiddīq, „der Aufrichtige". Engster Vertrauter des Propheten und einer der ersten, die an seine Sendung glaubten. Er war etwas jünger als Muḥammad und offenbar schon vor dem Islam mit ihm befreundet. Als Kaufmann besaß er ein bescheidenes Vermögen, das er zu einem großen Teil zum Freikauf von wegen ihres Glaubens verfolgten Sklaven in Mekka ausgegeben haben soll. Die Heirat seiner Tochter ➵ ᶜĀ'isha mit dem Propheten verstärkte noch die Beziehungen der beiden Männer. Er nahm an allen militärischen Unternehmungen Muḥammads teil. Nach dem Tod des Propheten wurde ihm als erster „Stellvertreter" (Khalīfa, Kalif) des Propheten gehuldigt. Er starb aber schon zwei Jahre später (634). Seine Regierungszeit ist gekennzeichnet durch die Niederwerfung der nach Muḥammads Tod gegen den Islam revoltierenden Stämme auf der arabischen Halbinsel. Abū Bakr wurde in der islamischen Welt zum Inbegriff des schlichten und frommen Kalifen.

Abū Djahl, aus der quraishitischen Sippe ➛ Makhzūm, deren Führer er noch vor der Hidjra wurde (als Nachfolger von Walīd ibn Mughīra). Er war der bedeutendste Gegner des Propheten und war für den Boykott und die Verfolgung vieler Muslime verantwortlich. Der überaus reiche und einflußreiche Mann fiel in der Schlacht von Badr. Sein Sohn ➛ ᶜIkrima übernahm bis zu einem gewissen Grad seine Stellung.

Abū Dudjāna, von den ➛ Khazradj in Medina. Kämpfte für den Propheten bei Badr und Uḥud, wo er verwundet wurde und sich den Beinamen „der mit den zwei Schwertern" erwarb. Er war politisch unbedeutend und arm und starb 632.

Abū Lahab ibn ᶜAbdalmuṭṭalib, Halbbruder des Vaters des Propheten. Während des Boykotts löst er sich von der Sippe Hāshim und schlägt sich auf die Seite der ➛ ᶜAbdshams, mit denen er durch Einheirat verbunden war. Nach ➛ Abū Ṭālibs Tod übernimmt er die Führung der Sippe Hāshim und entzieht dem Propheten seinen Schutz, was u. a. schließlich zur Hidjra führt. Er stirbt kurz nach der Schlacht von Badr, an der er schon nicht mehr teilgenommen hatte.

Abu l-ᶜĀṣ ibn Rabīᶜ aus der quraishitischen Sippe ➛ ᶜAbdshams. Noch vor dem Islam heiratete er Muḥammads älteste Tochter ➛ Zainab, trat aber erst nach der Eroberung Mekkas zum Islam über, nachdem er vorher zweimal von den Muslimen gefangengenommen und auf Bitten Zainabs hin wieder freigelassen worden war. Er starb 634.

Abū Lubāba, vom Stamm ➛ Khazradj in Medina und einer der Nuqabā' (vgl. Anmerkung 15) unter den Helfern. Blieb politisch aber recht unbedeutend. Er scheint Beziehungen zu den Juden des Stammes Quraiẓa gehabt zu haben. Starb nach 656.

Abū Sufyān, Führer der reichsten und politisch neben den ➛ Makhzūm stärksten quraishitischen Sippe ➛ ᶜAbdshams. Wie ➛ Abū Djahl ein entschiedener Gegner Muḥammads, doch muß er bereits nach dem Grabenkrieg kompromißbereiter gewesen sein. Jedenfalls trug seine Haltung dazu bei, daß die Eroberung Mekkas ohne größeres Blutvergießen verlief. Die Heirat seiner verwitweten Tochter ➛ Umm Ḥabība, die sich schon länger zum Islam bekannte, mit Muḥammad im Jahre 628 förderte wohl außerdem eine Annäherung zwischen Muḥammad und Abū Sufyān. Später nahm er an der Eroberung Syriens teil und starb in hohem Alter um 653. Sein Sohn Muᶜāwīya wurde der erste umayyadische Kalif in Damaskus (661-680). Manches, was in den Quellen so negativ an Abū Sufyān gezeichnet wird, geht auf spätere anti-umayyadische Propaganda zurück.

Abū Ṭālib ibn ᶜAbdalmuṭṭalib, ein Oheim des Propheten und Führer der Sippe Hāshim bis zu seinem Tode um 619. Obwohl er sich nicht zum Islam bekehrte, gewährte er Muḥammad stets den Schutz der Sippe und hielt auch dann zu ihm, als die führenden Familien der Quraish, ➳ ᶜAbdshams und ➳ Makhzūm, zusammen mit anderen einen Boykott gegen die Sippe Hāshim verhängten. Trotz seiner führenden Stellung bei den Hāshim war er nicht wohlhabend. Sein Sohn war ➳ ᶜAlī.

Abū ᶜUbaida, aus einer unbedeutenden quraishitischen Familie, gehörte zu den ersten, die sich in Mekka zum Islam bekannten, und wurde von Muḥammad seiner Selbstlosigkeit wegen hoch geachtet. Er nahm an allen wichtigen militärischen Unternehmungen teil und blieb auch nach Muḥammads Tod eine wichtige Stütze der ersten beiden Kalifen ➳ Abū Bakr (632-634) und ➳ ᶜUmar (634-644). Unter letzterem führte er die muslimischen Truppen zum entscheidenden Sieg über die Byzantiner in Syrien. Er starb dort 639 an der Pest.

ᶜĀd und Iram, zwei im Koran häufig zitierte legendäre Völkerschaften, die vernichtet wurden, weil sie dem von Gott zu ihnen gesandten Propheten nicht folgten. Ihre historische Zuordnung ist umstritten.

ᶜAdī ibn Kaᶜb, unbedeutendere Sippe der ➳ Quraish. Seit ➳ ᶜUmars Bekehrung, der ihr Führer war, auf seiten Muḥammads.

Aḥābīsh, ursprünglich gegen die ➳ Quraish gebildete Konföderation kleinerer Stämme in der Umgebung Mekkas, die dann aber im Kampf gegen Muḥammad auf deren Seite standen.

ᶜĀ'isha, Tochter ➳ Abū Bakrs; eine der faszinierendsten Gestalten des frühen Islam. Einige Zeit nach dem Tod der ➳ Khadīdja um 619 heiratet der Prophet kurz hintereinander zwei Frauen: die dreißigjährige Witwe ➳ Sauda, deren Mann in Abessinien verstorben war, und die erst etwa sechsjährige ᶜĀ'isha. Vollzogen wurde die Ehe erst nach der Hidjra 623 oder 624. ᶜĀ'isha muß von großer Schönheit gewesen sein und blieb trotz aller weiteren Eheschließungen Muḥammads stets seine Lieblingsfrau; sie selbst konnte ihre Eifersucht allerdings nie verbergen. So wie Abū Bakr und ➳ ᶜUmar enge Freunde waren, scheinen auch ihre beiden mit Muḥammad verheirateten Töchter ᶜĀ'isha und ➳ Ḥafṣa sich gut vertragen und nicht selten gegen die anderen Frauen des Propheten intrigiert zu haben. Das Gerücht über einen „Seitensprung" der ᶜĀ'isha mit ➳ Ṣafwān ibn Muᶜaṭṭal beschwor eine große Krise herauf, hätte es doch gewiß, wenn es wahr gewesen wäre, zu einem folgenschweren Bruch zwischen Muḥammad und Abū Bakr geführt. Beim Tode des Propheten, der, wie später auch Abū Bakr und ᶜUmar, in ihrem Wohnraum bestattet wurde, war sie erst etwa achtzehn Jahre alt und hatte keine Kinder. Da der Prophet seinen Frauen verboten hatte, nach seinem Tod wieder zu heiraten, blieb sie Witwe. Unter dem Kalifat ihres Vaters Abū Bakr und $^{c}$Umars, zu dem sie gute Beziehungen pflegte, trat „die Mutter der Gläubigen“ politisch noch nicht weiter hervor. Dagegen stellte sie sich in Opposition zum dritten Kalifen → $^{c}$Uthmān (644-656), auch wenn sie dabei andere Motive hatte als der von ihr gehaßte Schwiegersohn Muḥammads, → $^{c}$Alī. Nach der Ermordung $^{c}$Uthmāns, mit der sie nichts zu tun hatte, zog sie zusammen mit → Zubair und Ṭalḥa gegen $^{c}$Alī in den Iraq, wo ihr Heer Ende 656 in der berühmten „Kamelschlacht“ vernichtend geschlagen wurde. Anschließend lebte sie zurückgezogen in Medina, wo sie 678 starb. Es werden ihr große Frömmigkeit, Redebegabung und auch dichterische Fähigkeiten nachgesagt. Zahlreiche Worte des Propheten und Begebenheiten aus seinem Leben gehen auf ihre Überlieferung zurück.

$^{c}$Alī ibn abī Ṭālib, ein Vetter des Propheten. Er wuchs im Hause Muḥammads auf und war erst etwa zehn Jahre alt, als er sich als einer der ersten zum Islam bekannte. Kurz nach der Hidjra heiratete er Muḥammads Tochter → Fāṭima, die ihm die Söhne Ḥasan und Ḥusain gebar, die als einzige das Blut des Propheten weitervererbten. → $^{c}$Alī nahm an allen bedeutenden Kämpfen teil und zeichnete sich wiederholt aus. Nach Muḥammads Tod bewahrte er ein loyales, aber kühles Verhältnis zu den ersten beiden Kalifen → Abū Bakr und → $^{c}$Umar. Den dritten Kalifen → $^{c}$Uthmān bezichtigte er jedoch offen zahlreicher Abweichungen vom Glauben und vor allem der Vetternwirtschaft zugunsten der Sippe → $^{c}$Abdshams. Seine Wahl zum vierten Kalifen wurde dann in erster Linie von zwei Parteien nicht anerkannt, nämlich von → $^{c}$Ā'isha und → Zubair auf der einen und Mu$^{c}$āwīya I. als dem Vertreter der Umayyaden unter dem Motto „Rache für $^{c}$Uthmān“ auf der anderen Seite. Dies führte zum ersten Bürgerkrieg im Islam (656-661), in dessen Verlauf $^{c}$Alī zwar $^{c}$Ā'isha besiegen, sich gegen Mu$^{c}$āwīya, der in Damaskus regierte, aber nicht entscheidend durchsetzen konnte. Er wurde 661 ermordet, und Mu$^{c}$āwīya konnte binnen kurzem das Reich unter seiner Herrschaft wieder einigen. – Die Partei $^{c}$Alīs *(shī$^{c}$a)* war der Ausgangspunkt für die Hauptspaltung der Muslime in Schiiten und Sunniten.

Āmina aus der Sippe → Zuhra von Quraish, die Mutter des Propheten. Die historische Gestalt ist von Legenden völlig überdeckt. Sie starb, als Muḥammad sechs Jahre alt war.

$^{c}$Āmir ibn Lu'ayy, weniger bedeutende Sippe der „Vorstadt“ → Quraish.

$^{c}$Āmir ibn Sa$^{c}$sa$^{c}$a, Unterstamm der → Hawāzin.

$^{c}$Amr ibn $^{c}$Āṣ, aus der Sippe Sahm von → Quraish. Er spielte zu Muḥammads Lebzeiten noch eine untergeordnete Rolle. Nach seiner Bekehrung erst einige Monate vor der Eroberung Mekkas nutzte Muḥammad jedoch gleich sein militärisches Talent und beauftragte ihn mit einigen kleineren militärischen Aktionen und schließlich der Unterwerfung von Oman. Er spielte dann eine bedeutende Rolle bei den Feldzügen in Syrien und eroberte Ägypten, wo er Fusṭāṭ, das spätere Kairo, gründete. Er starb 663.

$^{c}$Amr ibn $^{c}$Auf, Unterstamm der → Aus in Medina.

Asad, 1. eine Gruppe der → Quraish, 2. bedeutender Stamm in der Landschaft Nadjd im Nordosten von Medina. Die Asad waren mit den nordwestlich von ihnen lebenden → Ṭayyi' verfehdet und standen andererseits in engen Beziehungen zu den Quraish in Mekka. Wenn auch eine kleinere Einheit des Stammes an der Eroberung Mekkas teilnahm, erfolgte die eigentliche Unterwerfung des Stammes erst ein Jahr später, im Jahr der Gesandtschaften. Unter ihrem Führer Tulaiha, der schon vor Muḥammad selbst als Prophet aufgetreten sein soll, lehnen sie sich nach Muḥammads Tod wieder auf, werden aber noch im gleichen Jahr von → Khālid entscheidend geschlagen.

Ashdja$^{c}$, kleiner Stamm im Stammesverband der → Ghaṭafān.

Aslam, kleiner, zu den → Khuzā$^{c}$a gerechneter Stamm im Südwesten von Medina. Viele Mitglieder des Stammes scheinen sich schon zur Zeit der Hidjra Muḥammad angeschlossen zu haben und wurden teils sogar als „Auswanderer“ angesehen.

Asmā', Tochter des → Abū Bakr und ältere Halbschwester der → $^{c}$Ā'isha. Heiratete nach der Hidjra den → Zubair. Sie starb in Mekka 693.

Aswad ibn Ka$^{c}$b, der hier erwähnte Lügenprophet, auf den jedoch nicht näher eingegangen wird. Aswad trat im Jemen als Seher (*kāhin*) auf, und es gelang ihm, in der ersten Hälfte des Jahres 632 große Teile von Nadjrān und die Stadt Ṣan$^{c}$ā' unter seine Kontrolle zu bringen, wurde jedoch bald von eigenen Leuten umgebracht.

$^{c}$Auf, Unterstamm der → Khazradj in Medina.

Aus. Die Aus und → Khazradj, die beiden Hauptstämme in Medina, wurden auch nach ihrer gemeinsamen Ahnherrin „Qaila“ genannt. Nach ihrer Einwanderung nach Medina waren sie zusammen mit den Khazradj zunächst den dortigen Juden unterworfen, konnten diese jedoch nach einiger Zeit selbst von sich abhängig machen. Zwistigkeiten und Kämpfe zwischen den einzelnen Gruppen der Aus und Khazradj führten vor der Hidjra zu einer äußerst gespannten Situation in Medina, was eine Schiedsrichterstellung Muḥammads zwischen ihnen begünstigte. Die Aus standen Muḥammad zunächst abwartend gegenüber, und erst die Bekehrung ihres Führers → Sa$^{c}$d ibn Mu$^{c}$ādh, der der Sprecher aller „Helfer“ (Aus und Khazradj) wurde, brachte den Durchbruch.

**Baḥīrā**, der Mönch. Für die Muslime eine historische Gestalt, die in Bosra in Syrien die künftige Prophetenschaft des jungen Muḥammad voraussagte und im Besitz von noch nicht „verfälschten“ Heiligen Schriften der Christen war. In der frühen antiislamischen Polemik der Christen ist Baḥīrā ein ketzerischer Mönch, der Muḥammad bei der „Abfassung“ des Koran inspiriert haben soll.

**Bahrā'**, kleiner Stamm nördlich Tabūk, der kaum Beziehungen nach Medina hatte. Ein Teil des Stammes zog bei Mu'ta gegen die Muslime.

**Bakr**, Unterstamm der ➻ Kināna.

**Balī**, Stamm östlich von Tabūk. Teile des Stammes hatten offenbar alte Beziehungen nach Medina, weshalb man einige seiner Mitglieder z. B. bei Badr auf seiten der Muslime kämpfend findet. Andere Teile kämpften aber bei Mu'ta noch gegen die Muslime.

**Barā' ibn Maᶜrūr**, vom Stamme ➻ Khazradj. Einer der führenden Männer unter den Medinensern, die dem Propheten bei ᶜAqaba huldigten. Er wurde unter die zwölf Nuqabā' (vgl. Anmerkung 15) gewählt. Noch bevor Muḥammad die Gebetsrichtung von Jerusalem nach Mekka änderte, betete er zur ➻ Ka'ba hin. Er starb schon 622, kurz bevor Muḥammad in Medina eintraf.

**Bilāl**, der erste Gebetsrufer *(mu'adhdhin)*. Als Sklave in Mekka von afrikanischen Eltern geboren. Er gehörte zu den ersten Muslimen und zu denen, die ihres Glaubens wegen verfolgt und gefoltert wurden. ➻ Abū Bakr kaufte ihn frei, worauf er sich ganz in Muḥammads Dienst stellte. Nach Muḥammads Tod blieb er eine hochgeschätzte Person und starb um 640 in Damaskus.

**Budail ibn Warqā'**, Führer des Stammes ➻ Khuzāᶜa.

**Burāq**, Name des legendären Reittieres, das Muḥammad auf seiner Nachtreise von Mekka nach Jerusalem und zurück trug. In alten Quellen erscheint es als Pferd oder eine Art Maultier. Später wurden ihm Flügel und auch ein menschliches Gesicht zugeschrieben; in dieser Form erscheint es dann vom 14. Jahrhundert an auf persischen Miniaturen. Im Koran taucht der Name nicht auf.

**Ḍamra** und **Mudlidj**, zwei Untergruppen der ➻ Kināna, die im Gegensatz zu ihren Verwandten, den Bakr, schon 623 einen Freundschaftsvertrag mit Muḥammad schlossen.

**Djaᶜfar**, ein Sohn des ➻ Abū Ṭālib, älterer Bruder ➻ ᶜAlīs und Vetter des Propheten. Wuchs in der Obhut seines Onkels ➻ ᶜAbbās auf und nahm früh den Islam an. Er wanderte nach Abessinien aus, wo er den Negus bewegen konnte, die Muslime nicht an die Quraish auszuliefern. Er kam 628 nach Medina und fiel ein Jahr später als einer der Feldherrn bei Mu'ta. In seiner Frömmigkeit stellen ihn manche über seinen Bruder ᶜAlī.

DJUDHĀM, großer Stamm nördlich von Tabūk und im Ostjordanland, weitgehend christianisiert. Die nördlichen Gruppen des Stammes kämpften bis 636 auf seiten der Byzantiner und traten dann geschlossen zum Islam über. Mit einer südlichen Gruppe schloß Muḥammad zwar schon 628 ein loses Bündnis, ohne daß damit jedoch eine Islamisierung einherging.

DJUMAḤ, eine Sippe der ➻ Quraish.

DJUSHAM, 1. Untergruppe der ➻ Khazradj in Medina; 2. Unterstamm der ➻ Hawāzin.

DJUWAIRĪYA, eine der Frauen des Propheten. Sie war die Tochter des Stammesführers der ➻ Muṣṭaliq und wurde 627 im Alter von 20 Jahren bei Muḥammads Feldzug gegen ihren Stamm gefangengenommen. Nachdem sie den Islam angenommen hatte, veranlaßte der Prophet ihre Freilassung und heiratete sie bald danach. Sie blieb historisch unbedeutend.

DSHUHAINA, kleiner Stamm im Westen von Medina. Einige Mitglieder des Stammes erscheinen schon früh auf Muḥammads Seite, doch gibt es auch Hinweise für eine Unterstützung der Quraish durch Djuhainiten.

FĀṬIMA, Tochter des Propheten. Fāṭima ist vor allem bei den Schiiten zu einer der meistverehrten Gestalten geworden, doch ist sie historisch nur schwer faßbar. Geboren zwischen 605 und 610, verheiratete sie der Prophet, wahrscheinlich gegen ihren Willen, um 624 mit ➻ ᶜAlī, mit dem sie ein recht ärmliches und nicht immer ungetrübtes Leben führte. Gelegentlich mußte der Prophet selbst eingreifen, um den Ehefrieden wiederherzustellen. Äußerlich unansehnlich und körperlich schwach, blieb sie auch politisch weitgehend im Hintergrund. Allerdings scheint sie aus ihrer Abneigung gegen ➻ ᶜĀ'isha, ➻ Abū Bakr und ➻ ᶜUmar keinen Hehl gemacht zu haben, die in ihren Augen ᶜAlī um seine Ansprüche brachten. Sie starb schon wenige Monate nach dem Propheten. In ihren beiden Söhnen Ḥasan und Ḥusain, die selbst zahlreiche Nachkommen hatten, wurde als einzigen das Blut des Propheten weitervererbt.

FIHR, gleichbedeutend mit ➻ Quraish.

GHAṬAFĀN, ein bedeutender Verband mehrerer Stämme (darunter Muḥārib, Thaᶜlaba, Ashdjaᶜ, Murra u. a.) in der Landschaft Nadjd im Nordosten von Medina. Sie lagen in alter Fehde mit den Hawāzin. Nach recht glücklosen Unternehmungen Muḥammads gegen die Ghaṭafān unterstützten diese die Quraish bei der Belagerung Medinas im Jahr 627. Dort spalteten sich aber die Ashdja[c] von den übrigen Ghaṭafān, nachdem ihr Führer Nu[c]aim es verstanden hatte, Mißtrauen zwischen die Quraish und die Ghaṭafān zu streuen. Der Hauptteil der Ghaṭafān unter [c]Uyaina stand dann auch während des Feldzuges nach Khaibar auf seiten der Juden gegen die Muslime, kämpfte aber nicht. Erst bei der Eroberung Mekkas finden wir [c]Uyaina im Lager der Muslime, doch blieb der Stamm zu Muḥammads Lebzeiten im großen und ganzen heidnisch.

Ghifār, kleine Gruppe der ➻ Kināna nördlich Mekkas.

Ḥafṣa, Tochter ➻ [c]Umars und vierte Frau des Propheten. Als sie im Jahre 625 Muḥammad heiratete, war sie etwa achtzehn Jahre alt. Ihr erster Mann war bei Badr als Muslim gefallen. Sie gehörte zu Muḥammads Lieblingsfrauen, auch wenn sie den Rang der ➻ [c]Ā'isha, mit der sie eng befreundet war, nicht erreichte. Sie blieb auch nach dem Tode des Propheten politisch unbedeutend und starb nach 660. Bekannt wurden unter ihrem Namen die „Blätter der Ḥafṣa", die wahrscheinlich älteste Zusammenstellung von koranischen Texten, die ➻ Zaid ibn Ḥāritha im Auftrag ➻ Abū Bakrs unternommen hatte und die über ➻ [c]Umar in die Hände der Ḥafṣa gelangten.

Ḥakīm ibn Ḥizām, Sohn des Bruders der ➻ Khadīdja, Führer der Sippe Asad von ➻ Quraish.

Ḥamza ibn [c]Abdalmuṭṭalib, ein Oheim des Propheten, der sich durch seinen persönlichen Einsatz für Muḥammad in Mekka, vor allem aber durch seine Tapferkeit bei Badr und Uḥud, auszeichnete. Bei Uḥud wurde er getötet und seine Leiche verstümmelt. – In der späteren Volksliteratur wurde Ḥamza zu einer phantastischen Heldengestalt.

Ḥanīfa, bedeutender Stamm in Zentralarabien in der Landschaft Yamāma, teilweise christianisiert. Eine bedeutende Gruppe des Stammes folgte dem Lügenpropheten ➻ Musailima.

Ḥārith (1), ein Stamm im Gebiet von Nadjrān im Nordjemen, teilweise christianisiert.

Ḥārith (2), ein Unterstamm der ➻ Khazradj in Medina.

Ḥārith (3) ibn abī Shimr, Regent der mit den Byzantinern alliierten Ghassāniden in Syrien. Starb 630.

Ḥāritha, Unterstamm der ➻ Aus in Medina.

Ḥassān ibn Thābit, „Hofdichter" des Propheten und einer der bedeutendsten vor- und frühislamischen Dichter überhaupt. Er gehörte dem Stamm der ➻ Khazradj in Medina an. In vorislamischer Zeit hielt er sich offenbar mehrmals am Hof der Ghassāniden und Lakhmiden in Syrien bzw. im Iraq auf und hatte sich nicht zuletzt damit gewisse Reichtümer erworben. Er war in die Gerüchte um ➻ [c]Ā'isha verwikkelt, wurde aber vom Propheten wieder in Ehren aufgenommen. In seiner Dichtung wird nicht nur der promuslimische, sondern oft auch ein speziell medinensischer Standpunkt deutlich, der sich gegen die Vormachtstellung der mekkanischen Auswanderer in Medina wendet. Viele der ihm zugeschriebenen Gedichte sind Produkte anderer Dichter des ersten islamischen Jahrhunderts. Er starb 659.

Hawāzin, bedeutender Stamm in Zentralarabien, in enger Beziehung zu den ➻ Thaqīf und in Fehde mit den ➻ Quraish und ➻ Ghaṭafān, wofür offensichtlich handelspolitische Gesichtspunkte ausschlaggebend waren. In einer der Untergruppen (Saᶜd ibn Bakr) wurde Muḥammad als Kind zeitweilig aufgezogen, doch gab es dann bis zur Eroberung Mekkas keine engere Berührung mit dem Stamm. Erst bei Ḥunain kommt es dann zu der großen Schlacht zwischen Muslimen und Mekkanern auf der einen und den Hawāzin und Thaqīf auf der anderen Seite, wobei Muḥammad siegreich bleibt. Nach Muḥammads Tod scheinen sie sich nicht an der Erhebung der anderen Stämme gegen ➻ Abū Bakr beteiligt zu haben.

Hind, Tochter des ➻ ᶜUtba. Sie war in dritter Ehe mit ➻ Abū Sufyān verheiratet, dem sie Muᶜāwīya, den späteren Umayyadenkalifen, gebar. Auch wenn in manchen Berichten über sie antiumayyadische Propaganda durchschimmert, muß sie eine äußerst energische Frau gewesen sein, die – vor allem nachdem ihr Vater von den Muslimen bei Badr getötet worden war – von einem zügellosen Haß gegenüber Muḥammad erfüllt war. Daß sie dann bei der Eroberung Mekkas ungeschoren blieb, lag gewiß an ihrer hohen gesellschaftlichen Stellung innerhalb des quraishitischen Adels. Sie soll später noch in Syrien die muslimischen Truppen gegen die Byzantiner angefeuert haben und starb – von Abū Sufyān geschieden – in den vierziger Jahren des siebten Jahrhunderts.

Hubal, Hauptgottheit im heidnischen Mekka, dargestellt durch ein menschenähnliches Standbild aus Karneol mit einem goldenen Arm. Ein Wächter befragte die Gottheit mit Lospfeilen. Die Statue wurde nach der Eroberung Mekkas zerstört.

Ibn Zibaᶜrā, bekannter antimuslimischer Dichter vom Stamm Quraish. Der Prophet verzieh ihm nach der Eroberung Mekkas. Er starb 636.

Idrīs, als Prophet auch im Koran genannt. Welche jüdisch-christliche Gestalt sich dahinter verbirgt, ist nicht eindeutig. Die spätere muslimische Legende setzt ihn oft mit Henoch und Elias, aber auch mit Hermes gleich und schreibt ihm zahlreiche Werke und Erfindungen zu („Prophet der Philosophen").

ᶜIKRIMA, der Sohn des ➵ Abū Djahl, dessen Nachfolger er in der Führung der quraishitischen Sippe ➵ Makhzūm wurde. Bis zur Eroberung Mekkas war er einer der erbittertsten Feinde des Propheten. Nimmt später an der Eroberung Syriens teil, wo er 634 fällt.

IRAM, legendäres Volk ➵ ᶜĀd.

ISĀF und NĀ'ILA, ein vorislamisches Gottheitenpaar, in Mekka in Form von zwei Statuen verehrt, die entweder in/bei der ➵ Kaᶜba selbst oder an zwei gegenüberliegenden Hügeln aufgestellt waren. Sie galten wahrscheinlich als Fruchtbarkeits- und Liebesgottheiten. Nach der Legende kamen sie aus dem Jemen, trieben Unzucht in der Kaᶜba und wurden in Steine verwandelt (vgl. Hippomenes und Atlanta). Den beiden wurden Schlachtopfer dargebracht.

JESUS. Jesus wird häufig im Koran erwähnt. Die Verkündigung und die jungfräuliche Geburt sind u. a. den christlichen Vorstellungen entsprechend dargestellt. Jesus ist aber nur Mensch und Diener Gottes, der ihn lediglich als Propheten gesandt hat. Jesus sagte das Kommen Muḥammads als des letzten aller Propheten voraus. Er ist nur scheinbar den Kreuzestod gestorben, zu Gott aufgestiegen und wird am Ende der Welt wiederkommen, eines natürlichen Todes sterben und wiederauferstehen.

KAᶜB, ein häufiger Stammesname. In unserem Text ist in den beiden Gedichten (S. 75, 141/142) der quraishitische Zweig Kaᶜb ibn Lu'ayy (➵ Quraish) gemeint, während S. 224/225 eine Untergruppe der ➵ Hawāzin diesen Namen trägt.

KAᶜB IBN MĀLIK vom Stamm der ➵ Khazradj in Medina. Neben Ḥassān ibn Thābit einer der bedeutendsten Dichter in der Umgebung des Propheten. Er nahm an mehreren Kämpfen teil und wurde bei Uḥud verwundet. Im Gegensatz zu Ḥassāns Versen zeigen seine Gedichte eine tiefere und echtere Religiosität. Später war er ein erklärter Gegner ➵ ᶜAlīs und Anhänger des dritten Kalifen ➵ ᶜUthmān. Er erblindete und starb zwischen 670 und 673.

KAᶜBA, auch Bait Allāh, das „Haus Gottes", genannt. Das zentrale Heiligtum des Islam in Mekka und das Ziel der Pilgerfahrt. Das kubusförmige Gebäude hat einen rechteckigen Grundriß. Die Vorderseite mit der Tür und dem Schwarzen Stein in Richtung Nordosten und die Rückseite sind 12 Meter, die beiden anderen Seiten 10 Meter lang. Die heutige Höhe mißt 15 Meter. Ein schwarzer (während der Pilgerzeit weißer), mit Inschriften versehener Teppich bedeckt das gesamte Gebäude. Die Tür befindet sich zwei Meter über dem Boden (aus Sicherheitsgründen gegen Überschwemmungen). Im Inneren tragen drei Holzsäulen das Dach, und zahlreiche goldene und silberne

Lampen sind aufgehängt. In der östlichen Ecke, etwa 1,5 m über dem Boden, ist der Schwarze Stein eingemauert, der, nachdem er 683 bei einem Brand in mehrere Stücke zerborsten war, von einem steinernen Ring zusammengehalten wird. Die Herkunft des Steines (Lava, Basalt o. ä.) ist ungewiß. Gegenüber der nordwestlichen Wand steht eine halbkreisförmige, etwa einen Meter hohe Mauer aus weißem Marmor, die nicht mit der Kaᶜba verbunden ist. Der Zwischenraum zwischen dieser Ḥaṭīm genannten Mauer und der Kaᶜba gilt als die Stelle, wo die Patriarchen und ihre Mutter Hagar begraben sind. Der Zamzam-Brunnen liegt gegenüber dem Schwarzen Stein. Die Kaᶜba soll ursprünglich nur mannshoch gewesen sein und kein Dach getragen haben. Zur Zeit Muḥammads wurde sie, wie hier geschildert, bis auf die Fundamente abgerissen und wesentlich höher neu wieder aufgebaut sowie mit einem Dach versehen. Die heutige Form erhielt sie nach einem Brand während des Zweiten Bürgerkrieges im Jahre 683. – Für die Muslime ist die Kaᶜba das älteste Heiligtum auf der Erde: Abraham und Ismāᶜīl (in der Legende wird auch manchmal Adam genannt) haben ihre Grundmauern gelegt, und Abraham hat die Wallfahrt zu ihr vorgeschrieben. Nachdem sich Muḥammad mit den Gläubigen beim Gebet zunächst nach Jerusalem gewandt hatte, wurde ein bis zwei Jahre nach der Hidjra die Gebetsrichtung (*qibla*) zur Kaᶜba hin geändert. Nach der Eroberung Mekkas wurden die heidnischen Götzenbilder – es sollen dreihundertundsechzig gewesen sein –, die sich im Laufe der Zeit in der bzw. um die Kaᶜba angesammelt hatten, von Muḥammad und den Muslimen vernichtet. Mit der Kaᶜba waren gewisse kultische Ämter verbunden, die in der Hand bestimmter quraishitischer Familien lagen und vom Propheten meist bei diesen belassen wurden (z. B. das Amt des „Tränkens der Pilger" bei der Familie ➼ ᶜAbbās).

Khadīdja, aus der quraishitischen Sippe ➼ Asad. Sie war eine äußerst wohlhabende Handelsfrau und war bereits zweimal verheiratet gewesen, bevor sie als Vierzigjährige um das Jahr 595 den 25 Jahre alten Muḥammad heiratete. Sie gebar ihm fünf oder gar mehr Kinder, von denen nur Fāṭima wieder Kinder hatte. Als sie um 619 starb, bedeutete dies einen großen Verlust für Muḥammad, da er bei ihr nicht nur einen materiellen Rückhalt gefunden hatte, sondern auch stets von ihr mit aufrichtigem Zuspruch bedacht worden war.

Khālid ibn Walīd, einer der bedeutendsten Vertreter der Sippe ➼ Makhzūm von Quraish und einer der berühmtesten Feldherrn der Eroberungszeit. Bei Uḥud stand er noch auf der Seite der heidnischen Mekkaner und scheint entscheidend zur Niederlage der Muslime beigetragen zu haben. Nach der Grabenschlacht erkannte er aber offensichtlich die auf die Dauer ausweglose Lage der Quraish und schloß sich Muḥammad in Medina an. Sein erster größerer Erfolg war dann noch kurz vor Muḥammads Tod die unblutige Unterwerfung des Stammes Ḥārith im Nadjrān. In den Jahren 633-636 gelangen ihm dann u. a. der Sieg über ➛ Musailima und die Eroberungen von Ḥīra und Damaskus. Er starb 641.

KHAṬMA, Unterstamm der ➛ Aus in Medina.

KHAZRADJ, neben den ➛ Aus der zweite arabische Hauptstamm in Medina, wohin er wahrscheinlich im fünften Jahrhundert zusammen mit den Aus von Südarabien her eingewandert war. Aus und Khazradj konnten die alteingesessene jüdische Bevölkerung in Abhängigkeit bringen und wurden die Herren der Stadt. In der Folgezeit kam es jedoch zu Auseinandersetzungen zwischen den beiden Stämmen oder besser gesagt zwischen einzelnen Untergruppen der Stämme. Zur Zeit der Hidjra war nach längeren Kämpfen zwar eine gewisse Ruhe eingekehrt, die jedoch nur auf die gegenseitige Erschöpfung und nicht auf einen Friedensschluß gegründet war. Im ganzen gesehen scheinen die Khazradj (in erster Linie die Untergruppen Nadjjār, Salama und Ḥārith) von Anfang an stärker mit Muḥammad verbunden gewesen zu sein als die Aus.

KHUZĀᶜA, bedeutender Stamm im Küstenstreifen zwischen Mekka und Medina. Untergruppen sind u. a. die Aslam, Kaᶜb ibn ᶜAmr und ➛ Muṣṭaliq. Die Khuzāᶜa sollen vor den ➛ Quraish die Herren von Mekka gewesen sein. Das junge Bündnis der Quraish mit den Bakr (➛ Kināna) trieb die Khuzāᶜa, die mit den Bakr in Blutfehde lagen, im Anschluß an Ḥudaibīya zu einem Bündnis mit dem Propheten. Die Khuzāᶜa hatten dann einen entscheidenden Anteil an der Eroberung Mekkas.

KINĀNA, Stammesverband in der Umgebung von Mekka. Die Quraish rechneten sich selbst genealogisch zu ihnen. Von den Stämmen der Kināna, die in unserem Text erscheinen, sind die Bakr die wichtigsten. Sie lebten in alter Fehde mit den Quraish, die aber angesichts der Bedrohung durch Muḥammad eine Versöhnung mit ihnen herbeiführten und sie insgeheim in ihrem Streit mit den zu Muḥammad tendierenden ➛ Khuzāᶜa unterstützten.

LAITH, Unterstamm der ➛ Kināna und im Gegensatz zu ihren Brüdern, den Bakr, teilweise schon früh auf der Seite des Propheten.

LAKHM, christlicher Stamm im Süden des Ostjordanlandes, Verbündete der Byzantiner. Erst nach dem entscheidenden Sieg der Muslime über die Byzantiner 636 traten sie zum Islam über.

LĀT (al-Lāt entstanden aus *al-ilāhat* „die Göttin“, entsprechend Allāh aus *al-ilāh* „der Gott“). Altarabische Göttin, die mit der Sonne in Verbindung gebracht wurde. Lāt, ➻ ᶜUzzā und ➻ Manāt waren die wichtigsten weiblichen Gottheiten der Quraish und galten offenbar als Töchter des Gottes Allāh. Bei den ➻ Thaqīf in Ṭā'if wurde Lāt durch einen weißen Stein versinnbildlicht.

LIHB, ein Unterstamm des bedeutendsten ostarabischen Stammesverbandes Azd im Gebiet von Oman. Die Lihb besaßen als Seher Berühmtheit.

LU'AYY ➻ Quraish.

MAIMŪNA, die letzte Frau, die Muḥammad heiratete. Sie gehörte einem Unterstamm der ➻ Hawāzin an. Ihr erster Mann hatte sich von ihr getrennt, und ihr zweiter Mann, ein Quraishit, war gestorben, als sie 629 im Alter von 27 Jahren Muḥammad heiratete. Die Ehe konnte nicht, wie der Prophet es plante, schon unmittelbar nach der vollzogenen Pilgerfahrt in Mekka geschlossen werden, da die Quraish fürchteten, Muḥammad wolle dadurch seinen Aufenthalt in der Stadt hinausziehen. Maimūna blieb nach Muḥammads Tod politisch unbedeutend und starb 681.

MAKHZŪM, neben den ᶜAbdshams die zur Zeit Muḥammads bedeutendste Sippe der ➻ Quraish und wie diese dem Propheten äußerst feindlich gesonnen. Ihr Führer war ➻ Abū Djahl und dann dessen Sohn ➻ ᶜIkrima.

MĀLIK IBN ᶜAUF, als Haupt der Stammeskonfödertion der ➻ Hawāzin einer der bedeutendsten Stammesführer überhaupt. Nach der Schlacht von Ḥunain wurde er, nicht zuletzt aufgrund großzügiger Geschenke Muḥammads, Muslim und nahm später u. a. an der Eroberung von Damaskus teil, wo er 640 starb.

MANĀT, altarabische weibliche Gottheit, wahrscheinlich eine Schicksalsgöttin. Ihr Hauptheiligtum war ein schwarzer Stein in Qudaid nördlich von Mekka. ➻ Lāt.

MUGHĪRA IBN SHUᶜBA, von den ➻ Thaqīf in Ṭā'if, aus der Familie Muᶜattib, den Hütern des Heiligtums der Göttin ➻ Lāt, und ein Vetter des ᶜUrwa ibn Masᶜūd. Wegen eines Raubüberfalles mußte er Ṭā'if verlassen und begab sich zu Muḥammad nach Medina, der ihn zur Bekehrung der Thaqīf und der Zerstörung des Heiligtums verwendete. Er nahm später an den Eroberungskriegen teil und erhielt wiederholt die Statthalterschaft von Kūfa (Iraq), wo er sich politisch ungemein geschickt operierend bis zu seinem Tod um 670 halten konnte. Sein unmoralischer Lebenswandel einerseits und seine hohe Intelligenz und Improvisationsgabe andererseits haben ihn gleichermaßen berühmt gemacht.

Murra, Unterstamm der ➛ Ghaṭafān.

Musailima, der Lügenprophet. Musailima trat etwa gleichzeitig mit Muḥammad, vielleicht sogar schon vor ihm, als Prophet in seinem Stamm ➛ Ḥanīfa in der Landschaft Yamāma auf. Er predigte im Namen des Gottes Raḥmān (der Barmherzige, bei den Muslimen ein Attribut Gottes), und die wenigen erhaltenen Aussprüche erinnern sehr an die ältesten Suren des Koran. Er war offenbar stark vom Christentum beeinflußt und predigte ein asketisches Leben. Nach Muḥammads Tod scheint die Bewegung des Musailima großen Auftrieb bekommen zu haben, doch wurde er in einer für beide Seiten verlustreichen Schlacht von einem muslimischen Heer unter ➛ Khālid im Jahre 633 getötet.

Muṣṭaliq, Unterstamm der ➛ Khuzāʿa im Südwesten von Medina. Die einzige Gruppe der Khuzā'a, die sich eindeutig gegen Muḥammad gestellt und damit einen Feldzug gegen sich hervorgerufen hatten, in dessen Verlauf sie geschlagen wurden und die Tochter ihres Führers gefangengenommen wurde (➛ Djuwairīya).

Muṭʿim ibn ʿAdī, der Führer der Sippe Naufal von ➛ Quraish. Er stand Muḥammad nicht ganz ohne Sympathien gegenüber und setzte sich verschiedentlich für die Muslime ein. Er starb aber als Heide noch vor der Schlacht von Badr.

Muṭṭalib, Sippe der ➛ Quraish.

Muzaina, kleiner unbedeutender Stamm südöstlich von Medina, schon früh zum Islam übergetreten.

Nabīt, Untergruppe der ➛ Aus in Medina.

Naḍīr, einer der drei großen jüdischen Stämme in Medina (➛ Quraiẓa, ➛ Qainuqāʿ), die offenbar nicht arabischer Herkunft waren und schon vor den Arabern in Medina lebten. Wie ihre Glaubensgenossen, die Quraiẓa, besaßen sie die landwirtschaftlich ergiebigsten Teile der Oase (vor allem Dattelpalmen) und hatten damit, aber auch durch Geldverleih großen Reichtum erworben. Innerhalb der politischen Auseinandersetzungen in Medina vor der Hidjra erscheinen sie als Verbündete der ➛ Aus. Der Anlaß für ihre Vertreibung aus der Stadt ist nicht ganz eindeutig; Muḥammad fühlte sich in jedem Fall von ihnen bedroht und befahl ihnen, die Stadt zu verlassen. Als sie Widerstand leisteten, begannen die Muslime ihre Palmen abzuschlagen, worauf sie aufgaben und sich teils zu ihren Glaubensbrüdern im Gebiet von Khaibar, teils nach Syrien begaben. Ursprünglich wollte Muḥammad ihnen das Recht einräumen, daß sie alljährlich nach Medina zurückkehren könnten, um ihre Datteln zu ernten. Nun, da sie aber Widerstand geleistet hatten, wurde ihnen nur erlaubt, ihre Tiere zu beladen.

NADJJĀR, wichtigster Unterstamm der ➻ Khazradj in Medina.

NAḌR, der Sohn des Ḥārith ibn ᶜAlqama, aus der Sippe ➻ ᶜAbdaddār von den Quraish. Er wird als einer der erbittertsten Feinde Muḥammads bezeichnet und zu den „Teufeln der Quraish" gerechnet. Er war mehrmals in Ḥīra im Iraq gewesen und hatte dort etwas persische Bildung mitbekommen. Mit diesem Wissen machte er sich in Mekka oft über Muḥammad lustig. Er trug bei Badr die Fahne der Quraish und fiel in Gefangenschaft. Daß er als wehrloser Gefangener von den Muslimen umgebracht wurde, wie es Ibn Isḥāq und das von ihm zitierte Gedicht (S. 143/144) erkennen lassen, wurde später bestritten, und man behauptete, er sei seinen Wunden aus der Schlacht erlegen.

NĀ'ILA ➻ Isāf.

NAUFAL, Brudersippe der Hāshim vom Stamme der ➻ Quraish.

NUᶜMĀN II. IBN MUNDHIR, einer der lachmidischen, mit den Persern verbündeten Könige von Ḥīra zu Beginn des 7. Jahrhunderts.

QAILA, Ahnherrin der beiden Hauptstämme in Medina ➻ Aus und ➻ Khazradj, die sich daher gemeinsam auch die Banū Qaila nannten.

QAINUQĀᶜ, einer der drei jüdischen Stämme in Medina (➻ Naḍīr, ➻ Quraiẓa). Im Gegensatz zu ihren Glaubensgenossen besaß dieser Stamm keine Ländereien, sondern lebte von Handel und Handwerk (z. B. Goldschmiederei). In den Auseinandersetzungen in Medina vor der Hidjra waren sie mit den ➻ Khazradj verbündet. Sie waren die erste jüdische Gruppe, die Muḥammad im Jahre 624 aus Medina vertrieb. Sie wurden in ihrem Stadtviertel belagert und ergaben sich kampflos. Die ehemals mit ihnen verbündeten Khazradj traten für sie ein, so daß sie zunächst in das Gebiet von Wādi l-Qurā auswandern konnten. Später zogen sie weiter nach Syrien.

QURAISH, der in Mekka herrschende Stamm. Die Vorgeschichte des Stammes liegt weitgehend im Dunkel. Die Quraish rechneten sich genealogisch zu den ➻ Kināna und lebten zunächst wohl in der Umgebung der von den ➻ Khuzāᶜa beherrschten Stadt. Quṣayy (siehe die genealogische Tafel) soll dann die Quraish nach Mekka geführt und um das längst bestehende Heiligtum, die ➻ Kaᶜba, und den Zamzam-Brunnen angesiedelt haben. Im Spannungsfeld von Byzanz, Persien und Äthiopien gelang es ihnen, aus Mekka ein blühendes Handelszentrum zu machen. Ausgeführt wurden vor allem Leder, Gold und Parfums; im Transithandel kamen aus dem Jemen Weihrauch und asiatische Stoffe, aus Afrika Elfenbein und Sklaven, aus dem Mittelmeerraum u. a. Waffen, Getreide und Öl. Die Karawane, die pro Jahr zweimal nach Syrien zog, soll zuweilen über 2000

Lastkamele gezählt haben. Der Geldverleih, oft zu Wucherzinsen, spielte dabei naturgemäß eine große Rolle, und falsch spekuliert zu haben, konnte Ansehen und Reichtum einer ganzen Sippe kosten. Eine weitere Quelle des Reichtums in dieser klimatisch an sich mörderischen Stadt bildeten die Wallfahrten der umliegenden Stämme zur Ka<sup>c</sup>ba. – Die Quraish teilten sich zunächst einmal in diejenigen „aristokratischen" Gruppen, die im Zentrum um die Ka<sup>c</sup>ba herum wohnten und von Quṣayy und seinem Urgroßvater Ka<sup>c</sup>b abstammten einerseits und die sogenannten Vorstadt-Quraish andererseits (z. B. die <sup>c</sup>Āmir ibn Lu'ayy). Genealogisch ergibt sich etwa folgendes Schema (vereinfacht nach Watt):

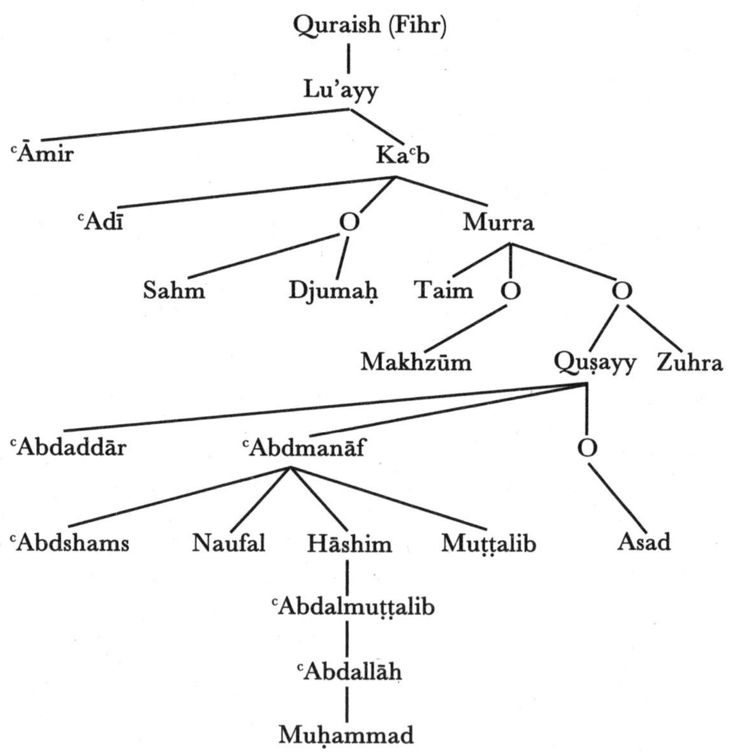

Zur Zeit Muḥammads waren die ᶜAbdshams (unter Führung ➻ Abū Sufyāns) und die Makhzūm (unter Führung von ➻ Abū Djahl) die reichsten und aufgrund der Qualitäten ihrer Führer auch politisch wichtigsten Sippen. Jede Sippe war „innenpolitisch" weitgehend selbständig, doch gab es gewisse Interessengemeinschaften zwischen verschiedenen Sippen, die weniger aufgrund engerer verwandtschaftlicher Beziehungen als vielmehr durch macht- und handelspolitische Faktoren bestimmt wurden. In einer Ratsversammlung aller Sippenhäupter wurde über die Allgemeinheit betreffende Fragen entschieden (z. B. den Boykott gegen die Sippen Hāshim und Muṭṭalib, vgl. im Text S. 74 f.). Einige Sippen scheinen gewisse Monopole im Handel errichtet zu haben; so sollen etwa die ᶜAbdshams vor allem den Handel mit Äthiopien in Händen gehabt haben, Hāshim mit Syrien, Muṭṭalib und Makhzūm mit Südarabien und Naufal mit dem Iraq. Ein Bündnissystem mit den Stämmen, durch deren Gebiete die Handelsstraßen führten, sicherte den Weg der Karawanen und sorgte im Kriegsfall für verbündete Truppen.

Quraiẓa, einer der drei jüdischen Stämme in Medina (vgl. ➻ Qainuqāᶜ ➻ Naḍīr). Die Quraiẓa besaßen wie die Naḍīr große Palmgärten und waren wie sie mit den arabischen ➻ Aus verbündet. Der endgültige Bruch mit Muḥammad erfolgte, als sie sich im Grabenkrieg überreden ließen, die Partei der Quraish zu ergreifen und damit gegen die medinensische Gemeindeverfassung verstießen. Bei der anschließenden Belagerung durch Muḥammad versuchten sie, Medina unter den gleichen Bedingungen wie die ➻ Naḍīr verlassen zu dürfen. Als sie sich aber schließlich bedingungslos ergaben und wohl auf die Vermittlung ihrer alten Verbündeten, der ➻ Aus, hofften, war es ausgerechnet deren Führer ➻ Saᶜd ibn Muᶜādh, der das Todesurteil über die Männer des Stammes sprach.

Raiḥāna, von den jüdischen ➻ Quraiẓa in Medina. Nach ihrer Gefangennahme 627 wurde sie eine Konkubine Muḥammads und starb im Jahre 632.

Ruqayya, eine Tochter des Propheten. Nachdem sie von einem Sohn des ➻ Abū Lahab geschieden worden war, heiratete sie ➻ ᶜUthmān. Sie starb aber schon kurz nach der Schlacht von Badr, worauf ᶜUthmān ihre Schwester ➻ Umm Kulthūm zur Frau nahm.

Saᶜd ibn abī Waqqāṣ, aus der quraishitischen Sippe Zuhra. Als junger Mann früh zum Islam bekehrt und von Muḥammad sehr geschätzt. Er nahm an allen großen Schlachten teil und wurde nach dem Tode Muḥammads einer der berühmtesten Feldherrn der Eroberungszeit. 637 führte er die Muslime zum endgültigen Sieg über die Perser im

Iraq. Nach ᶜUmar trat er als Anwärter auf das Kalifat auf, erhielt aber nur einen Statthalterposten. Er starb zurückgezogen 670.

SAᶜD IBN BAKR, Stamm, dem die Amme des Propheten angehörte und bei dem er als Kind eine Zeitlang lebte. Als Untergruppe der ➻ Hawāzin kämpfte der Stamm später bei Ḥunain gegen den Propheten.

SAᶜD IBN MUᶜĀDH, Führer des Stammes ➻ Aus in Medina und damit eine der bedeutendsten Persönlichkeiten der Stadt. Noch vor der zweiten Huldigung bei ᶜAqaba für den Islam gewonnen, zeichnete er sich durch großen Einsatz für Muḥammad aus und nahm an allen bedeutenden Kämpfen teil. Einen zweifelhaften Ruhm hat er sich durch seine Entscheidung erworben, die Männer des ursprünglich mit den Aus verbündeten jüdischen Stammes ➻ Quraiẓa allesamt hinrichten zu lassen. Kurz darauf starb er selbst an einer Verwundung aus der Grabenschlacht.

SAᶜD IBN ᶜUBĀDA, Führer des Stammes Khazradj in Medina. Bei der Huldigung von ᶜAqaba wurde er als einer der Nuqabā' (vgl. Anm. 15) gewählt und zeichnete sich dann wiederholt durch seinen persönlichen kämpferischen Einsatz und seine großzügige materielle Unterstützung für die muslimischen Heere aus. Nach dem Tode Muḥammads wurde er von einem Großteil der „Helfer" als Kalif favorisiert, doch kamen ihm ➻ Abū Bakr und ➻ ᶜUmar zuvor. Er erkannte jedoch keinen der beiden als Kalifen an und starb völlig zurückgezogen und verbittert um 636.

ṢAFĪYA, die elfte Frau des Propheten, aus dem jüdischen Stamm ➻ Naḍīr in Medina. In Khaibar, wohin der Stamm vertrieben worden war, wurde sie 628 gefangengenommen. Kurz darauf heiratete sie Muḥammad. Von den anderen Frauen des Propheten eifersüchtig gemieden und beschimpft, blieb sie im Hintergrund. Später setzte sie sich für den Kalifen ➻ ᶜUthmān ein und starb um 670. Sie hinterließ ein gewaltiges Vermögen, das sie zum Teil einem jüdischen Neffen vermachte.

ṢAFWĀN IBN MUᶜAṬṬAL, vom Stamme ➻ Sulaim. In der Verleumdungsaffäre wurde er mit ➻ ᶜĀ'isha in Verbindung gebracht. Er nahm dann am Grabenkrieg und an den folgenden Kämpfen teil und fiel um 640 in Armenien.

ṢAFWĀN IBN UMAYYA, Führer der Sippe ➻ Djumaḥ von Quraish. Trat erst nach dem Fall Mekkas zum Islam über und beteiligte sich später an der Eroberung Syriens. Er starb um 661 in Mekka.

SAHM, Sippe der ➻ Quraish.

SĀHM IBN ᶜAUF, Unterstamm der ➻ Khazradj in Medina.

SĀᶜIDA, Unterstamm der ➻ Khazradj in Medina.

SALAMA, Unterstamm der ➵ Khazradj in Medina.

SAUDA, die zweite Frau des Propheten. Sie war die Witwe eines früh bekehrten Muslims, als sie, etwa dreißigjährig, kurz nach dem Tode der ➵ Khadīdja um 620 den Propheten heiratete. Sie muß eine sehr liebevolle und freigebige Frau gewesen sein. Es gab zunächst wohl Auseinandersetzungen mit der jungen ➵ ᶜĀ'isha, weshalb sich Muḥammad einmal von Sauda trennte. Als diese ihm aber versprach, sie werde sich ᶜĀ'isha unterordnen, nahm er sie wieder auf und scheint sie ihres guten Charakters wegen sehr geschätzt zu haben. Politisch blieb sie völlig im Hintergrund.

SHAIBA IBN RABĪᶜA, zusammen mit seinem Bruder ➵ ᶜUtba und neben ➵ Abū Sufyān einer der führenden Männer der Sippe ➵ ᶜAbdshams von den Quraish. Er fiel bei Badr.

SUHAIL IBN ᶜAMR, Führer der Sippe ➵ ᶜĀmir von den „Vorstadt-Quraish". Er geriet bei Badr in die Gefangenschaft der Muslime und wurde freigekauft. Nach dem Fall von Mekka nahm er den Islam an. Er starb 639 in Syrien an der Pest.

SULAIM, großer Stamm im Osten und Südosten von Medina mit engen Beziehungen zu den Quraish, die offensichtlich an der Ausbeutung eines im Stammesgebiet der Sulaim liegenden Goldbergwerkes beteiligt waren. Da ein Teil des Stammes für das Gemetzel an den Muslimen beim Brunnen von Maᶜūna verantwortlich war, größere Abteilungen aber fünf Jahre später bei der Eroberung Mekkas und bei Ḥunain auf Muḥammads Seite kämpften, muß es in der Zwischenzeit zu einem Ausgleich zwischen den Muslimen und den Sulaim gekommen sein. Nach Muḥammads Tod lehnten sich die Sulaim nicht gegen ➵ Abū Bakr auf und waren dann äußerst aktiv in den Eroberungskriegen, in deren Verlauf der Stamm nach Nordsyrien verschlagen wurde.

TAIM IBN MURRA, kleinere Sippe der ➵ Quraish.

TAMĪM, weitgehend christianisierter Stammesverband zwischen der Landschaft Yamāma und dem Iraq in Ostarabien. Bei den anläßlich der Eroberung von Mekka und bei Ḥunain genannten Tamīm kann es sich der großen Entfernung wegen nicht um bedeutende Verbände gehandelt haben; einzelne Tamimiten treten dagegen in Medina schon früher in Muḥammads Umgebung auf. Ein loses Bündnis mit dem Stamm wurde erst um 630 geschlossen.

THAQĪF, Bewohner der Stadt Ṭā'if und des Gebietes östlich davon. In einem früheren Krieg hatten sich die ➵ Quraish des Handels der Stadt bemächtigt, worauf ein Teil der Thaqīf in enge Beziehungen zu den Quraish trat, während ein anderer eng mit den ➵ Hawāzin verbunden blieb. Nachdem sich sowohl die Quraish als auch die Hawāzin dem

Propheten gebeugt hatten, blieb den Thaqīf nichts anderes übrig, als sich im Jahr 630 ebenfalls zu unterwerfen.

Ṭu<sup>c</sup>aima (Ṭu<sup>c</sup>ma), Führer der Sippe Naufal von den ➛ Quraish. Er fiel bei Badr auf seiten der Mekkaner.

<sup>c</sup>Ubaid, Untergruppe des Stammes ➛ Aus in Medina.

<sup>c</sup>Umar ibn Khaṭṭāb aus der in Mekka politisch unbedeutenden Sippe <sup>c</sup>Adī von ➛ Quraish. Seine ursprünglich erbitterte Feindschaft gegenüber Muḥammad und seine plötzliche Bekehrung aufgrund einiger Koranverse haben ihm in Europa den Vergleich mit Paulus eingebracht. Die besondere Stellung, die er bereits im heidnischen Mekka innegehabt haben soll, ist gewiß übertrieben. Erst seine enge Freundschaft mit ➛ Abū Bakr, die Heirat seiner Tochter ➛ Ḥafṣa mit dem Propheten und seine eigene Tatkraft und Zuverlässigkeit haben ihn wohl so eng mit dem Propheten verbunden, der sehr auf seinen Rat hörte. Im Jahre 634 trat er als zweiter Kalif die Nachfolge Abū Bakrs an. Unter seiner Herrschaft erfolgten die großen Eroberungen im Iraq, in Syrien und Ägypten. Zahlreiche politische Einrichtungen, die aus der jungen Gemeinde ein funktionierendes Staatswesen machen sollten, gehen auf ihn zurück. Seine Strenge und sein puritanischer Lebenswandel sind berühmt geblieben. Ende 644 wurde er von einem christlichen Sklaven ermordet.

Umayya ibn Khalaf, Führer der Sippe Djumaḥ von den ➛ Quraish. Er wird unter denen genannt, die in Mekka die Muslime besonders grausam verfolgten, z. B. ➛ Bilāl. Er wurde bei Badr gefangengenommen und, als ihn Bilāl erkannte, umgebracht.

Umm Ḥabība, Tochter des ➛ Abū Sufyān und zehnte Frau des Propheten. Sie war nach Abessinien ausgewandert und heiratete Muḥammad im Jahre 628, nachdem ihr erster Mann verstorben war. Die Eheschließung hatte – wie manch andere auch – einen deutlich politischen Hintergrund, da Muḥammad sich damit gewiß erhoffte, ➛ Abū Sufyān, einen seiner entschiedensten Gegner, in seiner Haltung ihm gegenüber zu mäßigen. Umm Ḥabība selbst blieb politisch unbedeutend und starb um 664.

Umm Kulthūm, eine Tochter Muḥammads. Wie ihre Schwester ➛ Ruqayya soll sie mit einem Sohn des Abū Lahab verheiratet gewesen sein, wurde aber noch von diesem geschieden, bevor die Ehe vollzogen war. Nach dem Tod ihrer Schwester Ruqayya heiratete sie deren Mann ➛ <sup>c</sup>Uthmān. Sie starb kinderlos noch vor dem Propheten.

Umm Salama, aus der Sippe Makhzūm von den ➛ Quraish, die fünfte Frau des Propheten. Die Heirat wurde 626 geschlossen, als Umm Salama 29 Jahre alt war. Die als geistreich und hübsch beschriebene

Frau hatte sich früh zum Islam bekannt und war mit ihrem ersten Mann nach Abessinien ausgewandert. Nach dessen Tod in Medina bewarb sich auch ➵ Abū Bakr um sie, bevor der Prophet sie heiratete. Sie blieb politisch unbedeutend und starb 681 in Medina.

ᶜUTBA IBN RABĪᶜA (= ABŪ WALĪD), einer der führenden Vertreter der Sippe ➵ ᶜAbdshams von den Quraish. Er versuchte bei Badr im letzten Augenblick noch den Kampf gegen die Muslime zu vermeiden, konnte sich aber nicht gegen ➵ Abū Djahl durchsetzen. Er fiel selbst in der Schlacht.

ᶜUTHMĀN IBN ᶜAFFĀN, aus der führenden Sippe ➵ ᶜAbdshams von Quraish. Obwohl er zur Familie Umayya gehörte, die den Propheten aufs schärfste bekämpfte, und als überaus reicher Kaufmann zu den vornehmsten quraishitischen Kreisen gerechnet wurde, wurde er schon früh Muslim. Er heiratete die Prophetentochter ➵ Ruqayya und nach deren Tod ihre Schwester ➵ Umm Kulthūm, weshalb er den Beinamen „der mit den beiden Lichtern" erhielt. Er gehörte zur engeren Umgebung Muḥammads, blieb jedoch politisch, wenn man von seinen großzügigen Spenden für die muslimischen Heere absieht, weitgehend im Hintergrund. Das gleiche gilt für die Zeit des Kalifats von ➵ Abū Bakr und ➵ ᶜUmar. Es ist viel darüber gerätselt worden, warum im Jahre 644 dann ausgerechnet ᶜUthmān zum dritten Kalifen gewählt wurde, ob als der schwächste unter den anderen Anwärtern oder auf Druck der mächtigen Familie Umayya. Vor allem die zweite Hälfte der Regierungszeit ᶜUthmāns, der die endgültige Redaktion des Koran durchführen ließ, ist von der Opposition ➵ ᶜAlīs einerseits und ➵ ᶜĀ'ishas andererseits gekennzeichnet, die ihn der Verletzung koranischer Gebote und der Vetternwirtschaft bezichtigten. Seine Ermordung im Jahre 656 leitete den ersten Bürgerkrieg im Islam ein.

ᶜUZZĀ, altarabische Göttin, die im heidnischen Mekka zusammen mit ➵ Lāt und ➵ Manāt als weibliche Hauptgottheit verehrt und offenbar wie diese als eine Tochter des Gottes Allāh angesehen wurde. Ihr Hauptheiligtum befand sich in Nakhla zwischen Mekka und Ṭā'if und bestand aus drei Akazienbäumen, einem heiligen Stein und einer Grube, in die das Blut der Opfertiere geschüttet wurde.

WAḤSHI, ein schwarzer Sklave im Besitz der quraishitischen Sippe Naufal. Für die Ermordung des ➵ Ḥamza, des Oheims des Propheten, in der Schlacht bei Uḥud erhält er die Freiheit. Er nimmt später den Islam an und soll den Lügenpropheten ➵ Musailima getötet und daraufhin gesagt haben: „Ich habe sowohl den besten als auch den schlechtesten aller Menschen getötet." Er starb in Syrien um 645.

WĀ'IL, Untergruppe des Stammes ➵ Aus in Medina.

WĀQIF, Untergruppe des Stammes ➵ Aus in Medina.

WARAQA IBN NAUFAL, ein Vetter der ➵ Khadīdja. Obwohl dieser Gestalt in den Quellen eine bedeutende Rolle für die Bestätigung der Rechtmäßigkeit von Muḥammads Prophetenschaft zugeschrieben wird, bleibt sie historisch recht verschwommen. Er wird zu jenen Männern in Mekka gerechnet, die auf der Suche nach der wahren Religion Abrahams bereits vor Muḥammads Sendung vom Heidentum abfielen und sich zu einem Monotheismus bekannten. Waraqa wird stets als gelehrter Mann geschildert. Er wurde offenbar Christ; ob er Muḥammads Sendung noch erlebt hat, ist umstritten.

ZAID IBN ḤĀRITHA, vom arabischen Stamm Kalb im Südosten des Jordanlandes. Er wurde als Sklave nach Mekka gebracht, wo ihn ➵ Khadīdja kaufte und Muḥammad schenkte. Dieser ließ ihn frei und adoptierte ihn. Er nahm als einer der ersten den Islam an und bekleidete in Muḥammads Umgebung eine bevorzugte Stellung, was sich nicht zuletzt in zahlreichen militärischen Aufträgen äußerte. Er war der erste Mann der ➵ Zainab, die er verstieß, damit Muḥammad sie selbst heiraten konnte. Er fiel als einer der Feldherren bei Mu'ta.

ZAINAB, die älteste Tochter Muḥammads. Nach ihrer Heirat mit ➵ Abu l-ᶜĀṣ lebte sie in Ṭā'if und blieb auch nach der Hidjra dort. Ihr Mann, der Heide geblieben war, wurde zweimal von den Muslimen gefangengenommen, auf Fürsprache Zainabs jedoch wieder freigelassen. Auf dem Weg nach Medina wurde Zainab schwer mißhandelt und starb möglicherweise an den Folgen zwei Jahre vor Muḥammad.

ZAINAB BINT DJAḤSH, die achte Frau des Propheten. Sie hatte auf Veranlassung Muḥammads zunächst seinen Freigelassenen und Adoptivsohn ➵ Zaid geheiratet, der sie jedoch verstieß, damit Muḥammad selbst sie im Jahre 627 heiraten konnte. Sie war damals bereits 38 Jahre alt und wurde eine enge Freundin der ➵ ᶜĀ'isha. Sie starb um 641.

ZUBAIR IBN ᶜAWWĀM, mütterlicherseits ein Vetter Muḥammads. Noch als Kind schloß er sich als einer der ersten dem Islam an. Von Muḥammad hochgeschätzt, nahm er an allen bedeutenden Schlachten teil. Auch nach Muḥammads Tod zeichnete er sich in den Eroberungskriegen aus und zählte nach der Ermordung ➵ ᶜUmars zu den Anwärtern auf das Kalifat. Er fiel in der „Kamelschlacht" im Jahre 656, als er auf der Seite ᶜĀ'ishas gegen ➵ ᶜAlī kämpfte. Sein Sohn ᶜAbdallāh aus seiner Ehe mit ᶜĀ'ishas Schwester Asmā' regierte während des Zweiten Islamischen Bürgerkrieges als antiumayyadischer Gegenkalif in Mekka.

ZUHRA, Sippe der ➵ Quraish.

## BIBLIOGRAPHISCHE HINWEISE

### *Allgemeines*

ZUNÄCHST sei auf einige allgemeine Nachschlagewerke verwiesen. Die *Encyclopaedia of Islam* erscheint in einer neuen Ausgabe seit 1954 in einer englischen und französischen Version bei Brill, Leiden, und Luzac, London, ist gegenwärtig bis zum Buchstaben T gediehen und umfaßt mittlerweile zehn Bände. Das Werk wird seit einigen Jahren zügiger fortgesetzt und wird zusätzlich als CD-ROM erscheinen. Die erste Ausgabe erschien auch in Deutsch als *Enzyklopädie des Islam*, 4 Bde. plus Ergänzungsband, Leiden-Leipzig 1913-1934; einen Auszug daraus stellt das wertvoll gebliebene *Handwörterbuch des Islam*, Leiden 1941, dar, das immer noch zu beziehen und preiswert ist. Die *Encyclopaedia* deckt alle Bereiche der islamischen Geschichte und Kultur ab. Zwei weitere Nachschlagewerke, die die Moderne stärker berücksichtigen, sind *The Oxfort Encyclopedia of the Modern Islamic World*, ed. by JOHN L. ESPOSITO, New York u. a. 1995, 4 Bde., und *Encyclopedia of the Modern Middle East*, ed. by REEVA S. SIMON u. a., New York 1996, 4 Bde.

An literaturgeschichtlichen Nachschlagewerken sind zu nennen: BROCKELMANN, CARL: *Geschichte der Arabischen Literatur*, 5 Bde. plus Index-Band, 2. Auflage, Leiden 1937-49; dieses Werk wird inzwischen abgelöst von SEZGIN, FUAT: *Geschichte des Arabischen Schrifttums*, die seit 1967 erscheint und inzwischen neun Bände umfaßt.

Gute kurze Einführungen bieten GIBB, HAMILTON A.R.: *Arabic Literature, An Introduction*, 2. rev. ed., London u. a. 1974; *The Cambridge history of Arabic literature*, Cambridge u. a. 1983- (bislang 3 Bde.), *Encyclopedia of Arabic literature*, beide ed. by JULIE SCOTT MEISAME u. a., London u. a. 1998.

Als Überblick über die arabische und islamische Geschichte sind folgende Werke zu empfehlen: *The Cambridge History of Islam*, hrsg. v. PETER M. HOLT, 2 Bde., London 1979, ein sehr umfangreiches Werk mit Beiträgen verschiedener Wissenschaftler. Der erste Band behandelt die zentral-islamischen Länder bis in die Moderne, während sich der zweite Band mit dem Islam in Indien, Südostasien, Afrika und Europa sowie mit der islamischen Gesellschaft auseinandersetzt. HODGSON,

Marshall G.: *The Venture of Islam*, 3 Bde., Chicago 1974; das Werk geht nicht nur auf die Geschichte, sondern ausführlich auf die verschiedenen kulturellen Aspekte ein, ist sehr übersichtlich und hervorragend geeignet für Studenten. Kürzere Übersichten bieten: Cahen, Claude: *Der Islam I, Fischer-Weltgeschichte*, Bd. 14, 11. Aufl. Frankfurt/M. 1995; Grunebaum, Gustav von, Hrsg.: *Der Islam II., Fischer-Weltgeschichte*, Bd. 15, 12. Aufl. Frankfurt/M. 1995; Spuler, Bertold: *Geschichte der islamischen Länder, Handbuch der Orientalistik*, Abt. I, Bd. 6, 1.2, Köln 1952/3; *Geschichte der arabischen Welt*, unter Mitwirkung von Heinz Halm u. a. hrsg. v. Ulrich Haarmann, 3., erw. Aufl. München 1994; Hourani, Albert: *Die Geschichte der arabischen Völker*, Sonderausgabe Fischer, 1995.

Gute Einführungen in die Religion des Islam sind: *Der Islam, Religionen der Menschheit*, Bd. 25, 3 Bde., Stuttgart u. a. 1980-1990. *Der Islam in der Gegenwart*, hrsg. von Werner Ende u. Udo Steinbach unter red. Mitarb. von Gundula Krüger, 4., neubearb. und erw. Aufl. München 1996; Nagel, Tilman: *Der Koran*: Einführung, Texte, Erläuterungen, 3. Aufl. München 1998. Immer noch lesenswert ist außerdem Hartmann, Richard: *Die Religion des Islam*, Neuausg., Darmstadt 1992. Tiefgründigen Einblick in die geistesgeschichtliche Bedeutung des Islam für Europa gewährt Le Gai Eaton, Charles: *Der Islam und die Bestimmung des Menschen*, 2. Aufl. München 1994.

## *Muḥammad und der Koran*

Muḥammad ist schon häufig Gegenstand von Untersuchungen geworden. Aus der Fülle der modernen Abhandlungen sei der deutschsprachige Leser vor allem auf die vorzügliche und kurze Darstellung von Rudi Paret verwiesen: *Muḥammad und der Koran*, 7., um einen Koranstellen-Index erweiterte Aufl. Stuttgart u. a. 1991. Standardwerke sind die beiden Bände von William Montgomery Watt: *Muḥammad at Mecca* und *Muḥammad at Medina*, Oxford 1953 bzw. 1956; eine Kurzfassung daraus bietet Montgomery Watt: *Muḥammad. Prophet and Statesman*, Oxford 1961. Die marxistische Sicht seines Autors verrät das geistreiche Buch von Rodinson, Maxime: *Muḥammad*, Luzern-Frankfurt 1975 (deutsche Übersetzung von der franz. Ausgabe, Paris 1968). Zum Muḥammad-Bild in der westlichen Forschung erschien: Jabal Muḥammad Buaben: *Image of the prophet Muḥammad in the West: a study of Muir, Margoliouth and Watt*, Leicester 1996. Im Jahre 1997 fand in Leiden ein Kongreß über die Prophetenbiographie statt, dessen Ergebnisse bald veröffentlicht werden sollen.

Die maßgeblichen Koranübersetzungen sind heute im Deutschen: Paret, Rudi: *Der Koran*, Übersetzung/Kommentar, überarb. Taschenbuchausgabe, Bd. 1: 7. Aufl. Stuttgart 1996, Bd. 2: 5. Aufl. 1994; im Englischen: Bell, Richard: *The Qur'an translated*, Edinburgh 1937/9; im Französischen: Blachère, Régis: *Le Coran*, Paris 1947-50.

An Studien über den Koran seien empfohlen: Nagel, Tilman: *Der Koran: Einführung, Texte, Erläuterungen*. 3., unveränderte Aufl. München 1998. Unter den älteren Werken ist zu empfehlen: Nöldeke, Theodor: *Geschichte des Korans*, Nachdruck, Hildesheim 1961; Paret, Rudi: *Grenzen der Koranforschung*, Stuttgart 1959 sowie *Der Koran*, herausgegeben von Rudi Paret, Darmstadt 1975 (= Wege der Forschung 326), eine Auswahl relevanter Aufsätze zu verschiedenen Problemen der Koranforschung aus der Feder der auf diesem Gebiet führenden Gelehrten.

## *Die Prophetenbiographie des Ibn Isḥāq*

Von Ibn Isḥāqs Prophetenbiographie liegen in Europa bisher zwei vollständige Übersetzungen vor. Die erste ist eine völlig veraltete und fehlerhafte Übertragung von Gustav Weil: *Das Leben Muḥammads nach Muḥammad Ibn Ishak*, 2 Bde., Stuttgart 1864 und Berlin 1916, die schon von Nöldeke als „steif und unbeholfen und auch philologisch nicht mehr genügend" charakterisiert wurde. Die zweite Übersetzung erfolgte ins Englische und stammt aus der Feder von Alfred Guillaume: *The Life of Muḥammad*, Oxford University Press 1955, 11. impr., Karachi u. a. 1996. Der Wert dieser leicht kommentierten wissenschaftlichen Übertragung ist inzwischen allgemein anerkannt, und ich habe mich bei einem abschließenden Vergleich mit meiner eigenen Übersetzung an manchen Stellen gerne von ihr korrigieren lassen. Für jeden, der sich intensiver mit der Prophetenbiographie auseinandersetzen möchte, ist Guillaumes Übersetzung unerläßlich (vgl. die ausführliche Rezension von Rudi Paret, in: „Der Islam", Bd. 32/33 (1957), S. 334-342). Einen kurzen Auszug hat auch bereits Herbert Eulenberg ins Deutsche übertragen: *Das Leben Muhammads. Nach Muhammad ibn Ishak und Abd el-Malik Ibn Hischam*, Berlin 1917 = Die fünfziger Bücher, Bd. 14. Studien über Ibn Isḥaq verfaßten Mohammed Hamidullah: *Muḥammad Ibn Isḥāq, the biographer of the Holy Prophet*, Karachi 1967, und Sadun M. Al-Samuk: *Die historischen Überlieferungen nach Ibn Isḥāq: eine synoptische Untersuchung*, Diss., Frankfurt/M. 1978; u. a. von Isḥāq als Geschichtsschreiber handelt: Mohammad Luqman: *An analysis of the earliest Arab historical writers* (Ibn Ishaq, Al-Tabari and Al-Baladhuri), Ph. D., Glasgow 1981.

Der Vollständigkeit halber sei hier noch auf zwei andere arabische Prophetenbiographien hingewiesen. Die erste schildert nur die medinensische Zeit Muḥammads und stammt aus der Feder des 823 n. Chr.

verstorbenen Geschichtsschreibers WĀQIDĪ; von ihr gab JULIUS WELLHAUSEN 1882 in Berlin unter dem Titel *Muhammed in Medina* eine verkürzte deutsche Übersetzung heraus. Die zweite ist erheblich jünger, nämlich aus dem 14. Jh. Sie stammt von IBN KATHIR und ist teilweise ins Englische übersetzt worden: *The Life of the prophet Muḥammad*, Concord 1996.

Grundlegende literarhistorische Untersuchungen zu Ibn Isḥāq und seinem Werk sind in erster Linie: FÜCK, JOHANN: *Muḥammad ibn Isḥāq, Literarhistorische Untersuchungen*, Frankfurt 1925 (Dissertation; handschriftlich gedruckt), und SELLHEIM, R.: „Prophet, Chalif und Geschichte, die Muḥammad-Biographie des Ibn Isḥāq", in: *Oriens*, Bd. 18/19 (1967), S. 33-91 (mit weiterführenden Hinweisen). M. J. KISTER verfaßte eine grundlegende Studie zum Genre der Sira-Literatur: „The Sirah literature", in: *Arabic literature to the end of the Umayyad period*, ed. A. F. L. Beeston u. a., Cambridge 1983. Nicht zu vergessen ist die Einleitung von GUILLAUME zu seiner oben genannten Übersetzung. Schließlich gibt es eine Rekonstruktion des verlorenen ersten Teils von Ibn Isḥāqs Prophetenbiographie, in der Muḥammads Vorläufer von Adam bis zum Hl. Georg behandelt werden; hier findet sich auch eine kurze Einleitung über Person und Werk Ibn Isḥāqs: NEWBY, GORDON D.: *The making of the last prophet: a reconstruction of the earliest biography of Muḥammad*, University of South Carolina 1989.

Die hier gegebene bibliographische Übersicht litte unter einem gravierenden Mangel, würde sie nicht das wichtigste, vielleicht je veröffentlichte Werk über den Propheten Muḥammad ﷺ wenigstens erwähnen, das gerade erstmals in deutscher Sprache erschienen ist: das Opus des berühmten Gelehrten QĀḌĪ 'IYĀḌ mit dem Titel *Al-Schifā. Die Heilung durch Bestimmung der Rechte des Auserwählten* ﷺ *[as-shifā bi-tā'rīf ḥuqūq al-muṣṭafā* ﷺ*]*, ins Deutsche übertragen von Abd al-Hafidh Wentzel, Hellenthal 2013.

## ZEITTAFEL

Der muslimische Kalender beginnt mit der Auswanderung (*Hidjra*) des Propheten von Mekka nach Medina oder genauer mit dem Beginn des Mondjahres, in dem die Hidjra stattfand (I. Muḥarram des Jahres 1, d. i. 16. Juli 622). Durch die Abschaffung des Schaltmonats (vgl. oben Anm. 40) wurde das islamische Jahr zu einem reinen Mondjahr, so daß 100 Sonnenjahre etwa 103 muslimischen Jahren entsprechen. Die Reihenfolge der Monate ist folgende: Muḥarram, Ṣafar, Rabīᶜ I. , Rabīᶜ II. , Djumādā I., Djumādā II. , Radjab, Shaᶜbān, Ramaḍān, Shawwāl, Dhu l-Qaᶜda, Dhu l-Ḥidjja. Die wichtigsten Stationen im Leben Muḥammads nach christlicher Zeitrechnung:

| | |
|---|---|
| ca. 570 | Geburt Muḥammads |
| ca. 595 | Heirat mit Khadīdja |
| ca. 610 | Sendung |
| Sept. 622 | Hidjra |
| 24. Sept. 622 | Ankunft in Medina |
| März 624 | Schlacht von Badr |
| März 625 | Schlacht von Uḥud |
| August 625 | Vertreibung des jüdischen Stammes Naḍīr |
| April 627 | Grabenkrieg |
| Mai 627 | Vertreibung des jüdischen Stammes Quraiẓa |
| März 628 | Abkommen von Ḥudaibīya |
| Mai/Juni 628 | Eroberung von Khaibar |
| März 629 | „Vollzogene Pilgerfahrt“ |
| Januar 630 | Eroberung von Mekka und Schlacht von Ḥunain |
| Februar 630 | Zug nach Ṭā’if |
| Okt./Dez. 630 | Zug nach Tabūk |
| 630/31 | Jahr der Delegationen |
| März 632 | Abschiedswallfahrt |
| 8. Juni 632 | Tod |

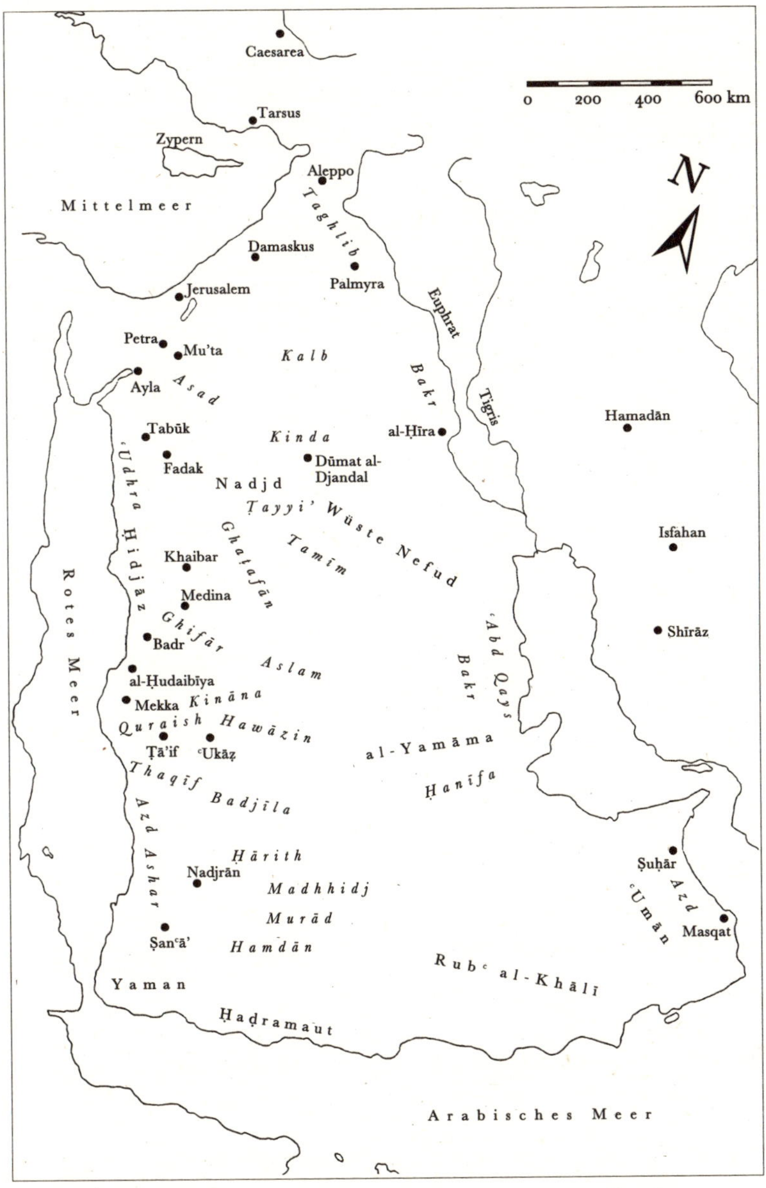


Die Stämme auf der Arabischen Halbinsel zur Zeit des Propheten

Martin Lings
*Muḥammad. Sein Leben nach den frühesten Quellen*
Aus dem Englischen
von Uli Full
496 Seiten, Hardcover,
Fadenheftung, Lesebändchen
ISBN 978–9963–40–024–9

Die Lebensgeschichte des Propheten ﷺ von Martin Lings (Abū Bakr Sirajuddīn) wird weltweit als die vielleicht einfühlsamste und tiefgründigste Biographie Muḥammads, der Friede sei auf ihm, gelobt und hat, in viele Sprachen übersetzt, hohe Auszeichnungen erhalten. Von Kennern der Lebensgeschichte Muḥammads mit demselben Vergnügen gelesen wie von denen, die ihr hier zum erstenmal begegnen, verdankt das Buch seine Frische und Direktheit den Worten jener Männer und Frauen, die Muḥammad selbst sprechen hörten.

Überragendes Erzähltalent verbindet sich mit geschichtswissenschaftlicher Präzision zu einem Meisterwerk, das, packend wie ein Roman, historisches Geschehen und historische Gestalten zu neuem Leben erweckt. Daß es die Wunder der Geschenke Gottes an die Menschen in gewissenhafter Quellentreue inszeniert (einige der zugrundliegenden Texte aus dem 8. und 9. Jahrhundert wurden erstmals übersetzt), macht das Buch zu einer Kostbarkeit. Als Text über das Wie, Warum und Wann zahlreicher Offenbarungen, koranischer und prophetischer, ist es maßgeblich und aufschlußreich, ja unentbehrlich.

Der Verlag setzt mit dem Buch seine Reihe gut ausgestatteter Klassiker des Islam fort, die mit Ibn Isḥāqs *Das Leben des Propheten* begonnen worden war.

Martin Lings
*Alter Glaube und moderner Aberglaube*
Aus dem Englischen
von Gerhard Giesse
94 Seiten, Broschur
ISBN 978–9963–40–041–6

Dieses Buch packt all das, was es dem Europäer der heutigen Zeit schwer macht, mit ganzem Herzen in einer Religion zu leben, bei der Wurzel und zeigt, daß der moderne Mensch auf eine unserer heutigen Zeit gemäße Weise ein Hort des Aberglaubens in seiner gefährlichsten Form ist. Wir sehen uns in der modernen Welt mit ihrer Fortschritts- und Wissenschaftsgläubigkeit einer Situation gegenüber, die an das Märchen von des Kaisers neuen Kleidern erinnert. Nichts ist heute mehr vonnöten, als daß einfach einmal jemand kommt und die Wahrheit sagt.

AMINA ADIL
*Die Propheten*
*Die Lebensgeschichten der Gesandten Gottes nach arabischen und türkischen Quellen*
Festbände, Volleinen, Goldprägung, Fadenheftung, Lesebändchen, Schutzumschlag
1. Band: Von Adam bis Jesus
720 Seiten
ISBN 978–9963–40–017–1
2. Band: Sayyidunā Muḥammad
528 Seiten
ISBN 978–9963–40–107–9
Gesamtausgabe:
ISBN 978–9963–40–108–6

DIE ALTEN arabischen und türkischen Quellen entspringenden Lebensgeschichten der Propheten von Adam bis Muḥammad – der Friede sei auf ihnen allen – können allein ihrer Unmittelbarkeit und sprachlichen Frische wegen geliebt werden. Der Sache nach sind sie die in der islamischen Überlieferung getreulich bewahrten Zeugnisse von Ereignissen, die der allmächtige Gott an Seinen Gesandten hat geschehen lassen, Beispiele Seiner Barmherzigkeit, den Bemerkenswertesten unter Seinen Geschöpfen und uns allen zur Mahnung, Erbauung und Orientierung geschickt: kleine und große, erschreckende und beglückende und einige bislang im Abendland kaum jemals zuvor gehörte Dinge. – Die hiermit dem deutschen Leserkreis zugänglich werdenden wundersamen Geschichten der Gesandten des allmächtigen und barmherzigen Gottes geben einen nie zuvor getanen Einblick in die Charaktere hervorragender Männer und Frauen und ihrer umwerfenden Menschlichkeit – sie lachten und sie weinten, sie hofften und sie fürchteten –, sie sind zugleich nichts Geringeres als der *Grundriß der Geschichte der Menschheit* auf diesem Planeten.

MAWLĀNĀ FIRĀQĪ
*The Forty Questions*
*Prophet Muḥammad's ﷺ Response to the Jews of Medina*
144 pages, Paperback
ISBN 978–9963–40–113–0

THE BEAUTIFUL and astonishing stories of The Forty Questions – beginning with the creation of the world and ending with its destruction on the Last Day – full of wisdom and spirituality are an enrichment of Islamic knowledge. They lead to a profound understanding of the power of Allāh Almighty – *fawqa kulli dhī ʿilmun ʿalīmun* –, His will and compassion which He bestows upon His creation – a wisdom which generations of Muslims are proud of.

IMAM AL-GHAZALI'S
*Mukhtaṣar*
*The Ihyā' 'ulūm ad-dīn*
*as abriged by himself.*
Translated from the Arabic,
and annotated
by Ḥājj Marwan Khalaf
480 pages, Hardcover,
thread-stitching, book mark
ISBN 978–9963–40–051–5

THE SHAYKH and Imam, the Proof of Islam, Abū Ḥāmid Muḥammad ibn Muḥammad al-Ghazālī, may Allah be pleased with him, stated: 'Thank God for all His bounties; for even enabling us to thank Him; and prayers and peace be upon the Master of Messengers, Muḥammad, His Prophet, Messenger and Servant, upon his family and Companions, and upon his successors after him, his Ministers in his time. – I missed, in some of my travels, a facility for extracting from the 'Ihyā' 'ulūm ad-dīn' its essences, due to the difficulty of carrying it around with me, on account of its bulk. Hence I tackled this matter, seeking success and guidance from God and praising His Prophet. It consists of forty chapters. – And God guides to the truth.'

FIRST READERS' COMMENTS: *'I am overwhelmed by the beauty and the importance of this book.'* (IBRAHIM TAHIR, Singapore)

ABŪ ḤĀMID
MUḤAMMAD AL-GHAZĀLĪ
*Erinnerung an den Tod und das Leben danach*
*Kitāb dhikr al-mawt wa-mā ba'dahu*
Das 40. Buch
der *Iḥyā' 'ulūm ad-dīn*
Aus dem Arabischen
von Radhia Shukrullah
352 Seiten, Paperback
ISBN 978–9963–40–050–8

Umwerfend wunderbares Buch
des Jahrtausend-Gelehrten
zu einer der wichtigsten Fragen
des Lebens.

WEITERE TITEL
AUS DEM OPUS
DES MEISTERS

*Intention, reine Absicht und Wahrhaftigkeit*
*Kitāb an-niyyah wa l-ikhlāṣ wa ṣ-ṣidq*
Das 37. Buch
der *Iḥyā' 'ulūm ad-dīn*
Übersetzt und kommentiert von
Hans Bauer • 144 S., Paperback
ISBN 978–9963–40–049–2

*Das Buch der Ehe*
*Kitāb ādābi n-nikāḥ*
Das 12. Buch
der *Iḥyā' 'ulūm ad-dīn*
Übersetzt und kommentiert von
Hans Bauer • 176 S., Paperback
ISBN 978–9963–40–048–5

## DAS BARNABAS EVANGELIUM

*Wahres Evangelium Jesu, genannt Christus, von Gott der Welt gesandt gemäß dem Bericht des Barnabas, seines Apostels*

336 Seiten, Festband, Fadenheftung, Lesebändchen

ISBN 978-9963-40-002-7

*Der neuen Ausgabe des Buches ist eine Einleitung zum Stande der Barnabas-Forschung vorangestellt, die den hohen Rang des vorgelegten Werkes in zunehmender Klarheit entdeckt.*

KERNPUNKT ist die Frage der „Kreuzigung Jesu". Während der Koran nur sagt, daß Jesus nicht getötet und nicht gekreuzigt wurde, es ihnen damals vielmehr nur so „erschienen" war („*wa lakin shubbiha lahum*" (4:157)), liegt die Brisanz des mehrere hundert Jahre älteren Zeugnisses des Apostels Barnabas gerade darin, daß es ganz genau erzählt, was es mit jenem Anschein auf sich hat und wie es dazu kam, daß in Wahrheit Judas Ischariot an der Stelle Jesu gekreuzigt wurde (vgl. Kap. 215 ff.).

Religionswissenschaftler und Kenner alter Sprachen – Luigi Cirillo und Paul Fremaux, Shlomo Pinés, Henri Corbin, Jan Joosten sowie H. J. Schoeps – hatten das Werk als authentischen Ausdruck judenchristlicher Tradition wiederentdeckt. Bezeugen eindeutige Belege der Nähe des Barnabas-Evangeliums zu Tartians *Diatessaron* aus dem zweiten Jahrhundert sein hohes Alter, so verweist die Stellung des Gleichnisses von der Sünderin innerhalb der Lebensgeschichte Jesu und eine inhaltliche Besonderheit darin unabweisbar auf die Nazaräerversion des *Hebräer-Evangeliums*. Denn jener Spiegel, den Jesus „mit dem Finger … auf den Boden" zeichnet (Kap. 201), worin die Leute sich als Sünder erkennen, kommt nur bei Barnabas und in jener vom „Herrenbruder" Matthäus verfaßten biblischen Urform vor, die unter dem Namen *Nazaräer* bekannt ist. So verstanden, besteht die reale Möglichkeit, daß das hier herausgegebene Werk im wesentlichen nichts Geringeres als die Bibel an sich, Grundlage aller biblischen Überlieferungen ist. – Der Apostel Barnabas soll es von seinem Bruder Matthäus geschenkt bekommen haben, der „als erster die Worte des Herrn verzeichnete".

Jetzt verstehen wir die besondere Hochachtung, die von Sheikh Nazim Efendi diesem heiligen Buch entgegengebracht wurde, der die Herausgabe des Evangeliums in deutscher Sprache vor zwanzig Jahren angeregt hatte, eines Buches, das bis heute sonst von Muslimen sträflich unterschätzt wird. Dabei gibt es für sie doch keinen Grund, seine Wahrheit zu fürchten.